근세 서울 도시사회 연구

* 이 번역서는 2007년 정부(교육과학기술부)의 재원으로 한국연구재단의 지원을 받아 연구되었음(KRF-2007-361-AL0001).

근세 서울 도시사회 연구

한성의 거리와 주민

요시다 미츠오 지음
김동철 옮김

심산

● 일러두기

1. 이 책은 요시다 미츠오(吉田光男)의 『近世ソウル都市社會研究』(草風館, 2009)를 번역한 것이다.
2. 전체 목차와 본문의 목차 제목이 다를 때는 역자가 임의로 통일하였다.
3. 일본과 중국의 인명이나 지명은 원칙적으로는 원어 발음으로 표기하고, 괄호 안에 한자를 병기하였다. 일문 한자(약자)는 한문 정자를 사용하였다.
4. 각주의 일본어 논문과 책 제목은 원문대로 번역하였다.
5. 조선반도, 조선사, 조선근세사 등 조선이 붙은 단어는 가능한 한반도, 한국사, 한국 근세사 등으로 표기하였다. 다만 조선시대 등 조선을 그대로 두는 것이 낫다고 판단한 경우에는 그대로 두었다.
6. 원문에서 가타카나로 표기된 외국어는 번역하고, 특별한 단어만 외국어를 병기하였다.
7. 각주에서 역자가 추가, 보충한 경우에는 〔역자〕 등과 같이 역자를 표기하였다.
8. 본문에서 역자가 추가, 보충한 경우에는 원칙적으로 대괄호(〔 〕)를 사용하였다. 간단한 내용은 별도로 표기하지 않은 것도 있다.
9. 원문 가운데 명확한 오기라고 판단한 경우에는 명기하지 않고 수정한 것도 있다.

머리말

이 책은 근세 서울 및 한국 근세도시에 대한 역사학적 접근을 시도한, 일본에서는 최초의 연구서다. 호적 등 1차 자료의 정보 정리를 기초로 해서, 거리와 주민의 양상에 대하여 가능한 복원하여, 당시 한성(漢城)이라 불리었던 근세 서울이 도시로서 어떤 성격을 가지고 있었던가에 대하여 검토를 시도하였다.

한국 근세도시의 정의에 관해서는 연구자 사이에 명확한 합의가 있는 것은 아니다. 한국 근세에서 도시의 존재를 부정하는 것부터, 조선왕조시대(1392~1897년)의 전 시기를 통해서 조선 전역에 335개 전후가 존재했던, 정부의 지배 거점인 읍성(邑城) 모두를 도시로 간주하는 것까지, 그 폭이 넓다. 필자는 조선왕조의 수도 한성, 고대(고구려) 왕도(王都)로부터의 계승성을 가진 북부 지방의 중심지 평양, 고려의 수도였던 개성, 18세기 말에 국왕 영조에 의해 한성의 부도〔副都, 부수도〕로 건설된 수원, 이 네 곳은 적어도 도시라고 말해도 좋으리라 생각하고 있다. 네 곳 모두 한반도의 다른 지역과는 달리, 상설 점포인 시전(市廛)이 개설되었다는 점에 공통된 특색이 있다. 이 외에, 남서부 지방의 중심지인 전주나, 남동부 지방의 중심지인 대구 등에도 도시적 요소가 강하다고 생각하고 있다.

어떠한 존재를 도시로 파악할 것인가? 지역마다 다양한 형태가 있을 것이다. 그러나 모두 다, 어느 정도의 인구 집적과 주민의 밀집성, 농촌과는 다른 직업 신분의 존재, 정기시장의 거점 등, 몇 가지 지표를 세움으로써 공통성을 찾을 수 있는 지역이라고 말할 수 있을 것이다. 이 책에서는 한국 근세도시가 가진 역사사회적 성격을 해명하는 첫걸음으로서, 한반도의 권력 중심지였던 한성을 검토하려고 한다.

한국에서의 근세에 대하여 필자는 정치적 · 경제적으로 보면, 16세기 말에 일어난 일본군의 침입〔임진왜란〕과 17세기 초에 일어난 후금(청)군의 침입〔정묘, 병자호란〕에 의한 대혼란을 받았던 변동의 시기를 시작 시기로, 1876년 조일수호조규〔강화도조약〕에 의한 자본주의 세계시장과 만국공법 체제로의 편입을 끝나는 시기로 생각하고 있다. 근대세계 속에서 이른바 한국적 개성의 원형을 형성했던 시대다. 시작 시기는 일본에서 도쿠가와(德川)막부의 성립 및 중국에서 명청(明淸) 교체와 시기를 같이하고 있다. 끝나는 시기 또한 '근대' 적 세계로의 편입이라는 것을 생각하면, 일본 · 중국과 시기를 같이하고 있다. 한국 · 일본 · 중국에서 거의 같은 시기에 역사적 전환이 있었던 것은 결코 우연이 아니라, 외부적 요인을 공통으로 하면서 동아시아 여러 지역의 역사가 강한 내적 연관성에 의해 관계를 맺고 있기 때문이라고 생각하고 있다.

그러나 하나의 지역이 그 모든 영역에서 한꺼번에 변화하는 것은 아니다. 영역에 따라 변화 속도는 다르다. 일단 사회 · 문화라는 영역에 시점(視點)을 두고 보면, 정치 · 경제 변화와는 시간적인 편차가 생겨서, 근세가 끝나는 시기는 20세기 초 이후까지 연장된다. 정치 · 경제라는 보편적인 체제는 외부로부터의 강제력에 의해 급격하게 변화하지만, 사회 · 문화 변화는 그 정도로 급격한 것은 아니다. 한성 또는 한국 근세도시에서도, 20세기 초까지는 예전부터 내려오는 사회적 여러 관계는 변화하면서도 뿌리 깊게 존재하였다. 이것을 '사회적 근세'의 계속이라고 말하여 두자. 이 책이 취급하는 시간적 범위가 20세기 초까지 미치면서도, '근세'라는 이름을 붙이고 있는 것은, 한성의 사회적 영역에 초점을 맞추고 있기 때문이다.

1990년대까지 서울 · 한성 연구나 한국 근세도시사 연구는 매우 적었다. 전론(專論)한 저서로 들 수 있는 것은, 제도사적 관점에서 한성을 분석한 원영환(元永煥)의 『조선시대 한성부 연구』(강원대학 출판부, 춘천, 1990), 도시 행정 연구적 시점에서 한성을 비롯한 한국 근세도시를 연구한 손정목(孫禎睦)의 『조선시대 도시사회연구』(일지사, 서울, 1977)의 두 편에 그치고, 이 외에 몇 편의 논문을 손꼽을 수 있을 정도다. 이러한 상황은 근년에 와서 조금씩 변하고 있다. 그 중심이 되는 것이 『향토서울』〔2016년 『서울과 역사』로 바뀜〕이나 『서울600년사』를 발간한 서울시사편찬위원회〔2015년 서울역사편찬원으로 바뀜〕와, 『서울학연구』나 『서울학총서』를 발간한 서울시립대학교 서울학연구소의 두 연구 기관이다. 두 기관 모두, 고대부터 현대까지 서울의 역사에 관하여 연구를 진행하면서, 다양한 연구가 발표되었다.

그러나 아직 근세에 관한 연구는 적고, 특히 사회에 주목한 연구는 아주 적다. 이러한 상황이지만, 주목할 만한 것은 고동환(高東煥)의 『조선후기 서울상업발달사연구』(지식산업사, 서울, 1998)와 『조선시대 서울도시사』(태학사, 서울, 2007)라는 두 종의 전론 저서가 출판된 점이다. 고동환과 필자와는 대상에 대한 접근법도, 연구의 분석 틀도 꽤 다르다. 특히 두 번째 책은 이 책의 원고를 거의 완성한 시점에서 입수했기 때문에, 그 내용을 이 책에 반영하는 것이 불가능하였다. 그러나 두 책 모두 정면으로 검토하고 싶은 노작(勞作)이다. 그리고 필자와 마찬가지로 19세기 말, 20세기 초의 호적을 주요한 사료로 하여, 인천 · 개성 등의 상황을 분석한 오성(吳星)의 『한국근대상업도시연구』(국학연구원, 서울, 1998)는 기초적인 작업으로서 평가할 수가 있다. 원래 게재된 여러 논고의 성과는 이 책에서도 활용하였다.

한국에서의 연구 진전에는 기대되는 바가 있다. 그러나 아직은 사회에 관한 기초적 연구는 부족하다. 이 책이 그런 결점을 메우는 것이 된다면 큰 기쁨이다.

목차

제2부 주민과 지역 · 거리(街)

제1부

서울의 도시이념

제1장
근세 서울의 도시공간

전근대 한국에서 '경(京)'은 정치의 중심이며, 정치권력이 존재하고 있었다. '경'은 외부 세계와의 교류를 독점하고, 그것을 발판으로 하여 문화의 중심으로서도 군림한다. 다만 한성이 수도로서 성립한 것과 동시에 완전한 문화중심으로 된 것은 아니다. 지방사회에는 고려시대 이후로 재지 토착세력인 향리가 존재하고 있어서, 중앙정부의 관료기구에 존재 근거를 둔 사족양반 계층의 지배체제가 완전하게 성립하였다고는 말하기 어렵다. 또한 평안도 · 함경도(당시는 함길도) · 제주도에는 토관(土官)이라는 토착세력만을 등용하는 지역 관료제도가 설치되었다. 이러한 권력 기구의 이중성이 해소되고, 크게 중앙정부로 일원화하는 15세기 말에 와서야 비로소 한성은 유일한 정치와 문화의 중심으로 확립되었다고 말할 수 있다.

서언

이 장은 한성 즉 근세 서울을 대상으로 하여, 한국 근세도시론에 대한 접근을 시도한 것이다. 한성의 도시이념과 도시 구조의 역사적 의미의 검토를 통해서 근세조선 도시론의 구도를 묘사해 보고 싶다.

한반도에는 고대로부터 수많은 왕조가 존재하여, 정치 중심 즉 수도로서의 '경(京)' 이 있었다. 그러나 하나의 시대에 하나의 '경' 만이 존재했던 것은 아니다. 7세기까지는 일반적으로 알려진 것만 해도, 고구려 · 백제 · 신라가 각각 '경(京)' 을 가지고 있어서,[1] 한반도에는 같은 시기에 적어도 3개의 '경' 이 존재한 것이 된다. 게다가 널리 알고 있는 것처럼, 신라는 영역 안에 왕경인 경주 외에 다섯 소경(小京)을 두고 있었고,[2] 평양 천도 이후의 고구려에 '삼경(三京)' 이 있었다는 것도 중국 사료에서 확인된다.[3] 한편 918년에 성립한 고려왕조는 수도를 개경(개성)에 두고 있었지만, 서경(평양)과 남경(한양, 후에 한성), 동경(경주)을 두는 사경제(四京制)를 택하여, 국왕은 각 '경' 에 자기 몸을 대신하여 의복〔어의(御衣)〕을 두면서 순회하는 일도 많았다.[4]

이상과 같이 한반도에는 고려시대까지 '경(京)' 은 늘 복수로 존재하였다. 이러한 상황에 종지부를 찍은 것이 14세기 말 조선왕조의 탄생과 그 '경' 인 한성의 출현이다. 상세한 것은 본론에서 서술하겠지만, 건국 초기의 어떤 시기에는 한성과 개경이 복수 수도적인 양상을 보인 것도 있다. 그러나 이 상태는 단기간에 해소되어, 일본이 조선을 식민지화하는 1910

년까지, 한성이 한반도에서 유일한 '경(京)' 이었다. 그 때문에 한성은 대화 속에서 한국말로 '수도' 를 의미하는 '서울' 로 불리었던 것이다.[5] 한성은 바로 '경' 그 자체였다.

전근대 한국에서 '경(京)' 은 정치의 중심이며, 정치권력이 존재하고 있었다. '경' 은 외부 세계와의 교류를 독점하고, 그것을 발판으로 하여 문화의 중심으로서도 군림한다.[6] 다만 한성이 수도로서 성립한 것과 동시에 완전한 문화중심으로 된 것은 아니다. 지방사회에는 고려시대 이후로 재지 토착세력인 향리가 존재하고 있어서,[7] 중앙정부의 관료기구에 존재 근거를 둔 사족 양반 계층의 지배체제가 완전하게 성립하였다고는 말하기 어렵다. 또한 평안도 · 함경도(당시는 함길도) · 제주도에는 토관(土官)이라는 토착세력만을 등용하는 지역 관료제도가 설치되었다.[8] 이러한 권력기구의 이중성이 해소되고, 크게 중앙정부로 일원화하는 15세기 말에 와서야 비로소 한성은 유일한 정치와 문화의 중심으로 확립되었다고 말할 수 있다.

근세조선 사회 속에서 한성이 가지는 의미를 이상과 같이 파악하고, 이를 토대로 이 장은 한성을 도시사 연구의 대상으로서 채택하여, 한성 즉 근세 서울론을 전개하고자 한다. 또한 논지 전개의 성격상, 면밀한 사료분석을 생략한 형태로 논의를 제기한 부분이 많다는 점에 대해 미리 양해를 구하여 두고 싶다.

1. 한성의 도시이념

1) 한성의 선정과 풍수

19세기 중엽에 작성되었다고 추정되는 『수선전도(首善全圖)』(〈그림 1〉, 고려대학교 도서관 소장)로 한성을 살펴보자. 전체 형태도, 내부 가로망도, 그 모양이 일정하지 않은 이 도시는 얼핏 보면 자연 발생적으로 형성되어, 계획성 등이 없는 것처럼 보인다. 그러나 한성은 명확한 이념 아래, 위치 선정과 도시 설계가 시행되었던 계획 건설된 도시다. 이 점이 한성의 큰 특색이며, 한성이라는 도시의 성격을 결정하고 있다. 그래서 먼저, 한성을 수도로 선택한 과정부터 살펴보려고 한다.

고려왕조(918~1392년)의 수도였던 개경은 풍수적으로 결함이 있어, 왕도로서의 지덕(地德) 즉 '기(氣)'가 쇠퇴하고 있다는 이유에서, 일찍부터 천도가 주장되었다.[9] 그때 천도지의 대상으로 항상 이름이 거론된 것이, 당시 남경 또는 한양이라고 불리었던, 뒷날의 한성 땅이다. 고려 공양왕 4년(1392) 7월(이하, 연월은 모두 음력), 정도전 등 고급 관료 집단과 결탁한 이성계(조선 태조)는 고려 정부의 실권을 장악하고 있던 최씨 정권을 무너뜨리고, 고려 국왕 공양왕을 폐위로 내몰면서 새 왕조 성립을 선언하였다. 이성계는 개경에서 즉위하자마자, 즉시 개경에서 한성으로의 천도 사업에 착수하였다. 이하 이병도의 연구[10]에 기초하여, 이 사이의 움직임을 추적하여 보자.

태조 원년(1392) 8월, 최고 합의기관인 도평의사(都評議使)는 이성계의 뜻을 이어받아 한양으로의 천도를 결정하고, 즉시 고려시대에 만들어졌던 이궁(離宮)의 보수에 착수하였다. 그런데 이듬해 태조 2년(1393) 1월이 되어, 태실을 묻을 장소를 찾기 위해 남부지방에 파견했던 권중화(權仲和)로

首善全圖

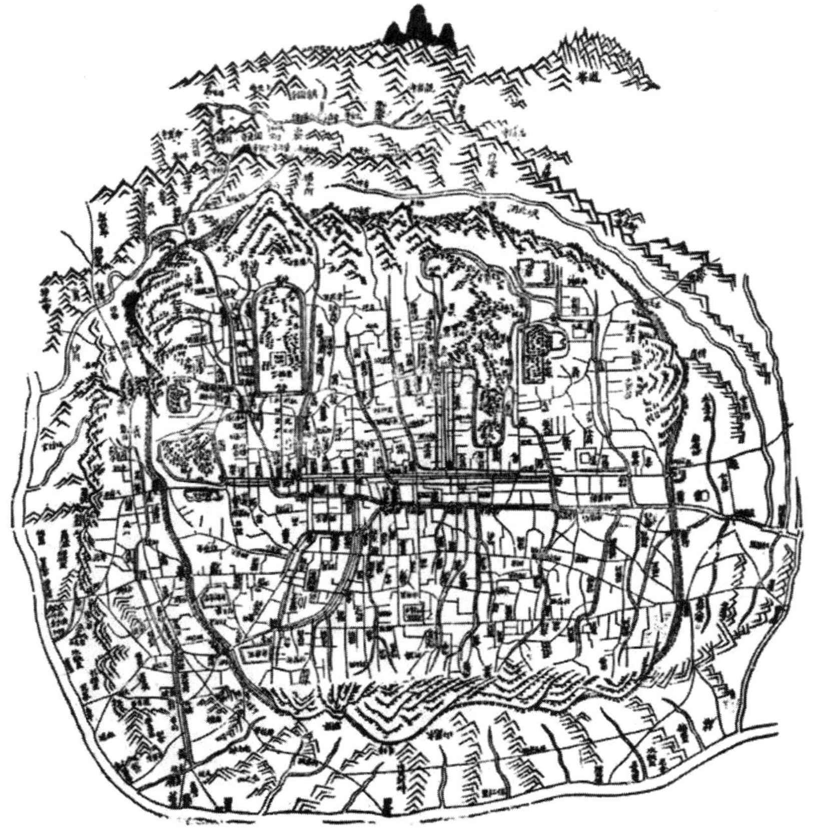

〈그림 1〉 수선전도(首善全圖)
목판 김정호 작, 고려대학교 박물관 소장

부터 양광도(후의 충청도) 계룡산이 풍수적으로 보아 새 수도에 적합하다는 보고가 들어왔다. 이성계는 다음 달 몸소 현지를 시찰한 결과, 계룡산으로의 천도를 결의하고 새 수도 건설에 착수하였다. 그러나 그해 연말이 되어, 정부 수뇌이며 풍수학 권위자인 하륜(河崙)의 강력한 반대에 따라,

이 수도 이전은 백지로 돌아가 버리고 말았다. 하륜이 첫째로 주장한 것은, 계룡산 위치가 남부에 치우쳐있다는 것이지만, 이 천도계획이 철회된 결정적인 이유는 풍수적 결함이었다. 산이 건(乾, 서북) 방향에서 들어오고, 물(하천)이 손(巽, 동남) 방향에서 들어오는 계룡산 지형은, 중국 송나라 풍수가 후순첸(胡舜臣)이 말한 "水破長生 衰敗立至(강 흐름이 장생을 파하여 반드시 쇠망하는)" 땅이어서, 왕도에 적합하지 않다는 것이다. 그 대신 천도 후보지로 하륜이 추천한 곳은 현 서울시 서대문구 일대에 해당하는 한양 모악(母岳, 무악산) 남쪽 기슭의 땅이다. 그러나 풍수학을 관장하는 서운관(書雲觀) 관원과 함께 현지 감정을 한 조준(趙浚)이나 권중화는 토지가 협소하다고 하여 반대하고, 당대의 실력자 정도전(鄭道傳)도 이에 덧붙여 주산(主山)이 낮고 수구(水口)도 폐쇄되어서, 풍수학적 견지에서 성석린(成石璘)이나 이직(李稷) 등이 모두 반대로 돌아섰다. 이 때문에 결국 모악(무악) 남쪽 기슭 안(案)도 폐지되었다. 이리하여 애초의 예정대로 고려시대부터 풍수적으로 높이 평가되었던 한양 천도로 낙착되었다.

그런데 이 정도로 신중한 논의를 한 끝에 실행에 옮긴 한성 천도였지만, 도시건설이 겨우 일단락된 정종 원년(1399), 제2대 국왕 이방과(李芳果, 정종)는 일단 한성에서 개경으로 환도하였다. 사실은 이것에는 정종 자신의 즉위가 결부되어 있었다. 정종 즉위년(태조 7년, 1398) 이성계의 후계자 지명 문제에서, 그의 이복 아들들이 처참한 살육을 연출한 '제1차 왕자의 난' 이 일어났다. '제1차 왕자의 난' 에 큰 충격을 받은 이성계는 퇴위하여 상왕으로 물러나고, 큰아들 이방과가 즉위하게 된다. 왕실 내부에서 이런 중대한 사건이 있었을 뿐 아니라, 이 무렵 한성에 이상(異常) 현상이 계속되어서 서운관이 개경으로의 피방(避方, 방향 바꿈)을 제안했기 때문이다. 따라서 개경 환도는 본래 일시적인 이동이었다. 하지만 지배층 다수나, 개경에서 한성으로 이주한 주민들은 개경 환도를 천도로 파악하여 항상화하려고 하였다. 또한 일부에서는 한성·개경의 양경제(兩京制) 안도 주장되는 사태가 일어났다. 이리하여 이성계의 넷째 아들 이방원(李芳遠, 태종)이 '제2차 왕자의 난'으로 정권을 장악하여, 강한 반대론을 억누르고 태종 5년(1405) 한성으로 재천도하기까지, 햇수로 7년간 개경이 실질상의 수도였다. 원래 풍수설에 큰 홍미를 보였던 이방원이었지만, 굳이 한성 재천도를 실시하였던 것은 하륜이 「지리참서(地理讖書)」(풍수지리서)로써 한성이 왕도라는 것을 주장한 점과 퇴위 후에도 태상왕으로 군림하고 있던 아버지 이성계의 강한 요청이 있었기 때문이다.

이상과 같이 한성 천도에 이르기까지 수도 후보지가 이랬다저랬다 하고, 게다가 일시적으로 국왕이 개경으로 돌아가게 되었던 결정적인 요인은, 모두 풍수학에 따른 현지 감정 결과와 그 해석의 문제였다. 그 사이에 국내 각지와의 거리나 방위 또는 교통 문제 등이 논의되기도 하였지만, 그것은 부차적인 사항이고, 한성의 선정은 어디까지나 풍수학적 견지에서 시행된 것이다. 한성 천도에서 가장 중요한 것은 풍수설에 기초한 위치의 선정이며, 그 밖의 사항은 2차적, 3차적인 문제에 불과하였다.

2) 한성의 건설

『조선왕조실록』의 기재에 따라 한성의 건설 과정 줄거리를 정리하면 〈표 1〉과 같다. 일반적으로 계획도시의 건설이 위치 결정 → 도시 설계 → 도시 건설 → 입거(入居, 遷都)라는 순서로 시행되는 것에 비해서, 한성의 경우는 위치 결정 → 입거(천도) → 도시 설계 → 도시 건설이라는 순서로 되어,[11] 천도를 매우 서두른 것이 큰 특색으로 지적될 수 있다. 성곽도시이면서 성벽 공사의 준공은 천도 2년 후이고, 성문은 천도 4년 후에 겨우 준공되었다.

〈표 1〉 한성 건설 개략 연표

1394년	8월	한양을 새 수도로 결정하고, 도시 설계에 착수하다.
	10월	개경에서 한양으로 천도하다.
	11월	이성계가 종묘와 사직의 터를 선정하다.
1395년	9월	종묘와 광화문 앞의 관청 거리가 낙성되다.
1396년	6월	한양을 한성으로 이름을 바꾸다.
	8월	성벽의 제1차 공사가 준공되다.
1397년	4월	동대문이 완성되다.
1398년	2월	남대문이 완성되다.
1399년	1~2월	종로에 시전(市廛) 설립을 계획하다.[12)

무엇 때문에 이 정도로 천도를 서두르지 않으면 안 되었는가? 이성계가 스스로 현지에서 도시 설계에 관여하고 있었던 것처럼, 그 원인을 그의 강한 의지에서 찾을 수 있다. 본래 한양 천도에는, 개경을 세력 기반으로 두던 고려 이래의 지배층 사이에서 주저하는 소리가 강했고, 개경 주민도 이전에 반대하였다. 이성계가 그 반대를 무릅쓰고, 굳이 졸속이라고 생각될 정도로 천도를 서두른 배경에는, 개경을 떠남으로써 옛 고려 지배층의 정치 · 경제적 기반을 무너뜨리려는 정치 의도가 작용하고 있었던 것은 부정할 수 없다. 그러나 무엇보다도 그에게서 새 왕조를 안정시켜 영원토록 번영시키기 위해서는 '기(氣)' 즉 지덕(地德)이 쇠퇴한 개경이 아니라, 풍수학적으로 번영이 약속된 한양에 수도를 둘 필요가 있었던 것이다. 천도 후보지가 이랬다저랬다 하는 과정에 그의 그 같은 심정이 강하게 투영되었다.

다음으로 주목되는 것은 도시 설계 · 건설이라고 해도, 왕궁 · 종묘 · 사직 · 관청 · 성벽이 그 주된 대상이고, 도로망을 비롯한 내부 공간의 치밀한 구성에 대해서는, 기록상의 한계를 고려할 필요가 있다 하더라도, 거의 그 형적을 찾아볼 수가 없다. 겨우 종로(鍾路)에 물품 유통 시설로서 시전(市廛)의 설치 계획이 보이지만, 이것마저도 거래 상대는 관청이며 내부 거주자에 대한 생활 관련 시설의 배치 기록은 거의 찾아볼 수 없다. 수도 계획의 최대 안목은 왕실 및 정부 관련 시설의 배치를 결정하는 것이고, 그 밖의 문제는 그다지 고려하지 않았다. 이 점은 뒤에서 다시 논하기로 한다.

3) 풍수사상과 한성

풍수 또는 풍수지리란 고대 중국에서 생겨난, 자연 지형과 그 위에서 전개되는 인간 생활과의 긴밀한 관계를 논하는 하나의 사상 체계이며, 생활장(場)에서의 실천이다. 구체적인 내용에 들어가기 전에, 지금까지 조선의 풍수에 관한 주요 연구를 개관하여 두려고 한다.

중국의 풍수사상에 관해서는 이미 19세기 말 이래, 주로 구미(歐美) 연구자에 의한 몇몇 연구가 발표되었지만, 한국의 풍수사상에 대해서는 1931년 조선총독부로부터 촉탁을 받고, 총독부 조사사업의 하나로 연구 성과를 발표한 무라야마 지쥰(村山智順)[13]이 효시이다. 무라야마는 한국의 풍수를 "근대과학의 지리학이 취급하는 것처럼 인문 내지 경제적 방면에서 외면적으로 이용후생을 논급하는 것은 아니고, 길흉화복으로써 내면적으로 인생의 행운을 향유하게 하는 것이다"라고 설명하고, 게다가 그것은 "땅이 점유하는 여성으로서의 생산력에 따라, 어머니로서의 애정에 호소하고, 그로써 행운을 증진시키는 것이다"라고 지모신(地母神) 신앙의 일종이라고 파악하여,[14] 인류학적 관점에서 고유한 체계를 가진 하나의 사상이라는 것을 명확하게 하고 있다. 일본의 식민지시대 이래, 이 풍수는 미신으로서 '근대' 합리주의적 사고로부터 배척되는 경향이 강하지만, 조선총독부 조사사업의 일환이라는 큰 제약은 있었지만, 많은 문헌과 현지 조사에 의해 한국의 풍수를 분석한 무라야마의 연구 성과는 금후의 연구에 큰 시사점을 줄 것이다.

사회인류학의 입장에서 도교 연구자 구보 노리타다(窪德忠)의 협력을 받아, 동아시아 풍수사상의 종합적인 연구를 한 와타나베 요시오(渡邊欣雄)는 풍수란 "자연환경 전체를 가리키는 개념" 이며, "동태적 예견 이론의 구체적인 표징" 이라고 정의하고, 풍수의 측정법은 "구체적인 신비력이 있는가를 탐색하여, '생기(生氣)' 가 될 수 있는 한 인간 생활과 그 밖의 것에 좋은 영향을 주도록 신중하게 지세를 판단하고, '생기' 를 저장하도록 하는 조형공간(造型空間)을 구축하는 일련의 판단과 계획이다" [15]고 파악하였다. 와타나베는 풍수사상이야말로 중국을 중심으로 한 독자적인 동양지리학이며, 이것을 배척해 온 많은 유럽인 연구자의 태도는 "자민족 중심주의적 시점(視點)의 폭로일 따름이며, 이해가 근사치일 수밖에 없는 증거" [16]라고, 그 복권을 주장하였다. 와타나베처럼 이것이 '세계관' 이고, 일본에서도 "모든 조형 공간의 측정을 위하여, 동양지리학 자체의 관점 · 사고방식이 활용되어 왔다" [17]고 말하기 위해서는, 일본 · 중국과 같은 국민국가적 틀을 벗어나, 역사적 실태에 입각한 '지역' 을 기저(基底)로 한 파악 방법이 필요할 것이다. 그러나 동아시아 전체에서 풍수를 분석하려고 하는 와타나베의 연구 성과는 일국적 시야에 머무르기 쉬운 한국사 연구에서 중요한 의미가 있다.[18]

한편 1970년대 후반 이후 한국에서는 지리학 연구자와 건축학 또는 환경공학 연구자들 사이에서 풍수의 중요성이 인식되어,[19] 일종의 실천과학적 색채마저 띠면서, 건축 실무에서도 주목을 받고 있다. 연구의 중심적 역할을 맡고 있는 최창조는 지리학 연구의 관점에서, 풍수의 개념을 "음양론과 오행설을 기반으로 주역의 체계를 주요한 논리 구조로 삼는 중국과 우리나라의 전통적인 지리과학으로, 추길피흉(追吉避凶)〔길한 것을 추구하고 흉한 것을 피함〕을 목적으로 삼는 상지(相地)〔땅의 위치 등을 보고

길흉을 판단하는] 기술학이다"[20]라고 하여, 서양과학에 대한 동양과학으로서의 지리학이라고 주장하여, 무라야마 · 와타나베와 공통의 인식을 보인다. 최창조는 자신이 직접 풍수 감정을 하면서 보다 실천적인 연구를 지향하고 있지만, 현재 한국에서는 자연환경과 인간과의 관계 인식 방법으로서, 풍수사상의 중요성이 재확인되고 있다고 말할 수 있다.

그런데 풍수란 무엇보다도 먼저 지세를 감정하여, 그것이 인간 생활에 어떤 영향을 미치는가를 판단하여, 과거 · 현재 · 미래와 연결된 자기 혈연 계통의 행운을 도모하는 것이다.[21] 자기의 과거, 즉 조상 무덤 위치를 선택하는 음택(陰宅)과 현재 자기의 거주 공간, 즉 주거나 마을 위치를 선택하는 양기(陽基)의 두 가지에 의해, 풍수학적으로 자기의 미래, 즉 자손의 행운이 결정된다는 것이다. 한반도 전역 지세의 좋고 나쁨을 서술한 이중환(李重煥)의 『택리지(擇里志)』가 널리 유포된[22] 것을 보더라도, 근세조선의 사람들 특히 사족 양반층에 속하는 사람들에게는 주거지 선택이 얼마나 중요한 의미가 있었던가를 이해할 수 있을 것이다.

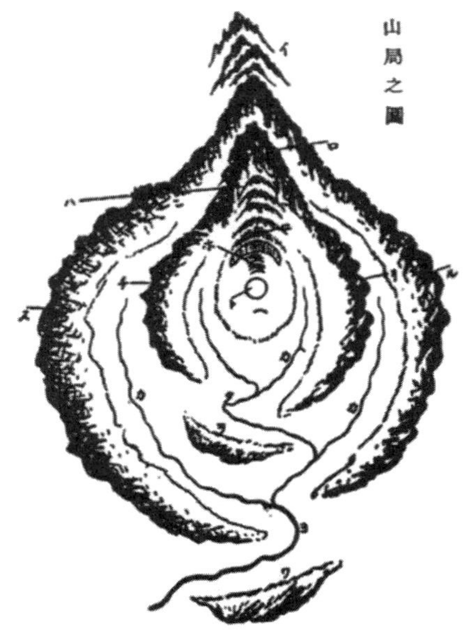

〈그림 2〉 풍수의 산국(山局)(模式)
무라야마 지쥰, 『조선의 풍수』

다음으로 구체적인 풍수 감정법을 살펴보자.[23]

중국에서는 쿤룬(崑崙)산에서 발생한 '기'가 지맥(地脈)을 통해서 전국으로 흘러간다고 파악하고

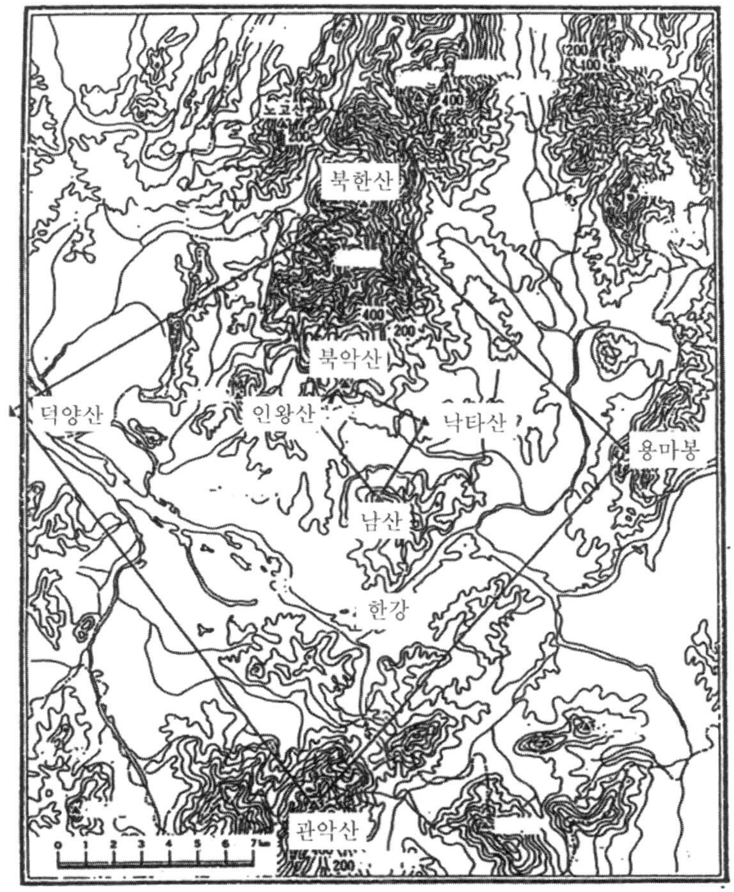

〈그림 3〉 서울 주변의 지세와 풍수

노도양, 「서울의 자연환경」(서울특별시사편찬위원회편, 『서울600년사』 1권, 1977)에 의함.

있지만, 한국에서는 그 한 지맥(支脈)이 백두산으로 들어가, 그곳에서부터 한반도의 산맥을 따라 흘러 제주도 한라산으로 통한다고 생각하고 있다.[24] 한국의 풍수에서는 먼저 이 지맥을 파악하고, 자연경관으로서의 산과 물(강), 그리고 방위, 삼자를 판정 기준으로 하여, '기' 가 발현하는 장소〔'혈'(穴)이라 함〕를 결정하는 것이 가장 중요한 작업이다. 그 방법은 크게 4단계로 나누어진다고 이해되고 있다. 첫째, 지형을 보고 지맥의 흐름을 판정하는 간룡법(看龍法)이다. 지표의 높이를 용으로 표현하여, 그 땅의 길흉을 판정한다. 둘째, 혈(穴)에서 발현하는 생기(生氣)가 바람에 따라 날아 가버리지 않는 지형을 판정하는 장풍법(藏風法)이다. 셋째, 물(강)이 흐르는 법 · 방향을 감정하는 득수법(得水法)이다. 넷째, 생기가 발현하는 혈을 발견하여 그 선악길흉을 판정하는 점혈법(占穴法, 定穴法)이다. 그 한 방법으로 생기가 발현하는 방향을 결정하는 좌향론(坐向論)이 있다. 덧붙이면 일반적으로는 지형을 형태에 따라 '옥녀단장형(玉女丹粧形)'〔예쁜 여인이 곱게 화장한 형국〕, '금계포란형'〔금닭이 계란을 품고 있는 형국〕 등으로 유형화하여, 보다 종합적으로 풍수를 파악할 수 있도록 한 형국론(形局論)이 행해지고 있다.

그런데 한성의 경우, 『택리지』(경기, 경성조)에서는 "온 나라의 산수, 정신을 모으는 곳"이라고 서술하여, 한성은 한반도 전체의 지맥이 모여, 최고의 '기'가 발현하는 곳이라고 하였다. 백두산에서 나온 지맥이 남으로 내려와서, 함경도와 강원도의 교차점인 철령에서 한성으로 이어지고 있다고 한다.

그렇다면 기는 어떻게 발현하는 것인가? 현지의 지형을 살펴보자. 풍수에 의한 주요한 지형의 형국은 〈그림 2〉처럼 형식화된다. 한성의 경우, 〈그림 3〉처럼, 외곽(外郭, 바깥 테두리)을 형성하는 종산(宗山)〔주산(主山) 위에 있는 주산, 즉 종주산〕은 북한산(삼각산), 조산(朝山)은 관악산, 외백호(外白虎)는 덕양산, 외청룡은 용마봉에 해당한다. 또한 내곽(內郭, 안쪽 테두리)을 형성하는 주산은 북악산(백악산), 안산(案山)은 남산(목멱산), 내백호는 인왕산, 내청룡은 낙타산(타락산)이다. 또한 외수(外水)는 한강, 내수는 청계천(開水)이 된다. 따라서 내곽의 각 봉우리를 연결하는 형태로 성벽이 건설된 것이다.

한성을 수도로 선정함에서는, 먼저 한반도 전체 지맥의 흐름 속에서 위치 지움이 행해졌고, 다음으로 현지 지형의 판정이 행해졌다. 각각의 산의 형태와 위치 관계, 또한 북쪽으로 높고, 남쪽으로 경사지고 있는 것 등, 형국이 풍수학설에 합치하여 이른바 호거용반형(虎踞龍盤形)〔호랑이가 걸터앉아 있고, 용이 서려 있는 웅장한 산세의 형국〕[25]으로 감정되어 왕도에 적합하다고 판정되었다. 또한 내수는 성내 세 하천의 물을 모아서 명당을 에워싸는 옷깃처럼 북서에서 동남으로 흘러 외수로 들어가고 있다. 외수는 북동에서 내곽을 에워싸서 허리띠처럼 북서로 사라져 간다. 바로 산수금대(山水襟帶)〔산과 강이 옷깃과 허리띠처럼 둘러싸고 있는 형국〕[26]의 땅이다.

2. 한성의 공간구조

1) 도시계획

한성의 도시계획은 풍수사상과 중국 도성 계획, 두 가지 요인이 중요한 위치를 차지하고 있다.

건설에 즈음해서는 먼저 큰 지형에서 본 위치 선정이 시행되고, 다음으로 현지 지형이 감정(鑑定) 대상이 되었지만, 최후에 가장 중요한 작업으로 행해진 것은 도시계획의 중심을 이루는 '기'가 발현하는 '혈'의 위치(坐)와 그 방향(向)의 감정이었다. 주산은 북악산으로 하고, 혈을 그 앞쪽 지금의 경복궁 터로 하여 임좌병향(壬坐丙向, 북에 위치하면서 남으로 향함)으로 삼았다. 이것은 천자남면(天子南面)〔천자는 북쪽 벽을 등지고 남쪽을 향해 앉음〕이라는 중국의 의식과도 부합하여 문제가 없었으므로, 왕궁으로서 경복궁이 조영되었다.[27] 또한 북한산에서 나오는 또 하나의 지맥인 응봉(鷹峰, 坎山)의 앞쪽에는 종묘가 조영되고, 뒷날 그 북측에 별궁으로 창덕궁이 조영되었다. 그러나 천도 50년 뒤 세종 대에, 이 응봉의 지맥에서 조금 서쪽으로 비낀 취운정(醉雲亭) 산줄기가 한성의 주산이라는 설이 주장되어, 창덕궁 일부를 옮겨야 한다는 논의가 일어나는[28] 등 풍수의 해석은 단순하지 않다. 또한 16세기 말 도요토미 히데요시(豊臣秀吉) 일본군이 침입했을 때 경복궁이 소실된 후 19세기에 홍선대원군이 재건할 때까지 왕궁은 창덕궁으로 옮겨졌다.[29] 경복궁의 북동부가 조금 낮은 것이 외적 침입을 부른 것이라는 비난도 강하였다.[30]

왕궁 관계 이외의 여러 시설, 특히 외부와의 접점인 성벽과 성문은 풍수를 고려하여 건설하였다. 성벽은 백악산(朝山) · 인왕산(내백호) · 남산(안산) · 낙타산(내청룡)을 연결하는 지맥 위에 건설되어, 결과적으로는 매우 부정형(不定形)하게 되었다. 또한 정문인 남대문은 인왕산 지맥과 남산 지맥의 교차점에, 동대문은 낙타산 지맥과 남산 지맥의 교차점에 각각 건설되었다. 일단 건설된 서대문도 태종 13년(1413), 지맥과의 관계 때문에 현재 위치로 옮겨졌고,[31] 풍수적으로 흉하다는 북대문은 봉쇄되어 버렸다.[32] 간(艮, 동북) 위치에 있는 남소문은 이것도 풍수상 불길하다는 이유로 몇 번이고 봉쇄와 해제를 반복하다가, 최후에는 폐지되고 말았다.[33]

이상과 같이, 한성은 풍수설에 따라 위치 선정이 이루어지고, 또 도시설계도 풍수설에 따라 이루어졌다. 더욱이 서대문의 이전에서 보는 것처럼, 지맥에는 될 수 있는 한 인공을 가하지 않는 것이 특색으로 지적될 수 있다. 지형에 손을 댄 거의 유일한 예라고 말해도 좋은 것은 청계천이 성벽으로부터 흘러나오는 지점의 낮음을 보완하기 위해서, 건설 초기에 만들어진 소규모 가산(假山)[34]일 것이다. 그러나 이것도 후대에는 소실되었다. 동부의 저평성(低平性, 낮고 평평함)이 문제가 된 때에도, 홍인문의 문

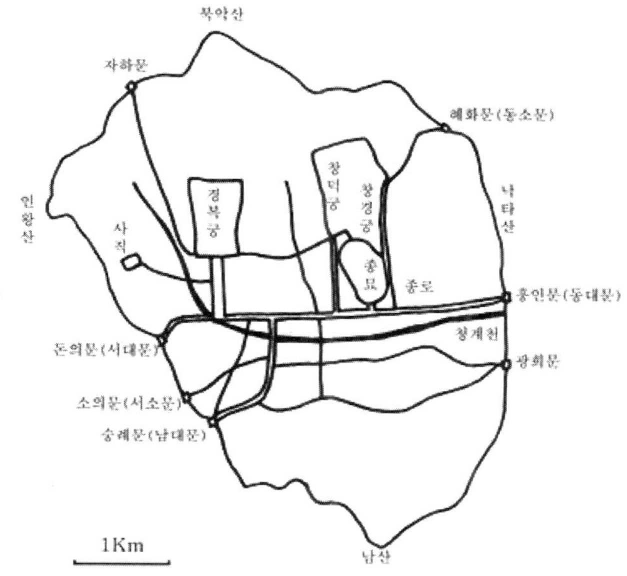

〈그림 4〉 도성 안의 주요 도로와 시설

이름을 '흥인지문(興仁之門)' 이라 하여, 한 글자를 추가하여 그 낮음을 보완하는 것으로써 대처하였다.[35] 한성은 바로 무라야마 지쥰이 말한 것처럼 '풍수천년의 도(都)'[36]이다.

또 하나 고려하지 않으면 안 되는 것은 중국 도성 계획의 영향이다. 간략화한 〈그림 4〉처럼, 왕궁(경복궁)은 북쪽에 있어서 남면하고, 왕궁에서 보아 좌측에 왕실의 선조를 제사 지내는 종묘(宗廟), 우측에 토지와 오곡의 신을 제사 지내는 사직(社稷)을 배치하는, 천자남면(天子南面), 좌묘우사〔左祖右社, 좌측에 종묘, 우측에 사직〕라는, 중국 도성 계획과 일치시키고 있다. 하지만 얼핏 보아, 한성의 도성 형태는 중국 도성이나 그 강한 영향 아래에서 조영된 일본 고대 도성(平城京 · 平安京)과는 크게 차이가 있다.

첫째로, 성벽은 주위 산봉우리를 따라 이어져서 부정형(不定形)을 이루고 있고, 게다가 가로망도 불규칙적이다. 이와 같이 직선이나 규칙적인 곡선을 사용하지 않은 것이, 이 도시를 비계획 도시처럼 여기게 하는 점이다. 한편 주지하는 바와 같이, 중국 도성은 직선을 기조로 한 성벽으로 둘러싸이고, 내부는 바둑판 가로망으로 구성되었다. 바둑판처럼 지상은 규칙적인 구성을 가진, 질서정연한 소우주가 출현한다. 한성에서는 이것이 보이지 않는 것이다.

둘째는 궁전 이름이다. 베이징(北京)의 고궁(故宮)을 자금성(紫禁城), 일본 헤이안교(平安京)의 정전(正殿)을 자신전(紫宸殿)이라고 이름한 것은 모두 천궁(天宮)의 중심인 자미궁(紫微宮, 북극성)을 모방한 것이다. 또는 정전을 태극전이라 칭한 것은 우주의 근원인 태극을 표현하고 있다. 황제(또는 천황)는 이와 같이 지상에 우주 질서를 새겨 넣는, 지상에서 지고(至高)한 지배자라는 것을 표현한 것이다. 그것에 대해서 경복궁 정전은 근정전(勤政殿), 창덕궁 정전은 인정전(仁政殿)이라고 칭하고 있다. 겸허한 명칭이다.

셋째는 천단에 해당하는 제천(祭天) 시설을 가지고 있지 않다는 점이다. 고려왕조는 개경에 제천시설로서 원구단(圜丘壇)을 설치하였고,[37] 천도 당시의 한성에도 그것이 계승되었다. 그러나 애초부터 그 설치가 중국 황제에 대해서 불경(不敬)하다는 반대론이 강하여, 폐지와 부활을 거듭한 끝에 마침내 15세기 후반에는 그 모습을 감추어 버리고 말았다.

넷째는 왕궁 외에 여러 시설의 배치이다. 중국 도성 계획은 동시서시〔東市西市, 동쪽 시장, 서쪽 시장〕처럼, 여러 시설의 규칙적 · 대칭적 배치에 큰 특색이 있고, 일본 고대 도성도 그것을 거의 그대로 답습하고 있다. 그러나 한성에서는 왕궁 자체가 서쪽으로 치우쳐 있어서, 여러 시설은 규칙적 · 대칭적 배치를 하고 있지 않다. '혈'의 위치에 세워짐으로써 치우쳐 있지만, 도시계획은 '혈'과 그 방향을 기준선으로 한 규칙적 · 대칭적 배치로는 될 수가 없었던 것이다.

이상과 같이, 도시계획에는 중국 도성의 강한 영향이 보이지만, 중요한 점에서 몇 가지 다른 점이 보인다. 그것을 정리하면, 군주와 우주와의 관계이고, 군주의 자기규정 문제라고 말할 수 있다. 중국 황제가 지상에서 지고한 존재로서 우주 질서를 도성에 재현한 것에 비해서, 중국 황제로부터 책봉을 받았던 존재인 조선 국왕은 자신을 완전한 지상의 지배자로는 규정하지 않았다. 중국과의 관계 속에서 자신을 위치 지움으로써, 대우주 속의 소우주로서의 완결성을 구하였다. 한성의 도시계획은 바로 그러한, 중국을 중심으로 한 동아시아의 예적(禮的) 질서에 규정된 조선 국왕의 자기표현 그 자체이다.

2) 가로망의 구조

한성 건설 당시의 도로 계획에 대해서는 명확한 기록이 없다. 1460년 편찬된 『경국대전』(권6, 공전, 橋路)에는 성내의 도로 폭을 영조척(營造尺)으로, 대로 57척(약 12.5m), 중로 16척(약 5m), 소로 11척(약 3.4m)으로 하고,[38] 각각 양측에 폭 2척(약 0.45m)의 도랑을 설치하도록 규정하고 있지만, 이것이 구체적으로 어느 도로에 해당하는지 등 계획의 상세한 내용은 분명하지 않다. 여기서는 〈그림 4〉에 따라 가로망의 구조를 살펴보고 싶다.

먼저 가로망의 골격을 형성하는 광폭의 도로로서는 ① 동대문에서 서대문까지 중심부를 동서로 관통하는 종로, ② 종각에서 종로로부터 갈라져서 남대문으로 향하는 남대문로(당시 도로 명칭은 없었다), ③ 종로와 황토현(黃土峴) 광장에서 T자형으로 교차하는 광화문 앞의 거둥길(御路, 통칭 육조 앞), ④ 종로 중앙에서 T자형으로 교차하여 창덕궁으로 향하는 창덕궁 동구(洞口), 이상 4곳이 확인된다. 그러나 가장 넓은 ②는 경복궁 참배 도로이며 양측에 관청이 늘어서 있고, 군대 연습이 행해지는 등 성스러운 광장의 성격이 강하다. 또한 ④도 창덕궁 참배 도로이다. 이렇게 본다면 한성의 가로망은, ① 종로와 ② 남대문로를 축으로 한 T자형 골격[39]에, 경복궁과 창덕궁으로 향하는 참배 도로가 가지처럼 생긴 모습으로 이루어져 있다. 또한 준(準)간선도로라고 할 수 있는, 서소문에서 진입하는 도로는 경복궁 북측에 있는 창의문(彰義門)으로부터의 진입로 이외에는, 모두 일단 종로로 들어가서 왕궁과 연결되어 있다. 이렇게 본다면 남대문로조차도 종로의 지선적(支線的) 성격이 강하여, 한성은 종로를 단일 기본축으로 하여 가로망을 구성하고 있다고 말할 수 있을 것이다. 근세의 한성 지도가 대부분 경우, 〈그림 1〉처럼 지명 표기를 종로의 남북으로 역행(逆行)시키고 있는 점도 이러한 의식의 반영일 것이다.[40] 외부세계(성외)와 내부세계(성내)는 종로에 의해 연결되고, 다시 한번 내부세계의 진짜 중심(왕궁)과도 연결되었다. 결국, 외부 → 문 → 종로 → 왕궁이라는 순서가 형성되었던 것이다. 성내의 주요 가로(街路)는 종로를 축으로 해서 성내를 연결하는 동시에, 전국을 왕궁 즉 국왕으로 연결하는 이중의 역할을 담당한 것이다.

성문은 각각 의미가 있었다. 종로가 한성 가로망의 기본 축이 되고 있었지만, 동서 양쪽 끝에 위치하는 홍인문(동대문)·돈의문(서대문)의 두 대문이 정문이라고 말할 수는 없다. 중국과 마찬가지로 남쪽의 주작(朱雀)에 해당하는 숭례문(남대문)이 정문이며, 동대문이 그것에 버금간다. 남대문과 동대문이 중요한 지맥의 교차점에 건설된 것은 앞에서 언급하였지만, 애초 도성에 건조된 일곱 성문 가운데, 문루(門樓)가 중층구조를 한 것은 이 두 대문뿐[41]이며, 서대문을 포함한 그 외의 문루는 단층구조이거나 또는 건조되지 않았다. 귀문(鬼門)에 해당하는 숙청문(肅淸門, 북대문)은 암문(暗門)으로 돌로만 축조되었다.

의주(義州)에서 남하하여 오는 중국 사절(勅使)은 돈의문을 통과하여 숭례문으로 입성하고, 조선 국왕의 사자(御使)도 이 문으로 나가는 경우가 많다. 그 때문에 일곱 성문 가운데 숭례문이 가장 장대하다. 또한 어사는 동대문으로 출발하는 경우도 많았다. 한편 북대문은 풍수상의 이유로 늘 폐쇄되어 있었는데, 후에 폐지되고 대신 자하문(紫霞門)이 조영되었다. 또한 소의문과 광희문은 각각, 장의(葬儀) 행렬이 성외로 나가는 동서 출구이다.

성내의 길은 광장적 성격이 강한 거둥길(御路) 이외에는 간선도로까지를 포함하여 직선상의 도로가 없고, 모두 불규칙한 굴곡을 보이고 있다. 또한 겨우 직선상에 가까운 종로도 전체적으로 완만하게 굴곡을 이루고 있다. 물론 사료도 없는 데다, 발굴 조사가 이루어지지 않은 현시점에서는 바로 건설 애초부터 이러한 도로 상황이었다고 단정할 수는 없다.[42] 하지만 가장 애초에는 직선이었지만, 가옥의 침식 등에 따라 변용을 초래한 결과로 보기는 어렵다. 첫째로, 최대의 간선도로인 남대문로가 곡선을 보이고 있다. 둘째로, 규칙적 또는 직선적 도로망의 흔적이 보이지 않는다. 일단 실시된 도로 분할은 꽤 오랜 세월이 지난 후에도, 도로 그 자체나 지적(地籍)에 그 흔적이 보이는 것은 각 지역의 역사지리학 연구 결과를 보면 명백하다. 오히려 그보다도, 수많은 작은 지형이 복잡하게 전개된 한성 성내 도로망에 대해서는 서대문 이전의 결과, 종로가 흥화문(興化門) 앞에서 크게 굴곡한 것처럼, 풍수와의 관계가 중요한 의미를 지니고 있다. 종로나 그 밖의 성문으로부터 진입하여 오는 준(準)간선도로의 굴곡에 대해서도, 지맥과의 관계를 고려할 필요가 있다. 또한 그것과 동시에, 가옥의 침범 등에 따라 도로 폭 규정 그 자체가 꽤 일찍 사문화(死文化)되어 버렸다는 것도 고려해 둘 필요가 있을 것이다. 18세기가 되면 종로나 남대문로에서는 상인이 도로를 침범하여 건설한 가가(假家, 점포)가 상설화하여, 국왕의 행렬 통과에 지장을 초래할 정도로 도로 폭이 좁아지고 있었다.[43] 그것이 복잡한 작은 굴곡을 만들어 냈던 것이다. 또한 간선도로 이외의 생활도로는 주민의 주거 건설로 생기게 된 결과, 이면 도로에서 미로(迷路) 상태가 나타났던 것이라고 생각한다.[44)]

이상과 같이 한성의 도로망을 거시적으로 보면 지맥이, 미시적으로 보면 가옥 침범이, 각각 주된 규정 요인이 되어서[45)] 불규칙적인 형태를 보이고 있다. 다만 유감스럽게도 현재로서는, 성내 지맥에 대해서는 조사와 연구가 이루어지지 않았기 때문에, 지맥과 도로의 관계는 분명하지 않다. 종로나 남대문이 어떠한 모습으로 계획되고 건설되었는가에 대해서는, 발굴조사 등을 토대로 한 복원 작업이 요망된다.

3) 거주하는 공간

한성부는 부(部) · 방(坊) · 계(契) · 동(洞)의 4단계 행정 구획으로 구성되어 있다. 부는 개경(開京)의 제도를 답습하여, 중 · 동 · 서 · 남 · 북의 5부가 설립되었다. 방은 한성 건설과 동시에 49방이 설정되었지만,[46)] 그중에서 동부 숭신방(崇信坊) · 인창방(仁昌坊)과 서부 반송방(盤松坊) · 반석방(盤石坊) 네 방은 성벽 바깥쪽에 있었다. 결국 한성부의 거주 공간은 이미 건설 당시부터 성벽 밖에까지 확대되고 있었던 것이다. 성내만으로는 완결할 수 없었던 점도 한성의 하나의 특색으로 인정해야 할 것이다.

방(坊) 내부는 18세기 후반이 되면, 300개 이상의 계(契)로 나누어져 있었다.[47)] 계 밑에 동이 있는데, 그것이 주민의 생활 단위가 되었다. 그러나 '중부 장통방 광주주인계 제1통 제1호(中部 長通坊 廣州主人契 第一統 第一號)' 처럼, 1894년 이전 호적이나 공문서의 주소 기재는 계까지로 끝나고, 동의 대략 수도 분명하지 않다. 동이 정식적인 행정구역으로 인정된 것은 1894년 갑오개혁(甲午改革)부터[48)]이지만, 『훈도방 주자동지(勳陶坊鑄字洞

誌)』(17세기, 규장각 소장)와 같은 동지(洞誌)가 편찬된 것처럼, 동(洞)이야말로 주민이 거주하는 공간이었다. 다만 근세 말기에 이르기까지 동은 유동적이고 불안정한 존재로서, 고정된 행정구역으로는 될 수 없었다. 그 때문에 정부로서도 동 위에 형성된 계를 최하위 행정구역으로 파악하게 된 것이다.[49] 18~19세기 한성지도에, 동은 지명으로서 기재되어 있어도, 정식적인 행정구역으로서는 부・방・계가 주기(注記)되어 있을 뿐이다.[50]

한성부의 행정 관할 범위는 성벽 안(성내 10리[51])만은 아니고, 『세종실록』 지리지(1454년)〔경도한성부, 성저십리〕에 "동쪽은 양주 송계원(松溪院) 및 대현(大峴)에 이르고, 서쪽은 양화도(楊花渡) 및 고양 덕수원(德水院)에 이르고, 남쪽은 한강 및 노도(露渡, 노량진)에 이른다"라고 규정한 것처럼, '성저십리(城底十里)'[52]라고 불리는 성벽 밖도 포함하고 있었다. 『속대전』(1744년) 권5, 형전 금제조에서는 상세하게 ① 동쪽은 대보동(大菩洞)・수유현(水踰峴)・우이천(牛耳川)・상하벌리(上下伐里)・장위(長位)・송계교(松溪橋)에서 중량포(中梁浦)에 이르러 천강(川江, 한강)으로써 경계를 삼고, ② 남쪽은 중량포・전곶교(箭串橋, 살곶이다리)・신촌・두모포에서 용산에 이르러 천강으로써 경계를 삼고, ③ 북쪽은 대보동・보현봉(普賢峰)・저서현(猪噬峴)・연서(延曙)・구관기(舊館基)・대조리(大棗里)에서 석곶현(石串峴, 돌곶이고개)의 남서 합류처에 이르러 산등성이 뒤쪽으로써 경계로 삼고, ④ 서쪽은 석곶현・시위동(時威洞)・사천도(沙川渡)・성산(城山)・망원정에서 마포에 이르러 천강으로써 경계를 삼는다고 규정하고 있다. 대략 현재 서울 시역(市域) 중 강북이라고 통칭되고 있는 한강 이북 지역이 그 범위 안이 된다. 위에서 서술한 부・방・계에 대해서도, 성벽 안팎의 구별은 없다. 성내 중앙부에 있는 중부를 제외하고, 다른 네 부는 모두 성 안팎에 걸쳐 있다. 방(坊)은 일반적으로 성벽을 경계선으로 하고 있지만, 동부 숭인방(崇仁坊)은 성벽을 넘어서 퍼져 있다. 결국 행정구역으로 말한다면, 한성은 대충 어림잡아 성내=가구(街區)와 성외=교촌(郊村)[53]의 두 부분으로 구성되었던 것이다. 다만 위에서도 언급한 것처럼, 건설 애초부터 설정되었던 숭신방 · 인창방 · 반송방 · 반석방 네 방은 가옥이 밀집되어 있어서, 성내에서 연장한 가구(街區)로 간주할 수 있다.

이 구역 안에 18세기 말부터 19세기에 걸쳐서, 대략 성내 13~14만, 성외 5~6만, 합계 대략 20만 명 전후로 추정되는[54] 사람들이 거주하였다. 개성 약 3만, 평양 약 2만으로 추정되는[55] 다른 가구(街區) 인구에 비해서, 한성이 얼마나 거대한가를 추측할 수 있다.

성문은 야간에 봉쇄되어 통행이 금지된다. 성내 · 성외는 이와 같이 구분되었던 것이지만, 행정이나 또는 좌우 포도청의 경찰력 행사에서도 안팎으로 현격한 구별은 눈에 띄지 않는다.[56] 도시법(都市法)과 같은 특별한 법률은 존재하지 않고, 성내와 성외는 기본적으로 동일한 법질서 아래에서 지배를 받고 있었다. 따라서 한성부 전체를 문제로 삼는다면 성외를 제외할 수는 없지만, 이 장에서는 도시사적 관점에서 오직 성내만을 검토 대상으로 하였다. 이 점에 대해서는 뒷장 한성의 변용에 대하여 논할 때 언급하기로 한다.

4) 교환 장소로서의 한성

한성부는 정치도시인 동시에 교환 · 유통의 장소였다. 노점 형식으로 행해진 장시(場市)와 상설 점포를 가진 시전(市廛)의 두 종류가 있고, 다시 시전은 육의전(六矣廛)과 일반 시전으로 나누어지기 때문에, 합하여 세 종류의 교환 · 유통의 장소가 있었던 것이다. 이것은 다른 지역에는 없는 한성의 특색이다.

장시는 근세조선 유통경제의 중심으로, 19세기 초에는 한성도 포함해서 전국에 1,000개 이상이 활동을 하였다.[57] 중심을 이룬 대시장을 중심으로 중소시장이 지역 내 연망(network)을 만들어,[58] 5일마다 열리는 오일장 체계로서 유통 · 교환의 근간이 되고 있다. 한성에서는 종로의 종각 주변, 이현(梨峴), 남대문 밖 칠패(七牌) · 팔패(八牌)의 세 군데 '대시(大市)'[59]를 비롯하여 서소문 밖 등, 성 안팎 각 곳에서 장시가 열리고 있었다. 오전 중에는 주로 동대문 옆 이현과 서소문 밖에서 열리고, 오후가 되면 종로 종루(鍾樓) 주변으로 이동하였다. 또한 남대문 밖 칠패는 특히 어류, 이현에서는 채소류가 많이 취급되었다고 한다.[60]

시전은 한성 외에 평양, 개성 및 건설 당초의 수원에만 설치된 상설 점포이다.[61] 한성의 경우, 육의전이 종루 양옆에 회랑 형식의 점포를 만들고, 일반 시전은 육의전을 에워싸는 것처럼 종로 연변으로부터 남대문로가 청계천에 걸친 광교(廣橋) 부근까지 널리 퍼져 있었다.[62] 또한 '성외전(城外廛)'이라 불리는 것이 서소문 밖을 비롯하여 한강 주변의 마포 · 서강 · 용산 · 뚝섬(纛島) 등 포구 주변에도 전개되어 있었다.

시전은 상인조합으로, 일반적으로 취급 상품 이름을 붙인 시전 명칭으로 불리고 있었다. 『육전조례(六典條例)』(1865년)에서 19세기 중엽 시전을 살펴보면, 선전(線廛, 縇廛, 立廛) · 면포전 · 면주전 · 지전 · 저포전 · 포전 · 내외어물전 · 청포전 · 연초전 · 상전(床廛, 잡화, 13전) · 미전(상 · 하등 5전) · 잡곡전 · 생선전(생선) · 발리전(鉢里廛, 도자기) · 은국전(銀麴廛) · 의전(헌옷) · 면자전(綿子廛) · 이전(履廛) · 화피전(樺皮廛) · 인석전(茵席廛) · 진사전(眞絲廛) · 청밀전(淸蜜廛) · 경염전(京鹽廛) · 내외장목전(長木廛, 통나무) · 철물전 · 연죽전(烟竹廛, 담뱃대) · 내외시저전(匙箸廛) · 우전(牛廛) · 마전 · 승혜전(繩鞋廛) · 치계전(雉鷄廛) · 채소전 · 우전(隅廛, 과일. 상우전 · 하우전 등 6전) · 세물전(貰物廛, 의식 용품 대출) ·

양대전(凉臺廛)·잡철전·백당전(白糖廛, 물엿)·복마전(卜馬廛, 짐말)·내외세기전(貰器廛, 여러 용구 대출)·상하목기전(木器廛)·등전(鐙廛)·초립전(草笠廛)·내외흑립전(黑笠廛)·상좌반전(上佐飯廛, 염어)·족두리전(빗)·망건전·내외전립전(氈笠廛)·고초전(藁草廛, 지붕 잇는 볏짚)·창전(昌廛, 신발 밑창)·저전(돼지고기)·전족전(箭鏃廛, 화살촉)·도자전(刀子廛, 작은 칼)·종자전·초물전(草物廛)·교자전(轎子廛)·조리목전(條理木廛, 판자)·간수전(艮水廛, 간수) 등의 존재가 확인된다. 이 가운데 '내외(內外)'라는 명칭이 있는 것은 성내·성외에 두 시전이 병립한 것을 가리키는 것이고, '상하(上下)'라는 명칭이 있는 것은 성내에 두 시전이 있는 것을 가리키는 것이다. 이것 이외에도 다른 사료에 기록된 것이 다수 있고, 또한 영세한 때문에 기록에 남아있지 않거나, 중도에 폐지되거나 통합된 시전도 다수 있었다.[63] 수공업 제품을 비롯하여 식료품 등 당시 모든 생활 관련 물자가 취급되고 있었다.

시전의 조합(都中)은 평시서의 인가를 받아, 한성부 관내에서 특정 상품의 전매권을 가지고 있었다. 조합 가입자나 또는 조합으로부터 허가를 받고 판매권을 얻은 자가 아니면, 조합이 취급하는 상품을 판매할 수가 없었다. 조합에 가입하지 않은 자에 의한 무허가 판매는 '난전(亂廛)'이라 불리는 불법행위로 간주하여, 조합은 직접 상행위를 금지할 뿐만 아니라 상품 몰수도 할 수 있었다.

시전 가운데 육의전은 한성에만 인가되었던 특별한 상인조합이다. 특권을 가진 대상인으로 이해되고 있는 것[64] 같지만, 특권의 내용에 대해서는 명확하지 않다. '육의(六矣)'란 6개의 주(株)로 이해되는데,[65] 본래는 6개 상인조합이 정부로부터 인가를 받은 것으로 보인다. 그러나 18세기 이후가 되면 주(株)〔금(衿, 깃, 몫)〕를 나누거나, 공동으로 1주(깃, 몫)를 보유하거나 하여, 인가 조합의 수가 7개 또는 8개가 되는 것도 있다. 취급 상품은 시대에 따라 약간 차이가 있지만, 시전별로 살펴보면, ① 입전(선전)=중국산 견직물, ② 면주전=조선산 견직물, ③ 면포전=조선산 면포·은, ④ 포전=조선산 마포〔삼베〕, ⑤ 저전=조선산 저포〔모시〕, ⑥ 청포전=중국산 면포·중국산 양모모자, ⑦ 지전=종이, ⑧ 내외어물전=해산 건어물 등이었다. 대략 중국·조선산 견·면류, 은, 종이, 건어물로 분류될 수 있을 것이다.

이상의 교환·유통 체계는 한성을 중심으로 하여 〈그림 5〉와 같은 단계 모양으로 파악된다. 한성의 경우, 장시는 시전 하부에 편입되었다고 본다.[66] 이 체계는 상품을 주로 한 상하의 서열이라고 파악할 수 있을 것이다.

최상단에는 직물·은·종이·건어물이 위치하고, 중간에는 수공업 제품·식료품이 들어간다. 최하단에는 농민의 교환 장으로, 식료품 등 농산물이 중심을 이룬다. 최상단에 있는 것은 화폐로 환산된 가치가 높을 뿐만 아니라, 외부(중국)에서 수입된 것이거나 또는 영속성이 있고, 상품으로서 가지고 있는 상징=위신적인 가치가 높다.[67] 어물도 마찬가지로 해산물이지만, 금방 부패하는 생선은 최상단에 위치할 수가 없고 또한 당시 최대 상품인 쌀도 결국 부패하여 영속성이 없기 때문에 육의전에 들어갈 수 없었던 듯하다. 이렇게 본다면, 〈그림 5〉는 상품을 통하여 본 상징=권위의 등급이라고 말할 수 있을 것이다. 최상단의 보다 더 위에, 중국·왕가(王家, 정부)가 들어오게 된다. 그 때문에 정부와 밀접한 관계에 있었던 육의전[68]은, 1791년 신해통공(辛亥通共) 실시로 일반

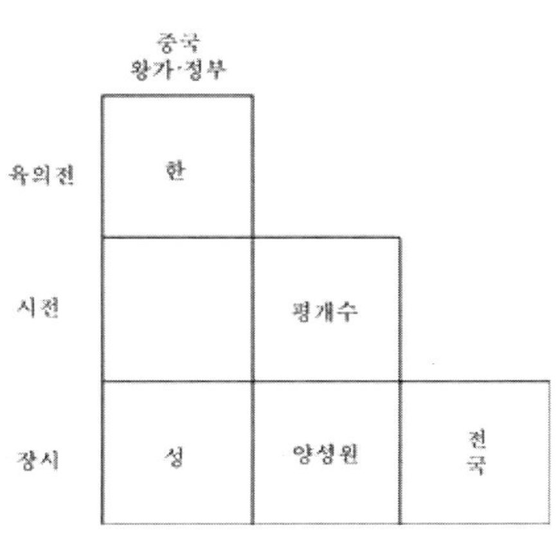

〈그림 5〉 교환의 장(場)과 지역

시전의 난전 금지권〔금난전권(禁亂廛權)〕이 폐지된 후에도, 1894년 갑오개혁까지는 금난전권을 보유할 수 있었다. 여기에 중국 → 왕가(정부)=한성 → 평양 · 개성 · (수원) → 지방이라는 권위의 서열이 상징적으로 나타나게 되는 것이다. 이 피라미드에서 두 번째에 등장하는 평양 · 개성 및 특정 시기의 수원은 조선시대에 한성과의 관계에서 다른 지역과는 꽤 다른 지위에 있었다. 수원은 18세기에 한성에 대한 부수도(副都)로서 계획적으로 건설된 도시이며, 평양과 개성은 앞에서 언급한 것처럼, 한성 · 경주와 함께 고려시대에 4경(京)을 구성하였다. 또한 평양은 고구려, 개성은 고려의 수도였다. 이 외에도 몇 가지 이유가 있을 것이지만, 일단 평양 · 개성 · 수원이 한국 근세 속에서 특이한 위치를 차지하고 있다는 것은 틀림없다.

바로 한성은 '경(京)' 이라는 것에 의해 외부의 문화를 독점할 수 있었다.

3. 한성에서의 '근대' -결어에 대신하여

한성은 풍수설에 기초하여 위치가 선택되고, 도시 설계가 이루어진 계획적 건설 도시이다. 중국의 고대 · 중세도시나 일본의 고대 도성과는 공통된 건설 이념을 따르고 있었지만, 철저함에서는 크게 차이가 있었다. 비교적 높고 험한 작은 지형이 뒤섞여 있다고 하는, 한반도의 지리적 조건을 반영한 동시에, 덧붙여 그 위에서 전개되는 인간 생활과 환경으로서의 자연에 대한 의식 상태의 차이를 반영하고 있다고 이해될 것이다. 풍수설을 수용한 동아시아 여러 지역과의 비교 연구가 더욱더 요망되는 바이다. 그런 까닭에 비로소, 근대도시와는 다른 도시로서의 한성의 의미가 명확하게 될 것이다.

또한 한성은 조선에서는 유일한 '경(京)' 인 동시에, 중국의 책봉(冊封) 체제에 편입된 한 지역의 정치 중심이었다. 중국 도성의 기본 계획인 천자남면(天子南面)·좌조우사(左祖右社, 左廟右社)를 도입하여, 국왕이 조선에서 최고 지배자라는 것을 선언하면서, 제천(祭天) 시설을 폐지하고, 중국 황제의 아래에 있는 것을 명확하게 하고 있다. 또한 왕궁 이름에 북극성 등을 사용하지 않고, 바둑판 모습이 아닌 불규칙한 가로망에 의해, 우주 질서를 지상에 재현하는 것을 거부하고 있는 것처럼 보인다. 한성은 바로 조선이라는 근세국가의 자기규정을 구체화한 것이었다. 이상의 두 가지 점을 전제로 하여, 마지막으로 한성이 근세에서 근대로 어떻게 변용하고 있었던가를, 도시이념의 변화라는 관점을 중심으로 개관하여 보려고 한다. 시기는 크게 네 시기로 구분할 수 있다. 시기에 따라 살펴보고 싶다.

제1기(천도~17세기 전반) 풍수 도시로서 완결성을 지향한 도시 개조가 이루어졌다. 서대문을 이전하고, 지형이 낮아서 문제였던 청계천의 성외로 나가는 유출구 옆에 가산(假山)을 만들었다. 그러나 지맥의 절단 등 큰 개조는 이루어지지 않았다.

제2기(17세기 후반~19세기 전반) 외연부(성벽 밖)로 시가지가 확대됨에 따라, 근세 서울의 도시공간이 형성되었다. 17세기 후반, 성벽 밖 서쪽으로 시가지가 현저하게 확대되는 것을 배경으로 하여, 서소문 밖을 중심으로 발전하여 온 성외 상인이 성외전(城外廛)으로 공인되어,[69] 성내 상인에 의한 독점 체제가 변화한다. 게다가 1791년 신해통공의 실시로 난전 금지권〔금난전권〕이 폐지되어 시전의 상업 지배체제가 허물어진다. 서울의 확대를 통해서 풍수적 완결성이 서서히 변화해 간 시기이다.

제3기(19세기 후반~20세기 초) 1876년 조일수호조규〔강화도조약〕 체결에 따라 '개국' 한 조선에 청국인·일본인 등 외국인이 들어와, 한성의 남부 지역에 거주하게 되었다. 이와 같은 조선을 둘러싼 국제정세의 변화에 따라, 한성은 일본이나 서구 열강 제국과의 관계를 의식하지 않을 수 없게 되어, 중국과의 관계를 상대화하기 시작한다. 청일전쟁의 결과 1895년 체결된 시모노세키(下關)조약에 의해, 조선은 '독립자주의 나라(獨立自主之邦)' 가 되어, 중국의 책봉에서 완전히 이탈하여 '근대' 적인 국가가 된다. 다음 해 1896년, 건양(建陽) 원년이라고 개원(改元)하고 태양력을 채용하여, 중국 황제에 의해 지배되고 있던 시간 체계에서 '근대' 적인 시간 체계로 이행한다.[70] 1897년에는 국명을 대한제국으로 바꾸고, 국왕도 황제라고 일컫게 되었다. 이것으로 비로소 의식면에서도 중국 황제의 속박에서 벗어나고, 원구단(圜丘壇)을 지어 400년 만에 천제(天祭)를 재현하였다.

제4기(20세기 초~1945년) 일본에 의한 도시 개조가 이루어지고, 지맥을 절단하여 풍수적 완결성이 파괴되었다. 이미 동대문 주변에는 약간의 성벽 철거가 이루어지고 있었지만, 1907년 일본 황태자〔뒷날 다이쇼(大正)천황〕의 행렬을 통과시키기 위하여 남대문 양측의 성벽이 완전히 철거되어, 성곽도시로서의 완결성이 죽어버렸다. 1910년 일본은 조선을 식민지로 삼자, 즉시 한성의 행정 명칭을 '경성(京城)' 으로 하는 것을 포고하여,[71] 일본 '근대' 도시로서의 서울이 시작된다. 1911년 도시계획 가로망을 결정하고, 간선도로의 폭 확대・신설공사가 이루어져, 광희문(光熙門)과 남대문로를 연결하는 직선의 황금정통(黃金町通, 현 을지로)이나, 거둥길(御路)과 남대문을 연결하는 태평통(太平通, 현 태평로)이 개통되고, 게다가 종묘의 북부 지역을 깎아 낸 도로로서 현 율곡로가, 또한 남산 기슭에는 쇼와통(昭和通, 현 퇴계로)이 신설되어,[72] 이리하여 서울의 지맥은 마디마디 잘려나갔다. 조선총독부는 1914년부터 다음 해에 걸쳐서 동정제(洞町制)를 시행하여,[73] 예부터 내려온 동을 완전히 해체 재편성하여, 일정 구획 단위의 새 동・정을 만들어 냈다. 이렇게 해서 주민의 거주 공간도 분단되었던 것이다. 1923년 조선총독부는 경복궁 앞에 새 청사를 준공하여,[74] 한국을 완전히 제압하였다는 의식을 심어주려고 하였다.[75] 정면에서 보면, 경복궁의 여러 궁전들은 거대한 총독부 청사에 가리어, 완전하게 사람들의 앞에서 모습을 잃어버리고 말았다. 이제는 진정한 지배자가 조선총독부=일본이 되어버렸다는 것을 노골적으로 이미지화하는 이 건물은 근정전(勤政殿) 앞의 명당을 막아, 조선왕조 · 대한제국으로 이어져 온 풍수 도시 한성을 좋든 싫든 '근대' 로 억지로 끌고 들어갔다.[76]

마지막으로, 본고는 한성=근세 서울을 도시사적 관점에서 어떻게 간파할 것인가 하는 약도(略圖)를, 풍수를 키워드로 하여, 도시 그중에서도 특히 수도가 가지고 있는 외부 세계와의 접점이라는 역할에 초점을 맞추어 묘사하여 보았다. 물론 한성의 모든 것을 풍수만으로 간파할 수는 없다. 앞으로 더욱더 다양한 측면에서 분석이 필요하다는 것은 두말할 필요가 없을 것이다.

제2장

한국 근세에서 왕도(王都)와 제도(帝都)

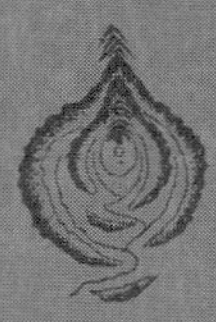

조선 국왕의 정치적 자기규정은 고려로부터 조선으로의 정권 교체 시대, 즉 14세기 말~15세기 말을 분수령으로 해서, 권력과 권위를 겸비하는 것으로부터 권력의 보유자로 전환하여 갔다. 고려시대 국왕은 군주=권력자인 동시에, 불교 의례와 제천의례를 주재하는 권위자였다. 국왕은 주자학을 신봉하는 국가 군주라는 자기규정 하에서, 지상에서 유일한 사람으로 제천의례의 주재 자격을 가진 중국 황제로부터 권위의 근원을 위임받았다. 이렇게 함으로써 조선 국왕은 책봉이라는 행위를 통해서 늘 그것을 재확인하는 것이다. 이 장에서는 이것을 '왕도(王都)' 한성과 '제도(帝都)' 베이징의 탄생이라고 표현하였다. 바꾸어 말하면 조선 사람들에게 한성은 눈앞에 나타나 있는 권력의 수도이고, 베이징은 은폐된 권위의 수도였다.

서언

이 장에서는 제1장에서 명백하게 된 서울의 도시 구조를 기초로 하여, 근세조선[1]에서 '수도' 가 갖는 정치적 · 국제적 의미를 고찰하려고 한다.

'수도' 를 일국의 정부가 위치한 도시라고 한다면, 왕정국가에서는 국왕의 소재지가 그것에 해당한다. 근세조선에서는, 현재의 한국 수도 서울, 옛날의 한성에 왕궁이 있었다. 다만 '근세' 라고 말하더라도, 조선왕조(1392~1897)[2] 500여 년간의 '왕도' 였던 한성을 제재(題材)로 한 이상, 분석 대상으로 하는 연대는 14세기까지 소급된다는 점을 미리 단언하여 두고 싶다.

주제로 들어가기 전에 확인하여 두지 않으면 안 되는 것은 도대체 근세조선에서 '수도' 라는 개념이 성립할 수 있는가라는 근본적인 문제이다. '수도' 라는 캐피탈(capital)에 대등하는 용어는 근대 국민국가=주권국가의 정치 중심을 나타내는 개념으로 정립되었다고 말해도 좋을 것이다.[3] 근대국가는 정치의 일원화에 하나의 특색을 가지고 있다.[4] 때문에 일국의 정치 중심은 한 곳이 되어, 그 소재지가 '수도' 라고 불리는 존재로 되었다. 그러나 일본에서는 에도(江戶)와 경(京)의 관계가 단적으로 보여주는 것처럼, 만약 무대를 전근대에서 본다면, 이러한 해석은 곧 암초에 부딪칠 것이다. 근세조선에서 '수도' 를 문제 삼는 것 자체가 근대사회에서 정립한 개념으로 전근대사회를 해석한다는, 비역사적인 사고가 될지도 모른다는 위험성을 가지고 있는 것은 아닐까.

근세조선에서 '수도' 문제의 근간은 정치 중심이라고 말하는 경우의 '정치', 그 자체의 내용에 있다. 정치는 권위와 세력이라는 두 가지 양상을 가지고 있는데, 근대 국민국가는 이것을 하나로 하여, 국내에서 주권의 일원화를 도모하려고 한다. 따라서 역으로 근대가 되면, 무엇 때문에 '수도'라는 개념・존재가 성립하는가도 다시 문제 삼지 않으면 안 될 것이다. 그것은 이 장에서 해명해야 할 최종 목적이라고 말할 수 있을 것이다. 서울이라는 근세도시를 무대로 하여, 근세조선에서 권력과 권위의 중심이 어디에 있었던가를 살펴보려고 한다. 제목으로 든 "왕도(王都)와 제도(帝都)"의 함의(含意)는 그러한 것에 있다고 이해하고 싶다.

1. '왕도' 한성의 탄생

한반도에서는 1392년에 고려를 무너뜨리고 조선왕조가 성립하기까지, 늘 복수의 '도(都)' '경(京)'[5]이 존재하였다.

첫째로, 고대 삼국이라 불리는 고구려, 백제, 신라가 각각 왕의 '도(都)'를 가지고 있었다. 시대적 변천은 있지만, 고구려 국내성(輯安)・평양, 백제 한성・웅진(공주)・사비(부여), 그리고 신라 금성(경주)은 각각의 국가에서 '왕도'이므로, 한반도 고대에는 세 개의 '도'가 같은 시기에 병립해서 존재하였다.[6] 당시 사람들에게는 한반도에서 '왕도'는 하나가 아니었다.

둘째로, 한반도 전체를 영토로 하여 성립한 최초의 국가 고려[7]의 궁정은 복수의 땅에 있었다. 고려왕조는 '왕도'가 된 개경(현 개성) 이외에, 일찍이 고구려・백제・신라의 각각 '왕도'가 있었던 땅인, 서경(평양, 고구려), 남경(한양, 백제), 동경(경주, 신라)의 세 곳에 '경'을 설치하였다.[8] 이 '경'은 단지 명칭만의 존재는 아니다. 원칙으로서 국왕은 네 개의 '경'을 순회하지 않으면 안 되고, 특히 서경은 '서도(西都)'[9]로 불리면서, 개경과 마찬가지로 관청을 설치하였을 뿐만 아니라, 국왕 부재 시에는 의장(衣裝, 御衣)을 두어 자신의 몸 대신으로 삼고 있었다.[10] 이와 같이 네 개의 '경'을 설치하여, 국왕이 자신의 신체를 내보였던 것은 고구려 · 백제 · 신라 삼국의 통일자임을 자인(自認)하고,[11] 그것을 자신의 정통성 근거로 삼고 있었던 고려 국왕으로서는 자기 존재를 사람들에게 납득시켜, 받아들이게 하기 위해서는 불가결한 행위였던 것이다.

1392년 이성계는 고려왕조 마지막 국왕인 공양왕을 몰아내고, 개경의 왕궁에서 고려 국왕으로 즉위하였다. 바로 즉시 그가 착수한 사업의 하나가 새로운 '왕도' 적격지의 탐색이었다.[12] 풍수 전문가를 전국에 파견하여 조사하고, 그 보고에 기초하여 최종적으로 선택한 것이 남경이라 불리었던 한양의 땅, 즉 현재의 서울 옛 시가지 중심부였다. 이성계는 천도를 서둘러, 1394년 아직 건설 중이어서 궁전도 준공되지 않은 한양에 왕의 처소를 옮겨 버렸다. 그러고 나서 그곳을 한성(漢城)이라고 개명하고 나서, 정식으로 '왕도'로 발족시켰다. 이 이후 한반도에 '도' 또는 '경'이라 부르는 땅은 이 한성이 유일한 곳이 되었던 것이다. 이것을 한국사에서 한성의 첫째 특색이라고 한다면, 둘째 특색은 여기가 한국 역사상 최초로 본격적으로 계획하여 건설된 도시라는 점이 될 것이다.

한성은 '왕도'라고 불리어, 고려시대의 4 '경'을 폐지하고, 유일한 '경'이라는 지위를 부여받았다. 별명을 '경도(京都)', '경성(京城)'이라 하고, 때에 따라서는 중국인 척하여 '장안(長安)'이라는 명칭으로 불린 것도, 바로 유일한 '경' = '도'였기 때문이다.

이것에 대비하여 8개 '도(道)'로 나누어진 전국은 '외(外)'라고 불리고, 관청 · 관리도 한성의 '경관(京官)'에 대비해서 '외관(外官)'이라는 구별이 있었다. 왕이 사는 한성은 조선 속에서 특별 지역이었다.

그 점은 한성을 관할하는 행정관청인 한성부가 '경관(京官)'으로 분류되고, 게다가 그 장관인 한성부 판윤의 관위가 정2품으로 매우 높다는 점에서도 잘 드러나 있다.[13] 이 정2품이라는 관위는 학식 · 인격 모두 가장 뛰어난 인물이 취임한다는 홍문관 대제학이나, 행정관청의 최고위직에 있는 육조(六曹) 장관인 판서와 동격으로, 종2품 사헌부 대사헌, 도 관찰사나 정3품 승정원 승지, 사간원 대사헌 등 요직보다도 격이 상위였다.

이 한성이 '왕도'로서 가지고 있던 공간구조의 특징은, 첫째로 풍수학에 의한 토지 감정을 기초로 하고 있다는 점, 둘째로 중국의 왕도 이념을 섭취하여 도시 설계가 이루어졌다는 점, 셋째로 중국 왕도 이념과는 다른 독자적인 공간 배치를 하고 있다는 점의 세 가지로 요약할 수 있을 것이다.[14]

첫째는, 한성을 왕도 건설지로 결정함에서는, 풍수학에 의한 토지 감정이 이루어지고, 왕궁 · 도성 · 성문 등 도시 건설도 풍수에 의해 그 위치가 결정되었다.

둘째는, 『주례(周禮)』의 왕도 이념에 따라 왕도 건설을 배치하고 있다. 직접적으로는 원대(元代) 베이징(大都)을 직접 모델로 하였다고 생각한다. 그것을 요약하면 다음과 같은 세 가지 점이 될 것이다. ① 군주남면(君主南面). 왕궁인 경복궁을 도성 안 북부의 약간 높고 평평한 곳에 두고, 그 정면을 남향으로 하였다. ② 우사좌묘(右社左廟). 경복궁의 동쪽에 왕실 선조를 제사 지내는 종묘를 두고, 서쪽에 토지와 곡물 신을 제사 지내는 사직단(社稷壇)을 배치하였다. ③ 경복궁 전면을 관청 거리로 하였다.

셋째는, 성내의 가로(街路)가 불규칙한 형태를 하고 있다는 점, 하늘을 제사 지내는 시설이 설치되지 않은 것 등 베이징과 같은 직선을 기조로 한 바둑판 모양의 가로망을 형성하고 있지 않다. 도저히 계획적인 건설 도시라고는 볼 수 없는 형태이다. 중국 도성에서 바둑판 모양의 가로망은 지상에서 우주 질서의 재현으로, 중국 황제의 권위를 상징한다. 한성의 도시 설계에 즈음하여, 조선은 그러한 사고(思考)에 저촉될 수밖에 없는 가로망의 설계를 거부한 점에서 정치적 의도나 의지를 간파할 수 있을 것이다.

그런데 하늘을 제사 지내는 시설이 한성 건설 애초부터 없었던 것은 아니다. 고려 개경에 설치되었던 하늘을 제사 지내는 시설인 원구단은 애초, 성균관 등 다른 왕도 시설과 함께 한성으로 이설되었다.[15] 그러나 정부 · 왕조 내부에서의 치열한 논전 끝에, 한성 개설로부터 1세기 가까운 때를 지난 제9대 국왕 성종(1469~1494)의 재위 중에 폐지되고 말았다. 조선 '국왕' 이 하늘을 제사 지내는 것은 중국 '황제' 에 대비하여 불손하다는 점에서, 주자학에 매우 익숙한 고급관료 · 정치가들은 양보할 수가 없었기 때문이다. 고려 이전부터 이어져 온, 국왕이 제천의례를 주재하는 전통은 이리하여 조선왕조 스스로의 손으로 종지부를 찍었다.[16]

한성이 왕도로 선택되었던 것은 무엇보다도 먼저 '왕도' 에 적합한 왕기(王氣)가 나타나고, 게다가 그것이 어느 정도 머물면서 흘러나가지 않는 지형이며, 또한 도성 안의 청계천과 교외를 흐르는 한강에 의해, 기(氣)가 고이는 것이 없는 점이 평가되었기 때문이다. 이곳에 '도(都)' 를 두면 왕조의 영원한 번영이 보증된다는 해석이 결정적인 역할을 하였던 것이다. 한성은 바로 조선의 왕도이고, 그러니까 중국의 왕도 이념을 채용하여 도시 건설의 배치가 이루어질 필요가 있었다. 조선 '국내' 의 권력과 권위, 그리고 그 인격화된 존재로서의 국왕의 소재지라는 의미가 한성에는 가득 차 있었다.[17]

왕도의 공간구조나 여러 시설의 공간적 배치는 왕조 정치 의지의 상징적 표현이며, 왕조의 정치적 표상 그 자체라고 생각한다. 명 황제로부터 책봉(册封)[18]을 받아, 그 신하인 '조선 국왕' 이 되어, 동아시아에서 정치적 안정을 도모하는 것이 이성계의 큰 정치 목표였던 이상, 우주 질서를 지상에 재현하는 바둑판 모양의 가로망 건설은 황제의 전담 사항이고, 신하로서는 피해야 할 행위였다. 그의 재위 중에 명 홍무제(洪武帝)로부터 고려를 임시로 맡았다는 의미의 '권지고려국사(權知高麗國事)' 로 임명되었지만, 퇴위하고 상왕이 된 후 제3대 국왕 태종(이성계의 차남 이방원) 3년(1403)이 되자, 간신히 이 염원은 실현되었다.[19] 다만, 고려 이래의 제천(祭天)시설에 대해서는 이 이후 1세기 가까이 존속하여 명 황제의 권위와 저촉하게 되지만, 이 점에 대해서는 다음 절에서 다시 고찰하려고 한다.

2. 개경과 한성

한성으로 천도한 이유의 하나로, 구(舊)세력층을 정치적 · 경제적 기반인 고려의 수도 개경에서 분리해, 신(新)왕조로 권력 집중을 실현하려고 하는 이성계와 신(新)정권 중추부의 정책 의도가 있었던 것은 부정할 수가 없다.[20] 확실히 그 후 정권 기반의 확립 과정을 보면, 이 설명은 유효성을 가지고 있다고 말할 수 있다. 그러나 뒤집어 생각해 보면, 이성계는 일정한 군사력을 배경으로 궁정 쿠데타를 일으켜 권력 장악에 성공하였지만, 그의 군사적 · 정치적 기반이 반드시 견고한 것은 아니었다. 무엇보다도 고려시대 이래의 구권력층은 여전히 존재하고 있고, 자기의 지지기반에 대해서도 절대적인 신뢰를 가지지 못하였다. 국왕에 즉위했다고는 하지만 신왕조를 개설(開設)한 것이 아니고, 고려 국왕 자리의 계승이라는 형식을 취하지 않으면 안 되었던[21] 것도, 그 합당한 이유 중의 하나라고 생각한다.

그런데 이 설명에는 큰 결함이 있다. 이성계가 무엇 때문에 개경으로부터의 천도가 필요하고, 게다가 천도지(遷都地)로 한양이 적당한가라는 설명을, 권력 기반 상실의 위기에 직면해 있는 구권력층에 대해서 행하고,

그들의 양해를 얻는 것이 가능하였던 것인가라는 점에 대해서는, 현재까지 불문에 붙여왔다.

이성계는 풍수에 의한 '왕기(王氣)' 해석에 따라 천도를 제기하였다. 이 점이 중요한 것이다. 원래, 고려 말기가 되자 개경이 왕도에 적합한 '기'가 말라버렸다는 논의가 성행하여, 다른 곳으로 천도해야 한다는 논의가 꽤 강하게 주장되었다.[22] 이성계는 이 논의를 근거로 새로운 왕도(王都)의 적격지 선정에 착수하였다. 그래서 선출되었던 한성은, 풍수학의 권위가 확실하게 보장되는 '왕기' 넘치는 땅이었다. 풍수학의 성과를 평가하는 이상, 구세력층도 천도에 동의하지 않을 수 없었다고 생각할 수도 있다.

한성으로의 천도와 그 건설은, 고려에서 조선으로의 왕조 전환을 선언하는 것뿐만 아니라, 앞 장에서 본 것과 같은 도시적 공간구조의 표상으로서, 신왕조의 정치 자세를 안팎에 표명하는 기회였다.

개경과 한성을 대비하면, 고려왕조에서 조선왕조로의 정치의식의 변화가 명확해진다. 선행연구에 따라, 한성에 대비한 개경의 특징을 들면 아래와 같다.

첫째로, 중국 도성제(都城制)의 직접적인 적용은 보이지 않는 것 같다.[23]

둘째로, 제천(祭天)시설로 원구단을 설치하였다. 국왕은 하늘의 제사를 주재하고, 바로 군주에 상응하는 지위에 있었다.[24] 고려 국왕은 조선 국왕과 마찬가지로, 중국 각 왕조의 황제로부터 책봉을 받았지만, 송(宋)과 금(金)과의 관계 속에서, 절대적인 것은 아니고 어디까지나 선택적인 것이었다.[25] 책봉을 받고, 국왕이 중국 황제의 신하가 되었다고는 하지만, 양자는 절대적인 지배 복종 관계에 있었던 것은 아니다. 제천의례의 주재는 고려 국왕의 임무로 되어, 폐지가 논해진 형적을 엿볼 수는 없다. 이 점에서 고려와 송 · 금과의 관계는, 조선과 명 · 청과의 관계와는 크게 달랐다.

셋째로, 개성 성내 및 그 주변에 수많은 불교 사원이 존재하였다. 거기서는 고유한 수확제(收穫祭)와 불교 의례를 융합한 팔관회(八關會) 의식이 국왕의 주재 아래에 집행되고 있었다.[26]

넷째로, 왕궁에서 행해지는 국왕 배례 의식=조하(朝賀)에는, 고려 국내뿐만 아니라, 송상객(宋商客)·동서번(東西蕃)·탐라국·흑수(黑水)·일본·여진이 '조공사(朝貢使)'로 참가하여, '국제적'인 양상을 띠고 있었다.[27] 참가한 사람들이 국가·왕조로부터 파견된 자가 아니더라도, 다수의 외국인을 거느린 고려 국왕은, 이념적으로는 국가의 틀을 넘어서 주변 여러 지역 사람들을 복속시킨 '황제' 지위에 있었던[28] 것이다.

고려 국왕은 권력인 동시에 권위로서도 군림하고 있었던 것이다. 동아시아 전체에서 본다면, 송·금·요(遼)로부터 책봉을 받았던 고려 국왕이지만, 국내적으로는 불교라는 종교적 권위를 배후에 두고, 제천의례를 주재하는 것에 의해 권위로서의 정통성을 가지고 있었다. 개경은 고려 국왕이라는 권력이 소재하는 도(都)=왕도(王都)인 동시에, 불교와 하늘에서 유래하는 권위의 도(都)=제도(帝都)이기도 하였다. '제도' 개경에서 '왕도' 한성으로의 천도를 보면, 고려에서 조선으로의 왕조 전환은, 동아시아에서 조선의 자기 규정상에서 하나의 분수령이 된다고 생각한다. 다만, 그 변화는 단기간에 행해진 것이 아니고, 약 1세기에 걸쳐서 진행되어[29], 15세기 후반의 제천시설 폐지로써 일단 종료를 고하였다.

3. 한성과 베이징(北京)

무릇 한성의 도성 설계는, 고려 후기에 원나라 지배하의 베이징(上都)을 거쳐 들어온 유학(주자학)의 존재를 빼고서는 생각할 수 없다. 고려와 원과의 밀접한 관계 속에서, 많은 고려의 학자·관료·정치가가 베이징으로

가서, 거기서 유학의 세례를 받고 왔다.[30] 이러한 사람들이 고려로부터 조선으로의 왕조 전환을 이룩한 주도 세력의 중심 부분에 있었다. 그들과 결탁한 이성계는 고려 조정·정부에 깊이 파고 들어가 있었던 불교를 배척하면서, 주자학을 공인(公認) 사상으로서 국가 이념의 중심에 자리 잡게 하는 경위를 가지고 있다.[31]

이성계로서는, 명 황제로부터 책봉을 받는 것은 무슨 일이 있어도 실현해야 할 과제였다. 그러나 공민왕이 권서고려국사(權署高麗國事)에 책봉된 것을 받아서, 이성계에게 주어진 것은 권지고려국사(權知高麗國事)라는 칭호에 지나지 않았다. 무릇 명에 대한 거듭된 요구의 결과, 태종이 명 건문제(建文帝)로부터 조선 국왕으로 책봉을 받은 때는, 이미 왕조가 개설된 지 햇수로 12년이 지나고 있었다.

주자학을 신봉하는 조선 조정과 관료에게는, 국왕으로서의 명분을 지키는 것이 자기의 정통성을 보증하는 데 필요한 것이었다. 앞서 언급한 것처럼, 궁정 안의 치열한 논의와 몇 차례의 동요를 거듭한 끝에, 원구단이 폐지된 것은 15세기 말에 가까이 가서였다. 하늘을 제사 지내는 일이 없게 된 조선 국왕은 그 존재의 근거, 바꾸어 말하면 권위의 유래를 명 황제의 책봉에 두지 않을 수 없게 되었다. 이리하여 권력으로서의 조선 국왕의 정통성은, 하늘과 연결되는 중국 황제의 권위에 의해 보증되었다. 권력의 도(都)=왕도 한성에 대해서, 권위의 도(都)=제도(帝都) 베이징이 존재한다는 도식이 조선에서 성립하였다는 것이다.

그러나 제천시설 부활의 움직임은 지하수처럼 존재하고 있어서, 명에서 청으로의 왕조 교체시기인 광해군(1608~1623)시대에는 그것이 표면화하였지만, 결국은 계획이 중단되어 실현될 수 없었다.[32] 1636년 홍타이지(黃太極, 청 태종) 군대의 침입, 이른바 병자호란은 주자학을 신봉하는 조선 사족들에게는 충격적인 사건이었다. 이제까지 오랑캐(야만인)·야인

(野人)으로 멸시하여 온 여진 군대에 국왕 인조(1623~1649 재위)가 체포되어, 복속을 맹세한 것이다. 게다가 1637년에는 복속 증거로 한성 남쪽 교외를 흐르는 한강 변, 삼전도(三田渡) 땅에 '대청황제공덕비(大淸皇帝功德碑)'를 건립하도록 하였다. 당대 석학인 홍문관 대제학 이경석(李景奭)이 인조의 명령을 받고 지은 비문은 앞면에는 만주어와 몽골어, 뒷면에는 한문으로 같은 내용이 적혀있지만, 자기 자신을 정복한 청 태종의 공덕을 칭송하는 것이야말로 정말 굴욕적인 것이었다. 이후 조선은 연행사(燕行使)로 총칭되는, 중국에 대한 조공사(朝貢使)를 파견하여 복속을 확인하게 되지만, 청 황제로부터는 많은 회사품(回賜品)과 함께 역(曆)이 하사되어, 조선에서는 강제적으로 중국 황제의 시간을 사용하게 되었다.[33]

결어–한성이 '수도(首都)'가 된 때

이 장은 한성의 공간구조를 단서로 해서, 조선에서 '도(都)'의 의미를 동아시아 세계라는 문맥 속에서 읽고 이해하여 보았다.

조선 국왕의 정치적 자기규정은 고려로부터 조선으로의 정권 교체 시대, 즉 14세기 말~15세기 말을 분수령으로 해서, 권력과 권위를 겸비하는 것으로부터 권력의 보유자로 전환하여 갔다. 고려시대 국왕은 군주=권력자인 동시에, 불교 의례와 제천의례를 주재하는 권위자였다. 국왕은 주자학을 신봉하는 국가 군주라는 자기규정 하에서, 지상에서 유일한 사람으로 제천의례의 주재 자격을 가진 중국 황제로부터 권위의 근원을 위임받았다. 이렇게 함으로써 조선 국왕은 책봉이라는 행위를 통해서 늘 그것을 재확인하는 것이다. 이 장에서는 이것을 '왕도(王都)' 한성과 '제도(帝都)' 베이징의 탄생이라고 표현하였다. 바꾸어 말하면 조선 사람들에게 한성은 눈앞에 나타나 있는 권력의 수도이고, 베이징은 은폐된 권위의 수도였다.

한국에서 권력과 권위가 분립된 상태, 복수(複數) 수도의 존재 등은 한국 또는 동아시아라는 지역의 특수성 때문이라고 생각할 수 있을까. 여기서 바로 상기되는 것은 이슬람 세계에서 칼리프(caliph)와 술탄(sultan), 근세 유럽에서 로마교황과 각국 군주, 중·근세 일본에서 천황과 쇼군(將軍)의 관계이다.[34] 권력과 권위가 '국경'을 넘어 분립하고 있다는 구조적 공통성이지만, 이것을 공간적으로 보면 넓고 좁은 차이는 있지만, 한성과 베이징과의 관계는 파리와 로마나, 에도(江戶)와 교토(京都)의 관계와 같다고 해도 되지 않을까.

1897년 10월 12일, 조선왕조 제26대 국왕 고종(1863~1907 재위)은 400년 만에 부활한 원구단에서 황제에 즉위하고, 아울러 국호를 대한(大韓)으로 고쳤다. 조선은 1876년 조일수호조규에 의해 자본주의와 만국공법(萬國公法)의 세계로 떠밀려 들어갔으며, 이미 1895년 4월에 청국과 일본 사이에 체결된 시모노세키(下關)조약에 의해, '독립자주의 나라(獨立自主之邦)'가 되어, 사실상 청의 책봉에서 벗어나 있었으며, 게다가 1897년 11월 17일부터 독자적 연호인 건양(建陽)을 사용하여, 중국 황제의 시간에서 자유롭게 되었다. 그러나 근대국가로 변혁하는 데는 넘어야 할 많은 장벽이 있었다. 그것을 단번에 날아 넘으려고 한 것이 대한제국 수립과 국왕의 황제 취임 선언이었다. 제천시설인 원구단의 부활은 국왕이 권력과 함께 권위까지도 겸비했다는 것을 내외에 선언하는 것이었다. 19세기 막바지에 다다른 1897년, '제도(帝都)' 베이징을 떨쳐버리고 '왕도(王都)' 한성은 한반도에서 유일한 '도(都)'로서 '수도(首都)'로의 변모를 이루었다. 조선에서 '수도'가 탄생한 것이다.

제2부

주민과 지역 · 거리(街)

제3장

주민과 거주 공간 —『한성부호적』의 분석

근세의 전(全) 시기를 통해, 조선에서는 3년마다 호적이 작성되어 대장(台帳)(당시의 명칭은 大帳)이 편성되었다. 이것을 '구식호적'이라고 칭한다면 이 장이 분석 대상으로 하는 1896년 제도 개변(改變) 이후에 작성된 호적은 '신식호적'이라고 부를 수 있다. 신구 두 호적의 차이에 대해서는 이미 자세한 선행 연구가 있기 때문에 상세한 것은 그것에 양보하기로 하고, 여기서는 작성이 1년마다 된 것, 신고 방식이 종래의 호구단자(戶口單子)로부터 양식이 인쇄된 용지에 메워 넣게 된 것, 두 가지 점을 지적하는 데에 그쳐 두자. 또 대장에 대해서는, 구식에서는 신고한 호구단자를 편집하여 면(面)·리(里)·통(統)·호(號) 순서에 따라 이어 적는 방식으로 새로운 책자를 편성하는 것이지만, 신식에서는 신고서 또는 그 사본을 편철하는 방식으로 변경되었다.

서언

교토(京都)대학 문학부 지리학교실에는 『한국호적성책(韓國戶籍成冊)』으로 일괄 명명된, 1896년부터 1906년에 걸쳐 작성한 조선의 호적 관계 자료 158책을 소장하고 있다. 이 장에서는 그중 한성부 부분 전체 61책(이하, 이것을 『한성부호적』이라고 칭함)을 분석한다. 호적에 나타나는 '사람(人)'과 '집(家)'을 통해서, 근세로부터 근대로 변용되어 간 도시 서울의 양상[1]을 살펴보기 위한 기초적인 작업을 시행해 보려고 생각한다.

근세의 전(全) 시기를 통해, 조선에서는 3년마다 호적이 작성되어 대장(台帳)(당시의 명칭은 大帳)이 편성되었다. 이것을 '구식호적'이라고 칭한다면 이 장이 분석 대상으로 하는 1896년 제도 개변(改變) 이후에 작성된 호적은 '신식호적'이라고 부를 수 있다. 신구 두 호적의 차이에 대해서는 이미 자세한 선행 연구가 있기 때문에[2] 상세한 것은 그것에 양보하기로 하고, 여기서는 작성이 1년마다 된 것, 신고 방식이 종래의 호구단자(戶口單子)로부터 양식이 인쇄된 용지에 메워 넣게 된 것, 두 가지 점을 지적하는 데에 그쳐 두자. 또 대장에 대해서는, 구식에서는 신고한 호구단자를 편집하여 면(面)·리(里)·통(統)·호(號) 순서에 따라 이어 적는 방식으로 새로운 책자를 편성하는 것이지만, 신식에서는 신고서 또는 그 사본을 편철하는 방식으로 변경되었다.

이 신식호적은 건양 원년(1896) 9월 1일 포고된 칙명(勅命) 제61호 「호구조사규칙(戶口調査規則)」[3]과 같은 해 9월 3일 발령된 내부령(內部令) 제

8호「호구조사세칙(戶口調査細則)」[4]에서 그 조사 · 작성 방법이 제정된 것으로, 융희 3년(1909) 3월 4일 발령된 법률 제8호「민적법(民籍法)」[5]과 같은 달 20일 발령된 내부훈령 제39호「민적법집행심득(民籍法執行心得)」[6]에 따라 일본 호적을 모방한 '민적(民籍)' 이 시행되기까지 햇수로 14년간에 걸쳐 작성한 것이다. 작성 방법의 변화는 물론이고, 정부의 정치 · 행정 의도를 강하게 반영하여 내용 면에서 큰 변화가 있어서, 구식에 대해서 신식으로 칭해 구분할 필요가 있다.[7]

1930년대 후반, 시카타 히로시(四方博)가 규장각 소장의 대구 호적을 분석한[8] 이후, 구식호적은 근세조선 사회 연구의 제일급 자료로 높이 평가되어, 수많은 우수한 연구를 만들어 내고 있다.[9] 그렇지만 신식호적은 거의 연구자의 관심을 끌지 못해서, 겨우 김영모의 한성 호적,[10] 또한 호적 자체를 연구한 것은 아니지만 미야지마 히로시의 충청도 호적[11] 연구 등이 있을 뿐이며, 모두 교토대학 지리학교실 소장 호적을 자료로 이용한 연구에 지나지 않았다. 발견된 잔존 자료의 수량이 많지 않은 것 등 연구에서 바람직하지 않은 조건이 있기는 하지만, 구식호적 연구와 비교할 수도 없이 연구가 적은 주된 원인은 원래 한국 호적 연구가 근세사 연구를 주체로 시작해서, 현재에도 그런 경향이 계속된다는 점에서 찾을 수 있을 것이다. 구식호적 연구의 대부분은 15~60세 장년 남자에게 부과된 국가적 의무=직역(職役)으로 표현되는 신분 관계의 분석을 통해서, 근세조선의 사회변동을 어떻게 파악할 것인가에 역점을 두고 있어서,[12] 19세기 말부터 20세기 초라는 자료 그 자체가 갖는 시대적 제약성도 당연한 것이지만, 이미 직역란(職役欄)을 소실한 신식호적이 연구자의 이렇다 할 관심을 끌지 못했던 것은 어느 의미에서는 당연한 일일지도 모른다. 하지만 이 상황은 서서히 변화하고 있다. 첫째로 들 수 있는 것은 충청도 연기(燕岐)현의 양안(量案)과 교차 해석을 해서, 지역사회의 구조 분석을 행한 조석곤의 연구[13]일 것이다. 양안과 구식호적의 양자로부터 지역사회 구조를 분석하는 방법에 대해서는, 이미 김용섭이 경상도 진주군 나동리(奈洞里) 사례에 대해서 보이지만,[14] 조석곤의 연구는 그것이 신식호적에도 적용될 수 있을 뿐만 아니라, 오히려 보다 유효성이 큰 것을 명확하게 한 점에 큰 가치가 있다. 더욱더 주목해야 할 것은 상인 연구 자료로서 호적을 사용한 오성의 연구[15]이다. 오성은 호적 분석을 통해서, 인천항의 객주 및 개성상인 · 인삼재배업자의 사회적 존재 상황을 해석하려고 하고 있어, 신식호적 연구뿐만 아니라 구식호적 연구에도 새로운 가능성을 연 것으로서 주목된다.

이 장은 한성부=근세 서울 연구의 기초 작업으로서, 앞서 언급한 교토대학 문학부 소장 조선 신식호적 중에서 한성부 것을 분석하는 것이지만, 앞서 언급한 것처럼 이미 김영모가 '전수(全數)조사'[16]를 한 위에서, 오로지 사회학적 관심으로부터 직업 구조, 고용 구조, 주택 조건, 신분 구조, 지역 이동, 가족 구조 등, 다방면에 걸친 분석을 하여 많은 사실을 명백하게 하고 있다. 하지만 김영모가 조사한 것은 교토대학에 보존된 『한성부호적』 61책 전부는 아니었다. 그의 글 중에는 명확한 기술은 없지만, 조사한 것은 대략 40책 내외에 지나지 않고, 게다가 분석 대상인 것은 더욱더 몇 책이 줄어, 결과적으로는 전체 3분의 1 남짓이 분석 대상에서 탈락해 버렸다.[17] 그 밖에 개별 호적표의 문헌적 비판을 생략하고, 기계적으로 일괄 처리함으로써 실태와의 사이에 적지 않은 차이를 일으키고 있는 것, 또는 상인인 '시민(市民)'을 평민과 동일시하는[18] 등 착오가 많은 것을 비롯해서 몇 개의 간과하기 어려운 문제점이 있고, 오로지 사회학적 관심과 수법에 따라 분석이 이루어졌기 때문에, 역사 연구 입장에서 보면 논의가 부족한 점도 많다. 본고가 김영모 연구 성과에는 일정한 평가를 두면서도, 굳이 다시 『한성부호적』의 분석을 하려고 한 이유이다. 또 조성윤도 한성부 호적의 일부를 사회학적 수법으로 분석하였다는[19] 것을 덧붙여 둔다.

1. 『한성부호적』의 자료적 가치

1) 교토(京都)대학 소장의 조선 신식호적과 『한성부호적』

교토대학 문학부 지리학교실이 소장한 158책의 조선 호적 관계 자료들[20]은 현재 제1책부터 제165책까지 정리번호(이하, 대장 각 책은 이 정리번호로 부름)를 쓴 부전지를 표지에 붙여서, 번호순으로 일괄해서 교토대학 문학부 박물관에 보관되어 있다. 이 가운데 131책이 신식호적 관계 자료[21]이다. 이 자료들의 전체상에 대해서는 이미 다케다 유키오가 상세한 해설[22]을 하여 그 중요성에 주의를 환기하고 있지만, 현재로는 한국에도 이만큼 대량의 조선 신식호적 관계 자료의 존재는 확인되고 있지 않다. 좁은 소견에 한정하면 한국에는 서울대학교 부속도서관 규장각〔서울대학교 규장각한국학연구원으로 개칭〕에 평안도 삭녕 · 초산 · 강계, 황해도 곡산, 경기도 인천, 전라도 해남 및 지역 불명의 것 두 종류 등의 호적대장이 소장된 것 외에, 연구 기관이나 개인 소장 것도 산견되는 것 같지만, 아직 조사가 진행되지 않아서, 어느 정도의 신식호적이 잔존하는지 그 전체상은 불분명하다. 어쨌든 현재까지 판명된 것에 한정하는 한, 교토대학 소장의 것은 양과 질 모두 조선 신식호적 관계 자료 중에서 백미(白眉)라고 말해도 좋을 것이다.

이 조선 신식호적 관계 자료 중, 제104책부터 제164책까지의 합계 61책이 본고에서 분석 대상으로 삼은 『한성부호적』이지만, 61책이라는 숫자는 교토대학 소장 조선 신식호적대장의 46.6%에 해당하고, 게다가 다케다 유키오에 의해 확인된 일본에 있는 조선 신식호적대장의 40% 이상을 차지하고 있어서, 『한성부호적』은 조선 신식호적 연구 전체에서도 중요한 자료적 위치에 있다. 또 이 『한성부호적』 외에, 한성부의 호적대장(臺帳, 大

帳)으로 알려진 것은 규장각 소장 현종 4년(1663) 『북부장적(北部帳籍)』 잔간(殘簡, 일부) 1책뿐이다. 교토대학 소장 『한성부호적』은 신식호적으로서 존재가 확인된 유일한 것일 뿐만 아니라, 한성부 호적으로서도 매우 귀중한 것이라고 말할 수 있다.

2) 『한성부호적』의 지역과 연대(年代)

『한성부호적』을 정리번호순으로 정리하면, 〈표 1〉과 같이 된다. 건양 원년(1896)부터 광무 10년(1906)에 이르는, 햇수로 11년에 걸친 3년도분의 호적대장군(群)[23]이다. 각 책자는 제144책이 준수방(俊秀坊)과 의통방(義通坊)을 합책한 것 외에는, 방(坊)마다 편철되어 있고, 그것이 중서(中署)부터 북서(北署)까지 당시 한성부 최대 행정구획인 오서(五署)의 순서로 배열되어 있다. 또 각 책의 크기는 약간의 차이는 있지만, 거의 세로 32.0cm, 가로 21.5cm이다. 두께는 편철을 해 넣은 매수에 따라 차이가 있는데, 전체로 2~3cm 정도이고 최대한의 차이는 1cm 정도이다. 대체로 200매 전후를 표준으로 해서 분책이 행해지고 있다. 또 실물에는 다시 제본된 형적이 눈에 띄지 않아, 편철한 방법에 대해서는 원형대로라고 인정된다.

본래 수량이 어느 정도였는가는 불분명하지만, 그것을 추측할 때 주목해야 할 것은 광무 10년도분의 중서와 북서의 각 책 아래 횡단면에 붓글씨로 쓴, 각각 "광십 중십구(光十中十九)", "광십 북삽삼(光十北卅三)" 이라는 표기이다. 한성부가 호적대장군을 옆으로 쌓아서 보관할 때, 각 책을 판별하기 위해서 붙여둔 표지로 각각 "광무 10년, 중서, 19책", "광무 10년, 북서, 33책" 이라는, 당해분 대장 총량을 의미하는 것임이 틀림없다. 정말로 광무 10년도분 중서 대장은 〈표 1〉 에서 보는 것처럼, 제104~117, 119~123책 합계 19책으로, 여기에 쓰인 숫자와 일치한다. 즉 광무 10년도의 중서에 대해서는, 전책이 잔존하는 것으로 확인된다. 이것과 마찬가지로 해서 본래 30책이었던 같은 연도의 북서분 가운데 현존하는 것은 역시 〈표 1〉에서 보는 것처럼 제136~139, 141, 143~150, 152~155, 157~159의 합계 20책으로, 잔존율이 66.7%이다. 또 건양 원년도분 양덕방(陽德坊, 제140책)과 연희방(延禧坊, 제164책)의 아랫부분 횡단면에도 "북서 양덕방 일(北署陽德坊一)" 및 "북서 연희방 일(北署 延禧坊一)"이라고 붓글씨 문자가 보이지만, 이것은 각각 당해 방(坊) 당년도분 책자의 제1책이라는 것을 가리킨다. 광무 7년도분의 각 책자에는 아랫부분 횡단면을 포함해서 어디에도 이러한 표기가 없어, 원책 수 및 잔존율은 불분명하다.

전체 배열을 보면 방마다 내부 순서를 가리키는 통번호에 순서가 뒤바뀐 것이 있고(〈표 1〉 참조. 통번호에 대해서는 후에 설명함), 연대도 뒤섞여 있는 것에서, 이것이 원래 배열대로라고는 생각하지 않는다. 본래, 연도마다 서(署)마다 통번호에 따라 배열되었던 것이 언제인가 시점에 서방(署坊)별로 다시 배열되어, 그 때 혼란이 생긴 것이다. 그 시점이란 이들 호적대장군(群)이 어떤 경위로 한데 묶였던 때라고 생각하지만, 교토대학으로 반입된 전후의 상황이 불분명한[24] 것이어서, 현재로서는 이 이상의 추정은 불가능하다. 하지만 굳이 추측을 더하면, 각 책이 방(坊)별로 정리되면서 또한 내부의 통번호에 혼란을 일으키고 있는 것으로 보아, 이것이 교토대학 반입 후에 정리 · 배열된 것이라고는 생각하기 어렵다. 아마 그 이전에 생긴 혼란이 그대로 계승된 것일 것이다. 이것은 『한성부호적』의 내역을 고찰하는 단서가 되지만, 교토대학 문학부 소장의 다른 호적 관계 자료와 함께 뒷날의 과제로 삼으려고 한다.

이 당시, 한성부의 행정구획은 전체가 중 · 동 · 서 · 남 · 북의 5개 서(署)로 나누어지고, 서(署) 안에는 합계 47개 방(坊)으로 나누어져 있어,[25] 『한성부호적』은 방을 편성 단위로 하고 있다. 오가작통제[26]를 취하고 있

〈표 1〉『한성부호적』 내역(숫자는 통번호를 나타냄)

책(冊)	서(署)	방(坊)	건양 원년(1896)	광무 7년(1903)	광무 10년(1906)
104	중서(中署)	정선방(貞善坊)			23~43
105					64~85
106					44~63
107					1~26
108					86~106
109		장통방(長通坊)			21~41
110					1~20
111					42~62
112					63~83
113		경행방(慶幸坊)			17~2
114					1~16
115		수진방(壽進坊)			1~15
116					16, 32
117		견평방(堅平坊)			1~24
118				1~23	
119					25~48
120		관인방(寬仁坊)			22~52
121					1~22
122		서린방(瑞麟坊)			1~23
123		징청방(澄淸坊)			1~25
124	동서(東署)	연화방(蓮花坊)		1~24	
125	서서(西署)	반송방(盤松坊)		143~169	
126				221~245	
127		용산방(龍山坊)		70~97	
128	남서(南署)	광통방(廣通坊)		20~40	
129		두모방(豆毛坊)		箭串里一契1~18	
130				豆毛浦契1~25	
131		훈도방(薰陶坊)		52~76	
132				1~26	
133				27~51	
134		대평방(大坪坊)		1~19	
135		회현방(會賢坊)		67~91	

책(册)	서(署)	방(坊)	건양 원년(1896)	광무 7년(1903)	광무 10년(1906)
136	북서(北署)	관광방(觀光坊)			43~62
137					1~20
138					21~42
139		양덕방(陽德坊)			1~17
140			1~16		
141		안국방(安國坊)			1~16
142				1~16	
143		준수방(俊秀坊)			1~14, 15~26
144		의통방(義通坊)			1~4
145		순화방(順化坊)			78~93
146					111~130
147					32~44
148					45~59
149					1~16
150					17~31
151				1~25	
152					60~77
153					94~110
154		가회방(嘉會坊)			17~32
155					1~16
156				1~27	
157		진장방(鎭長坊)			1~18
158					19~35
159		광화방(廣化坊)			1~25
160				1~25	
161		상평방(常平坊)		1~22	
162		연은방(延恩坊)		私契8~13, 梁鐵契1~2	
163		연희방(延禧坊)		汝矣島契1~8	
				阿峴契大峴洞1~10	
				阿峴契阿峴洞1~10	
164			細橋里一契1~3		
			延禧宮一契1~13		
			細橋里二契1~5		
			望遠亭契1~4		

던 구식호적이나 한성 이외의 신식호적에서는, 통번호는 면(面) 아래의 행정단위인 리(里) · 동(洞)을 단위로 붙어 있지만, 『한성부호적』의 경우 방을 번호를 매기는 단위로 하여, 각 방마다 제1통 제1호부터 시작해서 10호로써 1통을 편성하도록 규정되어 있다.[27] 〈표 1〉의 통번호는 이상과 같은 의미라고 이해하기 바란다. 방과 통 · 호의 관계에 대해서는 뒤에서 상세하게 분석하려고 한다.

방(坊) 아래에 계(契), 다시 그 아래가 동(洞)이라는 최소 행정구획이 되지만, 여기서는 먼저 『한성부호적』과 지역과의 관계를 살펴보자. 당시 한성부는 갑오개혁에 의한 행정구획 정리에 따라, 그 이전의 오부(五部)가 오서(五署)로 명칭을 바꾸었던 것 외에, 공식적인 최말단 행정구획이 종래의 계(契)에서 동(洞)으로 변경되었던 시기에 해당한다.[28] 이미 동이 충분히 성장해서, 정부로서도 이것을 기반으로 한 지배가 가능하게 되었기 때문일 것이다.

『한성부호적』에 포함된 지역을 그림으로 나타내면, 〈그림 1〉과 〈그림 2〉처럼 된다. 〈그림 1〉은 성내 방(坊)을 중심으로 해서 일부, 성벽 근처에 있는 성외 방도 기재하고 있다. 성벽 밖에 대해서는 범위가 광대하게 미치기 때문에, 〈그림 2〉에서 대략의 위치를 따로 표시하였다.

지도를 작성하면서, 성벽 안에 대해서는 같은 시대 자료인 『한국경성전도』(경부철도주식회사, 도쿄, 1903)와 『최신경성전도』(일한서방, 한성, 1907), 두 종류 1만분의 1 도시 지도로써 서(署) · 방(坊) 경계선의 대략을 복원할 수 있다. 그러나 주거존재 구역 밖은 구분이 명확하지 않기 때문일까, 성벽에 가까운 산기슭에 연해 있으면 경계선이 소실되어 불분명하게 된다. 〈그림 1〉에서는 원도(原圖)대로 해서 경계선을 긋지 않았다. 또 성벽 밖에 대해서는 서 · 방의 경계선을 복원할 수 있는 자료가 발견되지 않았다. 아마, 대략의 범위는 인식하고 있었지만, 앞서 언급한 성벽 안 산기

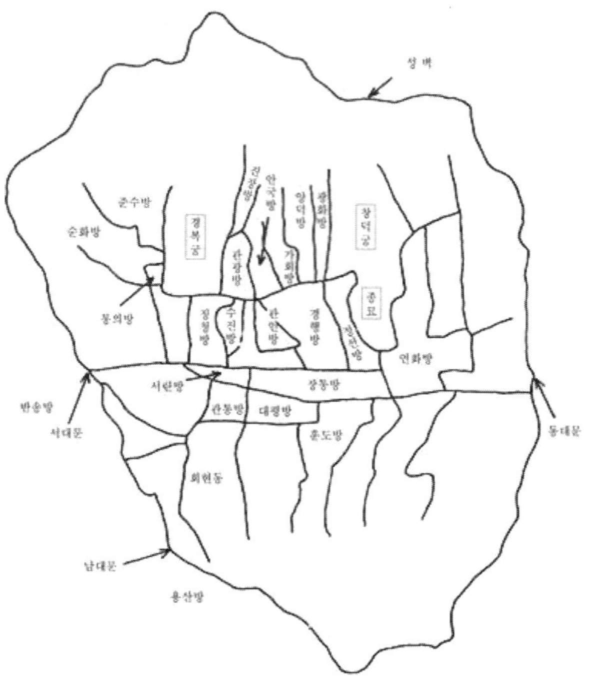

〈그림 1〉『한성부호적』 소재지(1) 성내

숨에 연해 있는 경우와 마찬가지로, 주거가 존재하지 않는 구역에서는 명확한 경계선이 존재하지 않았던 것이라고 추측된다. 따라서 〈그림 2〉에서는 해당 지역의 장소를 나타내는 데 그치고 있다. 그 외에 성벽 안의 방(坊)에 대해서는 몇 가지 문제점이 있어서, 아래와 같이 사전(事前) 처리를 하였다.

① 북서(北署) 의통방(義通坊)이 기재되지 않고, 그 범위에 해당하는 지역은 순화방(順化坊)에 포함되어 있다. 의통방은 『육전조례』(1864년 편찬)를 비롯한 19세기 여러 자료에는 기재되어 있고, 1911년 4월 1일 시행된 경기도령(京畿道令) 제3호에는 통의방(通義坊)이라는 명칭으로 나타난다. 이 방이 중간에 폐지되었던 사실은 없기 때문에, 착오에 의한 탈락으로 보

아야 할 것이다. *Korea II* (Royal Asiatic Society〔왕립아시아학회〕, London, 1902)의 부록 지도 및 동(洞) 등의 지명을 참고해서 경계선을 그었다. ② 남서(南署) 광통방(廣通坊)이 탈락되었다. 의통방과 마찬가지로 동명을 기준으로 해서, 서소문(西小門)

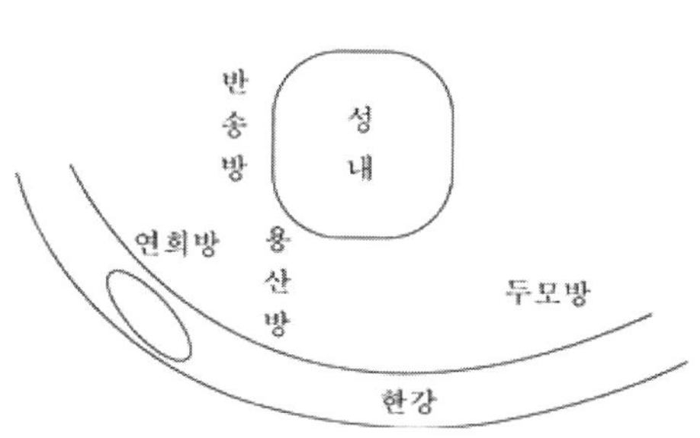

〈그림 2〉『한성부호적』 소재지(2) 성외

으로부터 진입하는 도로를 회현방(會賢坊)과의 경계선으로 하였다. ③ 동서(東署) 숭신방(崇信坊)과 창선방(昌善坊)의 경계선이 그려져 있지 않다. 『〈용산합병 · 합병 후 신조사〉경성시가전도』(日之出商行, 오사카, 1911)에 따라, 이화정(梨花亭) 소로(小路)를 경계선으로 하였다. ④ 중서(中署) 견평방(堅平坊)의 범위가 한국에서 작성된 지도나 여러 기록과 서로 어긋나 있다. 전의감은 『최신경성전도』에서는 수진방(壽進坊)에 속해 있지만, 『육전조례』에서는 견평방에 소속한 지명으로 전의감계(典醫監契)가 보이며, 『수선전도(首善全圖)』, 『도성대지도』를 비롯한 18~19세기의 한성지도에는 모두 전의감이 견평방에 속한다고 표현되어 있다. 이 사이에 견평방 범위가 변경되었다는 기록은 없으므로, 두 지도의 묘사는 착오라고 생각한다.[29] 견평방을 『한국경성전도』, 『최신경성전도』보다 북방까지 늘려서 전의감(현 체신기념관)을 포함해서 관광방(觀光坊)과 경계를 접하는 것처럼 고쳤다.

『한성부호적』이 포함하는 범위는 성벽 안을 중심으로 한강 주변까지 28방(坊)이 미치고 있다. 이것은 전체 47방의 59.6%에 해당하며, 전체 방수의 반을 넘는 지역이다. 그러나 1896년도 연희(延禧), 1903년도 견평 · 반송 · 용산 · 회현 · 광통 · 연은(延恩) · 연희 · 순화(順化) 계 8방(합계 9방)은 명백하게 해당 방의 일부분에 지나지 않고, 다른 방에 대해서도 이것이 전체라는 확실한 보증은 없기 때문에, 위의 수치는 과대하다고 보아야 할 것이다. 여기서는 극히 대략 한성부의 반수 가까운 지역이 포함되었다고 말하여 두려고 한다. 이 점에 대해서는 논지를 전개하는 가운데서 더욱더 상세하게 검토하기로 한다. 잔존 자료를 공간적으로 살펴보면, 서별(署別)로는 다행스럽게도 1906년도의 중서(中署)와 북서(北署) 성벽 안쪽 분(分)이 모두 남아있지만, 다른 서(署)와 연도는 모두, 지역 일부가 잔존하는 데 지나지 않아, 한쪽으로 치우침이 있는 것은 부정할 수 없다. 또 성벽 안팎에서는 성벽 안이 전체 36방 중 22방, 성벽 밖이 전체 11방 중 6방으로, 잔존율에서는 안팎 모두 거의 6할 전후로 큰 차이는 없다. 그러나 잔존 상태에서는 지역 전체가 완비되어 있는 것은 성벽 안이 20방인 데 비해, 성벽 밖은 1방도 없다는 큰 차이가 있다. 그 결과, 모집단 수에도 성벽 안팎에서 상당한 차이가 난다. 이와 같이 공간적으로 보면 꽤 편견이 걸린 수치가 산출되는 것에 주의해 두고 싶다.

잔존 자료를 시간적으로 보면 1896 · 1903 · 1906년의 3년도에 걸쳐 있지만, 동일한 방(坊)에서 복수 연도분이 존재하는 것은 중서 견평방과 북서 안국 · 가회 · 광화 · 순화 · 연희 · 양덕의 합계 7방에 지나지 않는다. 게다가 호구 수로 보면 견평방은 전체 2분의 1 정도가, 또 순화방은 전체 5분의 1 정도가 서로 겹치는 것에 지나지 않는다. 또 2년도분이 남아있는 연희방 경우는 양년도분이 지역적으로 전혀 서로 겹치지 않는다. 따라서 지역을 고정한 통시적인 동태 분석은 꽤 제한된 것이라고 생각하지 않으면 안 된다.

『한성부호적』을 자료로서 보면, 공간적 · 시간적으로 상당한 한계성을 갖고 있다고 말할 수 있지만, 그것은 동시에 이 장의 한계이기도 하다.

3) 『한성부호적』의 작성 방법과 기재 내용

건양 원년(1896) 9월 8일자 『대한제국관보』에 게재된 「호적식양(戶籍式樣)」(호적표[30] 서식)을 보면서, 호적의 작성 방법과 기재 내용을 검토해 보자.

언뜻 보고 알 수 있는 큰 차이는 구식호적의 경우, 신고자가 준비한 용지에 기입하는 것에 비해서, 신식은 미리 관청 측에서 서식을 인쇄하고, 신고자가 구입한[31] 규정 용지의 난 안에 적어 넣는 형태로 되어 있다(호구조사세칙 제1조[32]). 따라서 구식 호구단자(戶口單子, 호적등본 용지)가 크기가 일정하지 않은 것에 대해서, 신식호적표에서는 거의 규격화되어 있다.[33] 또 구식호적이 호구단자를 원자료로 해서 관청이 새로 대장(臺帳, 大帳)을 작성한 것에 대해서, 신식호적에서는 호적표 그 자체를 편철해서 대장으로 삼고 있는 것에서도 큰 차이가 있다.

그런데 기재 내용의 검토에 들어가기 전에, 양자의 작성 방법을 비교한다. 『경국대전』(권2 · 호전 · 호적조)에 "每三年 改戶籍 藏於本曹 · 漢城府 · 本道 · 本邑〔3년마다 호적을 개정하여 본조 · 한성부 · 본도 · 본읍에 보관한다(번역 첨부 역자).〕"라는 규정에 따라, 구식에서는 3년마다 호주가 작성하여 제출한 호구단자에 기초하여 군아(郡衙)가 '호적(대장)' 4부를 작성하여, 1부를 본읍(군아)에 보관하고, 나머지 3부를 본조(호조) · 한성부 · 본도(군이 소속한 감영)에 송부하여 보관하고 있다. 또 호주는 동일 내용의 호구단자를 2부 작성해서 군아에 제출하지만, 1부는 호적대장 작성의 원자료가 되고, 또 1부는 3년 전에 작성한 대장과 비교 검토하여, 오류가 없는 것을 확인한 후, 관인(官印)과 수령의 수결(手決)을 첨부하고 나서 신고자에게 교부하여, 준호구(准戶口, 호적등본)와 같은 증명서 역할을 한다.[34] 한편 군아에서는 제출된 호구단자를 기초로, 대장 이외에 다수의 명부[35)]를 작성하여 행정 실무의 기초 대장으로 삼았다.

신식호적에서는 호구조사세칙 제11조[36)]의 규정에 따라 부·목·군(이하, 郡衙로 총칭함) 또는 한성부 5서(署)는, 신고자가 작성하여 제출한 원본[37)]을 편철해서 대장을 작성하는 것과 동시에, 이것을 등사해서 관할하는 관찰부에 제출한다. 관찰부는 그것을 보관하는 한편, 다시 등사본을 작성해 내부(內部)에 제출하였다. 다만 한성부 경우는, 등사본을 직접 내부에 제출하였다. 또 신고 용지는 1장의 용지 좌우 반장씩에 동일서식(戶籍式樣. 〈그림 3〉)의 기입란을 2개 마련하고 있어, 신고자는 양쪽에 동일 내용을 기입하여 군아·5서에 제출한다. 군아·5서에서는 할인〔割印, 도장 하나를 두 장 서류에 걸쳐 찍음〕을 찍어서 중앙부를 잘라, 오른편을 대장 작성용으로 보관하고, 왼편은 신고자에게 돌려준다(호구조사세칙 제2조[38)]). 이렇게 해서 왼편은 구식호적의 준호구와 같은 역할을 하는 것이 되었다.

게다가 신식에서는 10호로써 1통을 편성하고, 주민 중에서 문장력과 계산력을 가진 품행 방정한 인물을 통수로 정해(호구조사규칙 제2조[39)]), 통표를 작성시켰다(호구조사세칙 제12조[40)]). 통표는 통수가 작성한 후에 리존위(里尊位)·면집강을 거쳐 군아에 제출되고, 다시 관찰부에서 내부로 잇따라 상부 기관에 제출된다(호구조사세칙 제14조[41)]). 군아와 관찰부는 이것을 성책으로 편철해서 보관하고, 다시 등사본을 상부 기관에 제출한다. 한성부 경우는 이것이 통수 → 순검 파출소(交番所) → 5서 → 한성부 → 내부 순서로 되어 있지만, 각 단계의 작업은 다른 지방과 동일하다.

위에서 기록한 호적대장과 통표의 작성 작업은 군아·5서에서 1월 말일까지 종료하고, 2월 말일까지 등사한 것이 한성부 또는 관찰부로 송부된다. 한성부는 3월 말일까지, 관찰부는 4월 말일까지 각각 관내에서 송부되어 온 호적대장과 통표를 다시 등사하여 내부에 제출한다. 내부는 그것을 모아 정리해서 5월 말일까지 국왕에게 상주(上奏)한다고 한 것처럼, 각

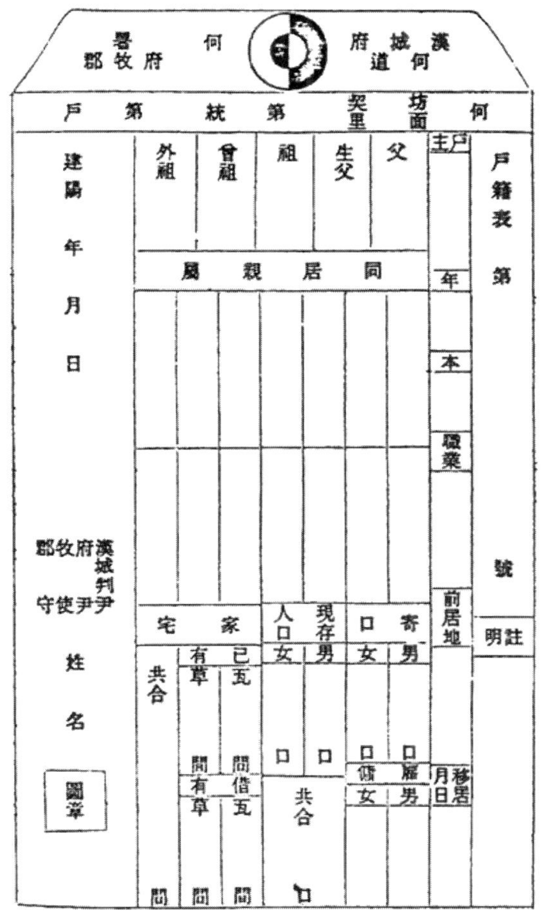

漢城府 何道 何府牧郡 署
何坊面 契里 第統 第戶
戶籍表 第 號
主戶 年 本 職業 前居地 移居月日
父 生父 祖 曾祖 外祖
同居親屬
寄口 男 女 口 口
現存人口 男 女 口 口
雇男 借女
共合 口
家宅 已瓦 有草 間 間
借瓦 有草 間 間
共合 間
明註
建陽 年 月 日
漢城判尹 府尹 牧使 郡守 姓名 圖章

〈그림 3〉 호적식양(戶籍式樣)

건양 원년(1896) 9월 8일자 『대한제국관보』 433호

각의 작업 일정이 규정되어 있다(호구조사규칙〔원저에는 호구조사세칙〕 제3조[42]). 이들 작업이 행해지는 동시에, 호마다 호패가 작성되어, 집 문에 거는 것으로 되어 있다(호구조사세칙 제16조[43]). 즉 신식호적은 호적대장 · 통표 · 호패의 삼자가 일체된 호를 단위로 한 주민 파악 제도라고 말할 수 있을 것이다.

신태현(申台鉉) 호적표는 반장(半張)으로 한쪽 면만 기입되고, 뒷면은 백지상태이다. 또 세월이 지난 변화에 따라, 약간 선명하지 않게 되어 있지만, 좌단부 중앙에 할인(割印)이 있는 것이 보인다. 즉 이것은 위에서 언급한 신고 원본의 오른편에 해당하며, 한성부가 보관하고 있던 것이다. 『한성부호적』은 모두, 이 신태현 호적표와 같이 한성부가 보관하고 있던 신고 원본의 오른편을 편철했던 것이다. 이것은 후에 『한성부호적』의 내용을 조사하는 데서 중요한 의미가 있다. 덧붙여 말하면 현존하는 신식호적대장 중 『한성부호적』처럼 반장(半張)을 편철한 것은 군아 · 한성부에 보관된 신고 원본이고, 한 장을 반으로 접어서 편철한 것은 관찰부 또는 내부에 보관된 등사본이다.[44)]

호구조사세칙이 규정한 「호적표양식」(〈그림 3〉)에 준하는 용지는 내부(內部)에서 인쇄되어, 관찰부 → 군아 → 면집강 → 리존위 → 호주라는, 호적대장 작성 경우와 반대 경로로 말단까지 배포되고 있었다(호구조사세칙 제1조[45)]). 현존하는 것을 보면 최하단의 '가택(家宅)' 이 「호적표양식」의 2단 것을 1단으로 하는 것 외에는, 이 양식과 일치하고 있다. 제1회 조사인 건양 원년 것(제140 · 164책)을 비롯해서 『한성부호적』 전체가 이것과 완전히 같은 형식으로 예외가 없는 것을 보면, 「호적표양식」은 애초부터 일부 서식을 변경하여 작성되었던 것 같다. 그런데 현존하는 각 지역의 신식호적을 보면, 이 서식과는 꽤 다른 것이 많다. 괘선(罫線)도 흑색 이외에 『해남군각면호적』[46)](규장각 소장)이 적색인 것처럼, 형식은 꽤 다양하다. 이것은 애초에 규정된 것 같은, 내부에서 인쇄해서 전국에 배포하는 방식뿐만 아니라, 각지에서 인쇄하는 방식도 받아들여졌던 것을 암시한다.[47)]

다음으로 신태현 호적표와 호적양식(〈그림 3〉)에 따라, 『한성부호적』의 기재 내용을 검토하여 보자.

① 주소의 항목은 한성부 · 서 · 방 · 계 · 동 · 제(第)통 · 제호의 문자가

인쇄되어 있고, 해당 부분을 써넣으면 완성된다.[48] 이것에 대해서 구식호적에서는 계(契)까지밖에 쓰여 있지 않았다. 신태현의 주소는 한성부 중서(中署) 정선방(貞善坊) 하마동계(下麻洞契) 하마동 제23통 제2호(戶)라는 것이다. 정선방 제23통은 제1호가 결번으로, 제2호부터 시작하는 것 같다.

② 호주 정보로서는 성명 · 연령 · 본관 · 직업 · 사조〔四祖, 부 · 조 · 증조 · 외조〕가 기입되어 있다. 구식호적의 직역(職役)에 대신해서 직업란이 보여, 정부 측이 새로운 주민 파악 정책을 분명히 내세웠던 것이 특징적이다. 이 항목의 기재에 의해, 신태현은 나이로 22세, 본관은 평산(平山), 직업은 순검(경찰관)인 것을 알 수 있다. 선조에 관해서는 직역이 간략하고, 처가 쪽 사조(四祖)가 적혀있지 않는 등 구식호적과 비교하면 간단하게 되었지만, 그 대신 생부란이 있어, 양자(養子)에 대해서 명기(明記)하는 것처럼 되었다.

③ 동거 친속은 '호' 에 거주한 친족이다. 신식호적은 현주주의(現住主義)로[49] 이른바 본적주의(本籍主義)는 아니다. 친속(친족)이라도 별거하는 경우는 기재하지 않는다. 호적이라고 하지만, 본적주의를 취하는 현대 한국과 일본의 호적 제도와는 다르고, 주민등록에 가까운 성격을 가지고 있다.

④ 이동(移動) 상황은 구식호적에는 존재하지 않았던 항목이다. 전거지(前居地, 전 거주지)와 이거월일(移居月日, 이동 연월일)이 기입되어, 신태현의 경우 광무 9년(1905), 즉 이 호적 작성의 전년에 강원도 춘천에서 현 주소로 전입해 온 것을 알 수 있다. 이것에 비해서 전출지에 대해서는 호적 자체로서는 알 수 없다.

⑤ 거주자 통계는 기구(寄口) · 고용(雇傭) · 현존(現存)인구의 세 항목으로 구성되어, 각각 남녀별로 수치가 기입되는 것처럼 되어 있다. 이것도 구식호적에는 없던 항목이다. 구식호적에서는 호내 인구수는 군아에서 계산하는 것으로 되어 있었다. 호주+동거 친속+기구+고용=현존인구라는

것이 된다. 호 내 총인구를 '현존인구' 라고 칭한 것에서도, 이 호적이 현주주의인 것을 표현하고 있다.

⑥ 가택도 구식호적에는 없는 항목이다. 그러나 종래에도 『가좌성책(家座成冊)』을 작성하여, 군내의 가옥 규모 · 상황을 파악하는 것이 수령(守令)의 중요한 임무의 하나였다. 신식호적에서는 그것이 호적으로 이관 계승되었다고 보아야 할 것이다.[50] 가택은 기유(己有)와 차유(借有)로 나누고, 각각 기와집 부분과 초가집 부분을 한국의 전통적인 가옥 규모 계측단위인 '칸(間)' [51]수로 계산하는 것처럼 되어 있다.

⑦ 그 외, 첫째 줄에 해당 호적표의 번호란과 주기(注記)란이, 또 마지막 줄에 작성 연월과 수령 성명 · 날인의 각 난이 있다.[52] 신태현 호적표에서는 호적표 번호는 기입되어 있지 않지만, 『한성부호적』 전체에서도 극소수 예외를 제외하고는, 호적표 번호는 기입되어 있지 않다. 호적표 번호가 서(署) · 방(坊) 어느 것을 단위로 하여 첨부되었는가는 불분명하지만, 5서(署)에서 집계한 후에 비로소 결정하는 것이다. 아마 내부(內部)에 송부했던 등사본에는 기입되어 있었을 것이지만,[53] 한성부 보관 원본에는 거의 호적표 번호가 보이지 않는 것은 한성부 단계에서는 그 필요성이 인정되지 않았다는 것을 보이고 있다.

이상의 것 외에, 갑오개혁에 의한 신분제도 변화를 받아, 구식호적에서는 중요한 항목의 하나로 되었던 노비에 관한 기재가 신식호적에서는 없어져 버린 것을 덧붙여 두려고 한다.

구식호적에서 신식호적으로의 변화를 위와 같은 형식면에서 파악하면, 다섯 가지 점이 중요하게 된다. 먼저 첫째, 사조(四祖) 표기가 간략화되고 게다가 처가 쪽 사조가 기재되지 않게 되었다. 둘째, 직역 · 신분에서 직업으로 호주의 속성 파악이 변화했다. 셋째, 호수와 인구수의 정확한 파악이 의도되었다. 넷째, 기구(寄口)와 고용(雇傭)은 사람 수만 기재되고, 친족 이외의 동거인에 대해서는 성명 · 연령 등 정보가 생략되었다. 다섯째, 가옥을 파악하는 것처럼 되었다.

이와 같은 변화는 이미 전통적인 신분 관념에서는 주민의 파악이 곤란하게 된 것을 배경으로 해서, 스스로 '근대화' 정책의 입안 근거를 얻자고 하는 대한제국 정부의 의도를 표현한 것이다. 그렇지만 신식호적 그 자체가 구식호적과 단절하는 것은 아니고, 양식상의 큰 변화에도 불구하고 다수 요소에서 계승성을 가지고 있었다. 이 점을 파악해서 다케다 유키오는 "여전히 신분적 성격을 가진 구래(舊來)의 호적대장이나 호패와의 계승관계를 더듬을 수 있을 정도로 개혁의 철저함을 결여하여, 이른바 중간적, 과도적인 위치를 차지했다고 간주된다."[54]라고 신식호적의 성격을 평가하고 있다.

4)『한성부호적』 전체상의 복원

『한성부호적』 전체 61책에 편철된 호적표는 합계하면 12,650매[55]가 된다. 이것을 '인구'를 중심으로 연대(年代) · 서(署) · 방(坊)별로 모아 정리하면 〈표 2〉와 같다. 이 표 최상단의 항목 가운데, '친속(親屬)'이라는 것은 호주+동거친속, '합계'라는 것은 친속+기구(寄口, 남의 집에 붙어사는 사람)+고용(雇傭)을 각각 나타낸다. 또 합계는 거의 호적표 현존 인구란의 수치에 가깝다.

〈표 2〉에서 연대 · 서 · 방별의 각 항목 값을 산출하면, 인구 관계 각 난의 수치를 단순 집계하여도 정확한 수치를 얻을 수 없다. 사전에 호적표 개개의 기재 내용에 대한 철저한 조사에 따라, 수치를 수정 또는 보정해 두는 것이 필요하다.

첫째로, 다른 항목의 기재와 수치가 어긋나는 경우가 많기 때문이다. 번잡하여 하나하나 예시는 하지 않지만, 친속 수 · 기구 수 · 고용 수의 합계와 현존 인구수가 어긋나 있거나, 현존 인구란에 남녀의 부분 값과 합계가 다르거나, 호주를 계산에서 제외하였다던가 하는 예는 이루 말할 수 없이 많다. 이것을 현존 인구란의 수치 그대로 계산하면, 도저히 무시할 수 없는 오차가 생긴다. 본고에서는 모두 각 난의 실제 기재를 근거로 다시 계산하였다.[56)]

둘째로, 복수의 호적표를 가진 호주(이하, 이것을 '중복호주'라고 칭한다.[57)])가 존재한다. 2호 소유자가 146인, 3호 소유자가 16인, 4호 소유자가 1인, 5호 소유자가 1인이지만, 이들 호주를 모두 거주자라고 간주하면, 동일인을 중복하여 계산하는 것이 된다. 동거인란과 인구란이 공백으로 명백하게 비거주인 것은 문제없지만, 그 난에 기입된 경우는, 처(妻)를 기재한 측의 호적표를 호주 거주지로 하고, 다른 것은 호주가 거주하고 있지 않은 것으로 간주해서 인구 계산에서 제외하였다.[58)]

셋째로, 친속 · 기구(寄口) · 고용(雇傭)의 기입이 없고 현존 인구도 공백으로 되어 있어 거주자가 없는 것을 보이는 호적표, 즉 비현주호(非現住戶)가 209호 존재한다. 이들 호에 대해서는 공가(空家)라서 별도로 산출하고 있다.

넷째로, 첩호(妾戶)의 존재이다. 처와 첩 동거의 경우는 문제없지만, 별거(別居)호의 경우 호주는 처가 거주하는 주거지를 원적(原籍)으로 해서 계산하고, 첩 측의 호적표에서는 제외하는 것으로 하였다. 물론 예를 들면 본처 사망 등에 의해, 첩만 기입되어 있는 호적표가 실제로 호주가 거주하는 원적이 되는 경우도 있을 것이지만, 이것을 분별하는 것은 실질적으로 불가능하여, 무시하지 않을 수 없다. 여기서는 우선 첩호(妾戶)로서의 호주를 인구수에서 제외한 것이 568인분이 있는 것만 지적해 두려고 한다.[59)]

이상과 같이 수정을 가하고 나서 계산하면, 1896년분 2,084인, 1903년분

22,203인, 1906년분 41,645인, 합계 65,932인이라는 각 연도 합계 수치를 얻을 수 있다. 이것이 『한성부호적』에서 우리들이 알게 된 거주자 수라는 것이다. 또 하나 주목해야 할 것은 『한성부호적』이 신고 · 조사 대상으로 한 인간과 지역이다. '호적' 이라고 하는 이상, 해당 지역의 거주자 모두를 망라하는 것이 원칙일 것이다. 그러나 〈그림 1〉 · 〈그림 2〉에 포함된 지역 내에서도, 관청 · 궁전 · 군대 내 거주자는 신고 · 조사 대상에서 제외되어 있었던 것 같다. 상세한 것은 후론하는 가운데 언급하지만, 징청방(澄淸坊)의 거둥길(御路, 통칭 육조 앞, 현 세종로) 연도를 비롯해서 『한성부호적』 잔존 지역의 각처에 존재하고 있던 관청 · 궁전 · 군대 부지 내에 거주하는 자는 그저 소수의 예외를 제외하고는 나타나지 않는다.[60] 즉 이 호적은 주거를 신고 · 조사 대상으로 한 것으로, 그 이외의 건축물에 속하는 것은 제외되어 있다. 따라서 해당 지역에도 많은 탈락이 있다는 것을 미리 말해 두고 싶다.

〈표 2〉에 따라 우선 거주자 수 전체부터 살펴보자. 이 수치가 가지는 자료적 의미는 전체 호적대장 책자가 잔존하는 1906년도(광무 10)분 중서(中署)의 검토를 통해서 확인할 수 있을 것이다. 현재 우리들이 알 수 있는 같은 시대의 대조치로서는 시노부 쥰페이(信夫淳平) 『한반도(韓半島)』(동경당서점, 도쿄, 1901) 소재 『경성신보(京城新報)』의 1899년(메이지 32) 7월 현재 「경성오서호구명세표(京城五署戶口明細表)」(〈표 3〉), 1907년(광무 11) 조사에 의한 한국 통감부 경무고문부(警務顧問部)편 『한국호구표』(同部, 한성, 발행 연도 불분명. 〈표 4〉), 1909~1910년(융희 3~4) 조사에 의한 대한제국 내부 경무국편 『민적(民籍)통계표』(조선총독부, 경성, 1910. 〈표 5〉)의 세 가지 수치가 있다.[61] 그 외 18세기 말의 『호구총수(戶口總數)』(규장각 소장, 1789) 제1책의 수치(〈표 6〉)도 참고가 될 것이다. 또한 조선에서 근대적인 인구조사(census)는 1930년 조선총독부에 의한 국세(國勢)조

〈표 2〉 인구 집계

서(署)	방(坊)	호수		친속(親屬)			기구(寄口)			고용(雇傭)			합계			성비	1호당 거주자
		現住	空家	남	여	계	남	여	계	남	여	계	남	여	계		
북서	延禧坊	252	0	611	474	1085	9	11	20	10	5	15	630	490	1120	129	4.4
	陽德坊	165	0	367	323	690	39	48	87	82	105	187	488	476	964	103	5.8
1896년도계		417	0	978	797	1775	48	59	107	92	110	202	1118	966	2084	119	5.0
중서	堅平坊	219	6	463	466	929	98	108	206	86	88	174	674	662	1309	98	6.0
동서	蓮花坊	226	0	587	532	1119	23	24	47	19	24	43	629	580	1209	108	5.3
서서	盤松坊	493	4	1067	948	2015	28	26	54	4	7	11	1099	981	2080	112	4.2
	龍山坊	248	2	521	394	915	3	1	4	2	1	3	526	396	922	133	3.7
남서	會賢坊	259	3	535	526	1061	170	86	256	113	163	276	818	775	1593	106	6.2
	薫陶坊	784	7	1616	1628	3244	201	220	421	323	375	698	2140	2223	4363	96	5.6
	廣通坊	187	7	371	394	765	40	31	71	103	106	209	514	531	1045	97	5.6
	大坪坊	185	5	408	409	817	79	74	153	122	140	262	609	623	1232	98	6.7
	豆毛坊	441	3	914	685	1599	6	5	11	5	1	1	925	691	1616	134	3.7
북서	安國坊	172	0	295	288	583	53	49	102	72	98	170	420	435	855	97	5.0
	延恩坊	81	0	189	144	333	1	1	2	0	2	2	190	147	337	129	4.2
	延禧坊	254	0	541	439	980	1	6	7	0	0	0	542	445	987	122	3.9
	嘉會坊	270	0	531	529	1060	91	83	174	113	120	233	735	732	1467	100	5.4
	廣化坊	253	0	557	537	1094	30	29	59	27	29	56	614	595	1209	103	4.8
	順化坊	237	3	564	545	1109	21	25	46	23	24	47	608	594	1202	102	5.1
	常平坊	192	0	448	325	773	0	4	4	0	0	0	448	329	777	136	4.0
1903년도계		4501	40	9607	8789	18396	845	772	1617	1012	1178	2190	11464	10739	22203	107	4.9

중서	寬仁坊	407	17	709	719	1428	211	199	410	190	260	4450	1110	1178	2288	94	5.6
	慶幸坊	365	11	690	681	1371	136	140	276	158	186	344	984	1007	1991	98	5.5
	堅平坊	429	21	920	931	1851	137	160	297	192	211	403	1249	1302	2551	96	5.9
	壽進坊	288	7	597	582	1179	73	78	151	167	164	331	837	824	1661	102	5.8
	瑞麟坊	194	19	401	429	830	81	69	150	120	148	277	611	646	1257	95	6.5
	澄清坊	228	5	508	548	1056	51	78	129	138	152	290	697	778	1475	90	6.5
	長通坊	782	28	1743	1864	3607	346	320	666	521	521	1042	2610	2705	5315	97	6.8
	貞善坊	1153	24	2298	2310	4608	352	379	731	375	416	791	3025	3105	6130	97	5.3
북서	安國坊	174	3	306	299	605	47	49	96	64	80	144	417	428	845	97	4.9
	嘉會坊	350	5	700	684	1384	134	120	254	161	194	355	995	998	1993	100	5.7
	觀光坊	602	11	1154	1170	2324	209	183	382	233	282	515	1596	1635	3231	98	5.4
	廣化坊	253	1	540	496	1036	59	67	126	38	43	81	637	606	1243	105	4.9
	俊秀坊	324	3	751	645	1396	55	45	100	27	40	67	833	730	1563	114	4.8
	順化坊	1385	9	3205	2902	6107	234	205	439	200	245	445	3639	3352	6991	109	5.0
	鎭長坊	391	2	850	795	1645	89	87	176	58	68	126	997	950	1947	105	5.0
	通義坊	36	0	87	77	164	2	2	4	7	7	14	96	86	182	112	5.1
	陽德坊	162	3	337	320	687	49	48	97	86	112	198	472	510	982	93	6.1
1906년도계		7523	169	15796	15482	31278	2265	2229	4494	2744	3129	5873	20805	20840	41645	104	5.5
성내		10480	200	22090	21659	25687	3110	3006	6116	3827	4401	8228	29027	29066	58093	100	5.5
성외		1961	9	4291	3409	7700	48	54	102	21	16	37	4360	3479	7839	116	4.0
전 역		12441	209	26381	25068	-	3158	3068	6218	3848	4417	8265	33387	32545	65932	103	5.3

〈표 3〉 1899년의 한성부 호구 수

서(署)	가옥				인구			1호당 거주자
	기와집	초가집	반기와집	합계	남	여	합계	
중서	2306	1230	510	4046	11112	11507	22619	5.6
동서	769	6645	581	7915	18466	15800	34266	4.3
서서	2481	10127	1500	14108	33980	30613	64593	4.6
남서	2370	6956	1343	10674	26300	23690	49990	4.7
북서	726	4873	534	6133	15672	23782	39454	6.4
합계	8652	29831	4393	42376	105530	105392	210922	4.9

〈표 4〉 1907년의 한성부 호구 수

서(署)	한국인			외국인	
	호	인구	인구/호	호	인구
중부서	6384	26853	4.2	219	750
동부서	9277	39166	4.2	146	517
서부서	15284	64887	4.2	1879	5877
남부서	16764	67338	4.0	7865	27095
북부서	8420	34850	4.1	122	310
성내	35481	147307	4.2	7267	25155
성외	20648	85787	4.2	2964	9394
합 계	56129	233094	4.2	10231	34549

〈표 5〉 남녀별 인구와 직업별 호주 수 (1910년 5월 조사)

서(署)		인구			직업별 호주 수											
	호	남	여	합계	관공리	양반	유생	상업	농업	어업	공업	광업	날품팔이	기타	무직	합계
중부서	7650	13950	13753	27703	301	242	45	1568	6	0	245	8	1680	1541	2286	7922
동부서	8466	19705	17645	37350	237	51	38	2355	3631	0	728	0	335	344	747	8466
서부서	12961	26089	24296	50385	515	173	41	3413	494	0	696	2	1193	728	5797	13052
남부서	8350	19686	18208	37892	249	149	27	2096	1082	0	895	14	1351	564	1981	8408
북부서	8030	19422	17808	37230	670	554	21	1114	2103	25	388	4	909	524	1808	8120
용산서	10006	22427	20603	43030	123	20	16	3126	1327	62	358	32	4357	354	287	10042
합계	55463	121270	112311	233590	2095	1189	188	13672	8643	87	3310	60	9825	4055	12886	56010

〈표 6〉 1789년의 한성부 호구 수

부(部)	호	인구		
		남	여	합계
중부	4082	9629	19557	20186
동부	7702	16331	13379	29710
서부	16371	33475	34719	68194
남부	9970	23587	23197	46784
북부	5804	13147	11132	24279
합계	43929	96169	92984	189153

사가 최초이지만, 그에 앞서 1925년 10월 1일 현재로 간이 국세조사가 시행되어, 경성부(한성) 거주 인구 34만 2,626인 중에 조선인이 24만 7,404인이라는 수치가 보고되어 있다.[62] 그러나 이 보고는 면별(面別) 인구를 산출한 다른 지역과는 다르고, 경성부(한성부)의 지구별 인구의 상세한 것은 생략하고 있다.[63]

이상의 자료 중 『호구총수』에는 한성부의 서 · 방별 호구 수가 기재되어 있어, 1789년 당시 한성부의 상세한 인구 분포가 판명된다. 대구부 사례로 시카타 히로시가 증명한[64] 것과 마찬가지로, 이것도 호적대장에 기초한 수치라고 보아도 틀림없다. 또 「경성오서호구명세표」는 『경성신보』 그 자체를 볼 수 없기 때문에, 수치 산출 근거는 불분명하지만, 아마 호적조사 그것도 1899년(광무 3)에 시행된, 바로 이 장의 자료와 같은 신식호적 조사에 의한 숫자가 기초가 되었다고 보아도 틀림없을 것이다. 대한제국이 한성부 인구에 관해서 가질 수 있는 최선의 통계 숫자는 호적조사 결과에 지나지 않기 때문이며, 「경성오서호구명세표」가 비록 다른 자료에 의해 인구를 산출하였다고 해도, 그 자료의 원전 그 자체가 호적조사 통계인 것은 부정할 수 없다. 즉 전자는 구식호적, 후자는 신식호적에 의한 조사에 기초한 통계 수치라는 것이다.

『호구총수』, 『한국호구표』, 『민적통계표』에 따라, 『한성부호적』 중서(中署)의 수치 추이를 살펴보면, 인구는 시대의 경과와 함께 일관해서 증가 경향을 보이지만, 호수는 일단 감소한 후 다시 증가하는 요형(凹型) 곡선이 된다. 언뜻 보기에, 18세기 말부터 20세기 초에 걸쳐 한성의 인구가 증가 경향을 보이는 것과 동시에, 1호당 거주자 수가 증가 경향을 보이며 호의 규모가 확대 경향이 있었지만, 식민지기 직전에 호당 거주자는 단숨에 반감(半減)하는 것 같이 해석된다. 그러나 이것은 각각 '호적'의 성격 차이에 기인하는 외관상 차이에 지나지 않는다. 이미 서술한 것처럼, 구식호적과 신식호적 차이의 하나로, 호주의 기본적 속성의 하나로 파악되고 있던 직역(職役)·신분을 직업으로 변경한 것이 있다. 직역은 국가에 의한 주민 부담 기준으로, 호적조사를 기초로 해서 각종 역무(役務) 부담의 기초대장이 작성되었다. 따라서 일반적으로 호적 기재를 기피하거나, 허위 신고를 하는 경향이 강하고, 시대가 내려옴에 따라 구식호적의 신빙성을 저하하는 원인이 되고 있었다고 이해된다. 그것이 직업으로 변함에 따라, 신고율에 변동을 준 것은 충분히 예측 가능한 것이다. 물론 그것 자체 계측(計測)은 매우 곤란하며, 일률적으로 변동률을 결정할 수는 없지만, 대체로 구식호적보다 신식호적 쪽이 인구 포착률은 높아진다는 일반적 경향을 고려해 두어야 할 것이다. 따라서 위에서 적은 여러 자료의 수치만을 무비판적으로 비교해서, 호 규모의 확대를 논하는 것은 삼가지 않으면 안 된다. 우선 여기서 시행해야 할 것은 동일한 신식호적으로 산출된 「경성오서호구명세표」(1899)와 『한성부호적』(1906)의 비교이다. 두 자료 사이의 7년간에서는 호수로 1.68% 감소에 대해, 인구수에서는 0.22%가 상승해서, 단순평균에서는 1년당 각각 0.24% 감소와 0.03% 증가가 된다. 대체로 보합 상태라고 해도 좋을 정도의 완만한 상승 경향과 하강 경향을 보이며, 호수와 인구수에서는 역(逆) 현상이 되지만, 거의 변화는 없다고 보아도 좋을 것이다. 호적의 신뢰도가 계산되어 있지 않는 현상에서는, 호수에서 1.68% 감소와 인구수에서 0.22% 상승은 거의 오차범위에 포함된다고 말해도 좋은[65] 수치이다. 여기서는 중서(中署)의 경우, 「경성오서호구명세표」 수치와 『한성부호적』 수치에 거의 변화가 없는 것이 확인되면 충분하다. 덧붙여 말하면 1789년(『호구총수』)과 1906년의 117년간에는 호수로 2.55% 감소, 인구수로 12.30% 증가가 되어, 이것도 단순평균을 계산하면 1년당 각각 0.02% 감소와 0.11% 증가가 된다.

이상의 견해가 허락된다면, 우리들은 「경성오서호구명세표」 수치를 가지고 『한성부호적』에서는 확인할 수 없는 지역의 호구 수에 대해서도 어느 정도의 추정, 복원이 가능할 수 있을 것이다. 지금 신중을 기해서, 만약 1899년부터 1906년까지의 중서의 호수 감소율 1.68%와 인구 증가율 0.22%를 계수(係數)로 해서 「경성오서호구명세표」의 수치에 곱해 보면, 21만 1,386명이라는 수를 얻는다. 이것이 『한성부호적』 전체의 복원 거주자 수라는 것이 된다. 이 수는 1906년 이후 일본이 대한제국의 경찰력을 동원해서[66] 파악한 경성부 인구 중 조선인 인구(〈표 4〉·〈표 5〉 참조) 23만 3,000여 명에 비하면, 인원수로 약 2만 2,000명, 비율로 약 9% 적은 정도로, 비교적 근사치 숫자라고 말해도 좋을 것이다. 1910년 인구수는 국세조사와 같은 정밀한 조사 결과는 아니지만, 경찰이 전면적으로 관여한 조사를 바탕으로 하고 있기 때문에, 그 이전 조선 정부에 의한 조사에 비하면 포착률은 현격히 높았다고 보인다. 그것과 가까운 결과를 얻었던 『한성부호적』 인구수는 그 나름대로 평가해도 좋은 것은 아닐까. 90% 이상의 포착률을 가지고 있다고 평가해도 과언이 아니다. 또 호에 관해서는 후론(後論)에서 상세하게 검토를 가하겠지만, 우선 인구 이상의 포착률이었던 것만을 부언해 두자.

조선의 호적은 일반적으로 시대가 내려갈수록 포착률이 저하한다고 생각하고 있지만, 『한성부호적』은 그것과 다른 결과를 보여주었다. 『한성부호적』을 작성하면서 지구(地區)를 담당하는 순검 교번소(경찰관 파출소)가 전면적으로 관여했던 것처럼, 경찰력을 동원함으로써 강제적인 조사를 할 수 있었다. 이것이 『한성부호적』이 구식호적이나 또는 다른 지방의 신식호적에 비해서, 꽤 높은 주민 포착률을 보증한 주요한 원인일 것이다.

현존하는 『한성부호적』의 호적표는 어느 정도의 잔존율을 가지고 있는 것일까. 우선 조금 전의 1899년부터 1906년까지의 중서에서의 호수 감소율 1.68%를 기초로 해서, 각 연도 『한성부호적』의 전체 호수를 추정 복원하면, 1896년도 4만 3,185호, 1903년도 4만 2,464호, 1906년도 4만 2,156호라는 수치를 얻을 수 있다. 이것에 대해서 〈표 2〉의 호수(現住와 空家를 합계한 1만 2,650호)는 1896년 1.0%, 1903년 10.7%, 1906년 18.2%에 해당한다. 이것이 이른바 『한성부호적』 호적표 잔존율이라는 것이다. 최대가 되는 1906년 경우, 『한성부호적』은 동년의 한성부 호적표 전체의 약 20%를 포함하고 있다는 계산이 된다. 다시 중복 지역에 대해서는 큰 쪽의 수치로써 각 방(坊)의 수치를 합계하면 1만 1,325호라는 호수를 얻게 된다. 이 호수는 『한성부호적』 잔존 3년도분 복원 평균호수 4만 2,602호의 26.6%에 해당한다. 이렇게 해서 만약 시간적 차이를 무시하고 보면, 『한성부호적』은 한성부 전체의 약 4분의 1의 호적표라는 것이 된다.

2. 한성부의 주민

1) 연령 · 성비(性比)

〈표 2〉와 같이, 『한성부호적』에서 6만 5,932인의 거주자 존재를 알았지

만, 이 중에서 연령을 알 수 있는 것은 1896년분 남자 954인 · 여자 726인, 1903년도분 남자 9,582인 · 여자 8,222인, 1906년분 남자 1만 5,816인 · 여자 1만 4,877인으로, 합계 남자 2만 6,352인 · 여자 2만 3,825인, 총합계로는 5만 177인으로 전체 76.1%이다. 앞에서 언급한 것처럼 기구(寄口)와 고용(雇傭)은 인원수가 적혀 있을 뿐이고, 연령과 성명 등에 대해서는 기재가 없다. 또 동거 친속 중에도 연령 등 자료가 없고, 다만 이름이 적혀 있을 뿐이거나, '처', '여' 등과 호주와의 관계밖에 적혀 있지 않는 것도 적지 않지만, 이 같은 예는 남자보다 여자가 훨씬 많다. 따라서 자료량의 남녀 차는 실수(實數)의 차는 아니다. 이 점 주의를 환기해 두고 싶다.

이 5만 177인의 5세(이하, 연령은 전부 만 나이가 아닌, 일반적으로 세는 나이)마다의 연령 등급별 구성은 〈그림 4〉처럼 5세 이하가 6~10세에 비하면 적고, 약간 아래가 줄어드는 피라미드형이 된다. 1896년은 표본 수가 적기 때문에 이 점이 명확하지 않지만, 1903년과 1906년이라는 연도가 다르고, 지역도 대부분은 달리하는 2년도분이 거의 같은 경향을 한 것에서, 이 현상이 지역적으로 특이한 것은 아니고, 한성부 전체에 대해서도

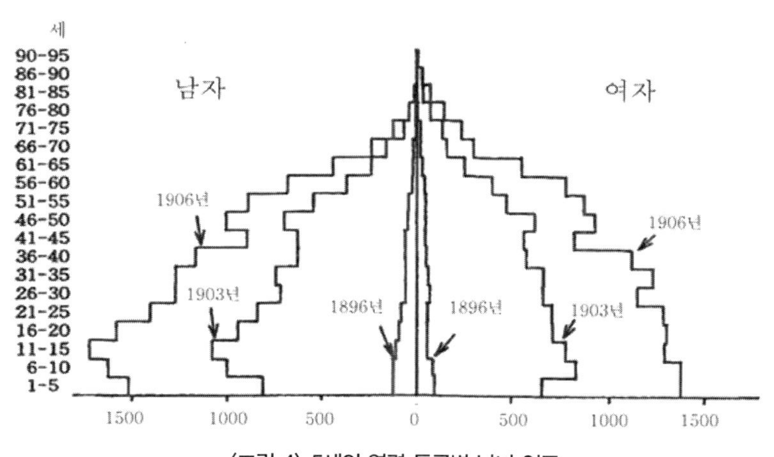

〈그림 4〉 5세의 연령 등급별 남녀 인구

존재했다고 추측할 수 있다. 또 1903 · 1906년 두 연도의 경향이 일치한다는 것은, 적어도 1903년도에서 유년(幼年) 인구의 과소성은 당년도에서 특이 현상이 아니라 오히려 유년인구가 누락되어 있는 것을 알려준다.

많은 조선 구식호적 연구가 분명히 한 유년(幼年) 인구의 누락 현상이 『한성부호적』에서도 공통으로 보였다. 구식호적에서 유년인구 누락은 직역 부담자인 16~60세의 장년 남자 인구를 확보한다는 군아(郡衙)=수령의 직무와 관련되어 있다. 구식호적이 인구조사를 시행할 목적의 하나로, 수령이 행정권을 행사해야 할 군내(郡內) 인구 실태를 파악하는 것이 들어가 있는 것은 확실하고, 우선 직역을 부과해야 할 장년기 남자 인구 확보가 선행되고, 그 밖의 주민에 대해서는 어느 정도의 누탈이 묵인되고 있었다고 생각한다. 그러면 이미 직역 그 자체가 소실된 『한성부호적』 단계에서도 그것과 동일한 것을 말할 수 있을까. 직역 부과기준인 연령 계층별로 보면(〈표 7〉) 장년 남자 비율은 전체 연도 63.7%로, 80% 전후를 보이는 구식호적[67]에 비하면 대폭적인 현상을 하고 있다. 이것에 대해서 현저한 증가세를 보이고 있는 것이 어린 남자로, 전체 연도 30.6%라는 비율은 구식호적 것의 4배 정도에 이른다. 이 경향은 각 연도에도 거의 같고, 또 여자도 거의 차이를 보이지 않는다. 이렇게 해서 구식호적의 신뢰도를 크게 저

〈표 7〉 유 · 장 · 노년별 인구 (단위 : 인. 괄호 안은 %)

구분 \ 연대	남자				여자				총합계
	1896년	1903년	1906년	남자 계	1896년	1903년	1906년	여자 계	
유년(幼年)	362	2894	4817	8073	223	2237	4051	6514	14587
(1~15세)	(37.9)	(30.2)	(30.5)	(30.6)	(30.7)	(27.2)	(27.3)	(27.3)	(29.1)
장년(壯年)	539	6151	10096	16786	442	5336	9521	15299	32885
(16~60세)	(56.5)	(64.2)	(63.8)	(63.7)	(60.9)	(64.9)	(64.0)	(64.2)	(63.9)
노년(老年)	53	537	903	1493	81	849	1302	2012	3503
(61세~)	(5.6)	(5.8)	(5.7)	(5.7)	(8.4)	(7.9)	(15.8)	(8.4)	(7.0)
합계	954	9582	15816	26352	726	8222	14877	23825	50177

하시키고 있던 남자 장년층으로의 과대한 집중 경향은 『한성부호적』에서는 상당한 정도로 시정되어, 그것만으로 실태에 가까운 수치를 우리들에게 보여주고 있다고 생각해도 지장이 없는 것이다.

앞서 본 것처럼, 5세 이하 남자 인구는 6~10세 이상보다 적었지만, 이러한 유년인구의 편향은 무엇에 원인한 것일까. 실은 이것을 풀 열쇠는 1세마다의 인구구성(〈그림 5〉)에 있다. 보이는 것처럼 유년인구가 적은 원인의 상당한 부분은 1세아 인구의 극단적인 적음에 있다. 구식호적에서 1세아의 적음에 대해서는 이미 1825년 경상도 진해현 예[68]에서 명백하게 되고 있지만, 『한성부호적』의 경우 그것과도 차이가 있다. 진해현 호적에서는 1세아뿐만 아니라 2세아도 단 1명도 등록되지 않고 3세아도 극단적으로 적었지만, 『한성부호적』에서는 1세아는 소수지만 등록되어 있고, 2세아는 전체의 2.2%로, 전체 연령 중 최고치를 보이고 있다. 결국 구식호적에서 유년인구가 아주 적은 것에 비하면, 『한성부호적』은 1세아를 제외하고는, 보다 실태에 가까운 수치를 제공해 주는 것이라고 기대할 수 있는 것이다.

여기서 고려하지 않으면 안 되는 것은 호적 신고 기간과 나이 방식의 연령 계산과의 관계이다. 전술한 것처럼 신식호적은 통표(統表)와 함께 한성부는 5서가, 기타 지역은 군아(郡衙)가 1월 말까지 신고를 모아서 등사본을 작성하는 것으로 되어 있다. 따라서 전년분 신고는 12월까지 시행하지 않으면 안 된다. 그런데 가능한 정확한 수치를 파악하려는 정책 수행적 입장에서는 호적표 작성 및 신고는 마감 날에 가까우면 가까울수록 좋지만, 말단 실무 수준에서는 총괄하는 사무의 번잡함을 생각하면 빠르면 빠른 것만큼 더 좋은 것은 없다. 이와 같이 행정 측의 상반된 요구를 반영해서, 호적표는 건양 원년(1896) 제1회 것을 제하고는, 12월 작성한 것은 거의 발견되지 않고 9월 · 10월 등 작성 월을 가진 것이 다수 나오게 되고, 심한

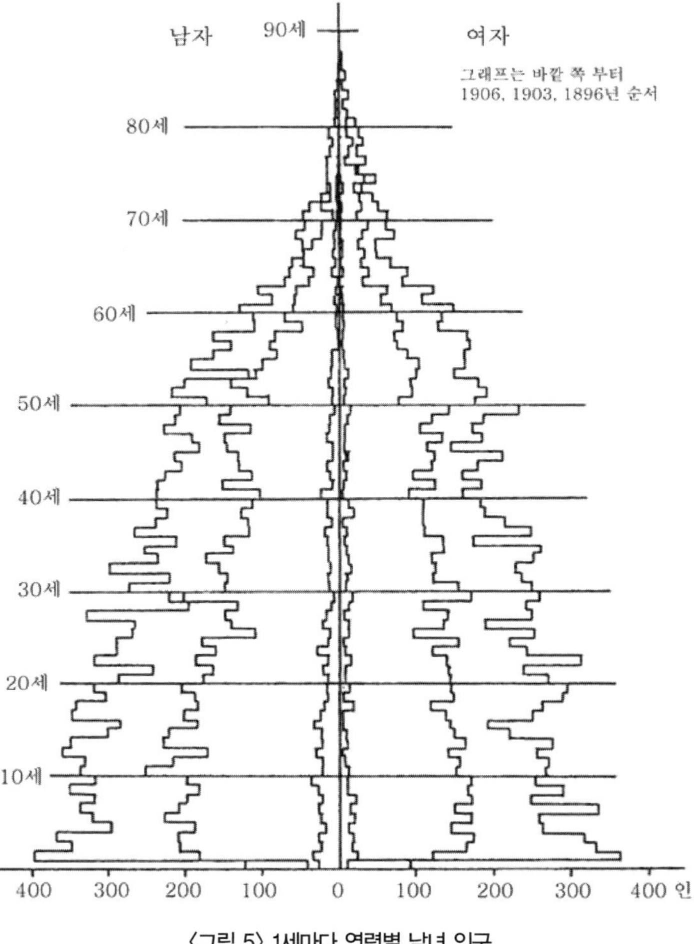

〈그림 5〉 1세마다 연령별 남녀 인구

경우는 1월 · 2월도 기입하고 있다. 이것이 실제 작성 · 신고 월인지 아닌지 확인할 방법은 없지만, 일단 믿고 생각한다면 다음 해 초에 종합 정리된 호적대장에는 전후 1년 가까운 오차를 가진 호적표가 모인 것이다. 이것은 우리들이 『한성부호적』을 이용하는 데서 상당한 주의를 필요로 하는 점이다. 그중에는 연도 도중에 이전했기 때문에, 신고 월이 다른 두 개 지역에서 등록된 예[69]도 나오게 된다. 이렇게 해서 보면 당년에 태어난 1세아[70]의 경우, 출생 사실에 기초해서 빠짐없이 신고가 이루어졌다고 해도, 지역에 따라서는 당년 출생 수의 몇분의 일 정도밖에 파악할 수 없게 된다. 또한 원래 호적조사 대상이 되는 것은 거주자=생존자로, 설령 신고 자체가 정직하게 이루어졌다고 해도, 신고 시까지 사망한 당년 태어난 신생아에 대해서는 그 존재 사실이 전혀 반영되지 않은[71] 것으로 될 것이다. 이 점을 짐작하게 하는 것이 당년 12월 시점에서 작성이 행해졌던 건양 원년(1896)이다. 건양 원년의 경우(〈그림 5〉 참조) 1세아가 2세아에 비해서 적다고 해도, 그 차는 근소하다. 1세아의 누탈이 있다고 해도, 구식호적과 같은 과소성(過少性)과는 거리가 멀다. 이렇게 해서 보면 『한성부호적』의 1세아가 적은 원인 중 하나가 호적 작성 기일이 연간으로 확장되어 있다는 점에 있는 것은 확실하다.

그렇다고 해도 2세아에 비해 1세아의 과소함을 이상과 같은 호적표 작성상의 형식적인 이유만으로 모두 설명할 수는 없다.[72] 2세아가 전 연령의 최대치를 보이는 것처럼, 1세아가 어떤 이유로 호적에 등록되지 않았다고 볼 수 있을 것이다. 현재로서는 그 이유는 불분명하다고 말할 수밖에 없지만, 2세아가 되어야 호적에 나타나는 것을 보면, 유아 사망률이 높았던 당시로써는 당년생은 아직 생존하여 성장할지 어떨지 미지수이고, 호적에 실어야 할 존재는 아니라고 간주되었다고 생각하는 것은 허용되어야 할 것이다.

연령 구성을 생각할 때 무시할 수 없는 것이 인구수밖에 판명되지 않는 기구(寄口)와 고용(雇傭)이다. 구식호적에서는 호내 거주자 전원의 연령 또는 생년을 쓰게 되어 있었지만, 신식호적에서는 친족만으로 한정했기 때문에, 성내에서는 전체 인구의 4분의 1에 이르는 수를 가진 기구와 고용이 연령 계산에서 완전히 배제되었다. 이것은 현재로서는 전혀 조사할 방법이 없다. 따라서 〈그림 4〉·〈그림 5〉도 기구와 고용이 계산에서 제외되었다는 선입관이 전제된 것이라 보지 않으면 안 된다. 특히 일정 연령 이상에 도달하여 있다고 보이는 고용이 탈락되어 있는 부분만큼, 친속에 의해 산출되었던 유년인구 비율은 더욱더 낮은 것이었을 가능성이 있는 점에 주의를 환기시켜 두고 싶다.

인구에 대해서 숫자와 더불어 중요한 의미가 있는 것이 남녀비(男女比)이다. 〈표 2〉의 총계란에서 전체적으로 보면 남자 쪽이 약간 많고, 성비는 103(여자 인구를 100으로 하는 남자 인구의 비율. 소수점 이하는 반올림)이 된다. 이 수치는 1910년 5월 10일 현재의 「현주(現住) 조선인 호구」의 108,[73] 1925년 간이국세조사의 전(全)조선 105, 경성부 114[74] 등에 비하면 2~11포인트 낮고, 1930년 제1회 국세조사의 전조선 · 경성부의 103[75]과 거의 같다. 연령별 성비를 검토하지 않으면 안 되지만, 이것은 앞에서 서술한 것처럼 『한성부호적』에서 연령이 판명되는 것은 전체 거주자의 4분의 3을 차지하는 친속뿐이고, 게다가 남성에 비해 여성 쪽이 연령 기입률이 낮아서 계측할 수 없다. 덧붙여 말하면 연령이 판명되는 자만을 보면 한해 전체로는 111이 된다.

성비를 방별로 보면, 1903년 북서 상평방의 136부터 1906년 중서 징청방의 90까지 넓게 분포한다. 2년도에 걸친 숫자가 남아있는 방에 대해서는 양년도분의 합계 인구를 기준으로 계산해서 5포인트마다 등급 구분을 하면, 〈표 8〉과 같은 방별 분포를 얻는다. 성비 100 이하, 즉 여자 인구가 남자 인구를 웃도는 것은 중서 7방, 북서 4방, 남서 3방 합계 14방으로, 모두 성내에 있다. 특히 중서 8방은 수진방 이외 7방이 100 이하인 것이 주목된다. 또 120 이상으로 남자 인구 비율이 극도로 높은 5방은 모두 성외에 있다. 이처럼 성비는 성내 중심부에 가까울수록 낮아지고, 주변부가 될수록 높아지지만, 조금 더 자세히 보면 종로 주변부터 청계천 일대에 걸친

〈표 8〉 등급별 성비(性比) (숫자는 성비를 나타냄)

성비 등급	방(坊)별 성비
- 95	징청(澄淸) 90 관인(寬仁) 94
96 - 100	서린(瑞麟) 95 훈도(薰陶) 96 장통(長通) 97 정선(貞善) 97 광통(廣通) 97 안국(安國) 97 양덕(陽德) 97 견평(堅平) 98 경행(慶幸) 98 대평(大坪) 98 관광(觀光) 98 성내(城內) 99 가회(嘉會) 100
101 - 105	수진(壽進) 102 전체 103 광화(廣化) 104 진장(鎭長) 105
106 - 110	회현(會賢) 106 연화(蓮花) 108 순화(順化) 108
111 - 115	반송(盤松) 112 통의(通義) 112 준수(俊秀) 114
116 - 120	—
125 - 130	연희(延禧) 125 연은(延恩) 129
131 -	용산(龍山) 133 두모(豆毛) 134 성외(城外) 134 상평(常平) 136

한성 중심부 및 경복궁과 창덕궁에 끼어있는 부분의 2개 소가 성비 100 이하가 되지만, 이 지역에서도 중서 수진, 북서 광화, 진장 세 방은 100을 넘는다. 성내에서도 중심부에서 떨어진 동서 연화, 남서 회현, 북서 순화, 준수, 통의 각 방은 성비가 105를 넘는다. 이것을 성내와 성외로 나누어 보면, 성내 99에 대해서 성외 134가 되어 큰 차가 생긴다.

이상 한성부에서는 중심부일수록 성비가 낮고, 주변부일수록 성비가 높다는 결과가 나타났다. 성비 면에서 보면 성내에서도 105를 넘는 지역은 주변성이 높고, 성외에서도 성벽에 붙어 있는 반송방은 중심성이 높은 것으로 된다.

물론 성내에서 성비가 낮은 원인으로, 남자를 숨기기 위해 허위로 호적에 기재하거나 어떤 이유에 의한 남자 인구의 탈락이 생각된다.[76] 과연 1910년 조사에 관계되는 〈표 5〉의 숫자에서는, 중부(중서)는 성비 101로 『한성부호적』 수치를 5포인트 웃돌아 100을 넘고 있으며, 한성부 전체에서도 108로 역시 『한성부호적』 수치를 5포인트 웃돌아, 이 추측을 뒷받침한다. 하지만 중서 101은 한성부의 행정구획 중에서 가장 낮은 수치인 것은 변함이 없다. 요컨대 상기와 같은 지역별 성비는 실태 그 자체는 아니라 하더라도, 그 나름대로 실태를 반영한 결과라고 말할 수 있을 것이다.

농촌부(部)로부터 유입되는 독신 남자의 존재가 성비를 크게 하는 것은 근세・근대 도시사 연구에서 지적되어, 이른바 '도시 개미지옥설'[77]을 주장하는 근거가 되고 있지만, 한성의 경우 그것과는 다르며, 성내의 시가화 구역에서 성비는 낮고, 성외의 농촌부에서 높아지고 있다. 사회이동의 상태, 도시의 성격을 생각하는 데 하나의 시사를 주는 것이다. 다만 한성부 수치는 꽤 높은 포착률로 유지되고 있던 확실도가 높은 것이지만, 그래도 아직 그 내용에 대해서는 다른 자료와 관련지어 더욱더 검토를 해야 한다. 여기서는 우선 한성부의 성비는 중심부가 될수록 낮고, 주변부가 될수록 높아지는 것을 지적하는 것에 한정하여 두자.

2) 호와 주민

『한성부호적』은 호주를 중심으로, 호를 단위로 해서 작성되었다. 하나의 호에 속한 인간을 신식호적은 동거친속・기구(寄口)・고용(雇傭)의 세 가지로 구분하고 있다. 그런데 구식호적에서는 호 내 거주자를 가족과 노비 두 종류로 나누고 있지만, 노비에 대해서는 동거의 현주자(現住者, 솔거노비)뿐만 아니라, 따로 독립해서 호를 형성한 자(외거노비)나 도망한 자 등 비현주자까지 쓰여 있는 경우가 있다. 이것은 구식호적이 호 내(戶內)의 인구 파악을 하는 것과 동시에 준호구(准戶口) 또는 군아가 인정한 호구단자에 의해 노비의 소유 관계가 보증된다는, 말하자면 노비에 관한 소유 증명서의 역할도 하고 있기 때문이었다. 이미 이른바 갑오개혁에 의해 노비 신분은 존재하지 않아, 신식호적에서는 노비 조항이 삭제되고, 그 대신 상기한 세 구분이 도입되었던 것이다. 이와 같은 제도의 변화는 생활 실태의 변화에 대응하는 정부 측의 어떤 정책적 의도가 반영된 것으로 생각한다.

그런데 호에 관해서는 『한국호구표』에서는 「경성오서호구명세표」에 비하면, 한성 전체에서 30.9%, 중서 관내에서 57.8%가 증가한다. 이것에 대해서 인구는 한성 전체에서 10.5%, 중서 관내에서 18.7%가 증가하는 것에 지나지 않기 때문에, 1호당 거주자는 이 사이에 한성 전체에서 4.9인에서 4.2인으로, 중서 관내에서 5.6인에서 4.2인으로 급격한 감소를 한 계산이 된다. 그런데 이미 본 것처럼 『한성부호적』 1906년도 중서와 「경성오서호구명세표」 중서의 호수에 큰 차는 없었다. 그러면 이 사이에 호 개념이 변했다고 생각하지 않을 수 없다.

여기서 주목되는 것은 신식호적이 가옥 규모와 동시에, '기유(己有)'=자기 집, '차유(借有)'=차가(借家, 빌려 사는 집)라는 개념을 도입한 점이다.[78] 물론 이것은 호주와 거가(居家)와의 관계를 나타내는 것으로, 그것이 호적에 기재되는 것에 따라 어떠한 법적 의미가 있는 것이 되지만, 우선 정부로서는 호적을 통해서 거주자 실태를 파악하는 것과 동시에, 가옥 소유 관계도 파악할 수 있는 것이다. 이미 대한제국 정부는 지계아문(地契衙門)을 창설하여 토지 소유 관계에 대해서는 조사를 시행하였다. 물론 이것이 반드시 전국적으로 시행된 것은 아니고, 내용 면에서도 실태에서 꽤 벗어난 것이었지만, 가옥에 대해서는 구식호적 무렵부터 별도로 『가좌성책(家坐成册)』이 작성되어, 군 단위로 지역 내 상황을 파악하고 있었다. 신식호적의 가택 조항은 그것을 계승하고, 다시 호적조사와 연동해 가옥 소유 관계를 쉽게 파악하고자 한 것이다. 이 사이의 작용 원리는 아직 충분히 해명되지 않았지만, 여기서는 우선 신식호적이 기유(己有)·차유(借有)로 구분해서, 호주와 가옥의 관계를 기재하고 있는 점에 주목하면, 갑자기 떠올라 오는 것이 전술했던 호주 이름만 기록되고 현주(現住) 인구가 공백으로 되어 있는 공가(空家) 209호의 존재이다. 호가 어떠한 의미에서 인간 또는 인간 집단을 가리키는 개념이라면,[79] 이 같은 호적표의 존재 자체는 전혀 의미를 갖지 않는다. 빈집(空家)의 호적표가 존재하는 것은 『한성부호적』이 거주자 유무에는 관계없이, 어디까지나 1가옥을 1호로 '호적'을 신고하게 했다는 것을 보여준다.[80] 이렇게 해서 우리들은 『한성부호적』에서의 '호'가 현실에 존재하는 가옥을 주체로 한 것이라는, 구식호적과 같은 개념 규정[81]에 도달하는 것이다. 호주가 되는 것은 무엇보다 먼저 '가택'의 소유 또는 차유가 필요하고, 호주란 바로 가옥의 소유·차유 주체라는 것이 된다. 이 점은 앞에서 본 복수 호에 나타나는 중복 호주의 존재에 의해서도 뒷받침될 것이다.[82] 기유·차유 가옥마다 호적은 작성하지 않으면 안 되는 것이며, 기재된 인간은 어디까지나 현주자(現住者)인 것이다.

이상과 같이 『한성부호적』에서의 '호'의 성격을 규정한 위에서, 호의 인적 구성에 들어가기로 하자. 먼저 거주자 수부터 살펴보자(〈표 9〉). 1호당 거주자는 〈표 2〉에서 본 거주자 수÷(현주호 수-공가호 수)로 계산된다. 이렇게 해서 산출된 것이 〈표 2〉 가장 우측란의 수치이다. 3년도분 총계의 1호당 5.4인이라는 거주자 수는 같은 시대 3.13인이라는 인천[83]이나

〈표 9〉 방별(坊別) 1호당 거주자 수

1호당 거주자 수	방별 1호당 거주자 수
3.5-3.9	두모(豆毛) 3.7 용산(龍山) 3.7
4.0-4.4	성외(城外) 4.0 상평(常平) 4.0 반송(盤松) 4.2 연은(延恩) 4.2 연희(延禧) 4.2
4.5-4.9	준수(俊秀) 4.8 광화(廣化) 4.8 안국(安國) 4.9
5.0-5.4	진장(鎭長) 5.0 순화(順化) 5.1 통의(通義) 5.1 정선(貞善) 5.3 연화(蓮花) 5.3 전체 5.3 관광(觀光) 5.4
5.5-5.9	경행(慶幸) 5.5 성내(城內) 5.5 관인(寬仁) 5.6 훈도(薰陶) 5.6 가회(嘉會) 5.6 수진(壽進) 5.8
6.0-6.4	견평(堅平) 6.0 광통(廣通) 6.0 회현(會賢) 6.2 양덕(陽德) 6.0
6.5-6.9	징청(澄淸) 6.5 서린(瑞麟) 6.6 대평(大坪) 6.7 장통(長通) 6.8

3.59인이라는 개성[84]의 예, 또는 3.31인 내지 3.89인이라는 농촌부(部) 예,[85] 또한 구식호적에서 산출된 4.4 내지 4.6인이라는 대구[86]나 3.3인이라는 진해[87] 예보다 많고, 5.3 내지 5.4인이라는 1930년대에 2회 실시된 국세조사에 의한 전국 평균치[88]와 거의 같다. 이것을 지역별로 보면 최고 1906년 중서 장통방 6.6인부터 최저 1903년 남서 두모방 3.6인 사이에 분포하고 있다. 게다가 2년도분이 존재하는 것은 양년도의 합계로 계산해서, 0.5인마다 분류해 보면 〈표 9〉를 얻는다. 4.5인 미만의 6방은 모두 성외에 있고, 거꾸로 성내 22방은 모두 4.5인 이상이다. 합계 평균에서는 성외 4.0인에 비해 성내 5.5인이다. 또한 성내 평균 5.5인 이상이 되는 방은 주로 종로 주변부터 그 남쪽에 걸쳐 분포하고 있고, 성내 중심부에 가까울수록 1호당 거주자 수가 많아지는 경향을 읽어낼 수 있다. 앞에서 검토한 성비와 유사한 경향이 여기에서도 나타나고 있다.

이것을 거주자 수 분포로 보면, 많게는 3~5인 사이에 분포하고 있다. 최대치에서는 4인 호가 되는 것이 가장 많아서 19방, 이어서 3인 호가 6.5방, 5인 호가 3.5방이고(2구분에 같은 호수가 나온 것은 각각 0.5로 계산함), 그 이외 것은 없다. 또한 〈표 10〉에서 합계 호수로 보면, 역시 최대치는 4인 호 2,442호, 이어서 3인 호 2,046호, 5인 호 1,927호의 순서이고, 이 셋으로써 0인 호를 제외한 전체 거주 호수의 약 반수를 차지하는 것이 된다. 이것은 인천 63%,[89] 개성 61%[90]라는, 동일하게 3~5인호를 차지한 비율보다는 약간 낮다. 인천 · 개성도 최대치를 보이는 것은 3인 호이고,[91] 게다가

〈표 10〉 1호당 거주자 수 분포

인수	1	2	3	4	5	6	7	8	9
건수	325	1,307	2,046	2,442	1,927	1,347	944	641	438

인수	10	11	12	13	14	15	16-20	21-30	31-
건수	289	213	145	83	67	66	98	47	16

10인 이상의 다인수 거주 호가 인천에서는 5% 남짓,[92] 개성에서는 2% 약간 밑도는[93] 것에 비해서, 한성에서는 8% 조금 넘는 것으로 되어 있다. 또한 최대치도 인천 14인,[94] 개성 19인[95]에 비해서 한성은 84인으로 되어 있고, 50인 이상의 호가 산견된다.

이처럼, 같은 시대의 다른 도시 지역과 비교하면 1호당 거주자 수가 많은 한성이지만, 전체 구성비로 보면 친속 78.0%, 기구(寄口) 9.4%, 고용(雇傭) 12.5%로, 친속 이외의 거주자가 5분의 1 이상을 차지하고 있다. 이것을 제외하고 친속만의 1호당 거주자 수를 보면 4.2인으로, 다른 지방과 거의 변한 게 없다. 또 성 내외로 보아도 성내 4.2인에 비해서 성외 3.9인으로 거의 변함이 없다. 이처럼 한성부의 호는 다른 지역과 다르지 않는 친속 수로 구성되고, 그 이외에 기구와 고용을 포함한 것이 큰 특색이다.

호구조사세칙 제4조는 "독립한 호적을 구성할 수 없는 친척 · 지기(知己)의 호 안에 기거(寄居)하던가 또는 단신으로 기식(寄食)[96]" 하는 자를 '기구(寄口)' 라고 규정하고 있다. 즉 상기한 세 구분 중 기구는 독립한 호적을 가질 수 없고, 타인 집에 사는 자를 가리키고 있다. 오늘날 단어로 말하면 '기류(寄留)' 에 해당하지만, 요컨대 혈연관계 여부와는 직접 관계를 하지 않고 타인의 집에 사는 자이다. 본래 혈연적으로 가까운 친족이라면 동거친속으로서 나타나기 때문에, 이와 같은 규정에도 불구하고 혈연관계가 없는 경우가 많았을 것이다. 호구조사세칙에서는 기구를 '기거(寄居)' 와 '단신(單身) 기식' 으로 나누어, 가족 단위로 기류하는 자와 단신으로 기류하는 자의 두 가지 형태가 포함되어 있는 것을 보이고 있다. 따라서 기구란 호주의 가옥 일부를 차유하고 있는 가족 또는 개인을 말하는 것이다. 고용(雇傭)에 대해서는 특히 규정이 없지만, 어떠한 의미에서 고용 관계에 있던 자라고 추측되며, 거주 형태는 기구와 같은 모습이었다고 생각한다.[97] 기구와 고용은 양자 모두 가옥의 소유 또는 차유 주체인 호주가 될 수 없는 자라는 공통성이 있지만, 양자의 다름에 대해서는 불분명하다. 현재로서는 거주 형태를 해석하는 것으로 한정하여 두자.

거주자 수로 보면 기구는 전체 인구의 9.4%, 고용은 12.5%를 차지하고 있지만, 거주자 수에서는 각각 전체 호수의 17.6%와 23.3%가 된다. 이것은 기구 · 고용 거주 호의 1호당 평균 기구(寄口) 거주자 수가 양자 모두 2.8인으로, 친속에 비해서 단위가 작은 것을 반영하고 있다. 1호당 기구 · 고용 거주 수별 호수는 〈표 11〉처럼, 기구에서는 4인 이하 호가 전체의 87.6%, 고용에서는 마찬가지로 88.3%를 각각 차지하고 있어, 양자 모두 강한 소수 거주의 경향을 보인다. 최대치는 기구가 1인 호 28.0%이고, 고용이 2인 호 34.6%로, 기구가 1인 호로의 집중도가 약간 높기는 하지만, 2인 호도 거의 그것과 같은 모습인 데 비해서, 고용은 2인 호로의 집중도가 높다. 그러나 표준편차는 양자 모두 1.1로 변함이 없고, 양자 모두 1~3인 호가 70%를 넘고 있다.

〈표 11〉 1호당 기구 · 고용 수

사람 수	기구(寄口)		고용(雇傭)	
	호수	%	호수	%
1	675	30.3	661	22.5
2	654	29.4	1,019	34.6
3	374	16.8	558	19.0
4	248	11.1	361	12.3
5	118	5.3	156	5.3
6	55	2.5	71	2.4
7	23	1.0	41	1.4
8	24	1.1	22	0.7
9	10	0.4	17	0.6
10	8	0.4	8	0.3
11 -	37	1.7	29	1.0
합계	2,226		2,943	

1인 호에 거주하는 기구와 고용은 단신자라는 것이 되지만, 복수 거주 호였어도 기구 사이에 혈연관계가 있다고는 장담할 수 없기 때문에, 단신자 비율은 더욱 커진다. 이처럼 기구는 단신자가 전체의 4분의 1 이상을 차지하며, 가령 복수 거주자가 모두 가족을 구성하고 있다고 가정해도, 그 규모는 꽤 작다.

2년도분이 잔존하는 방(坊)에 대해서는 합계 수로 계산하여, 지역별로 거주자 중에 차지하는 비율로 보면 〈표 12〉와 같은 분포 상황이 된다. 기구가 성내 10.5%에 비해서 성외 1.3%, 고용이 성내 14.2%에 비해서 성외 0.5%로, 양자 모두 성내와 성외에서 큰 차가 있는 것이 먼저 첫 번째 특징으로 들 수 있다. 이렇게 해서 보면 한성부의 특징인 기구 · 고용의 많음, 말을 바꾸면 비친속 거주자 많음의 대부분을 지탱한 것은 성내 지역이라는 것이 된다. 그러나 성내에서도 성내 평균치를 넘는 16방과 그 이하 6방과의 명확한 두 집단으로 나누어지는데, 이것을 두 번째 특징으로 들 수 있다. 이와 같이 비친속 거주자율은 크게 세 집단으로 나누어져, 앞에서 본 전체 거주자에 차지하는 여성 비율이나 1호당 거주자 수와 마찬가지로, 성내 중심부에 가까울수록 높아지는 경향을 보이고 있다. 이와 같이 같은 시기의 다른 지방에 비하면 비친속(기구 · 고용)의 동거가 많고, 게다가 중심부일수록 그 경향이 강한 것이 한성의 특징이다.

이상과 같이 『한성부호적』 안에는 가족 단위로 다른 호에 거주하면서 호적에는 인수(人數)밖에 쓰이지 않은 자가 많이 존재했지만, 여기서 주목되는 것이 앞서 본 「경성오서호구명세표」와 『민적통계표』, 『한국호구표』와의 호수 차이이다. 작성 연대가 달라서 수치가 변동하는 것은 당연한 일이지만, 문제는 인구수와 호수의 변동률 차이이다. 한성 전체에서는 19세기 말부터 20세기 초에 걸친 10년 사이에 한성의 조선인 호는 30% 가까운 증가를 한 것에 비해, 인구는 10% 남짓 증가를 하는 데 지나지 않는다. 그

〈표 12〉 방별(坊別) 기구 · 고용이 거주자에 차지하는 비율

서(署)	방(坊)	기구(寄口)	고용(雇傭)	합계
중서	관인방(寬仁坊)	17.9	19.7	37.6
	경행방(慶幸坊)	13.9	17.3	31.1
	견평방(堅平坊)	13.0	14.9	28.0
	수진방(壽進坊)	9.1	19.9	29.0
	서린방(瑞麟坊)	11.9	22.0	34.0
	징청방(澄淸坊)	8.7	19.7	28.4
	장통방(長通坊)	12.5	19.6	32.1
	정선방(貞善坊)	11.9	12.9	24.8
동서	연화방(蓮花坊)	3.9	3.6	7.4
서서	반송방(盤松坊)	2.6	0.5	3.1
	용산방(龍山坊)	0.4	0.3	0.8
남서	회현방(會賢坊)	16.1	17.3	33.4
	훈동방(薰陶坊)	9.6	16.0	25.6
	광통방(廣通坊)	6.8	20.0	26.8
	대평방(大坪坊)	12.4	21.3	33.7
	두모방(豆毛坊)	0.7	0.4	1.1
북서	상평방(常平坊)[98]	0.5	-	0.5
	안국방(安國坊)	11.6	18.5	30.1
	연은방(延恩坊)	0.6	0.6	1.2
	연희방(延禧坊)	1.3	0.7	2.0
	가회방(嘉會坊)	12.4	17	29.4
	관광방(觀光坊)	12.1	15.9	28.1
	광화방(廣化坊)	7.5	5.6	13.1
	준수방(俊秀坊)	5.9	6.0	11.9
	순화방(順化坊)	6.4	4.3	10.7
	진장방(鎭長坊)	2.2	7.7	9.9
	통의방(通義坊)	9.0	6.5	15.5
	양덕방(陽德坊)	9.5	19.8	29.2
성내(城內)		10.5	14.2	24.7
성외(城外)		1.3	0.5	1.8
전체		9.4	12.5	22.0

결과 1호당 인구는 4.9인부터 4.2인으로 14% 남짓 축소한 것이 된다. 그러나 앞에서도 의문을 드러낸 것처럼 이것이 과연 실태의 변화 그 자체인지 어떤지, 속단은 피하지 않으면 안 된다. 더욱더 자세하게 검토하기 위해서 서별(署別) 수치로 살펴보자.

앞에서 든 〈표 3〉과 〈표 4〉로 보면, 각서(各署) 모두 호수 증가율과 비교하면 인구 증가율은 낮고, 북서에 이르러서는 호수는 증가하지만 인구는 11.7%나 감소하고 있다. 이 결과 전체 1호당 인구는 명확한 축소 경향을 보이며, 특히 중서와 북서에서 그것이 현저하다. 한편 호수 57.1%로, 중서 57.8%에 이어 제2위 증가율을 보인 남서는 인구가 34.7%라는 최고 증가율을 보였기 때문에, 1호당 거주자 수는 역으로 0.7인 감소하고 있다. 동서는 호구 모두 10%대 증가를 하고, 서서(西署)는 호수가 8.3% 증가한 것에 비해서, 인구는 0.4% 증가에 그치고 있어, 5서 가운데 가장 변화가 적다. 이상과 같은 서별(署別) 동향이지만, 이것을 『한국호구표』에서 성내 · 성외별로 살펴보면, 성내 4.2인에 비해서 성외도 4.2인으로 완전히 같은 수치를 보인다. 성내 5.5인에 비해서 성외 4.0인이라는 『한성부호적』에서 얻은 결과와 『한국호구표』와는 큰 차이가 있다. 성외는 거의 변동이 없지만, 성내는 1.3인으로 많이 축소한 것이다. 즉, 『한국호구표』에서 1호당 인구의 현저한 저하는 성내 지역의 변동에서 유지되는 것이다. 더욱더 우리들이 주목해야 하는 것은 『한성부호적』의 1호당 친속 거주자 수, 성내 4.2인, 성외 3.9인이라는 수치와 『한국호구표』 수치가 거의 일치하는 것이다. 앞에서 본 것처럼, 신식호적에서는 가옥의 기유(己有) · 차유(借有)와 호와는 밀접한 관계가 있었다. 신식호적을 바탕으로 한 「경성오서호구명세표」도 호구라고 이름을 붙이면서, 세목(細目)은 호가 아니라 가옥(家屋)으로 하고 있다. 호의 실태가 동일 가옥으로의 거주라는 것을 반영한 것이다. 「경성오서호구명세표」부터 『한국호구표』까지 10년 사이에, 가옥이 30%

남짓 증가를 한 것일까. 만약 그렇다면, 일본인 호의 증가를 고려하면 50% 가까운 가옥이 증가했던 것이 되지 않으면 안 된다. 원래 대한제국 내부(內部) 및 한국 통감부 경무고문부(警務顧問部)의 조사를 전제로 1909년 시행된 민적법(民籍法)은 경찰력이 전면적으로 관여해서[99], 일본을 본뜬 호적제도를 시행함으로써, 조선에 대한 식민지 지배의 정지(整地)작업을 하는 것에 주요한 목적이 있었다. 종래의 신식호적에 비하면, 생년월일이나 호주와의 관계, 또는 호주가 된 원인과 기일 등이 상세하게 기록되었고, 출생 등 15개 항목에 걸친 기재 내용의 변경이 필수 신고 사항[100]이 되어, 호 내의 이동이나 개인 정보가 면밀하게 파악되었다. 그러나 그 반면, 사조(四祖)가 부모에 대신하는 등 간략하게 된 부분도 있고, 또한 직업 · 기구(寄口) · 고용(雇傭) 등 난은 소멸하였다. 이렇게 해서 호주의 권위와 권력을 강화하는 체제가 정비되는 것이지만, 동시에 가택란이 소멸해서 가옥에 관한 정보는, 이미 광무 10년(1906) 11월 9일에 공포되어 같은 해 12월 1일부터 시행되었던 「토지가옥증명부」로 완전히 이관하게[101] 되었다. 즉 신식호적에서 민적(民籍)으로 변했다는 것은 호와 가옥의 완전 분리가 이루어진 것을 의미하는 것이다. 이렇게 해서 민적에서는 본고에서 말하는 바의 중복 호주는 계산되지 않게 되었지만, 그 한편으로는 동일 가옥 거주자라도 호로서는 분리된 경우가 나오게 된다. 이 제도가 끝나가는 시기에 민적으로의 선도적 역할을 하게 된 『한국호구표』는 신식호적에서 민적에 이르는 호 개념의 변화를 이미 먼저 손에 넣고 있었다고 생각될 것이다. 이 사고방식은 민적 시행의 전 단계로서 행해진 민적 조사를 정리한 『민적통계표』의 한성부 호구 수가 『한국호구표』의 한성부 호구 수와 거의 일치하는 것으로써 충분히 뒷받침되리라 생각한다. 이 장에서는 가족 관계의 변동까지 파악할 여유는 없으므로, 호의 내용까지 파고든 분석은 시행하지 않았지만, 신식호적까지의 가옥을 단위로 하는 호에서, 일본에서

도입한 가족을 단위로 하는 '호'로, 관측(官側) '호' 개념이 변화했다는 것만 지적해 두고 싶다. 민적은 호주의 혈연관계 파악을 목적으로 하고 있어, 친족 이외의 동거인에 대해서는 거의 예외적인 존재로밖에 취급하지 않는 것이다.

한편 구식호적에서는 가옥의 소유·차유 주체가 될 수 없어서, 호(戶)로 파악될 수 없었던 기구(寄口)·고용(雇傭)이 일본에 의한 식민지화 직전에 갑자기 호로서 부상하게 된다. 예를 들면 한성부 성내 중앙부의 가옥 밀집지대에서 가옥의 급격한 증가가 곤란했다고 볼 수 있는 중서(中署)에서 『한성부호적』 1906년 호주 수(호수) 3,978이 『민적통계표』의 중부서에서는 3,944가 증가해서 7,922로 거의 2배가 되지만, 이 급증의 상당한 부분은 새로 호로 독립한 기구·고용이 차지하고 있다고 보아도 틀림없을 것이다. 인구는 전자 2만 2,668인에 비해서, 후자가 2만 7,703인으로 1.2배밖에 되지 않기 때문에, 위와 같은 호주 수(호수)의 변동은 단순한 인구 이동의 결과라고는 생각할 수 없다. 『한성부호적』 1906년 중서의 남자 기구(寄口)는 1,387인, 남자 고용(雇傭)은 1,870인, 합계 3,257인이다. 만약 이들이 모두 『민적통계표』에서 독립호가 되었다면 모두 3,257인의 호주가 탄생하는 것이 된다. 이것과, 이 사이의 증가 인구 5,062인을 『한성부호적』 1906년 중서의 1호당 평균 친속거주자 수 4.1인으로 나누어 얻었던 1,235인을 합하면, 『한성부호적』으로부터 『민적통계표』로 증가한 호주 수 3,944보다 548 많은 4,492라는 숫자를 얻는다. 물론 남자 기구와 고용이 전원 호주로 독립했다고 생각할 필요는 없기 때문에, 이와 같은 차이가 나는 것은 당연할 것이다.

『한성부호적』으로부터 『민적통계표』로의 호수의 변화는 이러한 동일가옥 거주를 단위로 하는 '호'에서 혈연관계를 단위로 하는 '호'라는 호개념의 변화를 반영하고 있다. 그 결과 기구와 고용이 호주로 부상하게 된 것이다.

3) 호주의 직업 · 신분

『한성부호적』에서는 신분과 직업이 구별되어 있지 않고, 상업 · 농업 등이라는 직업 명칭 이외에, 유학(幼學) · 평민 등 구식호적과 동일한 신분 명칭이 기재되어 있는 경우도 많다. 또 직업란에 평민이라고 하면서, 호주명 위에 '유학(幼學)' 이라고 써넣는 등 근세 말기 신분 구조의 변동을 받아, 신분 표기 자체도 복잡한 양상을 보이는 예가 산견된다. 직업과 신분이 확실하게 구별되어 있지 않을 뿐만 아니라, 신분 자체도 요동치고 있다[102]는 당시 사회 상황의 단적인 반영이다. 이와 같이 직업 · 신분 분석에서 결정적인 문제점을 안고 있는 직업란이지만, 그것을 강하게 자각한 위에서 일단 당시의 기재대로 이것을 개관하고, 한성부 특색의 한 단면을 살펴보자.

집계하기 전에 먼저 직업란의 다양한 기재를 정리해 둘 필요가 있다. 기재된 명칭을 그대로 세면 100을 훨씬 넘지만, 이것을 다음 〈표 13〉과 같이 크게 12개로 분류해서 관찰하는 것으로 한다. 물론, 예를 들면 관료도 다양한 계층이 있어, 이것을 하나로 정리하는 것에는 문제가 있다. 하지만 원래 직업란 그 자체가 통일된 기준에 따라 기재되어 있는 것은 아니고, 세부적인 것에 얽매이는 분류를 세우는 것은 오히려 문제의 핵심을 보기 어렵게 할 위험이 크다.[103] 더욱이 동거친속의 직업 · 신분을 병기하는 호적표도 산견되지만, 호의 구성원은 호주와 동일한 계층에 속한다고 간주하여, 그들의 기재는 무시하기로 하였다. 또 유학(幼學) 또한 상인(商人)이라고 한 것처럼, 동일호주로서 2개 분류에 걸쳐 기재한 것은 분류마다 0.5씩을 가산(加算)하는 것으로 하였다. 2년도분이 잔존하는 7개 방에 대해서는 양년도를 단순 합계해서 구성비(構成比)를 산출하였다.

〈표 13〉 **직업 · 신분 분류표** (직업 · 신분 명칭은 가나다 순)[104]

분류	직업 · 신분 명칭
관료	〈관직 보유자, 왕궁 근무자〉
이속 하역	牽馬夫, 견습생, 權任, 雇員, 區工, 金庫관리, 旗手, 藍輿軍, 郎廳, 內吹, 待合, 董役, 燈籠軍, 武監, 貿役, 貿易, 무예별감, 무예청, 별군관, 사령, 使丁, 사환, 山監, 山軍, 山直, 色掌, 書寫, 書員, 書題, 所任, 守僕, 守直官, 守直軍, 巡檢, 巡番, 巡視, 侍御事知, 악공, 악생, 養馬, 輦培, 員役, 理馬, 入役, 掌務, 廷吏, 直, 吹螺赤, 差備, 牌將, 하인
군인	〈군직 보유자, 軍部 근무자〉
병사	군악대, 군사, 馬隊, 병사, 병정, 扈輦隊
양반	〈품계 보유자, 前관직 보유자〉 감관, 監董, 監役, 公員, 관인, 校生, 局出身, 陵令, 讀書, 童, 童蒙同知, 무과출신, 박사, 別檢, 奉侍, 秘書丞, 士, 仕, 祀丞, 司鑰, 士業, 仕業, 士人, 사족, 仕宦, 先達, 守宮, 習學, 侍講, 五衛將, 員外郎, 委員, 幼業, 儒業, 幼學, 儒學, 議官, 入仕, 掌禮, 掌儀, 齋官, 殿監, 典讀, 典樂, 中大將, 진사, 參事, 출신, 忠贊衛, 학사, 학생, 學書, 학업, 閑良翰林, 漢文, 閑人, 訓蒙, 訓學
평민	생민, 평민, 양(良), 양인
상업	假家, 家儈, 객주, 大布店, 都家, 상, 상업, 상인, 市商, 市民, 市人, 약국, 藥酒家, 여각, 銀房, 의약, 坐市, 廛, 전당포, 판매, 庖肆, 湯飯家, 懸房
농업	농, 농민, 농업
기타	看畵, 京畫員, 工民, 공업, 工匠, 工場, 급수꾼(汲水軍), 泥匠, 馬軍, 馬中部, 맹인, 목공, 목수, 文選, 飯監, 紡積, 卜衛, 卜馱, 사무관, 사무원, 생도, 석수, 船業, 船人, 細民, 收租官, 신문사사원, 신문사 총무, 악사, 冶工匠, 冶匠, 약방사환, 陽撤軍, 어학, 瓦匠, 牛痘, 의사, 引巨, 인력거, 인력거고용, 인력거꾼(軍), 일본유학관비생, 匠工, 재봉, 廛房直, 典守, 針工, 針線, 針鐥, 遞傳夫, 翠雲亭山監, 측량수업생, 통장, 학교사환, 학교지기(直), 學校廳使, 학도, 學員, 花童, 花東, 畫師, 화원, 홀아비(鰥), 활판(活版)사무
무직	무, 무직
조이	조이(召史)
無記	(공백)

이상과 같이해서 다음 〈표 14〉가 작성되었지만, 그 내용 분석에 들어가기 전에 같은 시대에 작성된 『민적통계표』 직업란(〈표 5〉)과 대비해서 살펴보자. 보이는 것처럼 『민적통계표』는 양반 · 유생(儒生)이라고 말한 직업 범주에 들어가지 않는 것을 계산하고 있어, 『한성부호적』과 유사한 개념으로 호주를 분류하고 있다. 그렇지만 양자는 구성비에서 상당한 차이가 있어, 원래 호주 수 그 자체가 크게 어긋나 있다. 그래서 주목해야 하는 것은 양자의 직업란 차이다. 물론 〈표 13〉은 필자의 개인적인 분류이고, 그것이 『민적통계표』와 어긋나 있는 것은 어떤 의미로는 당연한 일이지만, 묵과할 수 없는 차이로서 첫째로 공업 · 광업 · 날품팔이(日稼, 일가)라는, 『한성부호적』에서 거의 확인되지 않는 직업 분류에 속하는 호주가 후자에서는 꽤 대량으로 존재한 것, 또 둘째로 전자에는 겨우 5건밖에 존재하지 않는 무직이 후자에서는 2,286건이나 존재한 것, 그리고 셋째로 전자에 존재했던 평민과 조이(召吏, 여성) 호주라는 분류가 후자에서는 소멸한 것, 이 세 가지 점을 들 수 있다. 또 자세히 보면 관공리(官公吏)나 양반, 상업이라는 양자에서 공통된 분류에 속하는 것이라도 실제 숫자나 구성비에서 상당한 차이가 있다.

이와 같은 차이가 생긴 이유는 크게, 다음 두 가지 점에 있다고 생각한다. 첫째는 양자에서의 호 개념의 변화이다. 『한성부호적』에서는 가옥의 소유 · 차유(借有) 주체가 되는 자격을 가진 호주를 중심으로, 대량의 가족 외 구성원을 포함한 것이 '호'로서 설정되어, 호적표에 기재되어 있다. 단독으로는 가옥을 소유 · 차유하지 못하고, 호에 기류(寄留)하는 기구(寄口) · 고용(雇傭)은 호적의 주체인 호주로는 되지 못했다. 이 기구 · 고용을 『민적통계표』에서는 『민적(民籍)』으로 이행하는 전(前) 단계로서, 독립된 호적 주체로 간주한 것은 전술한 대로이다.

둘째는 『민적통계표』에서는 확실히 양반 · 유생 등이라는 전(前)시대 이래의 신분 호칭을 답습하고 있지만, 평민은 소멸하고 신분으로부터 직업으로라는 명확한 분류 방침의 변경이 이루어지고 있다. 『한성부호적』에서 35.0%를 차지하고 있던 양반 범주에 해당하는 양반과 유생(儒生)이 겨우 3.6%로 격감하고, 그 외는 무직도 포함해서 모두 직업 분류로 변화한 것이다. 이 사이에 양반의 대부분이 다른 곳으로 이전하거나 사멸(死滅)하거나 했다고 하는, 전혀 근거 없는 가정이 성립하지 않는 한 『한성부호적』에서 양반으로 분류되었던, 다양한 신분 호칭을 가진 사람들도 『민적통계표』에서는 생업으로 하는 직업을 표지(標識)로 해서 재분류되었다고 보아도 좋다. 따라서 『한성부호적』에서 양반 · 평민 범주로 분류되어, 직업이 명백하지 않았던 부분이 『민적통계표』에서는 파악할 수 있게 된 것이다.

이상의 점을 염두에 두고 우선 〈표 14〉를 보면, 첫째로 관료의 구성비가 높은 것을 특징으로 들 수 있다. 『민적통계표』에 따른 관공리의 전국 구성비 0.5%에 대해서 『한성부호적』에서는 6.7%로 13배 이상이 된다. 이것에 무직(武職) 관료인 군인이나 병사 또는 하급 관리나 관청 하역(下役, 下隷)까지 더하면, 구성비는 16.6%에 이른다. 국가기관에 관계하는 자의 구성비가 그 외 지방의 30배를 넘는 점에, 한성부의 수도로서의 성격이 나타나고 있다. 한성부는 확실히 정치도시였다.

또 관료 구성비는 성내와 성외에서 현저한 차를 보인다. 전체에서는 6.7%지만, 성내 7.9%에 비해서 성외는 0.3%로 약 26분의 1 구성비밖에 가지고 있지 않고, 성내 22방 중에서 극히 저율(低率)인 연화방에서도 1.8%인 것에 대해서, 성외 6방은 가장 고율을 보이는 용산방에서 0.8%이고, 연은 · 연희 두 방에서는 전혀 관료가 나타나지 않는다. 관료는 수도인 한성부에 집중적으로 거주하고 있던 것이지만, 대부분은 성내에 살고 있었던[105] 것이다.

양반은 30.5%로 최대 구성비를 가지고 있다. 『민적통계표』에 따른 전국

〈표 14〉 방별(坊別) 호주의 직업 · 신분 분포 (단위: % 소수점 이하 둘째 자리에서 반올림)

서	방	관료	吏屬	군인	병사	양반	평민	상업	농업	기타	무직	召史	무기입
중서	관인방	9.7	2.6	2.8	0.5	31.8	11.8	28.1	-	1.4	-	9.4	1.9
	경행방	6.6	3.7	2.4	0.3	31.8	19.7	29.1	-	1.6	-	4.5	0.3
	견평방	4.4	4.3	2.8	2.2	27.3	7.6	44.4	-	1.0	-	5.5	7.9
	수진방	7.8	7.1	3.1	0.7	30.2	8.5	30.2	-	1.7	-	6.1	4.7
	서린방	8.0	4.7	0.7	-	36.2	6.8	35.9	-	1.6	-	4.3	1.9
	징청방	6.0	4.3	1.7	0.4	36.7	11.8	27.0	-	3.0	-	7.3	1.7
	장통방	7.5	2.2	3.1	0.6	41.1	8.0	28.0	0.1	1.0	-	4.6	3.7
	정선방	7.0	6.3	3.9	0.8	35.9	17.1	17.5	0.1	2.1	0.4	5.9	3.0
동서	연화방	1.8	33.6	4.9	2.2	3.5	13.3	8.8	0.9	1.3	-	4.4	7.1
서서	반송방	0.1	4.2	0.6	1.4	9.0	13.9	62.8	3.1	0.6	-	2.2	4.0
	용산방	0.8	1.2	-	0.8	7.6	30.8	52.4	-	0.4	-	1.6	6.0
남서	회현방	6.9	4.2	0.8	2.7	29.0	20.2	29.0	0.4	1.5	-	1.9	5.3
	훈도방	9.1	3.7	1.3	0.6	39.0	13.7	20.7	0.1	1.3	0.3	5.7	10.1
	광통방	6.7	2.1	1.5	0.5	23.5	17.0	38.9	-	0.5	-	1.0	8.2
	대평방	13.2	3.2	1.6	-	35.3	6.8	31.6	-	2.1	-	3.7	2.6
	두모방	0.2	1.1	0.2	0.5	4.5	2.3	42.6	43.7	3.6	-	1.1	1.4
북서	안국방	15.2	3.7	5.0	0.9	33.1	13.0	16.2	-	2.3	0.6	6.6	10.0
	연은방	-	-	-	4.9	7.4	2.5	7.4	75.3	-	-	-	2.5
	연희방	-	0.9	0.2	3.2	20.1	7.8	14.6	48.2	-	-	3.2	4.7
	가회방	12.5	4.0	6.4	3.0	33.4	14.9	15.0	0.5	2.3	0.6	3.4	7.4
	관광방	8.6	5.7	4.6	0.2	38.7	10.9	19.9	-	3.1	0.2	5.7	2.4
	광화방	6.5	12.0	5.7	4.1	34.7	18.5	11.4	0.2	1.0	0.4	3.6	5.3
	준수방	8.0	11.0	2.1	1.5	30.3	20.5	16.5	0.6	0.9	0.3	2.8	8.3
	순화방	6.0	12.5	2.6	1.5	29.8	18.7	18.9	0.9	1.6	0.6	6.9	0.6
	상평방	0.5	2.6	0.5	3.1	18.8	8.9	2.1	61.5	-	-	1.0	2.1
	진장방	8.1	6.4	5.9	1.3	32.2	21.1	16.2	0.3	1.0	0.5	3.6	3.6
	통의방	11.1	8.3	-	-	8.3	11.1	44.4	-	2.7	-	2.7	11.1
	양덕방	10.1	3.0	7.0	2.4	38.2	10.2	17.1	-	2.7	1.2	2.7	7.3
성내		7.9	6.4	3.4	1.2	33.9	16.0	21.0	0.3	1.7	0.3	4.6	3.3
성외		0.3	2.0	0.3	1.9	11.6	10.9	36.3	32.1	1.0	-	1.9	1.7
전체		6.7	6.1	2.9	1.3	30.2	15.2	23.4	5.2	1.6	0.3	4.2	3.1

적으로 1.9%에 비해, 『한성부호적』에서는 15배 이상의 구성비를 가지고 있는 것이다. 이것도 한성부 특색으로 들 수 있을 것인가. 그러나 원래 『민적통계표』에서는 한성부 양반 비율도 2.1%밖에 안 되는 것이므로, 이 차이는 양자에서 분류 기준의 차이에 기인한다고 보아야 된다. 『한성부호적』에서 양반으로 분류되었던 사람들 대부분은, 『민적통계표』에서는 각자가 가지고 있는 직업을 기준으로 할당되었다고 생각한다.

또한, 양반 구성비는 성내 33.9%에 비해, 성외는 11.6%로 약 3분의 1밖에 되지 않는다. 하지만 관료 정도의 큰 차이는 없다. 무예별감(武藝別監)이 많이 거주해서 수치가 높은 연화방을 제외하면, 성내 각 방 모두 거의 30% 수준이고, 지역 사이에 큰 차가 보이지 않는다.

농업은 5.2%로 『민적통계표』의 전국 구성비 84.1%에 비하면, 문제가 안 될 정도로 작다. 물론 양반 · 평민이라는 두 신분 중에 다수의 농업 종사자가 숨겨져 있을 가능성은 부정할 수 없지만, 『민적통계표』에서도 한성부 전체의 농업 구성비는 15.4%로, 전국 구성비의 5분의 1 이하밖에 되지 않는 것이며, 5.2%라는 구성비가 실태 그 자체는 아니라 하더라도, 역시 농업인구가 극도로 적은 것은 한성부의 특색이 될 것이다. 게다가 성내 22방 중에서 반수 이상인 12방이 농업 호주 수 0(零, zero)으로 전체 구성비는 0.3%에 지나지 않는다. 성외는 32.1%로 성내의 100배나 된다. 이처럼 성내에는 농업 종사자가 극히 적다. 성내는 농사를 생업으로 하는 자의 거주지는 아니었다.

이상의 세 분류로 어림잡아 보면, 관료와 양반이 성내에, 농민이 성외에 거주하였다. 우선 여기서는 한성부의 도시적 특질, 특히 수도로서의 정치도시적 특질은 성내에서 나타나고, 성외는 농촌적 특질이 강하다고 말하여 두자.

다음으로 상업 호수는 23.4%로, 『민적통계표』의 전국 구성비 6.2%의

3.8배가 된다. 이것도 한성부 특징의 하나이지만, 성내가 21.0%인 것에 비해서, 성외가 36.3%로 약 1.7배의 구성비를 차지하고 있어, 관료나 양반과는 반대 현상을 보이고 있다. 그런데 이것을 방별(坊別)로 보면 큰 편향이 있다. 연은·연희·상평 세 방에서 상업이 차지하는 구성비는 각각 7.4%, 14.6%, 2.1%로 낮고, 성외 상업 호 비율의 높음을 지탱한 것은 반송·용산·두모 세 방이다. 연은·연희·상평 세 방에서는 농업 호가 과반수를 차지하고 있으며, 그중에서도 연은방은 4분의 3이라는 높은 구성비를 가지고 있다. 이렇게 보면 실은, 농촌적 성격이 강한 것은 연은·연희·상평 세 방이다. 반송·용산 두 방은 농업이 거의 나타나지 않고, 그 대신 상업이 50%를 넘어, 각각 한성부 전체의 1위와 2위를 차지하고 있다. 원(原)자료가 반송방의 지하계(池下契)·아요계(阿堯契), 용산방 형제정계(兄弟井契)·도화동외계(桃花洞外契)라는, 성벽 서쪽에 인접한 지역의 호적으로 구성되어 있다는 것을 생각하면, 서소문(소의문) 밖과 남대문(숭례문) 밖 칠패(七牌) 및 성내 각 시장에서 영업하는 상업 호가 거주하였다고 본다. 또 연희방도 상업 호가 14.6%로 연은·상평 두 방보다 훨씬 많지만, 그 대부분이 반송방에 인접한 아현계(阿峴契) 지구 거주라는 것을 보면, 역시 상기한 두 방과 같은 역할을 담당하였다고 생각한다.

이것에 대해서 두모방은 농업이 43.7%를 차지하는 한편, 상업도 42.6%로 한성부 전체의 5위이다. 『한성부호적』의 두모방 부분에는 전곶리(箭串里, 살곶이) 1계와 두모포계 두 지구가 포함되어 있지만, 전자가 상업 8.9%, 농업 86.1%인 데 비해서, 후자는 상업 65.3%, 농업 14.7%로 매우 대조적인 직업·신분 구성을 하고 있다. 두모방의 농업인구 79.9%는 전곶리 1계 지구에 거주하고, 이것에 비해서 상업 인구 91.5%는 두모포계 지구에 거주한[106] 것이다. 즉 농업 지역인 전곶리 1계 지구와 상업지역인 두모포계 지구라는, 대조적인 성격을 가진 두 지구를 포함한 것이 두모방 직업·

신분비의 특이성을 만들어 내는 것이다. 그런데 두모포계 지구의 상업은 다른 지구와는 다른 성격을 가지고 있는 것 같다. 상업 호의 반수(半數)에 가까운 77건은 다른 방(坊)에는 전혀 보이지 않는 땔감 장수(柴商, 시상)가 포함되어 있다. 예부터 포구이고, 한강 상류로부터 흘러내려 오는 여러 종류 물품의 양륙지(揚陸地, 육지로 물건을 옮기는 곳)로서 큰 역할을 담당하고 있던 두모포이지만, 그중에서 땔나무가 큰 비중을 차지하고 있던 것이 추측된다. 또 그 외 인구에 수운업 종사자 6(船業 1 · 船人 5), 육운업 종사자 6(卜駄 5, 馬業 1)이 포함된 것도 다른 지구에는 전혀 보이지 않는, 두모포계 지구의 특징이다.

이상에서 본 것처럼, 성외의 직업 · 신분 구성은 지역마다 편차가 크다. 반송 · 용산 두 방과 연희방 아현계 지구 및 두모방 두모포계 지구에는 주로 상업 종사자가 거주하고, 연은 · 연희(아현계 지구를 제외함) · 상평 세 방과 두모방 전곶리 1계 지구에는 농업 종사자가 거주하고 있다. 이것은 전자가 한성부의 유통기구를 담당하는 시장 상인 거주지 및 한강 포구로서, 후자가 농업 생산물 공급지로서, 각각 성내 주민의 생활을 지탱하는 배후지 역할을 담당한 것을 반영하고 있다. 호적 기재로부터 보면, 한성부는 시가화(市街化) 구역뿐만 아니라, 주변 배후지를 포함한 하나의 지역으로서 성립하고 있다[107]는 것이다. 이것을 한성부의 두 번째 특징으로 들어두자.

세 번째 특징으로는 581건(4.6%)에 달하는 여성 호주의 존재이다. 그중에서 관료로 계산된 25건의 상궁(尙宮)을 제외한, 나머지 554호는 호주명이 '박조이(朴召史)' 처럼, '성+조이(召史)' 로 표기되어 있는데, 호주가 사망하고 후계 남자가 없는 과부 호이다. 남자가 없으면 여성이 부동산의 권리주체가 되었던 것이다. 또 대부분(533호)의 조이(召史)호는 직업란에 기재가 없어, 직업 · 신분 관계는 불분명하다.[108]

마지막으로 『한성부호적』에는 거의 존재를 확인할 수 없는 직업 분류인 공업 · 광업 · 날품팔이(日稼, 일가) · 기타에 대해서 검토하여 보자. 『한성부호적』에도 목수나 석수 등 공업이나 기타 직업으로 분류될 수 있는 것이 있었다. 하지만 그 수는 매우 적다. 중서(中署)에 대해서 보면, 공업으로 분류해야 할 것은 석수 2, 목공 1, 공민(工民) 1 합계 4건, 날품팔이로 분류해야 할 것은 인력거(꾼) 2, 세민(細民) 1, 재봉(針繕 · 針線) 4, 급수꾼(汲水軍) 1 합계 8건, 기타로 분류해야 할 것은 복술(卜術) 1, 화사(畵師) 1, 수조관(收租官) 1, 전방직(廛房直) 1, 사랑(舍廊) 1, 약방사환 1 합계 6건에 지나지 않는다. 물론 이 분류가 『민적통계표』 것과 완전히 일치하고 있다는 보증은 없지만, 요컨대 『민적통계표』 중부서(中部署)에 3,500건 가깝게 나타나는 공업 · 광업 · 날품팔이(日稼) · 기타가 『한성부호적』에서는 거의 존재를 확인할 수 없다는 것이다. 『한성부호적』에 나타나는 양반과 평민이 이 간극을 메우는 것처럼 보이지만, 양자를 합쳐도 2,000건에 이르지 않고, 이 외에 2,286건에 이르는 무직에 대해서도 생각하지 않으면 안 될 것이다. 그래서 주목해야 할 것이 새롭게 호주로 파악된 기구(寄口) · 고용(雇傭)이다.

『한성부호적』에서는 다른 호에 기류(寄留, 일시적으로 머물러 삶)하고 있기 때문에, 직업 분류에서 배제되었던 기구 · 고용이 『민적통계표』 단계에서 새로 호주로서 부각되었지만, 2,000건 남짓으로 추정되는 그들이야말로 공업 · 날품팔이(日稼) · 기타 등으로 분류되는 다양한 도시 잡업(雜業) 담당자일 것이다. 남의 집에 거주하고, 거기서 생기는 다양한 일을 한다든지, 또는 외부에서 노동력을 파는 것 같은, 말하자면 하층민으로 규정할 수 있는 것은 아닐까. 굳이 추측하면 명칭으로 보아, 고용(雇傭)은 호주의 강한 제약 아래 있으면서 주로 가내노동에 종사하였다고 생각한다. 또 기구(寄口)는 말하자면 셋방 사는 사람으로, 외부에서 노동력을 팔고 있던

것은 아닐까.[109]

유감스럽지만 『한성부호적』에서는 그들의 존재 형태를 엿볼 수는 없다. 여기서 다시 〈표 14〉로 돌아가면, 성외보다 압도적으로 높은 성내의 기구 · 고용 인구 점유율은 하층민이 한성부의 중심부에 거주한 것을 보여준다.

그런데 기구 · 고용은 어떤 호에 거주하고 있었던 것일까. 기구 · 고용 거주 호의 호주를 직업 · 신분별로 보면(〈표 15〉), 호수에서는 기구의 경우, 양반이 가장 많고 상업, 관료, 군인이 그다음으로, 양반 호와 관료 · 군인 호가 60%를 차지하고 있다. 또 고용은 양반, 관료, 상업, 군인 순으로, 역시 양반 · 관료 · 군인 호가 75.5%라는 압도적 다수를 차지하고 있다. 이렇게 해서 기구 · 고용은 양반 호와 현직 문무 관료 호에 거주하는 경향이 강한 것을 알 수 있다. 그러나 이것을 동일 직업 · 신분의 호수 중에서 차지하는 비율로 보면, 관료 호와 군인 호에서는 40% 가깝게 기구가 거주한

〈표 15〉 기구(寄口) · 고용(雇傭) 보유 호주의 직업 · 신분

분류	기구(寄口)			고용(雇傭)		
	건 수	%	對인구 비	건 수	%	對인구 비
관료	326.0	14.6	38.6%	523.0	17.8	61.9%
이속	86.0	3.9	11.9	52.5	1.8	7.2
군인	139.0	6.2	37.5	197.0	6.7	53.1
병사	17.5	0.8	10.7	5.0	0.2	3.0
양반	872.5	39.2	22.7	1502.0	51.0	39.0
평민	176.0	7.9	9.2	104.0	3.5	5.4
상업	29.5	14.8	11.1	284.0	9.6	9.6
농업	12.5	0.6	0.4	6.5	0.2	1.0
기타	35.5	1.6	5.4	31.0	1.1	15.6
무직	6.5	0.3	3.3	10.0	0.3	3.0
召史	153.0	6.9	28.7	78.5	2.7	20.1
無記	72.0	3.2	18.5	149.5	5.1	28.0
합계	2226.0	100.0	17.6	2943.0	100.0	23.3

것에 비해서, 양반 호에서는 20% 남짓으로 약 2분의 1의 거주율을 점하고 있을 뿐이다. 게다가 고용의 경우는 기구보다 거주율은 높고, 양반 호가 39.0%를 차지하고 있지만, 관료는 61.9%, 군인도 53.1%로 문무의 현직 관료 호에서는 거주율이 50%를 넘고 있다. 이렇게 보면, 현직 관료 호 특징의 하나로 기구와 고용, 특히 고용을 거주시키고 있는 것을 들 수 있을 것이다. 또 양반과 함께 상업 호가 10% 전후라는 적지 않은 비율을 차지한다는 점에 주목하고자 한다. 상가(商家) 종업원일 가능성이 있다.

덧붙여 말하자면, 10인 이상의 기구 · 고용 거주 호는 3년도분 합계로 기구 28호,[110] 고용 21호[111]가 있다. 이것을 직업 · 신분으로 보면, 기구 · 고용 모두 양반 · 관료 · 군인 순으로, 이 삼자의 합계는 양자 모두 85.7%로 완전히 같은 비율을 차지하고 있다. 역시 기구 · 고용은 양반 호 · 관료 호 가옥에 거주하는 존재였다.

이상과 같은 직업 · 신분 분포 경향에서 또 하나 주목되는 것은 성내 각 방에서의 편향이 적다는 점이다. 물론 관료 호로 말하자면, 왕궁 주변인 안국 · 가회 · 통의(通義) · 양덕(陽德) 각 방이 10%를 넘고, 연화방을 제외한 다른 성내 각 방의 1.5~2배 전후 비율을 하고 있다. 또 대평방(大坪坊)도 관료 호주 비율이 10%를 넘고 있다. 이처럼 관료 호주 거주율이 상대적으로 높은 것은 한성 성내 각 지역의 성격을 파악하기 위해서는 중요한 의미가 있다고 생각하지만, 그래도 관료 호주 거주 지역은 전체 성내에 퍼져있다. 결코 특정 지역에만 집중해서 존재하는 것은 아니다. 이 점은 양반 호에서 조금 더 명확하게 나타난다. 연화방을 제외하면 20%대 후반에서 30%대로, 거의 같은 수준에 있다고 말할 수 있다. 하지만 상업 호에서는 중서와 남서에서 높고, 북서에서 낮다는 경향이 있으며, 종로 및 남대문로 주변이 상업지대인 것을 반영한 구성 비율이 되고 있다. 하지만 원래 개념으로서는 매우 모호한 직업 · 신분 분류를 기준으로 해서, 지역 실태를 상세하게 분석하는 것이 적당하다고는 말할 수 없다. 그것보다도 각 직업·신분이 한성 성내 각 방에서 각각 일정한 비율을 가지고 존재한 것에 주목하고 싶다.

이것을 중서 관인방(제121책), 동서 연화방(제124책), 남서 훈도방(제132책 1903년), 북서 안국방(141책)의 각 모두(冒頭, 첫머리) 20호로 살펴보자(〈표 16〉).

관인방의 첫머리 20호는 대사동(大寺洞)·원동(園洞)으로, 거의 현재 종로구 인사동·낙원동 근처에 해당한다. 종로에서 조금 북쪽으로 올라간 부근이다. 여기에는 제1통 제8호에 내부대신 이지용(李址鎔)의 160칸 큰 기와집이 있고, 인접한 제9호는 육군 부위(副尉) 이유익(李裕翼)의 36칸 기와집, 게다가 제10호는 종2품 김갑규(金甲圭)의 40칸 기와집으로, 한 모퉁

〈표 16〉 4서 4방 첫머리 20호의 직업·신분 구성 (-은 직업란 공백인 것을 나타냄)

중서 관인방(寬仁坊)				동서 연화방(蓮花坊)			
통	호	직업	분류	통	호	직업	분류
1	1	상민(商民)	상업	1	10	유학(幼學)	양반
	2	상민	상업		9	순검	이속
	3	-	-		8	평민	평민
	4	참봉	양반		7	전선사 고직(典膳司 庫直)	이속
	5	유학(幼學)	양반		6	목공	기타
	6	상업	상업		5	상민	상업
	7	평민	평민		4	평민	평민
	8	내부대신	관료		3	소 여각(牛旅閣)	상업
	9	부위(副尉)	군인		2	시민(市民)	상업
	10	종2품	양반		1	순검	이속
2	1	전(前)주사	양반	2	1	자헌(대부)	양반
	2	-	-		2	순검	이속
	3	주상(酒商)	상업		3	평민	평민
	4	약국	상업		4	평민	평민
	5	영어학도	기타		5	영희전 수복(永禧殿 守僕)	이속
	6	통정(대부)	양반		6	평민	평민

	7	순검(巡檢)	이속(吏屬)
	8	전당포	상업
	9	전 주사/약국	양반/상업
	10	상민	상업

	7	조이(召吏)	평민
	8	평민	평민
	9	평민	평민
	10	절충(장군)	양반

남서 훈도방(薰陶坊)			
통	호	직업	분류
1	1	상민	상업
	2	궁내 특진관(特進官)	관료
	3	공업	기타
	4	정3품	양반
	5	전 주사	양반
	6	-	-
	7	전 위원(委員)	양반
	8	전 시종(侍從)	양반
	9	사과(司果)	양반
	10	유학(幼學)	양반
	11	유학(幼學)	양반
2	1	상민	상업
	2	유학/상업	양반/상업
	3	평민	평민
	5	-	-
	6	평민	평민
	7	상민	상업
	8	권임(權任)	이속
	9	-	-
	10	평민	평민

북서 안국방(安國坊)			
통	호	직업	분류
1	1	목공	기타
	2	정2품	양반
	3	친위공병(親衛工兵)	병사
	4	유상(油商)	상업
	5	종2품	양반
	6	전 도사(都事)	양반
	7	천안군수	관료
	8	초상(草商, 담배장사)	상업
	9	상민	상업
	10	미상(米商, 쌀장사)	상업
	11	-	-
2	1	정2품	양반
	2	유학	양반
	3	요방(寮訪)	양반
	4	병정	병사
	5	조이(召吏)	소사
	6	위원	양반
	7	전 참사(參事)	양반
	8	참위(參尉)	군인
	9	종3품	양반

이에 고관의 당당한 저택이 모여 있었다. 그러나 그 전후를 보면 주상(酒商), 전당포(質屋), 약국 등이 늘어서 있어, 결코 저택 거리를 형성하고 있는 것은 아니다. 그 외에 순검(순사)도 거주하고 있고, 전체 구성으로 보아도 가장 많은 것은 상업 호, 다음은 양반 호다. 양반도 참봉이나 유학(幼學)도 있어서, 그 정도로 상층 사람은 아닌 것 같다. 이 가운데 내부대신의 저

택이 있는 것이다.

연화방의 첫머리 20호는 연지동에서 등자동 일대로, 역시 종로에서 조금 북쪽으로 들어간 부근이다. 불분명하지만, 거의 현재 종로구 연지동에서 원남동(苑南洞)에 걸친 부근이다. 이 지역의 특색은 평민이 많다는 것으로, 8호를 헤아릴 수 있다. 또 순검이 3호, 전선사(典膳司) 고지기(庫直)와 영희전(永禧殿) 수복(守僕) 각 1호씩으로, 하급 관리가 모여 있는 것도 특색일 것이다. 한성부에서는 최저 등급에 있었던 2칸 가옥이 7호, 3칸과 4칸 가옥이 각 1호씩이고, 게다가 모두 기와집 1칸에 나머지는 초가집으로, 한성부 안에서는 조금 초라한 지역인 것은 부정할 수 없다. 하지만 이 중에서도 양반이 3호 거주하고 있고, 그중에서도 제1통 제10호의 유학(幼學) 김기남(金起南)은 기와집 30칸에 초가집 14칸이라는 당당한 대가옥을 가지고 있다. 또 제1통 제3호 소 여각(牛旅閣) 박탁(朴鐸)의 집도 기와집 10칸에 초가집 18칸이라는 크기로 우뚝 솟아 있는 것처럼, 다양한 사람들이 생활하였다.

훈도방의 첫머리 20호는 저동(苧洞)에서 죽동(竹洞) 일대로, 현재 중구 저동 부근이다. 청계천에서 남쪽의 이른바 '남촌' 에 해당하는 일대이다. 그중 눈에 띄는 것은 제1통 제2호 궁내부 특진관 윤용구(尹用求)의 기와집 257칸이라는 저택이다. 한 집 건너 이웃에는 정3품 최성학(崔性學)이 거주하고 있고, 7~8집 잇따라 양반 호로 구성되어 있다. 하지만 그중에 상민(商民)이나 공업자, 권임(權任) 등 가옥이 섞여 있다.

안국방의 첫머리 20호는 대안동(大安洞)・소안동・홍현동(紅峴洞)으로, 현재 종로 또는 안국동 부근의 '북촌' 이라 불리는 일대에 있다. 직업란을 얼핏 본 것만으로, 이 지역의 다양성을 이해할 수 있을 것이다. 제1통 제1호에 한창 드날리는 여흥 민씨 일족인 정2품 민경호(閔京鎬)가 기와집 151칸의 저택을 차리고 있지만, 그 이웃에는 친위공병 안홍식(安弘直)의 초가집 4칸 집이, 또 유상(油商) 김사영(金士永)의 초가집 7칸 반 집이 이어져 있다. 농촌에서는 이 정도도 못 사는 집은 아니지만, 민경호 저택 옆에 있기에는 빈약함이 두드러진다. 그런데 그다음에 있는, 역시 당당한 양반 종2품 선주(善州) 이씨 이용선(李溶善)의 기와집 36칸 저택이 줄지어 있다. 또 제2통 제1호에도 정2품 전주 이씨 이용태(李容泰)의 기와집 120칸 저택이 있나 했더니, 초상(草商, 煙草商), 미상(米商) 등 상인이나 병정 등도 잡다하게 섞여 있다.

이상에서 약간 상세하게 지역의 모습을 살펴보았는데, 다양한 직업 · 신분의 사람들이 뒤섞여 살아가고 있고, 다른 지방에서는 도저히 볼 수 없는 100칸부터 200칸을 넘는 기와집의 저택과 초가집 2~3칸의 초라한 집이 어깨를 나란히 하고 줄지어 건립된 것이 한성의 풍경이다.

특정 지역 설정이 매우 곤란하고, 오히려 잡거성(雜居性)을 특색으로 들 수 있는 것이 한성이라는 도시라고 말하여 두자.

4) 성관(姓貫) – '사람(人)' 과의 사회적 결합

조선 사회 사회적 결합의 주요한 표지의 하나로 '전주 이(全州 李)' 처럼, 부계 혈연을 나타내는 본관(전주)과 성(이)으로 표현되는 성관(姓貫)이 있다. 성관에 의한 부계 혈연 결합이 지역사회 속에서 중요한 의미를 지니었던 것은 많은 연구가 지적한 바이다. 그것은 현재에도 모습을 바꾸면서 한국 사회에 계승되어,[112] 사회관계의 기저를 이루는 여러 사회집단의 하나로서의 성격을 가지면서 이어오고 있다. 그 때문에 국세조사에서도 '성관' 은 중요한 조사 항목의 하나로 지정되어, 그 결과 발표는 많은 사람들의 관심사가 되고 있다.[113]

『한성부호적』 중 호주의 성관이 판명되는 것이 1만 1,995매인데, 전체로 705개 성관이 확인된다.[114] 이것을 〈표 17〉에서 연도별로 보면, 1899년도는 103, 1903년도는 327, 1906년도는 575개 성관이 나타난다. 이 수는 종래 연구 대상이 되었던 어느 지역의 호적에서 추출된 것보다도 현저히 많다.[115] 물론 1만 호 이상이라는 모집단의 크기가 이 수의 크기에 영향을 준 것이지만, 그것과 동시에 한성이라는 도시의 성격을 특징짓는 것이다.

705 성관을 호수로 살펴보면(〈표 17〉), 명백한 분산적 경향을 보인다. 10호 이하 성관이 78.9%로 8할 가까이 차지하고 있어 압도적으로 소수 호가 많고, 1호의 36.5%를 최대치로 해서, 호수가 증가함에 따라 현저한 감소 경향을 보인다. 한편 이것을 〈표 18〉과 같이, 3년도 합계에서 많은 쪽부터 20위까지 추출해 보면, 종래 연구에서 분석된 다른 지역과는 달리, 특정한 성이 압도적 다수를 차지한 것은 아니다. 제1위를 차지한 전주 이씨라도, 그 점유율은 10%에 차지 않는다. 매우 많은 성관으로 분산되어 있는 것, 이것이 한성부 성관 분포의 첫 번째 특징이다. 다만 종래 연구에서는 군(郡) 전체를 범위로 한 성관 분포가 아니고, 리(里)·면 단위의 비교적 좁은 범위 내에서 분석한 것으로, 군 전체 또는 그 이상의 범위를 포함

〈표 17〉 성관(姓貫) 수 분포

호수	1896년도	1903년도	1906년도	전(全) 연도
1	52 (50.5)	84 (25.7)	221 (38.4)	265 (37.6)
2	22 (21.4)	58 (17.7)	76 (13.2)	93 (13.2)
3	5 (4.9)	29 (8.9)	49 (8.5)	54 (7.7)
4	6 (5.8)	23 (7.0)	35 (6.1)	43 (6.1)
5	4 (3.9)	14 (4.3)	30 (5.2)	24 (3.4)
6-10	8 (7.8)	42 (12.8)	52 (9.0)	77 (10.9)
11-50	5 (4.9)	60 (18.3)	86 (15.0)	108 (15.3)
50-100	1 (1.0)	11 (3.4)	11 (1.9)	22 (3.1)
100–	0 (–)	6 (1.8)	15 (2.6)	19 (2.7)
합계	103	327	575	705

(수치는 건 수. 괄호 안은 %, 소수점 이하 둘째 자리에서 반올림)

〈표 18〉 성관 수 상위 20위 (단위: 호, 괄호 안은 연도마다의 순위)

순위	성관	한성부 호적				국세조사
		1896년	1903년	1906년	합계 %	%
1	전주 이	41 (2)	412 (1)	626 (1)	1079 9.0	5.9 (3)
2	김해 김	59 (1)	397 (2)	616 (2)	1072 8.9	9.6 (1)
3	밀양 박	19 (3)	246 (3)	394 (3)	659 5.5	6.5 (2)
4	경주 김	11 (6)	180 (4)	311 (4)	502 4.2	3.8 (4)
5	청주 한	8 (8)	123 (5)	204 (5)	335 2.8	1.5 (10)
6	경주 이	2 (30)	112 (6)	157 (6)	271 2.3	3.0 (5)
7	경주 최	7 (10)	90 (7)	150 (7)	247 2.1	2.2 (7)
8	남양 홍	5 (15)	81 (8)	133 (10)	219 1.8	1.0 (19)
9	파평 윤	9 (7)	68 (10)	136 (9)	213 1.8	2.1 (8)
10	평산 신	8 (8)	81 (18)	122 (12)	211 1.8	1.1 (13)
11	순흥 안	7 (10)	55 (16)	139 (8)	201 1.7	1.0 (16)
12	해주 오	18 (4)	66 (12)	109 (13)	193 1.6	0.9 (20)
13	안동 김	5 (15)	54 (17)	130 (11)	189 1.6	1.0 (15)
14	광산 김	2 (30)	61 (13)	101 (14)	164 1.4	1.9 (9)
15	인동 장	4 (19)	59 (14)	101 (14)	164 1.4	1.3 (12)
16	진주 강	2 (30)	59 (14)	95 (16)	156 1.3	2.3 (6)
17	달성 서	1 (55)	67 (11)	87 (17)	155 1.3	1.0 (18)
18	경주 정	6 (13)	45 (19)	66 (20)	117 1.0	0.7 (24)
19	제주 고	12 (5)	37 (20)	54 (22)	103 0.9	0.8 (23)
20	안동 권	0 (—)	29 (29)	69 (19)	98 0.8	1.4 (11)

하는 『한성부호적』과 직접 비교하는 것은 적당하지 않을지도 모른다.

그것보다 여기서 주목해야 할 것은 표본 수가 적은 1899년을 별도로 하면, 1903 · 1906년 두 해의 각 20개 성관 중에서 19개 성관이 공통되어 있고, 서로 존재하지 않는 것은 1903년의 안동 권(權)과 1906년의 제주 고(高) 각 1개 성관씩에 지나지 않는 것이다. 게다가 이 두 성관이라도 안동 권은 1903년 29위, 제주 고는 1906년 22위로, 결코 하위에 있는 것은 아니다. 이처럼 연도가 다르고, 지역도 3분의 2가 다르게 되어 있는 두 연도의 성관 분포가 거의 같은 경향을 보이는 것은 〈표 18〉에서 보이는 성관 분포의 실상이 같은 시기에 한성 전체의 성관 분포 경향을 반영하고 있다고 말해도 지장이 없을 것이다. 물론 자세히 보면 20위 이내라고는 해도, 두 연도 사이에 공통 성관의 순위가 다르고, 각 성관 구성비도 다르다. 하지만 순위에 대해서 말하면, 상위 7위까지는 완전히 두 해가 같고, 8위 이하의 순위 변동도 그 정도로 크지 않다. 또 구성비 변동에 대해서도, 최대가 1위인 전주 이씨의 0.9%포인트이고, 그 밖의 대부분은 0.1~0.2%포인트 정도에 지나지 않아, 거의 무시할 수 있는 범위에 그치고 있다.

지금 이것과 직접 대조할 수 있는 같은 시대 또는 가까운 연대의 전국 자료가 없기 때문에 어쩔 수 없지만, 우리들이 입수할 수 있는 가장 좋은 전국 성관 통계로서 1985년 11월 1일 현재에 이루어진 한국 국세조사 결과 통계[116]와 대조하여 보자. 양자 사이에 80년 정도 시간이 경과한 것, 조사 대상 지역이 한편은 한성부이고, 다른 한편은 한국 전체라는 것, 『한성부호적』에서는 호주의 성관만이 대상이 되었던 것에 비해서, 국세조사에서는 전체 거주자가 조사 대상이 되었다는 것이라는, 크게 세 가지 점에서 두 자료 사이에는 큰 차이가 있다. 그러나 이 80년 사이의, 각 성관마다의 출생률 차이는 현재까지 검증되어 있지 않기 때문에, 가령 전체 성관이 완전히 같은 출생률을 가지고 있다고 하면, 1985년 국세조사의 성관별 순위나 구성비는 『한성부호적』 시기 조선 전체의 것으로 달리 읽을 수 있을 것이다. 이렇게 해서 지금 만약 『한성부호적』 성관 분포를 당시 조선 전체 성관 분포(실은 1985년 한국에서의 성관 분포)와 대조해 보면, 1~10위에서는 7개 성관이 공통되어 있다. 게다가 상위 5개 성관 중 4개 성관이 공통되어, 전체적으로 양자는 매우 유사한 경향을 보이고 있다. 이렇게 해서 보면, 한성부의 성관 분포는 조선 전체의 축소판이라는 것도 가능할 것이다. 또 덧붙이면 『한성부호적』의 상위 10위 성관이 전체 성관의 40.2%를 차지하고, 17위까지가 50.5%로 절반을 넘는 것처럼, 일부 대(大)성관이 압도적으로 큰 비중을 차지한 것도 국세조사와 유사한 경향을 보인다.

그런데 자세히 보면, 양자는 완전히 동일한 것 같은 분포를 한 것은 아니다. 특히 국세조사에서는 김해 김 · 밀양 박에 이어 3위인 '전주 이'가 1903 · 1906년 두 해에 1위를 차지한 것이 눈에 띈다. 왕족으로서 또 고급 관료로서 조선 정부의 중추부를 차지해 왔던 '전주 이'의 비율이 높은 것은, 한성이 정부 · 왕실을 중심으로 한 정치도시라는 특징을 강하게 반영하고 있다고 말할 수 있을 것이다. 또 절대 수로서는 적고, 이 표의 범위 밖이지만, 국세조사에서 53위에 있는 여흥 민씨가 『한성부호적』에서는 22위에 있는 등, 당시의 정치 상황을 반영한 결과가 나오고 있다. 하지만 같은 성관 내부도 많은 파(派)로 나누어져 있고, 그 파 내부도 다양한 계층으로 분화되어 있다. 단순히 성관의 수량만으로 지역의 성격을 운운하는 것은 삼가지 않으면 안 된다. 각 성관과 관료 취임자의 관계, 또는 다른 성관과의 혼인 관계 등, 지역에서 성관의 실태적인 모습의 구체적 분석에 따라 비로소 명확하게 되는 것이다. 여기서는 '전주 이' 등의 비율이 상대적으로 높은 것이 정치도시로서 한성의 성격을 나타낸다고 추측되는 것을 두 번째 특징으로 드는 것에 그치기로 하자.

다음, 방별로 연도마다 상위 세 성관을 추출해서, 이들 성관의 지역적 분포를 살펴보자(〈표 19〉). 일부 약간 특이한 집중 상황을 보이는 성관이 보여, 주목할 필요는 있지만 그 비율은 10%를 넘는 것은 없고, 방과 특정 성관의 관계는 검증될 수 없다.[117] 방 아래에 있으면서, 주민 생활과 밀착해 있던 행정구획인 계나 동과의 관계는 어떠했을까. 실은 이 검증은 그렇게 쉽지는 않다. 왜냐하면 호적표에는 계나 동은 방처럼 단순한 현상을 하고 있지 않기 때문이다. 그것을 제104책 첫머리의 정선방 제23통 2호부터 제24통 11호까지로 살펴보자(〈표 20〉).

〈표 19〉 방별 성관 상위 3걸(傑)

서	방	1위	2위	3위
북서	연희방	김해 김 · 전주 이 13.5		해주 오 6.3
	양덕방	김해 김 15.2	밀양 박 6.7	경주 김 6.1
1896년도 합계		김해 김 14.9	전주 이 10.4	밀양 박 4.8
중서	견평방	전주 이 10.5	밀양 박 8.7	김해 김 5.5
동서	연화방	김해 김 11.9	전주 이 7.1	밀양 박 3.5
서서	반송방	김해 김 9.5	전주 이 8.7	밀양 박 5.9
	용산방	김해 김 12.1	전주 이 8.5	밀양 박 6.9
남서	회현방	전주 이 · 김해 김 · 동래 정 7.3		
	훈도방	전주 이 10.6	김해 김 6.0	경주 김 4.1
	광통방	김해 김 10.2	전주 이 9.1	밀양 박 8.0
	대평방	김해 김 8.6	전주 이 · 경주 김 7.6	
	두모방	김해 김 9.5	전주 이 7.5	경주 이 6.8
북서	안국방	전주 이 · 김해 김 7.6		파평 윤 4.7
	연은방	김해 김 19.8	전주 이 · 경주 김 7.4	
	연희방	전주 이 13.4	밀양 박 10.2	김해 김 · 청주 한 6.3
	가회방	전주 이 13.7	밀양 박 6.3	김해 김 5.9
	광화방	전주 이 6.7	김해 김 6.3	밀양 박 5.5
	순화방	김해 김 11.4	전주 이 7.2	밀양 박 6.8
	상평방	김해 김 17.7	전주 이 9.9	밀양 박 4.7
1903년도 합계		전주 이 9.5	김해 김 9.1	밀양 박 5.7
중서	관인방	전주 이 9.3	김해 김 8.8	밀양 박 · 경주 김 3.7
	경행방	전주 이 9.3	김해 김 9.0	밀양 박 5.8
	견평방	전주 이 11.0	김해 김 · 밀양 박 8.9	
	수진방	전주 이 · 김해 김 4.9		경주 김 4.5
	서린방	김해 김 10.8	전주 이 8.8	밀양 박 · 순흥 안 4.1
	징청방	전주 이 · 김해 김 9.6		경주 김 5.3
	장통방	전주 이 · 김해 김 7.5		밀양 박 5.1
	정선방	전주 이 9.5	김해 김 7.5	밀양 박 4.1
	안국방	전주 이 6.3	밀양 박 5.7	김해 김 5.2
	가회방	전주 이 · 김해 김 8.0		밀양 박 4.3
	관광방	전주 이 8.3	김해 김 6.5	밀양 박 3.8
북서	광화방	전주 이 9.9	경주 김 6.3	밀양 박 5.5

	준수방	김해 김 9.9	전주 이 7.7	경주 김 5.2
	순화방	김해 김 10.3	전주 이 6.7	밀양 박 5.3
	진장방	전주 이 8.2	김해 김 7.4	밀양 박 6.9
	통의방	전주 이 13.9	경주 김 11.1	김해 김 8.3
	양덕방	전주 이 10.5	김해 김 7.4	경주 김 6.8
1906년도 합계		전주 이 8.6	김해 김 8.5	밀양 박 5.4
전 체		전주 이 9.0	김해 김 8.9	밀양 박 5.5

〈표 20〉 정선방 23 · 24통의 계 · 동명(契洞名) 대조

통	호	계	동
23	2	하마동계(下麻洞契)	하마동
	3	마동계	중마동
	4	마동계	마동
	5	만년계(萬年契)	마동
	6	—	하마동
	7	김만년계	중마동
	8	—	중마동
	9	—	중마동
	10	대묘중계(大廟中契)	중마동
	11	—	중마동
	12	김만년계	중마동
24	1	김만년계	중마동
	2	김만년계	중마동
	3	—	중마동
	4	마동계	중마동
	5	마동계	중마동
	6	마동계	중마동
	7	—	중마동
	8	대묘계	중마동
	9	김만년계	마동
	10	김만년계	마동
	11	김만년계	중마동

(—는 기재가 없는 것을 나타냄)

〈표 20〉에는 하마동계 · 마동계 · 만년계(김만년계) · 대묘중계 · 대묘계의 다섯 계와 하마동 · 중마동 · 마동의 세 동이 나타난다.[118] 본래 가옥이 늘어선 순서로 번호가 붙어 있었다고 하면, 이들의 계와 동은 같은 것이 연속해서 나와야만 한다. 그런데 미기입 공백은 무시한다 해도, 계가 나타는 순서는 하마동계 → 마동계 → 만년계(김만년계) → 대묘중계 → 〔김만년계(역자)〕 → 마동계 → 대묘계 → 김만년계로 되어 있어, 그와 같은 규칙성은 살필 수 없다. 또 동으로 보아도, 하마동 → 중마동 → 마동 → 하마동 → 중마동 → 마동 → 중마동으로 되어 있어, 계와 마찬가지로 배열 방식에 규칙성은 살필 수 없다. 게다가 문제는 계와 동의 관계이다. 이것을 계로 보면 하마동계-하마동, 마동계-마동 · 중마동, 만년계-마동, 김만년계-중마동 · 마동, 대묘중계-중마동, 대묘계-중마동이라는 대응 관계에 있고, 동으로 보면 하마동-하마동계, 중마동-마동계 · 김만년계 · 대묘중계 · 대묘계, 마동-마동계 · 김만년계라는 대응 관계가 된다. 이와 같이 계와 동은 1 대 1 대응 관계가 되어 있지 않고, 해당 지역에서는 계와 동은 가옥의 배열 순서를 직접적으로 반영하고 있지 않는 가능성이 나온다. 또 계와 동이 1 대 1 대응 관계를 맺고 있지 않는 것은, 하나의 동이 하나의 계의 하부 구획이 되고 있다고는 말할 수 없는[119] 것을 보이고 있다. 이와 같은 상황은 정도 차는 있지만 『한성부호적』의 전 지역에서 공통되고 있는 것이다. 또 계 · 동명의 기입이 누락되어 있는 호적표도 많아, 계 · 동과 성관 관계를 분석하는 것은 현재 연구 상황에서는 실질적으로 불가능하다. 가옥이 늘어선 순서인 통 · 호를 단서로 해서 보면, 특정 성관이 지역적으로 굳어지는 경향이 있다고 보기는 어렵다고 추측하는 것에 그치기로 하자.

게다가 성관 사이의 혼인 관계에 대하여 논할 필요가 있지만, 한성부에서는 다른 지방과 달리, 정치 상황 전체 속에서 분석하지 않으면 안 된다.

그것은 이미 필자의 능력을 훨씬 넘어서고 있다.

3. 한성부의 가옥(家屋)

1) '가택(家宅)'과 거주

『한성부호적』의 가택란은 먼저 소유 상황에 따라 기유(己有)와 차유(借有)로 나눈 후에, 다시 지붕을 잇는 방식에 따라 와칸(瓦間, 기와집)과 초칸(草間, 초가집)으로 나누는 네 분류를 해서 기재하는 것으로 되어 있다. 각 난은 모두 조선의 전통적인 가옥 규모 측정 단위인 '칸(間)'에 따라 기재하도록 되어 있고, 동(棟) 수나 내부 구조에 대해서는 알 수 없다.[120] 따라서 우리들이 가택란에서 알 수 있는 정보는 가옥의 소유 상황, 지붕의 상태, '칸(間)'으로 표기된 가옥 규모라는 세 항목에 한정되어 있다. 하지만 가택란의 분석을 통해서, 우리는 한성부 가옥의 모습을 어느 정도 살피는 것이 가능할 것이다.

거주자 경우와 마찬가지로, 가택란 수치를 연도별·지역별로 정리하면 다음 〈표 21〉처럼 된다.[121] 이 표에서 주의해야 할 것은 첫째로 칸수 표기 여부로 호를 나누고, 칸수 표기가 없는 35호에 대해서는 별기하여, 통계로 사용하는 것은 칸수가 있는 1만 2,615호이다. 둘째로 최저 단위는 0.5칸[122]이고, 그 이하가 없는 것은 다른 여러 건축물 경우와 동일하다. 또 셋째로 가택란은 앞서 서술한 네 분류마다 수치(이하, 명세치(明細値)라고 말함)와 합계치로 구성되어 있지만, 때때로 명세치와 합계치가 일치하지 않는 것이 있다. 이 경우는 명세치를 우선하고, 합계치를 잘못으로 간주해서 채택하지 않았다. 넷째로 명세치란이 공백이고, 합계치만 기재되어 있는 것에 대해서는 종별을 '불명(不明)' 으로 별기(別記)하였다.

그런데 〈표 21〉로 가옥 양상을 살펴보자. 먼저 각 난의 수치를 단순 합계하면, 기와집이 기유(已有) 8만 2905.5칸, 차유(借有) 7472.5칸 합계 9만 378칸, 초가집이 기유 5만 1,993칸, 차유 4306.5칸 합계 5만 6299.5칸으로, 기와집이 전체에서 차지하는 칸수의 백분율은 61.6%이다. 결국 전체 가옥의 3분의 2 가까이가 기와집이라는 것이다. 또 마찬가지로 계산하면, 1호

〈표 21〉 가옥 집계

서(署)	방(坊)	호수		자가(칸)		차가(칸)		불명(호)	합계(칸)	기와칸 비율(%)	초가칸 비율(%)	1호당 넓이
		칸수 있음	칸수 없음	기와칸	초가칸	기와칸	초가칸					
북서	연희방	252	0	79.0	1356.5	41.0	117.0	0	1593.5	7.5	9.9	6.3
	양덕방	165	0	1237.5	871.0	169.0	38.0	0	2315.5	60.7	8.9	14.0
1896년도 계		417	0	1316.5	2227.5	210.0	155.0	0	3909.0	39.1	9.3	9.3
중서	견평방	225	0	2854.0	218.5	311.0	29.5	0	3413.0	92.7	10.0	15.2
동서	연화방	226	0	1123.5	1042.0	30.0	44.5	0	2240.0	51.4	3.3	9.9
서서	반송방	494	3	189.0	3569.0	14.0	145.5	10	3927.5	5.2	4.1	8.0
	용산방	250	0	648.0	1043.5	64.0	15.0	0	1770.5	40.2	4.5	7.1
남서	회현방	261	1	1964.0	816.0	73.0	122.5	0	2975.5	68.5	6.6	11.4
	훈도방	790	1	5804.0	3116.0	459.0	217.0	0	9596.0	65.3	7.0	12.1
	광통방	193	1	2483.0	351.5	62.5	5.5	0	2902.5	87.7	2.3	15.0
	대평방	190	0	2748.0	275.5	140.0	33.5	0	3197.0	90.3	5.4	16.8
	두모방	440	4	515.5	2019.0	184.0	15.0	0	2733.5	25.6	7.3	6.2
북서	안국방	171	1	1059.5	909.0	247.5	46.5	0	2262.5	57.8	13.0	13.2
	연은방	81	0	11.0	488.0	20.0	0.0	0	519.0	6.0	3.9	6.4
	연희방	254	0	59.0	1410.0	5.0	9.0	0	1483.0	4.3	0.9	5.8
	가회방	269	1	1689.0	1476.5	76.0	156.5	0	3398.0	51.9	6.8	12.6
	광화방	251	2	669.0	1053.5	173.0	120.5	0	2016	41.8	14.6	8.0
	순화방	240	0	815.0	1240.0	80.0	33.0	11	2179.0	41.3	5.2	9.1
	상평방	192	0	64.0	1078.0	6.0	0.0	0	1148.0	6.1	0.5	6.0
1903년도 계		4527	14	22695.5	20106.0	1954.0	993.5	21	45761.0	53.9	6.4	10.1

중서	관인방	424	0	5036.5	1087.0	333.0	138.0	0	6594.5	81.4	7.1	15.6
	경행방	376	0	3724.5	998.5	342.0	130.5	0	5195.5	78.3	9.1	13.8
	견평방	448	2	5353.5	829.0	450.0	49.5	0	6682.0	86.9	7.4	14.9
	수진방	292	3	3405.0	660.0	194.0	45.0	0	4304.0	83.6	5.6	14.7
	서린방	211	2	3503.0	113.5	245.0	2.0	0	3863.5	97.0	6.4	18.1
	징청방	233	0	3187.5	300.5	180.0	23.0	0	3691.0	91.2	5.5	15.8
	장통방	807	3	11500.5	1643.5	635.0	98.0	0	13877.0	87.5	5.3	17.2
	정선방	1174	3	6408.5	4652.0	1322.5	618.0	0	13001.0	59.5	14.9	11.1
북서	안국방	176	1	940.0	934.5	279.5	103.0	0	2257.0	54.0	16.9	12.8
	가회방	353	2	2602.5	1874.0	181.5	195.0	0	4853.0	57.4	7.8	13.7
	관광방	609	4	4354.5	2933.5	232.0	510.5	0	8030.5	57.1	9.2	13.2
	광화방	254	0	699.0	1208.5	162.0	135.0	0	2204.5	39.1	13.5	8.7
	준수방	327	0	997.0	1564.0	73.5	212.0	0	2846.5	37.6	10.0	9.6
	순화방	1393	1	5156.5	7229.0	485.0	536.5	0	13407.0	42.1	7.6	9.6
	진장방	393	0	488.0	2507.0	71.0	240.0	0	3306.0	16.9	9.4	8.4
	통의방	36	0	187.5	140.0	14.5	19.0	0	361.0	56.0	9.3	10.0
	양덕방	165	0	1349.5	964.0	117.0	103.0	0	2533.5	57.9	8.7	15.4
1906년도 계		7671	22	58893.5	29638.5	5317.5	3158.0	0	97007.5	66.2	8.7	12.6
성내		10652	28	81340.0	41008	7138.5	4005	11	133502.5	66.3	8.3	12.5
성외		1963	7	1565.5	10964.0	334.0	301.5	10	13175.0	14.4	4.8	6.7
총계		12615	35	82905.5	51972.0	7472.5	4306.5	21	146677.5	61.6	11.6	11.6

당 넓이는 11.6칸, 1인당 넓이는 2.3칸이 된다. 이것을 성내 · 외로 보면, 1호당 넓이에서 성내 12.5칸에 비해서 성외 6.7칸, 거주자 1인당 넓이에서 성내 3.1칸에 비해서 성외 1.8칸이 된다. 한편 차유 가옥의 칸수가 전체에 차지하는 백분율은 10.1%이다. 이들 수치를 같은 시대 다른 지역과 비교해서 한성부의 특징을 고찰하고, 다시 한성부 내부의 지역적 경향을 검토해서, 가옥으로 본 한성부의 특질을 적출하여 보자.

먼저 넓이부터 살펴보자. 한성부 가옥 규모의 단순 평균치는 전체 11.6칸, 성내 12.5칸, 성외 6.7칸으로 산출되었지만, 이 수치를 동일하게 신식 호적에서 산출된 다른 지역 가옥 규모의 단순 평균치와 비교하면, 인천 외동(外洞) 9.4칸, 개성 6.9칸이라는 도시지역의 1.3 내지 1.8배, 또한 3.28 내지 6.42칸이라는 농촌부의 1.7 내지 3.8배가 된다.[123] 인천 · 개성 등 도시부의 가옥 규모는 농촌부에 비하면 상당히 크지만, 그것으로 보아도 한성의 가옥 규모는 크다. 성외의 평균치는 6.7칸으로 다른 지역의 농촌부에 비하면 상당히 크고, 인천이나 개성의 수치에 가깝다. 이와 같이 같은 시대의 조선에서 극히 규모가 큰 것을 한성부 가옥 특징의 첫 번째로 지적하고 싶다.

1호당 등급별 칸수는 0.5칸부터 320칸까지 사이에 분포하고 있지만(〈표 22〉), 인천 · 개성 지역에서는 10칸 이상 것이 각각 30.2%, 20.3%로 20~30%대[124]인 것에 비해서, 한성부에서는 41.5%로 1.4~2배가 되고 있다. 게다가 30칸 이상이 649호로 5.1%를 차지하고, 50칸 이상이 220호 1.7%, 100칸 이상도 44호 0.4%가 존재하고 있다. 이와 같은 거대가옥 존재를 한성부의 특징으로 들 수 있다. 이것을 다시 성내 · 외로 나누어 보면, 10칸 이상의 점유율이 성내에서는 45.9%로 거의 반수에 이르는 것에 비해서, 성외는 17.3%이고, 이것을 30칸 이상으로 보면, 성내 6.0%에 비해서 성외 0.7%로 좀 더 큰 차가 나온다. 100칸 이상의 초거대 가옥에서는 성내가 44호 0.4%인 것에 비해서, 성외에는 1호도 존재하지 않는다. 성외의 거대 가옥 점유율은 인천 · 개성보다도 작아, 한성부의 특징으로 든 거대 가옥의 존재는 성내의 특징이라고 말해야 할 것이다. 30칸 이상의 거대 가옥은 〈표 23〉과 같이 대평 · 장통 · 서린이라는 종로 남측부터 남대문로로 들어가는 T자 지대의 각 방에서 점유율 10%를 넘고, 견평 · 광통 · 징청 · 관인이라는 종로 북측과 남대문로 연선(沿線) 및 가회 · 양덕 · 관광 · 안국이라는 경복궁과 창덕궁에 끼인 지역이 7~10%로 이것에 뒤따르고 있다. 한성 중심부는 거대 가옥의 집중 지대인 것이다.

전체적으로 살펴보자. 〈표 22〉와 같이 최대치는 5~5.5칸(성내만으로

〈표 22〉 규모 등급별 가옥 수

칸수	지 역		
	성내	성외	전체
0.5 - 2.5	173 (1.6)	56 (2.9)	229 (1.8)
3.0 - 3.5	335 (3.1)	354 (18.0)	689 (5.5)
4.0 - 4.5	556 (5.2)	297 (15.1)	853 (6.8)
5.0 - 5.5	860 (8.1)	288 (14.7)	1148 (9.1)
6.0 - 6.5	962 (9.0)	229 (11.6)	1191 (9.4)
7.0 - 7.5	986 (9.3)	170 (8.7)	1156 (9.2)
8.0 - 8.5	980 (9.2)	130 (6.6)	1110 (8.8)
9.0 - 9.5	908 (8.5)	100 (5.1)	1008 (8.0)
10.0 - 10.5	799 (7.5)	114 (5.8)	913 (7.2)
11.0 - 11.5	560 (5.3)	33 (1.7)	593 (4.7)
12.0 - 12.5	545 (5.1)	39 (2.0)	584 (4.6)
13.0 - 13.5	361 (3.4)	25 (1.3)	386 (3.1)
14.0 - 14.5	324 (3.0)	21 (1.1)	345 (2.7)
15.0 - 15.5	258 (2.4)	31 (1.6)	289 (2.3)
16.0 - 16.5	199 (1.9)	15 (0.8)	214 (1.7)
17.0 - 17.5	181 (1.7)	14 (0.7)	195 (1.5)
18.0 - 18.5	169 (1.6)	7 (0.4)	176 (1.4)
19.0 - 19.5	133 (1.2)	3 (0.2)	136 (1.1)
20.0 - 24.5	467 (4.4)	14 (0.7)	481 (3.8)
25.0 - 29.5	260 (2.4)	9 (0.5)	269 (2.1)
30.0 - 39.5	286 (2.7)	7 (0.4)	293 (2.3)
40.0 - 49.5	136 (1.3)	2 (0.1)	138 (1.1)
50.0 - 99.5	169 (1.6)	5 (0.3)	174 (1.4)
100.0 - 199.5	40 (0.4)	0 (－)	40 (0.3)
200.0 - 320.0	5 (0.0)	0 (－)	5 (0.0)
합계	10652	1963	12615

(단위 : 호. 괄호 안은 %, －는 수치가 없는 것을 나타냄)

〈표 23〉 방(坊)별 대규모 가옥 수

서	방	30 - 49.5	50 - 99.5	100 -	합계
북서	연희방	0 (−)	0 (−)	0 (−)	0 (−)
	양덕방	4 (2.5)	6 (3.7)	1 (0.6)	11 (6.7)
1896년도 계		4 (1.0)	6 (1.4)	1 (0.2)	11 (2.6)
중서	견평방	17 (7.6)	3 (1.3)	1 (0.4)	21 (9.3)
동서	연화방	8 (3.5)	0 (−)	0 (−)	8 (3.5)
서서	반송방	2 (0.4)	0 (−)	0 (−)	2 (0.4)
	용산방	5 (2.0)	0 (−)	0 (−)	5 (2.0)
남서	회현방	10 (3.8)	5 (1.9)	1 (8.4)	16 (6.1)
	훈도방	22 (2.8)	18 (2.3)	1 (0.1)	41 (5.2)
	광통방	15 (7.8)	2 (1.0)	1 (0.5)	18 (9.3)
	대평방	24 (12.6)	4 (2.1)	0 (−)	28 (14.7)
	두모방	2 (0.3)	5 (0.8)	0 (−)	7 (1.6)
북서	안국방	7 (4.1)	3 (1.8)	2 (1.2)	12 (7.0)
	연은방	0 (−)	0 (−)	0 (−)	0 (−)
	연희방	0 (−)	0 (−)	0 (−)	0 (−)
	가회방	8 (3.0)	6 (2.2)	3 (1.1)	17 (6.3)
	광화방	1 (0.8)	0 (−)	0 (−)	1 (0.4)
	순화방	2 (0.8)	0 (−)	0 (−)	2 (0.8)
	상평방	0 (−)	0 (−)	0 (−)	0 (−)
1903년도 계		123 (2.7)	46 (1.0)	9 (0.2)	178 (3.9)
중서	관인방	19 (4.5)	9 (2.1)	7 (1.7)	35 (8.3)
	경행방	15 (4.0)	3 (0.8)	5 (1.3)	23 (6.1)
	견평방	25 (5.6)	7 (1.6)	2 (0.4)	34 (7.6)
	수진방	20 (6.8)	1 (0.3)	3 (1.0)	24 (8.2)
	서린방	16 (7.6)	6 (2.8)	2 (0.9)	24 (11.4)
	징청방	20 (8.6)	2 (0.9)	0 (−)	22 (9.4)
	장통방	66 (8.2)	34 (4.2)	1 (0.1)	101 (12.5)
	정선방	34 (2.9)	10 (0.9)	2 (0.2)	46 (3.9)
북서	안국방	7 (4.0)	2 (1.1)	2 (1.1)	11 (6.3)
	가회방	16 (4.5)	9 (2.5)	4 (1.1)	29 (8.2)
	관광방	25 (4.1)	13 (2.1)	5 (0.8)	43 (7.1)
	광화방	2 (0.8)	0 (−)	0 (−)	2 (0.8)

	준수방	5 (1.5)	5 (1.5)	1 (0.3)	11 (3.4)
	순화방	25 (1.8)	10 (0.7)	0 (−)	35 (2.5)
	진장방	2 (0.5)	3 (0.8)	0 (−)	5 (1.3)
	통의방	2 (5.6)	0 (−)	0 (−)	2 (5.6)
	양덕방	5 (3.0)	8 (4.8)	1 (0.6)	14 (8.5)
1906년도 계		304 (4.0)	122 (1.6)	35 (0.5)	461 (6.0)
성내		422 (4.0)	169 (1.6)	45 (0.4)	636 (6.0)
성외		9 (0.5)	5 (0.3)	0 (−)	14 (0.7)
전체		431 (3.4)	174 (1.4)	45 (0.3)	650 (5.2)

(단위 : 호. 괄호 안은 〈표 21〉의 호수 〈칸수 있음〉에 대한 %)

6~6.5칸[125])이고, 그것에 6~6.5칸, 4~4.5칸, 7~7.5칸, 8~8.5칸, 9~9.5칸이라는 순서로 이어지고, 이 여섯 등급이 51.8%로 전체의 반수를 초과한다. 한성부 절반 이상은 이러한 평균치의 50~80% 크기에 지나지 않는 가옥이다. 이에 비해서 다른 지역에서 가장 많은 것은 인천에서 4칸,[126] 개성에서 5칸[127]으로, 이 점에서는 그다지 큰 차가 없다. 결국 한성부는 거대 가옥군(群)의 존재에 따라 평균치가 상당히 상승할 수 있는 것이다. 덧붙여 말하면 개성부도 10~19칸이 18.8%로 꽤 큰 비율을 차지하고 있고, 3칸 가옥이 대다수를 차지하고 10칸 이상은 거의 발견될 수 없는 농촌 지역[128]과는 다르며, 비교적 큰 가옥이 많다는 한성부와 다소 유사한 경향을 보이고 있다. 이렇게 보면 농촌에 비교해서 대규모 가옥이 많다는 것을 이 시대 조선 도시의 한 특징으로 파악하는 것이 가능할 것이다. 그러나 그 개성조차도 한성과는 상당한 격차가 있다. 한성은 가옥 크기에서 보면 이 시대 조선 안에서는 꽤 돌출된 특이한 지역이 된다. 또한 앞에서도 언급한 것처럼, 『한성부호적』의 신고 · 조사 대상이 되었던 것은 주거이며, 관청 · 궁전 · 군대 등은 처음부터 제외되어 있었다. 우리가 현재 알 수 있는 가옥 규모도 어디까지나 주거 그것[129]이고, 예를 들면 중서 징청방에 이 당시 아직 대부분이 남아있었다고 생각하는 한성부 청사 246.5칸[130] 등, 거대한

관청사는 완전히 탈락되어 있다. 만약 이들도 계산해 넣는다면, 당시 조선 사회에서 한성부의 특이성은 한층 두드러지게 될 것이다. 그러나 여기 본고에서는 주거에만 대상을 좁혀서 검토하지 않을 수 없다.

거주자와 거주 공간의 관계를 살펴보면 이상과는 약간 다른 양상이 보인다. 1인당 칸수의 전년(全年) 평균 2.3칸이라는 크기는 인천 2.0칸,[131] 개성 1.9칸[132]과 거의 같은 수준으로, 0.83~1.65 사이에 분포한 농촌부[133]보다는 크지만, 가옥 내부의 거주밀도에서는 다른 도시와 거의 변함없는 것이 된다. 이것을 방별로 보면, 최고는 1906년 중서 서린방의 3.1칸, 최저는 1896년 북서 연희방의 1.4칸으로, 2배 이상의 차이가 있다. 정선방 이외의 중서 모든 방과 남서 광통 · 대평, 북서 안국 · 관광의 각 방이 2.5칸을 넘어 최고 지대를 형성하고, 성외 각 방이 1.5~1.9칸 정도의 최저 지대를 형성하고 있다. 여기서도 매우 어림잡아 말해서, 성내 중심부일수록 거주자 1인당 칸수는 커지는 경향이 나타난다. 그러나 그 편차는 가옥 규모 그 자체에 비하면 훨씬 작고, 또 다른 지방과 비교해도 거의 같은 수준이다. 결국 한성부는 다른 지역에 비하면 매우 대규모 가옥으로 구성되어 있지만, 거주자 수도 많아서 가옥 내 거주밀도는 다른 도시지역과 큰 차이가 없는 것이다.

가옥 가치는 일반적으로 기와집이 초가집보다 높다고 평가되고 있다. 따라서 기와집이 많으면 많을수록, 그 지구는 가치가 높은 가옥으로 구성되어 있다고 보는 것이 가능할 것이다. 앞서 게재한 「경성오서호구명세표」(〈표 3〉)에서는 한성 전체의 와가 · 초가 · 반(半)와가의 호수가 나와 있다. 반(半)와가를 와가의 0.5호로 계산하면, 와가는 전체 25.3%, 즉 거의 4분의 1을 차지하는 것이 된다. 하지만 이것은 가옥 규모를 달리하는 호에서 단순히 산출한 수치이고, 전술한 것처럼 가옥 규모 편차가 큰 한성부에서는 지역의 실태를 직접적으로 반영하고 있다고는 말할 수 없다. 그래서 본고에서는 전체 가옥에서 차지하는 기와집 가옥률을 기와집 칸수가 전체 칸수에서 차지하는 비율로 계산하는 것으로 해서, 〈표 21〉의 기와칸율을 산출하였다. 전체 평균에서 보면 기와칸율은 61.6%가 되지만, 성내 66.3%에 비해서 성외는 14.4%로 큰 차가 있다. 다른 농촌 지역에는 거의 기와집이 존재하지 않고,[134] 도시지역에서도 인천 외동(外洞)이 6.8%[135]이고, 개성이 12.9%[136]에 지나지 않는 것과 비교하면, 성외 비율에서도 상대적으로 높은 값이며, 성내에서는 거의 다른 지역과 현격한 높은 기와집 점유율을 가지고 있다.

2) 지역과 '가(家)'

기와집 점유율과 1호당 칸수라는 지표는 각각 가옥의 가치를 나타내는 독립변수이다. 그러나 기와집 1동 평균 넓이가 16.4칸인 데 비해서, 초가집 1동 평균은 6.6칸으로 약 2.5분의 1 넓이밖에 되지 않는다는 것처럼, 실은 양자는 꽤 강한 관계가 있는 듯하다. 그래서 이 두 가지를 지표로 해서, 방별(坊別) 가옥 상황을 검토해 보자. 2년도분의 자료가 있는 방에 대해서는, 두 연도 수치의 가중평균을 그 방의 수치로 하고, 세로축을 기와집률, 가로축을 1호당 칸수로 하면, 〈그림 6〉을 얻을 수 있다. 그림 가운데 검은 표시가 각각 방의 위치를 보이지만, 전체적으로 명확한 오른쪽 상승의 경향을 보이고 있어 가옥의 평균 규모가 클수록 기와집 비율이 높아지는 상관관계가 성립하고 있다.

여기서 세로 · 가로의 각 열에서 낮은 방(坊)부터 순차로 1~4까지 수치(바깥쪽에 있는 동그라미 숫자)를 붙여서, 세로 · 가로의 합계치를 각 정사각형 칸의 수치로 살펴보자. 이 수치가 큰 쪽이 가옥 가치가 높은 것이다. 〈그림 6〉의 각 방은 3부터 8까지의 가옥 평가치를 갖는다. 가장 높은 평가

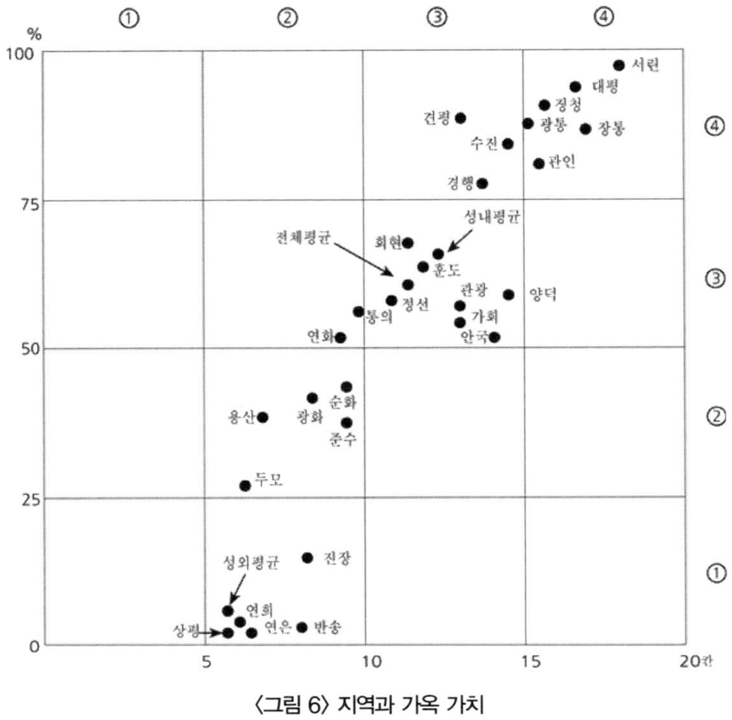

〈그림 6〉 지역과 가옥 가치

치 8을 갖는 것은 중서(中署) 관인 · 서린 · 징청 · 장통과 남서(南署) 대평 · 광통 합계 여섯 방이다. 이에 버금가는 평가치 7은 중서 경행 · 견평 · 수진 세 방이다. 평가치 6은 중서 정선, 남서 회현 · 훈도, 북서 안국 · 가회 · 관광 · 양덕 합계 여섯 방이다. 평가치 5는 동서(東署) 연화방과 북서 통의 두 방이다. 평가치 4는 서서(西署) 용산, 남서(南署) 두모, 북서 광화 · 순화 · 준수 합계 다섯 방이다. 가장 낮은 평가치 3을 갖는 것은 서서 반송, 북서 연은 · 연희 · 상평 · 진장 합계 다섯 방이다.

지역적으로 크게 보면, 종로와 남대문로가 교차하는 종각 교차점을 중심으로 해서, 중심부로부터 주변부로 집단이 이행해 간다. 전체에서 최고 위치에 있는 것은 종로 남측에 있는 중서 서린방이고, 이에 버금가는 것이 중서 장통방 · 남서 대평방이라는, 역시 종로 남측에 있는 두 방이라는 순서이다. 게다가 종로 북측의 중서 징청 · 관인 두 방이 잇따르고 있다. 이와 같이 종로 주변의 한성 중심부에서도, 종로 남쪽이 북측보다 가옥 가치가 높은 경향이 있고, 그것이 대평 · 광통이라는 남대문에 연한 남서 두 방으로 이어지고 있다. 이렇게 차례로 평가치를 내리면, 성벽을 넘어 성외 각 방은 모두 평가치 3이나 4라는 낮은 등급에 위치하게 된다. 다만 자세히 보면 성내에서도 진장방은 평가치 2로 최저 등급에 들어가 있어, 성외 용산방이나 두모방보다도 평가치가 낮고, 광화 · 순화 · 준수 세 방도 평가치 4로, 성외 각 방과 같은 범위에 들어가 있다. 모두 북서의 경복궁과 창덕궁 사이 지역에 있다는 것이 흥미 깊다. 어쨌든 종로와 남대문로 주변에 대규모 기와집이 집중해 있다고 말할 수 있다. 바꾸어 말하면 중심 지역일수록 가치가 높은 가옥군으로 구성된 것이 된다. 당연하지만 이것은 위에서 본 거대 가옥의 집중 상황과 매우 유사하다.

『한성부호적』이 넓이나 지붕과 같은 가옥 상태와 함께 깊은 주의를 기울이고 있는 차유(借有) 관계도 살펴보자. 일반적으로 차가(借家)로 말하면, 비교적 저소득층의 주거로 이해되는 경향이 있지만, 과연 한성에서도 그렇게 말할 수 있을까.[137] 또 한성 내부의 지역성이 관련된 것일까. 확인하여 보자.

차유율(借有率)도 기와집률과 마찬가지로 칸수로 계산(〈표 21〉)하면 전체 평균은 10.1%가 되어, 마찬가지로 도시부(都市部)인 인천의 6%[138]에 비하면 약간 높은 경향을 보이지만, 다른 농촌 지역에서도 어느 정도의 차유가 존재하고[139] 있기 때문에, 차유의 존재는 한성부 또는 도시부의 특징이라고 말할 수는 없다. 게다가 지역별로 살펴보면, 성내 북서(北署)에서 약간 높은 지역이 보이지만, 그렇다고 해도 11~12%대이고, 평균치로부터 그 정도로 벗어나 있는 것은 아니다. 성외에서도 1896년 북서 연희방이

10.6%로 평균치를 넘고 있는 것에 비해서, 성내 중심부에 있는 남서 광통방이 3.1%, 대평방이 4.7%로 낮은 수치를 보이는 등, 다른 지표와 달리 지역과의 상관관계는 찾아낼 수가 없다. 또 1896년에 6.7%였던 북서 양덕방이 1906년에는 12.1%로 되는 것처럼, 차유는 꽤 변동이 크다. 또한 1동(棟)당 넓이로 보아도, 기유의 13.9칸에 대해서 차유도 11.7칸으로 거의 같은 수준에 있어, 차유인 것은 가옥 규모와는 관계가 없다. 실례에서도 40칸 이상의 기와집을 빌리고 있는 것이 17사례이고, 북서 안국방 안동계 대안동 제1통 제2호의 민경호(閔京鎬, 제141책)의 경우는 151칸에 이르는 대규모 기와집을 빌리고 있고, 중서 정선방 니동(泥洞) 제73통 6호의 심덕석(沈德錫, 제105책)도 100칸 기와집을 빌려서 거주하고 있다. 차유와 호주의 경제계층과는 직접 관계가 없다고 말할 수 있을 것이다.[140] 한성부에서 차유율의 높음은 저소득층의 존재와는 결부될 수 없는 것이다. 또한 지역에 따른 편차나 시간적 경과에 따른 변동 등을 보면, 한성 사람들의 주거와 소유에 대한 의식이 어렴풋이 드러나지만, 이것은 후일의 과제로 삼으려고 한다.

3) 가옥을 통해 본 경제력

이상과 같이 한성에서의 가옥 형태를 보아 왔지만, 한성의 중심부는 같은 시대 조선에서는 드물게 보는 당당한 기와집이 집중되는 특이한 지역이었다. 대상인이 집주(集住)하고 있다고 알려진 개성 중심부도, 또한 개항으로 두드러진 경제적 발전을 보이는 인천항도, 한성에 비하면 훨씬 소규모인 초가집이 집중되는 데 지나지 않는다. 가옥의 가치가 소유자·거주자의 경제력을 어느 정도 반영하는 것이라는 일반적 경향이 이 시대 조선에도 들어맞는다면, 종로 및 남대문로 주변의 한성 중심부는 조선의 다른 지역과는 비교가 되지 않는 거대한 부(富)가 집적되어 있던 장소였다.

그러면 이 부(富)는 어떤 사람들의 집에 축적되어 있었던 것일까. 대규모 가옥의 거주자를 직업 · 신분별로 살펴보자(〈표 24〉. 단, 두 가지에 걸쳐있는 것은 각각 0.5로 하였음). 첫째로 호수비(戶數比) 6.7%의 관료가 19.7%로, 3배 가까이 높은 점유율을 가지고 있는 것이 주목된다. 특히 100칸 이상의 초대규모 가옥으로 한정하면, 관료의 점유율은 27.3%가 되어 호수비의 4배를 넘는다. 또한 수량으로 보면 양반이 55.3%로 반수 이상을 차지하고 있다. 관료 · 양반에 군인을 추가한, 이른바 왕실 · 정부관계 세계층이 합계 80.2%로, 대규모 가옥의 대부분을 차지하고 있다. 또 100칸 미만에서는 상업을 비롯한 다양한 직업 · 신분의 호주가 출현한다. 하지만 100칸 이상 초대규모 가옥 거주자의 경우는 거의 양반 · 관료 · 군인만[141]으로 된다. 이렇게 보면, 한성 중심부에 대규모 가옥 형태로 집적되어 있

〈표 24〉 대규모 가옥 호주의 직업 · 신분 분포

직업 · 신분 \ 칸수	30 - 99.5	100 -	합계
관료	119 (19.7)	13 (28.9)	132 (20.3)
이속(吏屬) · 하역(下役)	10 (1.7)	1 (2.2)	11 (1.7)
군인	32.5 (5.4)	2 (4.4)	34.5 (5.3)
병사	0 (-)	0 (-)	0 (-)
양반	337 (55.7)	24 (53.3)	361 (55.5)
평민	14 (2.3)	0 (-)	14 (2.2)
상업	56.5 (9.3)	0 (-)	56.5 (8.7)
농업	5 (0.8)	0 (-)	5 (0.8)
기타	8 (1.3)	5 (11.1)	13 (2.0)
무직	3 (0.5)	0 (-)	3 (0.5)
조이(召史)	4 (0.7)	0 (-)	4 (0.6)
무기(無記)	16 (2.6)	0 (-)	16 (2.5)
합계	605	45	650

(단위 : 호, 괄호 안은 %)

던 부는 양반과 문무 관료 호에 거의 독점되어 있었다.

이것을 구체적으로 살펴보면, 관료에서는 기로소(耆老所) 비서장 · 배종무관장(陪從武官長) · 내부대신 · 수원군수 · 법부 민사국장 · 궁내부 특진관, 군인에서는 육군참장(參將), 양반에서는 정1품 · 종2품 · 홍문학사(弘文學士) · 전(前) 참판 · 전 승지 · 전 검사 · 전 판사 · 전 시종관 · 전 참의, 게다가 왕족에서는 완평군(完平君) · 완화군(完和君) · 완순군(完順君) 등, 쟁쟁한 고관이 나열되어 있지만, 그와 함께 9품 조명구(趙命九) · 동몽(童蒙) 민기룡(閔已龍) · 동몽 심덕석(沈德錫) 등의 이름이 보이는 것은 부친 집을 상속한 것으로 생각한다. 초대규모 가옥은 권력에 연계되는 자들의 독점물이라고 말할 수 있을 것이다.

또 하나 주목되는 것이 9.8%로 호수비의 약 2분의 1이지만, 관료 · 군인 · 양반 이외에서는 유일하게 높은 점유율을 보이는 상업이다. 이것에 평민 신분 중에 숨어 있다고 추측되는 상업 호를 더하면, 아마 비율은 10%를 넘을 것으로 생각한다. 30칸 이상의 기와집이라고 말하면, 개성이나 인천의 상인에게는 전혀 보이지 않는 대규모 가옥이고, 여기에 거주하는 60호 이상의 한성 상인이 가지고 있던 부에는 남다른 것이 있다고 하지 않을 수 없다.

다음으로 대규모 가옥 거주자와 성관과의 관계를 살펴보자. 대규모 가옥 호주를 성관별로 정리한 〈표 25〉는 말을 바꾸면 성관마다의 부(富) 순위가 될 것이다. 수량으로 말하면, 전주 이씨가 제1위인 것은 한성부 제일 호수를 가지고 있는 것(〈표 18〉)에서 당연하다고 말할 수 있지만, 김해 김씨 이하에 비하면 그 수량은 압도적이라고까지 말할 수 있을 정도이다. 대규모 가옥의 세 분류 모두에서 압도적으로 제1위를 차지하고 있다. 더욱더 주목해야 할 것은 성관 상위 20걸(〈표 18〉)에도 들어가지 않았던 여흥 민씨(한성부 22위, 전국 53위)와 풍양 조씨(한성부 37위, 전국 71위)가 대

〈표 25〉 대규모 가옥 호주의 성관(姓貫) (단위 : 호)

순위	칸수 / 성관	30 - 49.5	50 - 99.5	100 -	합계
1	전주 이	41	23	8	72
2	김해 김	21	8	1	30
3	여흥 민	9	9	9	27
4	청주 한	14	11	0	25
5	안동 김	15	6	2	23
6	밀양 박	17	6	0	22
7	남양 홍	14	5	2	21
8	파평 윤	14	5	0	19
9	경주 김	12	4	0	16
10	풍양 조(趙)	6	3	4	13
합계		431	174	45	650

성관(大姓貫)에 끼어서 3위와 10위가 된 점이다. 게다가 양자 모두 100칸 이상 초대규모 가옥의 수량이 전주 이씨에 뒤이어 높은 것이 공통된 특색이다. 가옥 면에서 여흥 민씨와 풍양 조씨가 갖는 강대한 힘을 엿본 느낌이다.

또한 가옥에 관해서는 전거지(前居地)란과 이거(移居)연월란의 기재를 통한 호의 이동 문제가 있다. 이것은 다음 장에서 상세하게 검토하려고 한다.

결어

『한성부호적』은 1896, 1903, 1906년도의 3년도에 걸친, 61책 1만 2,650매라는 동일 지역의 신식호적으로서는 드물게 보는 대량의 호적군(群)으로, 한성부를 종합적으로 분석하는 좋은 자료이다. 1896년부터 1906년까지 것은 대한제국 시기에 6만 5,932인의 주민과 1만 2,650호의 가옥이라는 도시 서울의 기본 요소를 우리들에게 전해주는 귀중한 도시 연구 자료이다.

『한성부호적』을 사료로서 보면, 첫째로 주민의 신고 원본(原本)으로, 5 서에서 등사하고 정리한 것이 아니다. 바로 제1차 사료 그 자체이다. 둘째로 구식호적이 시대와 함께 신뢰도를 현저하게 저하시킨 것에 비하면, 경찰력을 동원한 것 등에 따라 『한성부호적』의 신뢰도는 비약적으로 높아지고 있다. 이것은 한성부 실태를 복원하는 데에 최대 강점이 되는 것이다. 또 셋째로 『한성부호적』이 포함하는 지역은 한성부 전체 47방 가운데 28방에 이른다(전체 연도를 늘이면 35방이 됨). 성벽 안의 도시부(部)를 중심으로 하고, 성벽 밖에서도 주변 농촌부로부터 한강 연안의 포구 지구까지 확대되어 있다. 성벽 안에서는 종로 주변의 도심부를 중심으로, 왕궁 주변, 남부 지역, 종묘 동쪽 지구 등 성격이 다른 다양한 지역을 포함하고 있다. 『한성부호적』은 한성부라는 도시가 가지고 있는 다양성을 엿보게 해주는 것이다. 다시 덧붙이면, 신식호적의 호가 거주 단위로서 가옥 그 자체인 것이 『한성부호적』을 통해서 확인된다.

한성부는 조선 최대의 도시일 뿐만 아니라, 수도로서 정치도시적 색채가 매우 강하다. 이 점을 염두에 두고, 한성부가 가진 도시적 특징을 조선의 다른 도시나 농촌 지역과 비교하면, 아래와 같은 특색이 부각된다.

먼저 주민 면에서 보면, 첫째로 성비가 103을 나타내서, 남성 쪽이 약간 많다는 결과가 나왔다. 성내는 100으로 남녀 거의 동수이고, 성외는 116으로 압도적으로 남성이 많다. 중심부일수록 성비가 낮고, 주변부일수록 높다는 현저한 경향을 보인다.

둘째로 1호당 거주자는 성내 5.5인, 성외 4.0인, 전체 5.3인으로, 같은 시대의 다른 지역보다 꽤 높지만, 비혈연 동거인인 기구 · 고용이 이 수치를 끌어 올리고 있다. 기구 · 고용을 제외한 친속=혈연 관계자만을 취하면,

4.1인으로 다른 지방과 그다지 차이가 없고, 성내 · 성외도 완전히 같은 수준이 된다. 대량의 비혈연 동거인의 존재가 한성의 특색이다. 이들 비혈연 동거인=기구와 고용은 주로 도심부에 가까운 문무관료 · 양반 가옥에 동거하면서, 가내노동을 포함한 각종 도시 잡업(雜業)에 종사하고 있다고 추정된다. 전체 거주자 4분의 1 가까이 차지하는 그들이야말로 한성의 도시생활을 지탱하는 존재였다.

셋째로 관료와 양반 구성비가 다른 지방에 비해 높고, 더욱이 성내에 집중해서 거주하고 있다. 한성이 왕실 · 정부와 관련된 정치도시인 것이 직업 · 신분 구성에 반영되어 있다. 직업 · 신분 구성비는 성내 각 방(坊)에서 큰 차가 없고, 각 직업 · 신분이 지역마다 혼주(混住)하고 있다. 한성은 이와 같은 잡거성(雜居性)을 가졌던 도시이다.

넷째로 705라는 다수 성관의 존재가 확인되지만, 특정한 성관이 압도적인 비율을 차지하는 것이 없고, 전국비와 유사한 구성을 하고 있어, 한성은 조선 전체의 축약도라고 말할 수 있다. 특정한 지역에 집주(集住)하는 등 지역적인 거주 경향은 명백하지 않다. 전국 순위 제3위 전주 이씨가 한성에서는 으뜸이고, 게다가 전국 순위 제53위 여흥 민씨가 22위가 되는 등, 권력과의 관계가 성관 분포에도 반영되어 있다.

다음 가옥 면에서 보면, 첫째로 가옥 규모가 매우 크다. 1호당 평균은 성내 12.5칸, 성외 6.7칸, 전체 11.6칸으로 다른 지역의 2배 가까운 규모이다. 가옥 평균 규모는 종로 및 남대문로 주변의 도심부를 중심으로 해서 주변으로 갈수록 작아져 간다.

둘째로 기와집의 비율이 매우 높다. 기와집률은 성내 66.3%, 성외 14.4%, 전체 61.6%로, 다른 지방과는 현격한 수치를 보인다. 가옥 규모와 마찬가지로 이것도 도심부로부터의 거리와 반비례하여, 주변부로 갈수록 비율이 저하한다. 가옥을 통해서 한성 중심부에는 큰 부가 축적된 것을 보여 준다.

셋째로 거주자 1인당의 넓이는 성내 2.3칸, 성외 1.7칸, 전체 2.2칸으로, 다른 지방과 같은 수준이다. 가옥 규모는 크지만 거주자 수도 많아서 가옥 내 거주밀도는 다른 지방과 큰 차이가 없다.

넷째로 30칸을 넘어 300칸 이상까지 이르는 대규모 가옥이 대량으로 존재하고 있다. 현직 문무 관료와 양반이, 또한 전주 이 · 여흥 민 · 풍양 조씨와 같은 권력과 가까운 관계에 있는 성관이 대규모 가옥에 거주하고 있다. 한성의 부는 이와 같은 사람들이 차지하고 있었던 것이다.

한성부, 특히 성벽 내부는 주민과 가옥의 두 면에서 보아, 조선의 다른 지역과는 현격한 지역이었다. 낮은 성비, 많은 동거인, 문무 관료나 양반 등의 존재, 다양한 직업과 신분, 대량이고 분산적인 성관 분포, 대규모 기와집군(群) 등 어느 것을 택해도, 조선의 다른 지역에서는 볼 수 없는 것이고, 개성이나 인천과 같은 도시와도 상당한 차이가 있다. 한성 성벽 안이야말로 조선 속의 도시 그 자체이다. 또한 한성부 안에서도 종로에서 남대문로가 나누어지는 종각(鍾閣)을 중심으로 한 도심부와 주변부에서는 큰 차이가 있다. 위와 같은 한성과 다른 지역과의 차이는 동시에 한성에서 중심과 주변과의 차이기도 하다. 한성의 구조는 농촌으로 이어지고 있다.

이 장은 『한성부호적』 연구의 기초 작업으로서, 오로지 기초 자료의 정리를 통한 일종의 정점관측(定點觀測)을 하였다. 『한성부호적』이 한성에 관한 자료의 보고(寶庫)인 것을 확인하고, 몇 가지 새로운 지견(知見)을 얻기에 이르렀지만, 필자의 방법론적 미숙함 때문에 국부적이고 표면적인 해석을 하였던 것에 지나지 않는다. 호적을 구성하는 거주자 내부에까지 이르는 연구의 필요성과 다른 지역의 신식호적을 비롯한 각종 자료를 합친 종합적인 연구의 중요성에 대해서는, 지금 새삼 말할 필요도 없을 것이다. 모두 다 앞으로의 과제이다.

한국에서 근세로부터 '근대'로의 전환이라는 역사의 동력을 확인하는 것이야말로 근세조선의 수도로서, 또 도시로서 한성이 가지고 있는 의미를 파악하는 것을 가능하게 한다. 이 장은 그 이정표가 될 수 있을까?

제4장

지역 공간 '동(洞)'의 형성

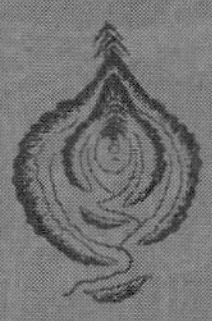

행정구획으로서의 한성은 성벽을 경계선으로 도시부(部)와 교외부의 둘로, 다시 교외부는 농어촌 지역과 한강 포구 지역의 둘로 크게 나눌 수 있다. 성벽 내부는 왕궁과 많은 관청을 중심으로 한 정치 · 행정 도시이며, 그 중심부를 동서로 관통하는 종로(鍾路) 양쪽에는 정부 공인의 전매권을 가진 조합(市廛) 소속의 상인들이 경영하는 상설 점포나 노천 시장 등으로 대표되는 상업지역이 널리 자리 잡고 있었다. 이에 대비해 교외 대부분은 농어촌이고, 성벽 안에 생활필수품을 제공하는 배후지 역할을 하였다. 또 남쪽 교외를 흐르는 한강 강변에는 '경강(京江)'으로 총칭되는 많은 포구와 나루터가 늘어서 있어서 교통의 결절점(結節點), 물자의 집적장이 되고 있으며, 이동하는 사람과 물품을 상대로 객주(客主) · 여각(旅閣) 등 상인 사이를 연결하는 중개업자가 영업 활동을 하였다. 동은 이처럼 한성의 성벽 안과 성벽 외연부 일부에 존재하는, 도시적 가구(街區)의 색채가 농후한 지역이다.

서언–한성이라는 거리

인접한 일본이나 중국에 비하면, 한국 근세도시에 관한 사료는 적고, 수도 한성(현 서울)도 또한 그 예외는 아니다. 주민 자신의 기록은 말할 것도 없고, 관변 기록도 거의 남아있지 않다. 근세 시가지 지도도 현재까지 알려진 것은 소수에 그치고, 게다가 그것들은 전체 지도여서, 기재 내용이 반드시 상세한 것은 아니다. 그 탓도 있어서인지, 종래 서울의 거리와 주민을 주제로 한 연구는 거의 전무한 상황이었다. 이 장은 한성 주민의 생활 속으로 들어가 보는 전제 작업으로서, 그들이 거주 공간으로 삼고 있던 '동(洞)' 의 존재 양상에 관한 검토를 하려고 한다.

근세도시 한성이라는 도시적 공간 속에서, 사람들이 살고 있던 최소 지역 단위는 '동' 이다. 이 동의 실태 추구를 통해서, 한성 주민이 생활하고 있던 공간의 역사적 특색을 살펴보는 것이 본문의 목적이다. 취급할 범위는 시간적으로는 17세기부터 20세기 초까지와 근세 전체 시기부터 근대로의 전환기를 대상으로 하고, 공간적으로는 한성의 성벽 내부에 한정하였다. 성벽 바깥쪽에 성벽 안과 유사한 도시적 공간이나 주민이 전혀 존재하지 않았던 것은 아니지만, 문제를 선명하게 하도록 직접적인 고찰 대상에서 제외하였다.

1. 한성의 거리와 동

1) 동이라는 존재

근세 말기에 한성의 시가 모습을 묘사한 『한경지략(漢京識略)』이나 『한양가(漢陽歌)』 또는 『동국여지비고(東國輿地備攷)』 등은 당시 사람들이 거주하던 공간을 '동' 이라고 부르고 있고, 현재까지 알고 있는 근세 한성지도에는 상당수의 '동' 이 표기되어 있다. 한성의 '항(巷)' 은 "모두 동이라고 칭하고" 있어, "중국의 호동(中國之衚衕)" 〔후통(胡同), 골목〕으로 범위를 취해서 붙여진 명칭이라는 『한경지략』의 지적은 동의 성격을 고찰하는 데서 시사하는 바가 크다.

동이 존재하고 있던 한성은 20만 명을 넘는 인구를 껴안고 있는 한국 근세 최대의 도시이고, 동시에 근세일본에 비해서 현저한 중앙집권적 경향을 가진 조선의 정치 · 행정의 중심이었다. 이것을 반영해서 한성은 특수한 행정적 지위를 가지고 있었다.

근세조선의 행정구획은 도(道)-읍(邑)-면(面)-리(里)라는 전국적으로 일률적인 정연한 체제로 구성되어 있으며, 3년마다 시행된 정례적인 호적조사에 기초하여, 1789년(정조 13)에 작성된 전국 통계 『호구총수(戶口總數)』에 의하면, 18세기 말의 조선에는 '도' 가 8, '읍' 이 334, '면' 이 3,975, '리' 가 30,724개였다.[1] 조선 정부는 지방을 직접 통치하고 있어서, '도' 에는 관찰사, '읍' 에는 수령(守令)이라는 국가 관료를 지방장관으로 파견하였다. 그중에서 왕궁 소재지인 한성은 그들과는 별개의 독립된 구획을 이루고 있는데, 장관인 부윤은 정2품 경관(京官, 중앙 관료)으로 삼아, 최고 실무 관청인 육조의 장관직인 판서와 동격으로, 종2품 도(道) 관찰사보다 한 등급 상위에 위치하였다.(『경국대전』 권1, 이전)

이러한 전국적 위치 매김에 대응해서, 한성 내부는 방(坊)-계(契)-동(洞)이라는 독자적인 구성을 하는데, 『호구총수』에 의하면, '부(部)' 5, '방' 47, '계' 338개였다.

행정구획으로서의 한성은 성벽을 경계선으로 도시부(部)와 교외부의 둘로, 다시 교외부는 농어촌 지역과 한강 포구 지역의 둘로 크게 나눌 수 있다.[2)] 성벽 내부는 왕궁과 많은 관청을 중심으로 한 정치 · 행정 도시이며, 그 중심부를 동서로 관통하는 종로(鍾路) 양쪽에는 정부 공인의 전매권을 가진 조합(市廛) 소속의 상인들이 경영하는 상설 점포나 노천 시장 등으로 대표되는 상업지역이 널리 자리 잡고 있었다.[3)] 이에 대비해 교외 대부분은 농어촌이고, 성벽 안에 생활필수품을 제공하는 배후지 역할을 하였다. 또 남쪽 교외를 흐르는 한강 강변에는 '경강(京江)'으로 총칭되는 많은 포구와 나루터가 늘어서 있어서 교통의 결절점(結節點), 물자의 집적장이 되고 있으며, 이동하는 사람과 물품을 상대로 객주(客主) · 여각(旅閣) 등 상인 사이를 연결하는 중개업자가 영업 활동을 하였다.[4)]

동은 이처럼 한성의 성벽 안과 성벽 외연부 일부에 존재하는, 도시적 가구(街區)의 색채가 농후한 지역이다.

2) 부(部) · 방(坊) · 계(契)와 동

위에서 본 『호구총수』에는 동이 기재되어 있지 않다. 실제로 현재까지 확인된 한성부 준호구단자(准戶口單子, 호적등본)에는 「동부 건덕방 어의동(於義洞) 제18통 4호」(1747년, 국립중앙도서관 소장)와 같이 동을 기재한 것과, 「중부 장통방 사거리(四巨里) 장구담계(張九談契) 제1통 2호」(1861년, 국립중앙도서관 소장)와 같이 동을 기재하지 않은 것의 두 종류가 있다. 정부로서는 「외서면(外西面) 백갈상리(白葛上里) 제2통 5호」(1786

년, 국립중앙도서관 소장)라고 경상도 상주의 준호구단자에 표기된 '리(里)'에 대응하는 단위는 계든 동이든 큰 문제는 없었다.

한편 근세로부터 근대에 걸쳐 계와 나란히, 또는 그보다도 유효하게 동이 기능하고 있었던 것은 확실하다. 1914년 4월 1일자 『조선총독부관보』에 「조선총독부 경기도 고시 제7호」(이하, '경기도 고시'라고 약칭)가 공시되어, 일본의 식민지 도시가 된 경성부(한성)의 '정동(町洞) 명칭 및 구역'이 변경되었다. 이 시점에서 종래의 동은 해체되고, 대체로 일본인 주민이 많은 남부 지역이 '정(町, 마치, 조)'으로, 조선인 주민이 많은 북부 지역이 '동'으로 재편성되었다. 일본인 지배자의 눈에는 동이야말로 사람들이 생활하는 공간으로 비치고 있고, 계는 의미 있는 존재라고는 간주하지 않았던 것이다.

본래, 계는 주민을 편성하는 지역 단위이다. 한성부에 거주하는 성인 남자에게 부과하던 의무 노동인 각종 '방역(坊役)'을 부담하기 위한 조직으로서 계가 편성되었다.[5] 하지만 한성부의 계는 정부가 이것을 최말단 행정단위로서 호적에 기재한 것이다. 그것은 방역이라는 부담, 그 자체의 성격에 원인이 있었다.

방역은 물자 운반이나 왕궁 내 청소 등 다양한 노역을 내용으로 하고 있으며, 그것 없이는 행정의 원활한 운영은 기대할 수 없을 정도로 중요한 주민 부담이다.[6] 방역에 의한 노동력 징발은 한성부 재정을 지탱하는 중요한 재원이었다. 후에 노동력의 대체물로서 '동전(洞錢)' 등 명목으로 돈을 납입하는 것으로 된 것은 바로 방역의 이러한 성격에서 나온 것이다. 정부 입장에서는 계란, 방역 부담의 단위 그 자체이며, 그것을 행정 말단 단위로 조사함으로써 노역 부담자의 파악이 가능하였다. 이리하여 주민 파악의 단위로서는 계가 선택되어, 호적에 동의 기재는 요구되지 않게 된다. 그런데 적어도 존재가 확인된 한성지도 대부분은 동을 최소 구역 명칭으로 기재하고 있고, 계는 불과 일부를 예외적으로 기재한 것에 지나지 않는다. 계를 대량으로 기재한 한성지도는, 개인적 견해에 한정하는 것이지만, 서울시사편찬위원회가 소유하는 1폭에 그치고 있다.[7] 근세 한성 주민이 생활 차원에서 최소 지역 단위로 삼고 있었던 것이 '동' 인 것은 틀림없다.

2. 동의 넓어짐

1) 동의 수

근세 한성에는 동이 몇 개나 있었던가. 지도에는 동명이 적혀 있지만, 하나씩 열거된 것이고 총망라된 것은 아니다. 게다가 동의 경계선도 전혀 표기되지 않아서, 전체로 어느 정도 수가 있었는지 분명하지 않다. 근세의 한성지도는 어느 것이든 성벽 안에 대략 100개 전후의 동[8]을 기재하고 있지만, 문헌 자료와 대비해 보면 대량의 탈락이 있었다. 동의 전체상을 파악하기 위해서는, 19세기 말부터 20세기 초에 걸쳐 작성된 아래와 같은 자료에 힘입어야 한다.

① 1894~1895년에 실시된 갑오개혁(또는 갑오경장)으로 총칭되는 일련의 개혁 운동에 즈음하여, 한성부가 작성한 방 · 계 · 동에 관한 기록(이하, 『갑오기록』이라 칭한다. 일제 식민지 시기에는 경성부청에 보관되어 있었지만, 현재 소재는 불분명하다[9]). 이때 행해진 행정구획 개혁은 중부(中部)를 중서(中署)로 부르는 것처럼, 5부를 5서로 명칭 변경한 것에 그치고, 계 · 동의 실태에는 손을 대지 않았기 때문에, 이 기록으로부터 19세기 후반기 계 · 동에 대하여 총망라하여 알 수 있다.

② 식민지가 된 직후인 1912년에 조선총독부가 작성한 『지방행정구역

명칭일람』[10](이하, 『지방구역』이라 칭함). 제목처럼 한성에서는 부(部)마다 소속 동이, 그 밖의 지방에서는 면마다 소속 리(里) 명칭이 일람표 형식으로 열거되어 있다.

③ 앞서 언급한 1914년 4월 1일 공시의 「경기도 고시」. 이 고시는 이때 재편성된 새 정동(町洞)마다 옛 동 명칭을 열거하고 있다.

이상 세 가지 자료에 따라 한성 성벽 안의 동 수를 종합하여 보면 〈표 1〉처럼 된다.

보는 것처럼 최소 398개부터 최대 454개까지 56개 차가 있다. 또 1912년에 감소한 후, 1914년에 다시 상승하는 V자형 변동을 파악할 수 있다.

한편 이들과는 별도로, 교토대학 문학부 지리학연구실에 1896 · 1903 · 1906년의 3년도분 한성부 호적대장(이하, 『한성부호적』이라고 칭함) 61책이 남아 있다.[11] 이 호적은 1896년에 행해진 호적제도 개혁 이후에 작성된 이른바 신식호적으로, 그때까지의 구식호적과는 달리 호 소재지가 동까지 표기되어 있다. 다만 『한성부호적』은 각 연도의 전책이 남아있는 것은 아니다. 전체 46방 가운데, 1896년도분 2방 2책, 1903년도분 16방 20책, 1906년도분 17방 39책으로 합계 35방〔원저에는 34방〕, 실수(實數)로는 28방분이다. 그중 성벽 안 35방 것은 1896년도분 1방 1책, 1903년도분 10방 12책, 1906년도분 17방 39책으로 합계로는 28방, 실수로는 22방분이 남아있는

〈표 1〉 한성 성벽 안의 부별(部別) 동(洞) 수

부 \ 자료	갑오기록	지방구역	경기도 고시
중부	95	76	81
동부	89	86	80
남부	138	114	118
서부	75	69	86
북부	57	53	49
합계	454	398	414

셈이다.

『한성부호적』 원본에서 동명을 수집하면, 합계 약 1,000개를 헤아린다. 하지만 이문동(里門洞)과 이문동(二門洞)처럼 동음(同音) 이자(異字)로 표현(里와 二가 음이 같음)한 것이나, 상동동(上東洞)과 상분동(上糞洞)처럼 한글 음을 한자 뜻으로 표현한 것(똥 糞은 東의 음을 빌림), 또는 어물전후동(魚物廛後洞)과 어후동(魚後洞)처럼 줄여 적은 것 등, 많은 변종(變種)을 정리하면, 『한성부호적』에는 488개 동의 존재가 확인된다. 『한성부호적』에 이름이 남아있는 성벽 안 22방은 그 당시 성벽 안에 존재하던 35방의 60% 이상이 되지만, 그중 5방분에 대해서는 상당한 탈락이 있어, 결국 실제 잔존율은 60%를 꽤 밑돌아 50% 정도라고 생각한다. 그렇다면 이 488개라는 수는 성벽 안에 존재하였다고 생각되는 동 전체의 절반을 약간 웃도는 정도가 될 것이다. 이렇게 보면 『한성부호적』은 위의 세 자료와 거의 같은 시대 것이면서, 수록하는 동 수는 약 2배가 된다. 이러한 큰 차이를 시계열(時系列) 변동만으로 설명하는 것은 곤란하며, 그보다는 자료 상호 간의 성격 차이가 큰 영향을 주었다고 이해해야 할 것이다.

위에서 적은 ①~③ 세 자료도, 행정개혁 일환 또는 식민지 지배를 위한 준비 작업으로 실시한 사업의 기록이다. 작업 과정의 상세한 것은 분명하지 않지만, 한성부 · 조선총독부 · 경성부청이라는 공기관=국가가 주관하고, 그 배후에 일본이 존재하고 있었던 것은 틀림없다.

이에 비해서 『한성부호적』은 1897년 9월에 공포된 칙령 제61호 「호구조사규칙」에 따라, 호주가 작성하여 제출한 호적신고서를 편철한 것이다.[12] 호적 신고에 즈음해서는 먼저 10호를 1통으로 편성하고, 지정된 통수(統首)에게 1통분 책임을 맡겼다. 통수는 통내 호적을 모아 '통표(統表)' 라고 일컫는 인구와 가옥에 관한 통계표를 작성하고, 이것을 호적 원표(原標)와 함께 방내(坊內)의 순검파출소(경찰관파출소)에 제출한다. 이것이 관할 서

(署)를 통해 한성부로 올라가고, 최후에는 내정(內政) 전반을 담당하는 내부(內部)로 반입되는 경로로 수집된다. 원호적표철 그 자체는 내부까지 올라가지만, 경로 중도에서 관할 서와 한성부가 각각 사본(寫本)을 작성해서 이것을 편철하여 보관하였다. 우리들이 볼 수 있는 교토대학 소장의 『한성부호적』은 내부에 제출된 원표철 그 자체이다. 『한성부호적』 원본에는 오자·탈자, 또는 지명의 변종 표기 등이 많다. 이것은 일단 제출된 후에는, 수정이나 표기 통일 등이 이루어지지 않은 것을 보여주고 있다. 『한성부호적』의 동명 표기는 신고자들이 일상적으로 사용하던 것이다.

『갑오기록』·『지방구역』·「경기도 고시」는 모두 관측(官側)이 공적 입장에서 정리한 기록인 데 비해, 『한성부호적』은 주민 자신이 일상생활에서 사용하던 동명을 반영한 것이다. 이러한 점이 두 자료 간에 차이가 생기는 주요한 원인으로 보인다.

2) 동의 규모

동 수가 확정될 수 없는 이상, 그 규모를 확정하는 것은 불가능하지만, 대략적인 기준을 삼기 위해 주민 인구에 대하여 개관하여 보자.

『호구총수』에 의하면, 18세기 말 한성 성벽 안의 호구 수는 다음 〈표 2〉와 같다. 덧붙여 말하면, 한성 전체의 인구 19만 8,153인, 호수 4만 3,929호에 대해서, 성벽 안이 차지하는 비율은 인구는 56.7%, 호수는 50.3%이다.

시대의 호적에는 탈락이 많아, 실태와는 상당한 괴리가 있었던 것으로 보인다. 호적에서 탈락=누적(漏籍)은 위법행위로서 처벌 대상이 되기 때문에, 지금 그 실태를 파악하는 것은 어려우므로, 상당한 탈락률을 고려할 필요가 있다고밖에 말할 수 없다. 아마 그 숫자는 20, 30%에서 50% 가까이 이른다고 추측한다.

〈표 2〉 『호구총수』 1789년 한성 성벽 안 호구 수

부(部)	인구			호
	남	여	합계	
중부	9,629	10,557	20,186	4,082
동부	9,613	8,528	18,141	3,950
남부	18,541	19,025	37,566	6,898
서부	9,699	10,488	20,187	3,830
북부	8,579	7,712	16,291	3,334
합계	56,061	56,310	112,371	22,094

〈표 3〉 『한성부호적』 1906년 중서 호구 수

방(坊)	인구			호수
	남	여	합계	
정선방	3,023	3,106	6,129	1,177
장통방	2,610	2,705	5,315	810
경행방	984	1,007	1,991	376
수진방	837	824	1,661	295
견평방	1,249	1,302	2,551	450
관인방	1,110	1,178	2,288	424
서린방	611	646	1,257	213
징청방	697	778	1,475	233
중서 계	11,121	11,546	22,667	3,978

『한성부호적』의 탈락률은 얼마일까. 앞서 언급한 각 자료와 대조하는 것에 따라 추측해 보자. 1서(署, 部)의 1년도분이 완전하게 남아있는 1906년 중서(中署)의 인구와 호를 살펴본 것이 〈표 3〉이다.

〈표 2〉와 〈표 3〉을 비교해 보면, 중서(부)에서는 인구가 12.3% 증가하고, 반대로 호수는 2.5% 감소하고 있다. 1789년부터 1906년까지 117년 동안이라는 시간의 경과 속에서 일어난 변동이기는 하지만, 이것은 어느 정도로 실태를 반영한 것일까.

대한제국은, 일본에 의해 완전한 식민지가 되기 3개월 전인 1910년 5월,

비교적 신뢰도가 높은 호구조사 결과를 『민적통계표』로 공간하였다. 이 조사는 한국 통감부의 지휘 아래, 한국정부가 1909년부터 이듬해에 걸쳐 실시했던 것이다. 『민적통계표』 자체가 범례(凡例)에서 한국 경찰관이 '일본 헌병의 도움을 받아(日本憲兵ノ援助ヲ受ケ)' 시행했다고 노골적으로 일본어로 서술한 것처럼, 한국 통감부가 직접 조사한 것이 틀림없다. 경찰관 · 일본 헌병이라는 강제력을 동원하여, 호별로 철저한 조사가 이루어졌기 때문에, 꽤 정밀도가 높은 결과를 얻었던 것으로 보인다.

『민적통계표』에 의하면, 한성부 인구는 23만 3,590인, 호수는 5만 5,463호로 판명되었다. 그런데 유감스럽지만 이 통계 숫자는 여섯 경찰서를 단위로 하여 제출되어 있어,[13] 성벽 안팎의 지역별 구성은 불분명하다. 이 점, 1908년에 마찬가지로 한국정부의 이름으로 실시한 조사 결과를 공간한 『한국호구표』는 경찰서 · 분서 안을 세분화하여, 직할 구역과 파출소별로 합계 72개 구역으로 나눈 숫자를 게재하고 있어서, 꽤 상세한 지역별 수치를 얻는다.[14] 『한국호구표』 서문은 『민적통계표』와 마찬가지로 일본어로, 1907년에 한국 통감부 경무(警務) 고문(일본인)이 실시한 「조사에 따른 호구」 수를 1908년에 경찰이 '조사 정정' 한 것으로, "민적법 실시 후 민적조사를 종료하여, 비교적 완전에 가까운 수치를 얻기까지 참고에 도움을 주기" 위한 잠정적인 것이라고 한다. 하지만 여기에 표시된 한성부의 한인(韓人) 호구 수는 인구 23만 3,094인, 호수 5만 6,129호로, 『민적통계표』 숫자에 매우 근접하여, 『한국호구표』에는 어느 정도의 신뢰를 둘 수 있다고 말해도 좋을 것이다.

1906년 11월에 한국정부가 발령한 법부령(法部令) 제4호 「토지가옥증명규칙시행세칙」은 호적에서의 호를 토지 가옥 소유권을 등록할 때의 단위라고 규정하였다. 이 때문에 호적 등록을 하지 않으면 재산권 확보에 큰 지장이 생길 것이라는 두려움이 일어났다. 이래서 부동산을 소유하는 호는 적극적으로 호적 등록을 하게 되었다. 이러한 배경을 고려하면, 『한성부호적』에서의 호의 은폐는 적었다고 보아야 할 것이다.[15)]

그런데 〈표 1〉에 의해 『갑오기록』·『지방구역』·「경기도 고시」에 게재된 동 수의 평균치를 파악하면 422개가 된다. 이것을 모수(母數)로 해서 『한국호구표』에서 알 수 있는 성벽 안 한인 인구 14만 7,307인을 나누면, 1동의 평균 거주자 수는 349.1인이 된다. 5부 각부에 대하여 같은 방법으로 계산을 하면, 중부 319.7, 동부 298.9, 남부 299.3, 서부 303.7, 북부 657.5인이라는 숫자를 얻는다. 이것은 『한성부호적』의 거의 2배 수치다.

위의 숫자는 어디까지나 평균치이고, 실제 동에는 규모의 대소가 존재하고 있었다. 〈표 4〉, 〈표 5〉는 『한성부호적』에 의해 1동당 거주자 수와 호수를 등급별로 정리한 것이다. 이 2개의 표로부터 그 점을 살펴보자.

먼저 〈표 4〉에서 눈에 띄는 것은 거주자 수가 적은 동이 압도적으로 많

〈표 4〉 거주자 수 등급별 동 수

거주자 수	동 수	%
0 - 10	152	31.1
11 - 20	61	12.5
21 - 30	43	8.8
31 - 40	21	4.3
41 - 50	18	3.7
51 - 100	65	13.3
101 - 150	27	5.5
151 - 200	21	4.3
201 - 300	27	5.5
301 - 400	14	2.9
401 - 500	11	2.3
501 - 1000	18	3.7
1001 - 2000	9	1.8
2001 -	1	0.2
합계	488	

〈표 5〉 호수 등급별 동 수

호수	동수	%
0 - 10	310	63.5
11 - 20	56	11.5
21 - 30	33	6.8
31 - 40	21	4.3
41 - 50	6	1.2
51 - 60	17	3.5
61 - 70	4	0.8
71 - 80	5	1.0
81 - 90	9	1.8
91 - 100	3	0.6
101 - 150	9	1.8
151 - 200	7	1.4
201 - 300	7	1.4
301 -	1	0.2
합계	488	

다는 것이다. 488개 동 가운데, 거주자가 10인 이하 동이 전체 3분의 1을 차지하고 있고, 이것을 30인 이하로까지 확대하면 절반을 넘어버린다. 이에 비해서 101인 이상의 주민을 가진 동은 128개로 전체 4분의 1 남짓에 지나지 않는다. 또 〈표 5〉에서 호수를 보더라도, 20호 이하 것은 전체 4분의 3을 차지하고 있고, 10호 이하 동만도 60%를 넘어버린다. 『한성부호적』에 나타나는 동은 꽤 규모가 작다.

그런데 앞에서 본 것처럼, 『한성부호적』에서는 인구가 어느 정도 은폐되어 있었다. 따라서 동당 거주자 수에 대해서도 실제로는 그보다 많았다고 보아야 할 것이다. 그러나 그것을 꽤 많게 2배로 계산하더라도, 규모가 작다는 것은 그대로 변함이 없다. 압도적 다수의 동은 20호 내지 100인 이하의 주민으로 구성되어 있으며, 동마다 편차도 크다. 소규모 동 중에서도 5호 이하 것이 많고, 특히 1호만의 동이 91개 동으로 전체 4분의 1 남짓을 차지한 점이 눈에 띈다. 이러한 상태를 반영해서, 1동 평균 호수는 23.3호가 되는데, 앞에서 본 『한국호구표』 수치와 비교하면, 약 15분의 1로 극히 작다. 주민들이 동이라고 칭하고 있던 범위는 매우 좁다는 것이다.

더욱 주목할 만한 것은 거주자 0(零, zero)동이 다수 존재한다는 것이다. 모두 1호만으로 구성된 동으로, 중서 관내에서만 대안동(大安洞) · 철동(鐵洞) · 종로 · 상미전동(上米廛洞) · 입전후동(立廛後洞) · 수진상전동(壽進上廛洞) · 장천동(長泉洞) 일곱 동이 있다. 이들 호는 모두, 호주 가족은 다른 동에 호적 등록되어 있고, 해당 동에는 가옥만 등록되어 있다. 위에서 본 1호만으로 구성된 동이 다수 존재하는 것과 아울러, 동이 거주자 · 가옥 소유자와의 관계에서 꽤 복잡한 양상을 가지고 있다는 것을 보여준다.

또한 『한성부호적』에 의하면, 중서(中署)의 1호당 거주자 수 평균은 105.3인으로, 앞에서 본 『한국호구표』의 중서 평균 319.7인의 거의 3분의 1에 지나지 않는다. 이것은 수록된 동 수의 차이를 반영한 것이다. 이것이 가지고 있는 의미에 대해서는 뒤에서 다시 검토하기로 한다.

3) 가옥 · 부지의 넓이

가옥의 넓이에 관해서는 『한성부호적』이 1호마다 와칸(瓦間, 기와집 부분)과 초칸(草間, 초가집 부분)을 구별하여, 각각의 '칸(間)' 수를 표기하고 있다. '칸' 은 조선의 건축물 계량 단위로 4개 기둥으로 둘러싸인 공간을 의미하며, 거의 2.3~2.5m^2 넓이에 해당한다.[16] 이것으로 대략의 넓이는 알 수 있지만, 절대 면적은 알 수 없다. 그 점을 보완하는 것이 규장각(奎章閣)이 소장하는 다음 두 자료이다.

① 1910년 10 · 11월분 서서(西署) 관내 『토지가옥증명원본』 2책.

부동산 매매에 즈음하여 당사자 간에 주고받고, 거주지 통수(統首)가 증명을 날인한 후 경성부에 제출된 「계약증서」 115매의 편철(그중 9매는 소유권 증명서)이다. 가옥에 대해서는 김창식(金昌植)이 김창근(金昌根)에게 매각한 서서 여경방 함춘동계 함춘동 13통 7호 소재의 예를 보면, "草家十間也 建坪拾五坪壹合也〔초가 10칸이다. 건평 15평 1홉이다〕"로 와가와 초가를 구별한 위에 칸수와 평수를 병기하고, 또한 별지(別紙)로 토지 가옥 실측도를 부기하고 있다.

② 1910년 4 · 5 · 6월분 중서(中署) 관내 『토지가옥전당증명원본』 1책.

토지 가옥 전당(저당)에 즈음하여, 채권자와 채무자 간에 주고받았던 「전당(典當)계약서」 64매의 편철이다. 계약서에는 채권 액수 · 이자 · 반제(返濟, 상환) 날짜와 아울러, 「계약증서」와 동일한 형식으로 토지 가옥 실태를 적고 있다.

위의 두 자료에서 칸수와 평수, 양자의 수치를 기재한 것은 276건으로, 이것들을 평균하면 1칸이 약 1.54평, 대략 5.08m²가 된다. 이것은 거의 2.25m×2.25m로, 위에서 표시한 경험값과 일치하고 있다.

『한성부호적』에 의하면 1호당 평균 건물 바닥 면적은 1906년 관인방에서 15.6칸(약 79m²), 중서(中署) 전체의 그것은 14.4칸(약 73m²)이 된다. 『토지가옥증명원본』과 『토지가옥전당증명원본』으로 가옥 · 토지와 함께 면적을 알 수 있는 사례에서 건폐율(建蔽率, 부지 내에서 가옥 면적 점유율)을 산출하면, 중서 관내는 40.5%(덧붙여 말하면, 서서 관내에서는 44.5%)가 되므로, 중서 1호당 부지 면적은 180m² 정도, 또한 관인방의 그것은 약 200m²로 생각될 것이다.

다만 여기서 고려하지 않으면 안 되는 것은 평균치가 아니라 규모의 분포 상황이다. 중서에는 비교적 대규모 저택이 많아 그것이 평균치를 끌어올리고 있는 것이며, 호의 대다수는 평균치의 절반에 차지 않는 6~7칸(약 30~35m^2) 이하의 가옥밖에 가지고 있지 않으며,[17] 75~88m^2 이하라는 좁은 부지에서 거주하였다. 좁은 부지에 소규모인 가옥이 북덕거리고 있는 것이 동(洞)이다.

3. 살아있는 동

1) 동의 변동

앞에서 동 수가 자료에 따라 크게 다른 것을 보았다. 중부(중서)를 살펴보면 『갑오기록』이 89동, 『지방구역』이 76동, 「경기도 고시」가 84동, 『한성부호적』(1906년)이 205동이라는 차이가 있었다. 이 차이가 생긴 원인을 찾기 위해, 다시 중부 중심부에 있는 관인방 경우를 상세하게 검토하여 보자.

〈표 6〉은 위에서 언급한 자료를 연대순으로 열거하고, 관인방 동명을 시간 순으로 대조한 것이다.

〈표 6〉의 각 항은 왼쪽부터 1895, 1906, 1910, 1912, 1914년 것이다. 이 표의 오른쪽 끝에는 『한성부호적』에서 알게 된 호수와 인구를 덧붙이고, 그것에 같은 시대의 지도 중에서 가장 상세한 1910년(메이지 43) 조선총독부가 작성한 5천분의 1 『경성부시가도』(이하, 『경성시가도』라 칭한다. 국립중앙도서관 소장)에 나타난 지명을 넣은 것이다(〈그림 1〉 참조). 덧붙여 말하면 이 지도에는 중부에 91개 동을 표기하고 있다.

〈표 6〉에서 아래 사실을 파악할 수 있다.

〈표 6〉 중부 관인방의 동

	갑오기록	한성부호적	경성시가도	지방구역	경기도 고시	호수	인구
1		安洞				3	4
2		대안동				1	0
3	園洞	원동	원동	원동	원동	15	145
4		勳洞				21	143
5		대훈동				1	3
6		소훈동				1	1
7		상훈동	상훈동			1	4
8		하훈동	하훈동			5	24
9		下勳洞寺洞				1	8
10			勳後洞			—	—
11		青石洞		청석동	청석동	7	52
12		상청석동	상청석동			6	35
13		하청석동	하청석동			17	91
14	大寺洞	대사동	사동	대사동	대사동	267	1317
15	承洞	승동	승동	승동	승동	35	225
16		深井洞				1	2
17	張大將洞	장대장동	장대장동	장대장동	장대장동	1	6
18	鐵物橋	철물교동		철물교	철물교	5	21
19	塔洞	탑동	탑동	탑동	탑동	23	118
20		美治兒洞				1	9
21		柳木洞				2	5
22		里門洞			이문동	6	58
23		磚井洞				3	10
24		동 표기 없음				1	7
25			倭館洞			—	—
26			盧岱井洞			—	—
27			狂女洞			—	—
28			小安洞			—	—
29			檜木洞			—	—
30			獨甲峴			—	—
31			竹洞宮後洞			—	—
계						424	2,288

—는 수치가 존재하지 않는 것을 나타냄.

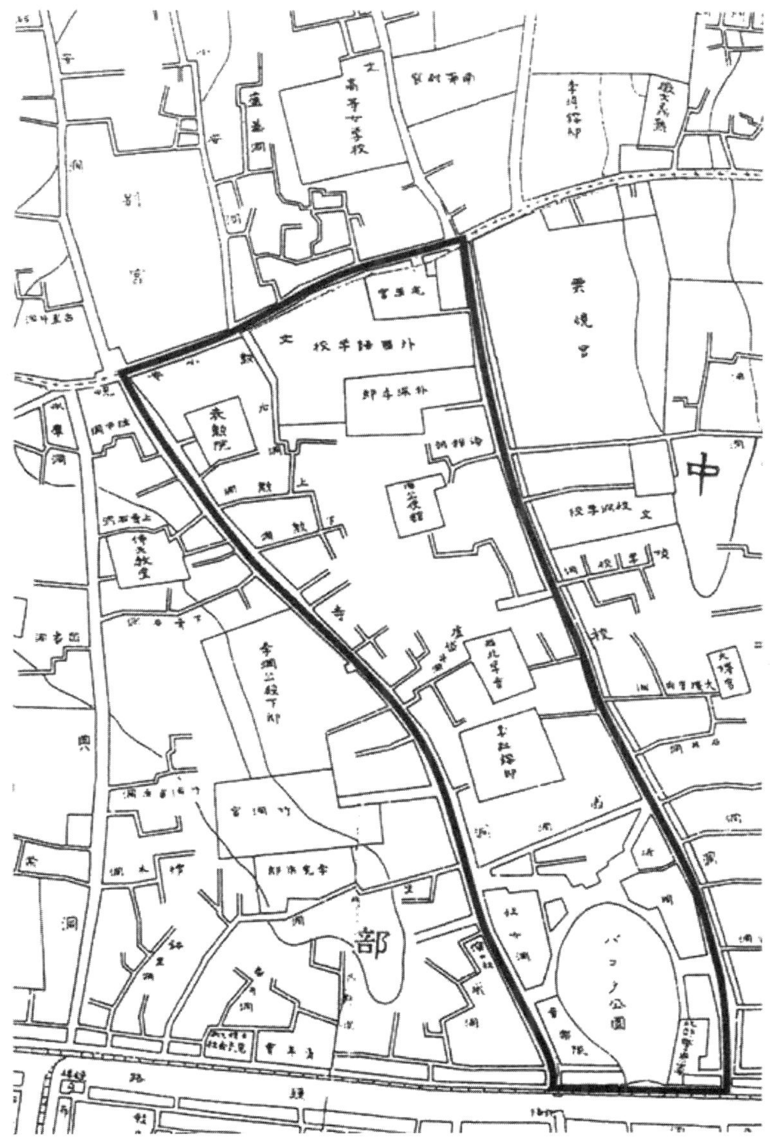

〈그림 1〉 관인방(寬仁坊) (『경성부시가도』, 조선총독부, 1910)

① 『한성부호적』에만 보이는 15개 동은 호수 규모가 특히 작다. 1호뿐인 동이 7개, 2호 동이 2개, 3호 동이 2개, 5호 동이 1개, 6호 동이 2개이고, 특이하게 큰 존재로 17호 동이 1개 있다. 호적은 자기 신고제로 작성된 것이므로, 호주가 사용한 동명이 나타난다. 정부 차원에서는 파악할 수 없는 작은 동이 현지에는 있어서, 공적(公的) 확인과는 다른 동의 실태가 있었던 것이다. 사람들이 거주하는 공간에서는, 호주가 동명을 자의적으로 붙이는 것이 허용되고 있었다고 생각할 수 있다.

② 훈동 · 대훈동 · 소훈동처럼, 하나의 동이 상 · 하, 대 · 중 · 소를 붙여 분화하거나, 또는 『경성시가도』의 몇몇 동처럼, 일단 나타났다가 소멸한 것처럼 보이는 것도 있다. 또한 '훈(勳)' 이 붙은 동은 1900년에 그곳에 표훈원(表勳院)이 설치된 이후부터 새로 형성된 것이다. 동은 고정적 · 정적(靜的)인 것이 아니라, 끊임없이 생성 · 소멸 · 분화하는 동적(動的)인 존재였다.

③ 2개 동명을 자칭하는 것도 있다(하훈동사동). 호주의 의지가 소속 동 결정에 반영되었다고 보인다. 덧붙여 말하면 『한성부호적』 전체에서 2개 동명을 자칭하는 호는 20개이다.

관인방에서 나타난 위와 같은 세 가지 점은 성벽 안 다른 방에서도 공통적이다. 동은 주민 속에서 생성하고, 분화하고, 소멸하고 있었지만, 정부 측에서는 그것을 파악할 수 없었으며 또한 파악할 필요성도 느끼지 않았다. 한성지도에 동의 경계선이 기재되지 않았던 것도 변화무쌍한 동 경계(境界) 등을 파악할 수 없었기 때문일 것이다.

2) 동과 계(契) · 방(坊)

하나의 동이 복수의 계(契)나 동에 소속되어 있거나, 또는 하나의 계가 복수의 방(坊)에 소속되어 있는 사례가 일반적으로 보인다. 동 · 계 · 방의 관계는 1 대 1의 단순 대응은 아니었다.

『갑오기록』에 따르면, 관인방 대사동(大寺洞)은 대사동계 · 철물교계 · 탑동계의 세 계에 걸쳐있었다. 그 반면 탑동계에는 대사동밖에 소속하지 않지만, 대사동계에는 원동(園洞) · 대사동 · 하청석동(下青石洞) · 승동(承洞) · 탑동의 다섯 동이, 또 철물계에는 대사동 · 승동의 두 동이 소속하고 있다. 게다가 탑동은 경행방(慶幸坊) 탑동계와 포병계(布屛契)에도 소속하고 있다. 대저 『한성부호적』에 따르면, 관인방에 소속하는 동 가운데, 원동 · 훈동 · 탑동은 경행방, 승동 · 이문동(里門洞)은 견평방(堅平坊), 장대장동(張大將洞)은 정선방(貞善坊), 철물교는 장통방(長通坊)에도 그 일부가 소속하는 것이다. 이와 같은 동 · 계 · 방 사이에 있는, 뒤얽힌 복잡한 관계는 성벽 안 전체 지역에서 일반적으로 보인다.

『갑오기록』에서는 하나의 동이 복수의 계 · 방에 걸쳐있는 사례는 83개가 발견되고, 그중에서 가장 면적이 큰 어의동(於義洞) 경우, 동부 창선방 어의동계와 오교계(午橋契), 숭신방 경이계(景二契), 중부 경생방 어의동계와 오순덕계(吳順德契), 정선방 어의궁계라는 2부 · 4방 · 6계에 걸쳐 널리 퍼져있었다. 또한 하나의 계가 복수의 방에 걸쳐있는 사례가 『갑오기록』에는 19개 있는데, 그중 4개는 2개 부(서)에 걸쳐있었다.

한성부의 주민행정 단위는 5개 부(部)다. 정부는 부마다 사무소를 설치하고, 19세기에는 각부마다 관리직으로 영(令, 정5품) 1인, 도사(都事, 종9품) 1인을 두고, 이서(吏胥, 실무 서리)로서 서원(書員) 4인, 장무(掌務) 1인, 대청직 1인, 그리고 도예(徒隷, 下隷)로서 사령 8명(북부만은 6명)을 두고, 주민행정을 시행하였다.[18] 방(坊) 내부 움직임에 대해서는 사료가 발견되고 있지 않지만, 다양한 지배 행정 실무의 말단은 계가 아니었던가라고 추측된다. 끊임없이 생성하고, 분화하고, 소멸해가는 동은 너무도 불안정하고, 또한 대부분은 규모가 작은 데다가 고르지 않아서, 행정 말단으로서 위치 지우기에는 적당하지 않다. 그에 비해서 방역 부담을 위해 조직된 계는 정부로서는 파악하기 쉬운 존재이며, 게다가 인구도 『갑오기록』의 288개 계를 기초로 해서 계산하면, 단순평균으로 1계당 800인 정도로, 행정적으로 적정한 규모였다고 말할 수 있을 것이다.

동 안에 존재하는 주민과 가옥을 파악하기 위해 기능한 것이 통과 호다. 호적대장 작성에 즈음하여, 1896년 이전에는 5호를, 그 이후에는 10호를 단위로 하여 '가좌 순(家座順, 가옥 배치 순)'으로 통을 편성하였다.[19]

통 · 호는 1896년 이전의 이른바 구식호적에서는 계를 단위로 붙였지만, 신식호적에서는 방을 단위로 붙이고, 게다가 부지(敷地)마다 고정된 지번적(地番的) 역할도 했다. 개개 호에는 "아무개 방 제 몇 통 몇 호"라는 번호가 부여되어, 행정적으로 고정된다.[20] 하훈동사동처럼 2개 동명을 자칭하는 호가 있어도, 통호(統戶)라는 일련번호로 파악하고 있던 행정 측에서 보면 아무런 문제가 되지 않았다.

3) 동과 골목길

1914년 4월 1일, 경기도 고시 제7호 공포에 따라, 경성부(한성)의 옛 동은 성내가 합계 133개 정(町) · 동으로 재편성되었다. 관인방도 관훈동 · 인사동 · 경운동 · 낙원동 · 돈의동 · 종로2가 전체 및 그 일부로 개편되었다.

관훈동의 경우, '대사동 일부, 청석동 일부, 훈동'의 세 동으로 편성되었지만, 일부라는 표현이 주목된다. 이것은 새 동정(洞町) 편성에 즈음하여, 옛 동이 분할되었던 것을 보여주고 있다. 과연 대사동에서 분리된 일부는 새로 편성된 인사동과 견지동에, 또 청석동 일부는 견지동에 각각 나타난다. 이리하여 새 정동(町洞) 편성에 즈음하여, 대사동은 파괴되어 관훈동 · 인사동 · 견지동 세 동의 구성 요소에, 또 청석동은 관훈동과 견지동 두 동의 구성 요소로 되었던 것이다.

이 '일부' 라는 표기는 대부분 새 정동(町洞)에 보인다. 이제 그것에 기초하여, 옛 동이 몇 개의 새 정동(町洞)으로 분할되었는가를 정리하면 〈표 7〉과 같이 된다. 중서(中署)의 경우, 81개 옛 동이 25개 새 동에 재편성되었지만, 그들 옛 동 가운데 한 동 전체가 하나의 새 동에 둘러싸인 것은 40개로 약 절반에 그치고, 나머지 41개 동은 2개 이상의 새 동에 분할되어 있고, 그 가운데 5개 동은 넷으로 분할되었다. 성벽 안 전체로 살펴보면, 409개 옛 동 가운데 2개 이상으로 분할된 것이 170개로 41.6%를 차지하고 있고, 최대의 경우 여섯으로 분할되고 있다. 하지만 이것에는 치우침이 있어서, 동서 · 서서에서 분할되지 않은 것의 비율이 높고, 중서 · 남서 · 북서에서 분할된 것의 비율이 높다. 아주 대략 말하면, 중심부에 가까워질수록 분할도가 높은 경향이 보인다. 덧붙여서 말하면 이것을 성벽 밖에서 살펴보면, 분할되지 않았던 동이 전체 247개 동 가운데 201개 동(81.4%)으로 압도적 다수를 차지하는 것이 된다. 이것도 성벽에 가까워질수록 분할 정도가 높아진다. 이처럼 성벽 안에서는 40%를 넘는 수의 동이 둘 이상으로

〈표 7〉 성벽 안 옛 동(舊洞)의 분할(分割) 상황

	분할 수						
지역	1	2	3	4	5	6	계
중서	40	26	10	5	0	0	81
동서	67	14	2	0	1	0	84
남서	52	28	24	5	6	3	118
서서	59	19	4	4	0	0	86
북서	21	12	5	1	0	1	40
합계	239	99	45	15	7	4	409
성외	201	27	14	1	3	1	247
총계	440	126	59	16	10	5	656

분할되어, 새 정동(町洞)에 편성되었다.

옛 동은 도로 좌우에 공간적 범위가 널리 퍼져 있었던 것 같다. 『경성시가도』에서 보면, 동 대부분은 골목길(뒷골목, 소로)의 상하좌우에 명칭이 기재되어 있다(〈그림 1〉 참조). 이들 동이 골목길을 단위로 형성되어 있다는 것을 보여주고 있다고 이해할 수 있을 것이다. '동' 은 골목길 그 자체로, "중국의 후통(胡同, 골목)" 이라고 한 『한경지략』의 표현은 실태를 정확하게 지적하고 있다.

이 옛 동을 새 정동(町洞)으로 개편함에 즈음하여, 어떠한 원칙이 적용되었던 것일까? 이 점에 관해서는 아직 자료를 발견할 수 없지만, 실제로 편성되었던 새 정동(町洞)의 공간적 배치(〈그림 2〉)에서 보면, 이 개편에 두 가지 특징이 있었다는 것을 파악할 수 있다.

첫째로 지역 내의 폭 넓은 도로를 끼고, 그 좌우로 퍼져 있는 것처럼 설정되어, 옛 동을 완전히 해체한 것이다. 관인방으로 보면, 대략 북은 광화문과 돈화문을 잇는 길(현 율곡로)을, 남은 종로를, 동은 교동 길(현 삼일로)을, 서는 사동(寺洞) 길(현 인사동길)을 각각 경계선으로, 안국방 · 장통방 · 경행방 · 견평방에 인접해 있다. 하지만 새 동으로서의 관훈동과 인사동은 사동 길을, 경운동과 낙원동은 교동 길을 각각 중심으로 해서, 그 동서로 퍼져 있는 것처럼 설정되어 있다. 방(坊)이 폐지됨과 동시에 구획 기준이 변화했던 것이다.

둘째로 골목길을 경계선으로 해서 일원적(一圓的)인 공간구조를 가진 것이 많다는 점이다. 이것은 골목길 다수가 동에 의해 분단되었던 것을 보여주고 있다.

인사동의 경우, 대사동(大寺洞) · 이문동 · 향정동(香井洞) · 수전동(水典洞) · 승동(承洞) · 원동(園洞)이라는 합계 여섯 동의 각 '일부' 를 합쳐서 편성되었다. 주변 관훈동 · 견평동 · 공평동 · 종로2가 · 낙원동과의 경계

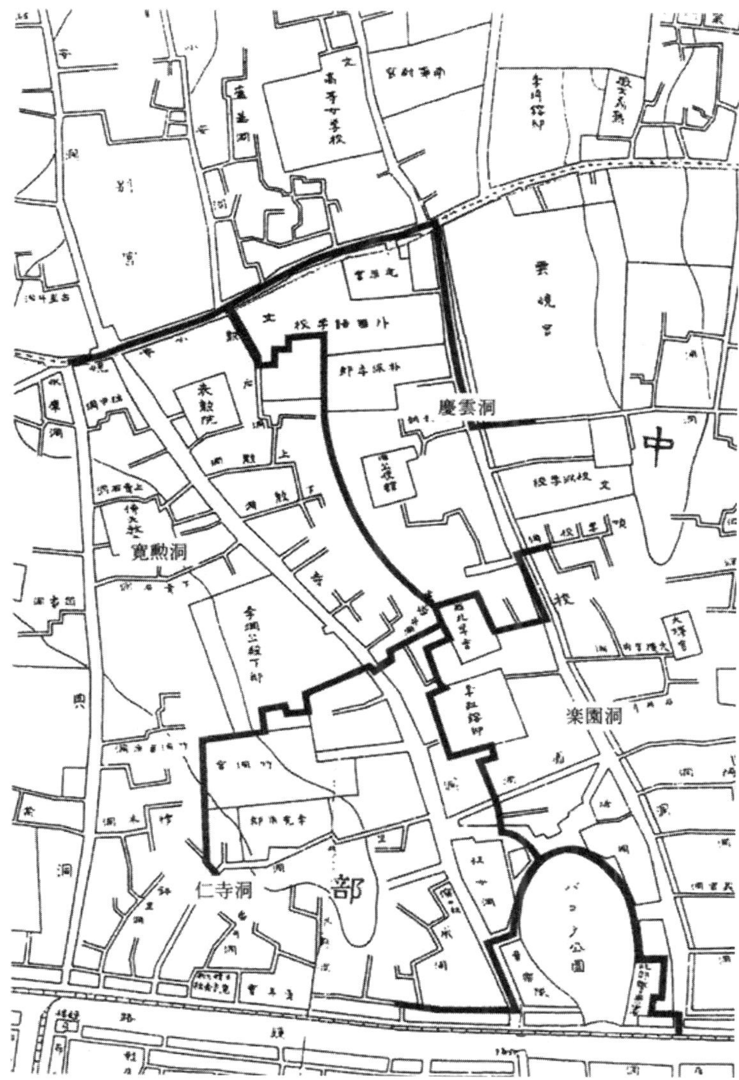

〈그림 2〉 **관인방의 새로운 동** (〈그림 1〉 원래 그림에 필자가 가필함)

선은 ① 종로에서 동북으로 이문동 쪽으로 올라가다가, ② 이문동 중앙부에서 정북으로 방향을 전환하여 죽동궁(竹洞宮) 담에 부딪쳐, ③ 그 담벼락을 따라 사동(寺洞, 대사동)으로 들어가, ④ 사동 중앙부를 동서로 횡단하여, ⑤ 서북학사(西北學舍)에 부딪쳐 남쪽으로 내려가, ⑥ 원동(園洞) 중앙을 가로질러 탑동공원(현 탑골공원)에 이르러, ⑦ 그 외곽을 따라 종로 뒷골목의 피맛길(避馬路)로 들어가 서쪽으로 달려 출발점으로 돌아온다. 이와 같이 대사동은 견지동 · 관훈동 · 인사동, 이문동은 종로2가 · 공평동, 향정동은 종로2가 · 인사동, 수전동은 종로2가 · 인사동, 승동은 종로2가 · 인사동, 원동은 인사동 · 낙원동에 각각 분할되었다. 가운데서도 종로 뒷골목을 동서로 달리는 피맛골 길이 경계선으로 된 결과, 종로에서 북쪽으로 길게 뻗어 있던 승동 · 수전동 · 향정동의 세 동은 인사동 · 공평동 · 종로2가로 완전히 분단되어 버렸던 것이다.

한편 폭이 넓은 도로 가운데, 종로 · 육조 앞(현 세종로 북반부) · 남대문

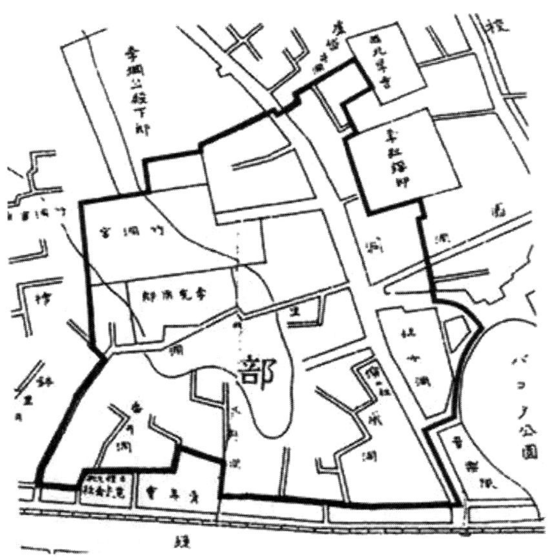

〈그림 3〉 새로운 인사동 (〈그림 1〉 원래 그림에 필자가 가필함)

로 · 창덕궁 동구(현 돈화문로)에서는 동 넓이가 도로를 넘는 것은 없다. 하지만 경기도 고시는 거기에 종로 · 광화문통 · 남대문 · 와룡동(臥龍洞) · 묘동(廟洞)이라는, 도로 좌우를 일체로 했던 새 동을 편성하였다. 예를 들면 인사동과 경계를 접한 종로2가는 종로 뒷길인 피맛길을 남북 경계선으로 해서, 종로 십자로부터 탑동공원 앞까지 사이에 동서로 뻗어 있었다. 이 때문에 남북에서 종로로 들어가는 각 골목길은 피맛길로 인해 남북으로 분단되어 버렸다. 청포후동(青布後洞) · 혜전후동(鞋廛後洞) · 염동(鹽洞) · 동곡(東谷) · 입동(笠洞) · 포병동(布屛洞) · 전동 · 이문동 · 향정동 · 수전동 · 승동 · 탑동 · 교동 · 발리동(鉢里洞)이라는 14개 동을 분단하고, 철물교(鐵物橋)와 합하여 종로2가를 완성했다고 하는, 철저한 동의 해체 재편성이 이루어졌다.

근세의 동은 골목길을 단위로 성립되었지만, 경기도 고시는 그 동을 해체하고, 사람들에게 새로운 지역 공간을 강제하는 것이 되었다.

4) 동과 주민

동에 관해서 주민이 서술한 기록은 거의 남아있지 않고, 겨우 1621년(광해군 13)에 편찬된 『훈도방 주자소동지(薰陶坊鑄字所洞志)』(규장각 소장)가 알려져 있는 데 불과하다. 하지만 그렇더라도 동에 거주한 적이 있는 사대부에 관한 자랑거리 이야기들이나 가구(街區) 자체에 대해서는 전혀 언급한 것이 없다. 이같은 무관심은 동이 주민에게 그다지 큰 의미가 있지 않았다는 것에서 온 듯하다.

동은 다양한 신분 · 계층 사람들이 섞여 사는 공간이었다. 관인방 제1 · 2통의 20호는 『한성부호적』에 의하면, 다음과 같이 다양한 직업 · 신분을 가진 사람들의 집이 나란히 늘어서 있었다.

상민(商民) · 상민(商民) · 불명 · 참봉 · 유학(幼學) · 상업 · 평민 · 내부대신 · 부위(副尉) · 종2품 · 부주사(副主事) · 불명 · 주상(酒商) · 약국 · 영어학도 · 통정 · 순검 · 전당포 · 전 주사(前主事) · 상민(商民)

내부대신 이지용(李址鎔)의 건평 160칸(약 250평) 위용을 자랑하는 저택부터 겨우 7칸(약 10평) 술집까지 늘어서 있었다. 종로에 가까운 상업지역이라는 특성에서 상점 · 상업종사자 호가 많지만, 그것과 나란히 관료 · 사대부 등 정치 · 사회 엘리트도 거주하였다. 호 상호 간에는 아마도 이해관계에서 입장을 달리하는 것도 많았을 것이다. 동이라는 점에서 말하더라도, 일체 의식이 생겼다고 생각하는 것은 성급한 생각이다.

그러면 이와 같은 동과 주민과의 관계 특색은 어떠한 점에 나타나는 것일까. 그런데 주목되는 것은 동으로의 정착률이 낮은 점, 바꿔 말하면 이동률이 높은 점이다.

어디까지나 복수 연도의 호적대장이 남아있는 지역에 한정되는 것이지만, 제6장에서 보는 것처럼, 19세기부터 20세기로의 전환점에서 서울의 시가에는 매년, 지역의 30% 정도 호가 이동하고 있고, 3년간 계속 거주한 호는 3분의 1에 그친다. 그렇다 하더라도 이 사이에 전입과 전출을 반복한 호를 파악할 수 없으므로, 실제 이동률이 이보다 높은 것은 틀림없다.

마침 규장각에 호적 원표철(原票綴)이 현존하는 이의종(李依鍾)의 경우, 건양 2년(1897)부터 광무 9년(1905)까지 햇수로 9년간 거주지는,

건양 2년(1897) 인천부 전반면(田反面) 삼리(三里) 도두동(道頭洞) 2통 4호

광무 4년(1900) 한성부 남서 회현방(會賢坊) 장흥계(長興契) 장동(長洞) 170통 2호

광무 5년(1901) 한성부 남서 회현방 장흥계 장동 104통 4호

광무 8년(1904) 한성부 남서 전반면 삼리 도두동 74통 5호(회현방 장흥계 장동 74통 5호의 오기)

광무 9년(1905) 한성부 북서 순화방(順化坊) 사재감계(司宰監契) 동곡동(東谷洞) 39통 4호

로 변천하였다.

또한 한국연구원이 소장하는 김재완(金在完)의 호적 원표철에 의하면, 그도 또한 고종 갑오년(1894)에 어느 곳에서 북문동으로 전입한 후, 거주지를

건양 원년(1896) 한성부 서서(西署) 인달방(仁達坊) 봉상사계(奉常司契) 북문동 16통 3호

광무 2년(1898) 한성부 서서 적선방(積善坊) 사온동(司醞洞) 33통 3호

광무 4년(1900) 한성부 북서 진장방(鎭長坊) 삼청동(三淸洞) 8통 8호

광무 11년(1907) 한성부 서서 여경방(餘慶坊) 오궁동(五宮洞) 33통 7호

로 여기저기로 바꾸고 있다.

주민 자신에 의한 지역 기록이 발견되지 않은 것도 이유가 있다. 이처럼 이전(移轉)이 일상화되고 있던 사회에서는, 지역이 사람들에게 자기 확인의 중요한 단서가 되기 어렵다는 것을 상상할 수 있다.

결어에 대신하여 – '동'의 형성과 주민 의식

한성의 동이 도로를 끼고 그 양쪽에 형성되었다는 것을 살펴보았다. 문제는 그것이 어떻게 형성되었는가 하는 것이지만, 유감스럽게도 자료가 누락되어 자세한 것은 알 수 없다. 그래서 약간 추측해보고자 한다.

한성은 14세기 말에 계획적으로 건설한 도시이다. 하지만 그 계획은 전

적으로 풍수지리학에 기초한 위치 선택, 주변의 연이은 산을 연결하는 성벽 건설 및 왕궁과 관청 거리 · 사직단 · 종묘라는 왕도(王都) 시설의 배치 등에 힘을 기울였다.[21] 그 반면, 동대문과 서대문을 연결하는 중심 도로인 종로 외에는, 종로와 경복궁(현 세종로) · 창덕궁(현 돈화문로) · 남대문(남대문로)을 각각 연결하는 3개 대로(大路)를 제외하면, 도로망에 관해서는 명확한 계획성을 파악할 수가 없다(이 책 제1장의 〈그림 1〉 · 〈그림 4〉 참조). 그 종로마저도 어느 정도의 직선성은 유지한 것이지만, 명확하게 남북으로 굽이치고 있으며, 남대문로에 이르러서는 크게 휘어지고 있다. 4개 대로 이외에는, 성벽 각 문과 연결되는 주요 도로조차도 불규칙적으로 구불구불하고, 도로 폭도 곳에 따라 넓고 좁음이 다양하게 변화한다. 골목길에 이르러서는 미로(迷路)가 되어, 막다른 골목길이 그 특징을 이루고 있다.

『경국대전』(1485년 완성)은 도성 내(한성 성벽 안)의 도로 폭(너비)에 대하여, 조영척(造營尺)으로 대로 56척(17.5m), 중로 16척(5.0m), 소로 11척(3.4m)으로 규정하고, 다시 도로 양옆에 2척(0.6m)씩의 도랑을 설치하는 것으로 하고 있다. 이 규정이 그대로 시행되었다면, 조금 좁지만 배수구 설치 등 그런대로 양호한 환경을 제공했으리라고 생각한다. 하지만 실제로는 대로 이외는 규정이 준수되지 않았던 듯하다.

한성은 먼저 성벽과 왕궁을 비롯한 왕도 시설이 건설되었다. 그 위에서 그들 시설을 연결하는 4개 대로가 개통되고, 다시 성문에서 경복궁 방향으로 향하는 도로(中路)가 개통되었다. 그런데 그것들에 의해 구분된 각 지역의 내부에는 공권력이 미치지 못하고, 내부의 토지 분할은 주민 자유에 맡겨졌던 듯하다.[22] 그 결과, 미로 모양의 좁은 길이 확대되어 갔던 것이다. 상세한 것은 분명하지 않지만, 막다른 골목길이 많은 점에서 보면, 대중로(大中路)로부터 안으로 집들이 늘어서 가고, 집들 사이가 도로로 되

어 갔을 것이다.[23)]

골목길이 성장하면 주민의 생활공간인 동(洞)이 출현한다. 그곳은 다양한 신분 · 계층 사람들이 섞여서 살며, 호 단위로 빈번한 이동을 되풀이하는 공간이었다. 공유(共有)하는 공간이 있었다고 해서, 그것이 곧 공동 의식을 육성하는 장(場)이 된다고는 말할 수 없다. 이와 같은 특색을 가졌던 동이 주민에게 어떠한 의미가 있는 공간이었는가? 그 해명은 다음의 과제로 삼는다.

제5장

관료와 거주 지역

1907년 전후에 고정하여, 이력서를 자료로 해서 한성에서 관료의 거주 상황을 분석하여, 일종의 정점관측을 하였다. 관료의 거주지 분포 상황을 겨냥도적으로 조망하면, 왕궁인 경복궁을 중심으로 성벽 안의 서부 및 중부는 조밀하고, 동부는 희박하였다. 경복궁의 동쪽 및 서쪽과 중앙의 세 지구는 특히 조밀하게 분포하여, 관료 집주(集住) 지구를 형성하고 있다. 하지만 한편으로 농담(濃淡)의 차이는 있지만, 관료 거주지는 성벽 안 전역에서 성벽 밖까지 넓게 퍼져 있어, 이 집주 지구가 곧 관료 거주 구역이라고 말할 수는 없다. 오히려 한성은 전체 지역에 걸쳐 관료가 다른 신분 · 직업 · 계층의 사람들과 혼재하여, 엄밀한 의미에서 거주 분화가 이루어지지 않았던 것을 하나의 특징으로 들 수 있을 것이다.

서언

이 장은 제3 · 4장을 이어받아, 한성 주민의 거주 상황을 해명하는 단서로서, 서울대학교 규장각에 보관된 대한제국(1897~1910년) 시기에 작성되었던 관료 이력서군(群)에 표시된 현주소를 바탕으로, 관료층의 거주 지역에 대하여 해석해 보는 것이다. 제3장에서는 자료가 남아있는 지역에 대하여 전체 호 조사를 시행하였지만, 이 장에서는 한성부 전체를 영역으로, 관료라는 지배 엘리트에 속하는 직업 계층의 거주 상황을 검토한다.

이미 같은 자료를 이용한 연구는 원학희(元學喜)의 논고[1]가 있다. 초보적인 수량 처리를 함으로써, 당시 관료들의 주소가 성벽 안의 한성 중심부에 모여 있는 것을 찾아내서, 한성이 '전(前) 공업화 도시'라는 특징이 있다고 지적하였다. 선행 연구로서 이 성과는 충분히 존중되어야 할 것이지만, 이 자료에서 뽑아내어야 할 것은 그것만이 아니고, 한성이라는 도시와 관료가 가지고 있는 관계에 대하여 많은 사항을 발견할 수 있으며, 도시적인 성격에 대해서도 더욱더 상세한 탐구가 필요하다. 게다가 제6장에서 보는 것처럼, 당시 한성이 3년 동안 주민의 60% 남짓이 교체될 정도로 빈번한 이동이 반복되었던 시가(市街)인 점을 고려하면, 복수 연도의 것을 일괄 처리한 원학희의 분석 방법은 다시 검토해 보아야 한다. 또한 거기서 사용되었던 자료가 원사료(原史料) 그 자체가 아니라, 편집 영인되었던 『대한제국관원이력서』인 점도 약간 의문이 든다.[2] 후세의 손이 더해짐에 따라, 원사료가 가지고 있던 다양한 정보가 왜곡되거나 탈락되고 있는 것이다. 이 점에 대해서는 본론 속에서 상세하게 서술하겠지만, 그 취급에는 신중한 배려가 있어야 하는 것이다.

이 장은 원사료의 조사에 기초하여, 면밀한 사료적 음미를 가한 후, 관원 이력서군(群)의 주소 표시를 하나의 단서로 해서, 관료의 거주 지역에 대한 수량적인 분석을 하여, 서울의 도시적 성격의 일단을 명백하게 하고 싶다.

1. 관원 이력서군(群)의 사료적 성격

서울대학교 규장각에는 3천 매 이상에 이르는 대한제국 시기의 문무 관료 이력서를 편철하여 묶은 합계 44책의 책자군(群)이 있다. 각 책자는 각각 표지에 명칭이 붙어 있는데 통일된 명칭은 없다. 책자마다 작성 연도가 다르고, 같은 사람의 중복도 꽤 존재하고 있다. 사료로서 본 경우 이들은 결코 사소한 문제가 아니고, 실태를 해명할 때 눈감아 줄 수 없는 문제라고 생각한다. 신중하게 사료적 음미를 한 다음에 논지를 세울 필요가 있다. 먼저 사료적 성격을 분명히 하기 위해서, 원책자 그 자체의 내용을 음미하려고 한다.

본 사료는 표지에 붙여진 제목에 따라 병렬해 보면 아래와 같이 된다. 또한 사료 이름 뒤 괄호 안 숫자는 규장각 소장 번호를 표시한다. 본 사료는 이력서철이며, 이른바 속제목(內題)에 해당하는 것은 붙어 있지 않다.

(1) 『내각(內閣) 판임관(判任官) 이상 이력서』(18002의 1) 1책.

내각 전용 괘지(罫紙)와 일반 이력서 용지가 거의 절반씩 비율로 사용되고 있다.

(2) 『이력서』(18002의 2) 1책.

내각 전용 괘지, 일반 괘지, 일반 이력서 용지 등 다양한 용지에 기재되어 있다. 직접 쓴 먹물 글씨 이외에, 카본(cabon) 복사된 것(박제순(朴齊純), 유성준(兪星濬) 등), 또는 등사판 인쇄된 것(이용식(李容植)) 등 잡다한 형태가 있다. (1) · (2)는 둘 다 1910년 식민지화에 따라 제출되었던 것으로 생각한다.

(3) 『이력서』(18002의 3) 1책.

내각 전용 괘지 외에 다양한 용지에 기재되어 있다. 거의 융희 3, 4년(1909, 1910) 작성된 것이지만, 이력 최종일자로 보아 광무 2, 3년(1897, 8) 무렵 작성된 것으로 추측되는 것도 약간 혼재한다.

(4) 『각관(各官) 이력서 존안(存案)』(18002의 4) 1책.

내각 전용 괘지와 일반 이력서 용지가 절반씩 혼재하고, 또한 말미에 법부(法部) 전용 괘지에 기재된 융희 원년(1907) 12월자 기안서가 편철되어 있다.

(5) 『이력서』(18002의 5) 13책.

각 소속 관청마다 전용 괘지에 기입한 것을 성씨별 · 본관별로 편철하고 있다. 군대에 대해서는 육군무관학교 등 소속 부서별로 편철되어 있다. 이력서 최종 일자 등에서 거의 광무 8~11년(1904~7) 작성한 것이라고 생각한다.

(6) 『이력서』(18002의 6) 17책.

내각 법제국(法制局) 기록과(記錄課) 이력서에 기재한 것을 성씨별 · 본관별로 편철하고 있다. 다른 용지에 기재한 것도 소수 섞여 있지만, 기재 형식은 이력서 용지에 준하고 있다. 본 이력서군 중에서 가장 형식적으로 정리되어 있고, 또 양적으로도 전체의 반수를 차지하여 이 장의 중심 자료가 되었다. 대부분은 작성 날짜가 융희 원년

(1907) 9~12월이지만, 융희 2년(1908) 1~4월에 작성한 것도 약간 있다.

(7) 『탁지부 칙주판임관(勅奏判任官) 이력서』(20656), 『경무청 관원 이력서』(20713), 『내부 관원 이력서』(20714), 『학부 직원 이력서』(20715), 『농상공부 본청(本廳) 칙주판임관 이력서』(20716) 각 1책.

모두 각 소속 관청의 전용 괘지에 기재하고, 모두 광무 11년(융희 원년, 1907) 8월 작성한 것이다. (6)·(7)은 아마 광무에서 융희로 연호를 바꿈에 따라 제출된 것일 것이다.

(8) 『외부 관원 이력서』(20657) 1책.

광무 8년(1904)에 작성된 것이다. (5)와 하나로 연속되는 것으로 생각한다.

(9) 이력서(25072) 3책.

일본제 이력서 용지를 비롯하여 다양한 용지에 기재된 것이 혼재하고 있다. 융희 2년(1908)부터 4년(1910)에 걸쳐 작성되었다. 부속된 『이력서 소관(所關)공문』 1책은 파손되어서 열람할 수 없다.

(10) 이력서(26209) 1책.

세관 등 지방관청 직원의 이력서로서 잡다한 용지에 기재되어 있다.

2. 원자료(原資料)의 채집과 정리

1) 원자료의 채집

먼저 이력서의 내용을 살펴보자. 가장 잘 서식(書式)이 정리된 (6)의 첫 부분에는 아래와 같은 서식이 인쇄되어 있다.

융희　년　월　일 내각 법제국 기록과
이력서 (관직 · 관위(官位) · 성명)
관(貫)　년　월　일 생
한성(漢城)　서(署)　방(坊)　계(契)　동(洞) 제　통 제　호
거주(居住)　도(道)　군(郡)　면(面)　리(里)

이른바 내용을 채우는 방식으로 작성되어, 통일된 서식에 의한 자료의 균일화를 꾀하였다. 다른 이력서도 대체로 이 형식에 따라 작성되었다. 이 가운데 이 장에서는 한성부에 거주지를 가지고 있는 사람이 기본적인 채집 대상으로 된다.

그런데 제6장에서 분석하는 것처럼, 당시 서울에서는 급격한 주민 이동이 이루어지고 있어서, 작성 연도가 다른 이력서를 일률적으로 취급하면, 상당수의 중복자가 생기는 것을 비롯하여 실태와 상당히 동떨어진 결과를 초래할 것이다. 그래서 가장 대량으로 남아있는 융희 원년(1907) 9월에 작성된 것을 중심으로, 공시적(共時的) · 정태적인 분석을 하고자 한다. 중심이 되는 것은 (6) · (7) 자료군이다. 그러나 한편으로 광무 11년(융희 원년, 1907) 8월 1일에 해산된[3] 군대 소속자를 계산해 넣을 필요에서, 광무 10년(1906) 10월 말을 상한으로 하고, 다시 (6)이 일련의 것으로 편철된 융희 2년(1908) 4월 말을 하한으로 하였다. 이와 같이 전후 1년 반을 원자료의 채집 대상 기간으로 했기 때문에, 전거(轉居) 등에 따른 약간의 오차가 포함되지만, 중복자를 배제함으로써 이 오차는 무시할 수 있는 범위 안에 있다고 생각한다. 또한 중복자 채집에 즈음해서는, 자료 채집 기준점인 융희 원년(1907) 9월에 가까운 것을 우선하고, 다른 것을 배제하기로 하였다. 이와 같이 한성에 주거를 가진 2,137매 이력서에서 중복자를 제외하고, 비현직 관료 133인분도 포함하는 합계 1,966인분이 원자료로서 채택되었다.

2) 거주지 표기의 특징

1894년 갑오개혁으로 한성부 내 행정구획 개혁이 이루어져,[4] 그때까지의 5부(部) · 47방 · 340계[5]가 5서(署) · 47방 · 228계 · 773동으로 재편성되었다. 이 개혁에서는 부를 서로 개칭하였지만, 기본적으로 부와 방의 편성 개변(改變)은 시행하지 않고, 계만 정리 통합하여 약 15% 감소를 보았다. 또 동에 대해서는 그 이전의 망라적인 기록이 없기 때문에, 이 개혁이 해당하는가? 아닌가는 분명하지 않다. 공식으로는 그때까지의 계에 대신하여, 동이 최말단 행정구획이 되었다. 이 점은 잔존하는 호적에 의해서도 확인된다. 이처럼 계를 최말단 행정구획으로 하는 서서(西署) 용산방(龍山坊) 일부[6]를 제외하고는, 한성부는 공식적으로는 서-방-계-동이라는 행정구획 체제로 조직되었다.

원자료에서는 채택 이력서의 82.9%에 해당하는 1,629인분에 호(戶) 번호인 통(統) · 호(戶)가 기재되어 있다. 한성부 경우, 통 · 호는 방을 단위로 번호가 매겨져 있어, 원칙적으로 호적이 작성될 때마다 번호를 다시 매기게 되었지만, 이미 제4장에서 검토한 것처럼 이 시기에는 지번처럼 고정되어 있었다. 현재로서는 통 · 호까지 기재한 지도는 아주 좁은 지역의 것이 확인될 뿐이어서, 이력서의 상세한 거주지 표기에도 불구하고 특정 가능한 최소 지역 단위는 동(일부는 계)이고, 가구(街區) 중에서 해당 지점을 특정하는 것은 곤란하다.

그렇다고 해도 원자료는 주거 표시가 반드시 꼭 서 · 방 · 계 · 동으로 완전히 갖추어져 기재되어 있는 것이 아니고, 꽤 불완전한 것도 많다. 모든 행정 명칭이 갖추어져 기재되어 있는 것은 1,063인분으로, 원자료의 절반에 지나지 않는다. 이것을 기재 오류만으로 설명할 수는 없다. 제4장에서 검토했던 것처럼, 한성에서의 지명 호칭이 특히 동 차원에서 현저하게 유동적이었다는 것에 기인하는 바가 크다.

방은 서를 분할하는 단위이고, 1개 방이 복수 서에 소속하는 것은 없지만, 계나 동은 그것과는 달랐다. 이것을 제4장에서 본 갑오개혁 때의 기록을 통해서, 한성부의 중심부 탑골공원 뒤쪽에 있는 탑동(塔洞)의 경우로 살펴보자.

중서에 소속하였던 탑동은 동일 기록에서는 관인방 대사동계(大寺洞契) · 경행방 탑계(塔契) · 경행방 포병계(布屛契) 소속으로 기재되어 있다. 그렇다고 해서 탑동 자체가 3개 존재하고 있었던 것은 아니다. 1개 동이 2방 · 3계에 소속되어 있었다. 이 탑동과 같은 존재는 결코 드문 사례는 아니다. 동일 기록에 의하면 탑동처럼 복수 방 · 계에 소속한다고 기재되어 있는 동은 2계가 72개, 3계가 10개, 4계도 2개가 존재하고 있다. 게다가 2개 방에 소속한다고 되어 있는 것이 50개, 2서(署)에 소속하는 동도 10개 있다. 또한 이것을 계(契)로 보더라도, 2방에 소속하는 계가 21개, 3방에 소속하는 것이 2개 있고, 그중 3개 계에 대해서는 2서(署)에 소속하고 있다. 계 · 동은 서 · 방의 구성 요소이지만, 서 · 방에 일원적으로 포함되는 존재는 아니라는 것에 이 시대 행정구획의 특색이 있다.[7]

서 · 방 · 계 · 동이 이상과 같은 관계라면, 한성부 내에서 지점(地點)을 특정하는 데는 먼저 동에 주목하지 않으면 안 된다. 원자료에서 동이 기재되어 있는 것은 1,880인분으로, 전체 94.2%에 이른다. 요컨대 주소 표기가 불완전해도, 원자료 대부분은 거주지 조사 자료로서 충분한 가치가 있다고 평가할 수 있다. 게다가 이 1,880인분에 서 · 방 · 계가 기재된 76인분을 추가하면, 한성부 내에서 거주지에 대한 조금이라도 정보를 전하는 이력서는 1,956인이 된다. 이것에 다만 '한성(漢城)' 이라고만 기재된 10인분을 추가한 합계 1,966인분[8] 이력서가 이 장에서 대상으로 하는 원자료의 총체이다.

그런데 원자료에는 상당수에 이르는 오기(誤記)와 기재 미비가 있어, 자료로 이용하기 전에 대응 처리를 하지 않으면 안 된다.

첫째는 서(署)의 오기이다. 예를 들면 평리원(平理院) 주사 이선종(李善鍾)의 주소는 '한성부 중서 양생방(養生坊) 창동(倉洞) 제17통 제4호' 이지만, 방 · 계 · 동명으로 보아 정확하게는 '서서(西署)' 라고 정정하지 않으면 안 된다. 이와 같은 사례는 13개 예이다.

둘째는 방(坊)의 오기다. '장방방(長坊坊)' (정확하게는 장통방)과 같은 단순한 오기는 쉽게 정정하고, 실재(實在)하지 않는 어의방(於義坊)과 창덕방(昌德坊)은 동명으로 보아, 각각 경행방과 정선방으로 정정하였다. 또 신문(新門) 외(반석방), 동문 외(인창방), 혜화문 내(숭신방)라는 습관적인 명칭을 기재한 것은 괄호 안과 같이 방명을 정정하였다. 그 외에 계 · 동명으로 보아 명백한 착오로 간주되는 것도 5개 예였다.

셋째는 분명 실재(實在)하지 않는 계명이 다수 발견되는 것이다. 그것들의 대부분은 아래 두 유형으로 분류된다.

(1) '서서 인달방(仁達坊) 영빈계(英嬪契) 사직동' 처럼, 계와 동을 거꾸로 표기한 것. 실생활에서는 동명만 사용되고 있기 때문에 먼저 표기한 것일 것이다. 이력서 용지 이외의 용지를 사용한 것에는 위의 예처럼, 서 · 방 · 동 · 계나 서 · 동 · 계 · 방으로 순서를 흩뜨린 표기도 많다.

(2) '중서 정선방(貞善坊) 니동계(泥洞契) 니동' 처럼, 동명과 같은 계명을 표기한 것이다. 이 경우 정확하게는 '구병조계(舊兵曹契)' 이지만, 이미 계가 행정 차원에서도 거의 사용되지 않게 되었기 때문에, 편의상 기재한 것으로 추측된다. 하지만 계는 실태가 불분명하여 이 장이 목적으로 하는 거주지 특정(特定)을 위해서는 우선 무시할 수 있는 오기이며, 명백한 오기일 경우에만 정정하였다.[9]

3) 지역 구분의 복원

20세기 초 한성부 내 지명에 대해서는 위치나 범위 등 불분명한 점이 많다. 거주 지역의 공간적 위치 결정에 직면해서는, 먼저 당시 서 · 방 · 계 · 동의 위치 등을 복원하는 것부터 시작하지 않으면 안 된다.

(1) 서 · 방의 위치와 범위에 대해서는 제3장 〈그림 1〉에서 표시한 대로이다.[10)]

(2) 계에 대해서는 이력서 서식에 인쇄되어, 공적 주소 표시의 일부로 생각하지만, 앞서 서술한 것 같은 이유로 거주지를 특정(特定)하는 데서 필수적인 것은 아니다. 이 장에서는 분석 대상으로 하지 않아, 지도상에서 복원하지 않았다.

(3) 동(洞), 서(署)와 방(坊)의 확정에 사용한 『최신경성전도』, 『한국경성전도』, 『용산합병(龍山合倂)경성시가전도』에는 동이 어느 것이나 200여[11)] 개밖에 기재되어 있지 않고, 『이력서』에 나타나는 동의 대부분은 위치 확인이 불가능하다.[12)] 그래서 소재지가 불분명한 것에 대해서는, 「경기도 고시 제7호」(1914년 4월 1일 시행)에 따른 신구(新舊) 동정명(洞町名) 대조[13)] 및 조선총독부편 『경성시가도』(조선총독부, 경성, 1923, 7500분의 1)에 300여 개 나타나는 동명과 대조해서 대략의 위치 확인을 하였다. 하지만 그래도 아직 20% 정도의 불확정한 것이 남아있다.[14)]

4) 관료의 등급 구분

관료는 크게 관직, 품계, 훈계(勳階), 봉급표에 근거하여 등급의 4가지 지표로 등급 구분이 이루어진다. 관청마다 다른 체계를 가지고 있던 관직, 조선왕조의 규정으로 이미 사용되지 않는 품계, 극소수 사람만 가진 훈계,

이 세 가지는 전체를 구분하는 데는 적당하지 않아서, 여기서는 전체 관료를 통합적으로 서열을 매기고 있는 봉급표에 근거하여 등급을 구분 기준으로 채택하였다.

봉급표에 근거한 관료의 등급은 이력서 관력란(官歷欄)에 '서칙임관 3등(敍勅任官三等)' 등으로 기재되어 있다. 『증보문헌비고』 권238 직관고(職官考)의 구분에 따르면, 문관이 칙임관(勅任官)·주임관(奏任官)·판임관(判任官)의 세 등급, 무관이 장관(將官)·영관(領官)·위관(尉官)·정교(正校)의 네 등급으로 나뉜다. 이것을 기준으로 관료의 등급 판정을 하려고 하지만, '주임 4등(奏任四等)' 등이라는 각 등급 중에서 세분된 구분은 무시하는 것으로 한다.

그런데 이력서 기재 당시의 등급을 판정 기준으로 하면, 공시적(共時的)인 통일성이 있지만, 도중에 품격이 떨어진 경우 관료 개인의 실제 사회적 위치와 등급과의 사이에는 무시할 수 없는 어긋남이 생긴다. 그래서 등급으로서는 그때까지의 관료 생활 중에서 도달한 최고직을 채택하는 것으로 하고, 비현직 관료에 대하여도 마찬가지 취급을 하였다.

문관의 대부분은 관직란 기재에 기초하여 등급이 쉽게 판정되지만, 등급과 관직과의 관계에서 『증보문헌비고』 규정과 모순이 생긴 경우에는, 이력서 기재를 우선하여 채택하였다. 이상과 같은 처리를 한 후에도 또한 20명의 등급이 불분명한 사람이 남았다.

무관은 대장·부장(副將)·참장(參將)이 장관(將官), 정령(正領)·부령(副領)·참령(參領)이 영관(領官), 정위(正尉)·부위(副尉)·참위(參尉)가 위관(尉官)이 되는데, 각각 거의 일본의 장관(將官)·좌관(佐官)·위관(尉官)에 해당한다. 다만 합계 10명이 확인된 장관은 거의 문관인 칙임관이 겸임하고 있기 때문에 모두 칙임관으로 계산하고, 독립된 등급으로는 하지 않았다. 마찬가지로 군부 소속이면서도 주임관·판임관으로 표기되어 있는 사람은 모두 문관으로 처리하였다. 또 하사관에 해당하는 특무정교(正校)는 합계 22명[15]으로 인원수도 적고, 이력서가 남아있는 사람은 그중에서도 특별한 최상층부가 되기 때문에 위관으로 계산하였다.

이상과 같이 처리한 후에 원자료를 정리하여 얻은 결과가 〈표 1〉이다. 이 가운데 등급이 판명된 1,946명은 문관 1,492명, 무관 454명이라는 구성

〈표 1〉 한성부 서방(署坊)별 관료 거주자 수 (단위: 인)

서	방	칙임	주임	판임	영관	위관	불분명	합계	관료 인구밀도
중서	11 징청방	2	11	8	1	2	0	24	2.2
	12 수진방	1	10	13	1	3	0	28	2.6
	13 관인방	4	21	27	1	5	0	58	6.8
	14 견평방	0	6	8	0	6	0	20	2.3
	15 경행방	5	17	26	1	6	0	55	2.0
	16 정선방	7	23	47	6	16	1	100	6.5
	17 서린방	2	7	9	0	2	0	20	2.9
	18 장통방	7	36	39	0	19	0	101	4.2
	불분명	0	0	1	1	1	0	3	–
	소계	28	131	178	11	60	1	409	3.6
동서	21 연화방	2	9	35	1	11	1	59	1.6
	22 창선방	0	1	6	1	11	0	19	0.7
	23 건덕방	0	0	8	0	2	0	10	0.5
	24 숭교방	1	1	7	0	3	0	12	0.4
	25 숭신방a	1	1	4	0	1	0	7	0.4
	26 숭신방b	0	0	2	1	5	0	8	–
	27 인창방	0	0	1	0	5	0	6	–
	불분명	0	0	0	0	1	0	1	–
	소계	4	12	63	3	39	1	122	0.7
서서	31 인달방	4	20	70	1	32	1	128	4.3
	32 적선방	1	13	38	4	5	0	61	11.1
	33 여경방	4	18	22	3	10	1	58	2.8
	34 황화방	1	1	2	0	3	0	7	1.1
	35 양생방	2	6	17	1	5	1	32	1.6
	36 반송방	6	32	49	2	28	1	118	–

	37 반석방	1	7	22	1	4	1	36	—
	38 용산방	0	3	15	0	4	1	23	—
	39 서강방	1	0	1	0	1	0	3	—
	불분명	0	1	1	0	4	0	6	—
	소계	20	101	237	12	96	6	472	3.5
남서	41 광통방	2	7	15	0	1	2	27	2.5
	42 회현방	8	15	35	2	12	2	74	1.5
	43 대평방	4	8	9	0	1	1	23	1.5
	44 명례방	3	6	9	0	4	0	22	0.6
	45 훈도방	14	27	42	4	19	0	106	3.2
	46 성명방	2	7	32	2	16	2	61	1.9
	47 낙선방	2	2	12	1	11	0	28	0.7
	48 명철방	2	4	4	2	15	1	28	0.4
	49 두모방	0	0	0	0	3	0	3	—
	불분명	0	1	4	0	7	0	12	—
	소계	37	77	162	11	89	8	384	1.2
북서	51 순화방	1	21	95	3	20	2	142	6.7
	52 준수방	3	4	20	1	9	0	37	1.7
	53 통의방	0	1	2	0	0	0	3	0.6
	54 진장방	2	16	19	1	10	1	49	4.5
	55 관광방	5	26	32	2	23	0	88	5.9
	56 안국방	2	9	18	0	3	0	32	5.9
	57 가회방	9	20	55	2	14	1	101	10.1
	58 양덕방	4	18	20	5	13	0	60	3.0
	59 광화방	1	5	13	3	10	0	32	3.9
	60 연희방	0	0	2	0	2	0	4	—
	61 상평방	0	0	1	0	0	0	1	—
	불분명	1	0	8	20	9	0	20	—
	소계	28	120	285	19	113	4	569	4.7
불분명		1	3	5	1	0	0	10	—
합계		118	444	930	57	397	20	1966	2.2

① 방명에 붙은 번호는 〈그림 2〉·〈그림 3〉과 일치한다. ② 숭신방a는 성벽 안, 숭신방b는 성벽 밖을 표시.
③ 관료 인구밀도=관료 합계/1ha. —는 면적이 불분명하여 산출이 불가능한 것을 표시.

이 된다.[16] 문관이 76.1%, 무관이 23.3%로, 문관과 무관의 비율이 거의 3대 1이 된다. 등급별로는 판임관이 47.8%로 거의 절반을 차지하고, 주임관이 22.8%로 그다음이다. 또 판임관이 문관의 62.8%, 위관이 무관의 87.4%를 각각 차지하고 있다.

3. 거주지 분포 상황의 분석

1) 서별(署別) 분포 상황–전체적 경향

서별(署別) 분포 상황은 〈그림 1〉처럼 된다.

합계 수에서는 북서를 최고로 하여, 그다음 서서, 중서, 남서, 동서 순서이다. 그렇다 하더라도 북서 거주자 수를 1로 하면, 서서 0.83, 중서 0.72,

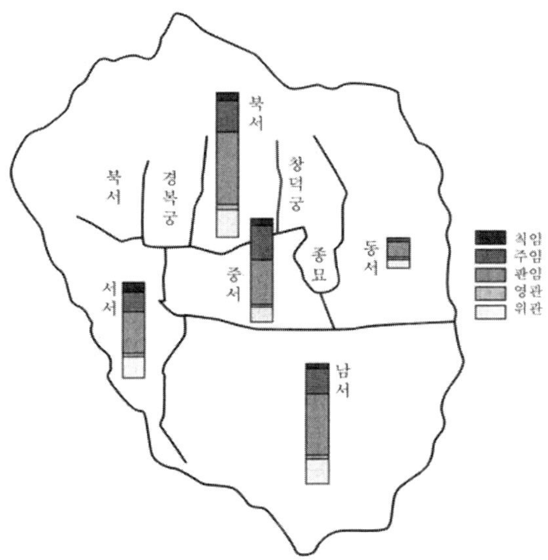

〈그림 1〉 5서의 등급별 관료 거주자 분포

남서 0.67이 되어, 그 정도로 큰 차는 없고, 제1위부터 제4위까지가 1.5배 범위 안에 든다. 하지만 동서만은 0.21로 현저하게 낮은 수치를 보이고, 제4위 남서와 비교해도 약 3분의 1이 된다.

그러나 한편으로 각 서의 인구와 면적에는 상당한 차가 있어, 관료 수만의 비교에서는 실태의 극히 한정된 측면밖에 파악할 수 없다. 인구비 · 면적비에 상응한 계산이 필요하다.

먼저 인구와의 관계를 살펴보자. 한국에서 근대적인 인구조사가 처음 실시된 것은 1930년 국세조사이다. 그것에 앞서 1925년에 간이국세조사가 실시되어, 3,720만인 남짓이라는 총인구수가 산출되고, 경성부 인구도 34만 2,626인으로 발표되었다.[17] 하지만 상세한 지역별 수치는 보고되지 않았다.[18] 그래서 서별 거주자 수는 시노부 준페이(信夫淳平) 『한반도』(동경당서점, 도쿄, 1901) 소재의 「메이지 32년 7월 현재 경성 5서 호구 명세표」에 게재되었던 1899년 수치[19]에 의존하지 않을 수 없다. 하지만 이 수치의 신뢰도는 높다고는 말할 수 없고, 또 애초 외국인도 포함하고 있는지조차도 불분명하다.[20] 따라서 이 수치는 비례산출 기준으로서만 사용하는 것으로 한다. 〈표 2〉의 관료 거주밀도(인구 1만 명당 관료 거주자 수)는 실수가 아니라 비율을 표시하는 것으로 이해하고 싶다.

〈표 2〉의 관료 거주밀도에서는 중서가 가장 높고, 북서, 남서, 서서, 동

〈표 2〉 한성부의 서별(署別) 인구와 관료 거주밀도

	남자	여자	합계	관료 거주밀도
중서	11,112	11,507	22,619	180.8
동서	18,466	15,800	34,266	35.6
서서	33,980	30,613	64,593	73.1
남서	26,300	23,690	49,990	76.8
북서	15,672	23,782	39,454	144.2
합계	105,530	105,392	210,922	93.2

(1899년 7월 현재. 관료 밀도=관료 수／서(署) 인구×1000)

〈표 3〉 상급 관료의 서별(署別) 분포

서	사람 수	상급률(%)
중서	170	41.7
동서	19	15.7
서서	133	28.5
남서	125	33.2
북서	167	29.6
전체	619	31.8

서 순서로 된다. 최하위 동서를 1로 하면, 중서 5.08, 북서 4.05, 남서 2.016, 서서 2.05가 된다.

이상, 관료 총수에서는 약간 북서로의 집중 경향이 엿보이는 것이지만, 동서를 예외로 하고 다른 3서도 큰 차이는 없고, 비교적 균등한 분포 경향을 보인다고 말할 수 있다. 하지만 이것을 관료 거주밀도로 보면, 중서와 북서로의 현저한 집중이 보인다. 동서는 관료 거주가 희박한 지대라고 말할 수 있다.

다음으로 상급 관료(칙임관 · 주임관 · 영관)와 중하급 관료(판임관 · 위관)로 나누어 등급별 경향을 살펴보자.

〈표 3〉에서 보는 것처럼, 상급 관료의 수에서는 북서와 중서가 거의 같은 수이고, 서서, 남서, 동서 순서가 되어, 관료 거주밀도와 유사한 경향을 보인다. 게다가 각 서별로 상급 관료가 전체 관료 중에서 차지하는 비율은 중서, 남서, 북서, 서서, 동서 순서이다. 중서가 약간 높아, 최하위 동서의 2.7배가 된다.

이것을 최상급 관료인 칙임관에 한정하면, 수에서는 남서가 제1위이고, 중서, 북서, 서서, 동서 순서이다. 또 서별 전체 관료 수에 대한 백분비도 남서 9.8%, 중서 6.8%, 북서 4.9%, 서서 4.2%, 동서 3.3%로 되어, 실수와 유사한 분포 경향을 보인다.

이상에서 본 것처럼 최상급 관료는 남서에 거주하는 경향이 약간 높다는 결과를 얻는다. 당시 이미 남서 남반부(南半部)에 일본인이 대량으로 거주하고 있다는 것을 고려하면, 이 결과는 주목해야 할 것이다. 일반적으로 조선시대에는 비교적 하위의 양반 사족이 거주하였다고 말하는 것[21)]과는 다른 결과이다.

그런데 식민지화 초기의 구(舊) 대한제국 고위층의 거주 상황[22)]을 보면 〈표 4〉와 같이, 남서는 제4위로 명백한 후퇴 경향을 보이는 것처럼 된다. 이력서가 확인 가능한 46인에 대해서도 〈표 5〉와 같이 이것과 동일한 경향을 보인다. 시대 상황의 급속한 변화가 드러나 있다고 생각한다.

그런데 면적에 대해서는 서 · 방 · 계 · 동의 각각에 대해서도 의존할 만한 수치가 존재하지 않는다.[23)] 그래서 저자는 1만분의 1 지도를 이용하여 50m 단위의 모눈 판독 방식에 따라 지도상 계측(計測)을 하였다. 계측 범

〈표 4〉 칙임관의 서별 거주 수

서	사람 수	상급률(%)
중서	28	6.8
동서	4	3.3
서서	20	4.2
남서	37	9.6
북서	28	4.9
전체	117	6.1

〈표 5〉 고위자의 서별 거주 수 변화

서	1907년	1913년
중서	6	10
동서	1	1
서서	15	12
남서	9	5
북서	15	18
전체	46	46

『대한제국관원이력서』 단위: 인

위는 서(署) · 부(部)의 경계선이 확인 가능한 성벽 안에 한정하고, 성벽 밖은 대상에서 제외하였다. 또 성벽 안에서도 거주 가능 지역만 한정하고, 대략 『최신경성전도』에 가구(街區)가 기재되어 있는 곳까지를 계측 범위로 하였다. 또 일반 주거가 존재하지 않아, 방(坊)에 소속되지 않는 궁전 · 관아 · 군대 관계지 · 종묘 · 사직 · 외국공관 등은 계측 대상에서 제외하였다.[24]

이상과 같이 산출된 면적 수치를 기준으로 해서, 〈표 1〉의 관료 인구밀도(1ha당 관료 거주자 수)를 얻는다.[25] 이 수치는 북서가 최고위에 있고, 동서가 최하위이다. 북서를 1로 하면, 중서 0.76, 서서 0.74, 남서 0.27, 동서 0.16이 되어, 상위 3서와 하위 2서 사이에 상당한 차가 있다.

마찬가지로 해서 상급 관료의 인구밀도는 중서를 1로 하면, 북서 0.95, 서서 0.65, 남서 0.28, 동서 0.08이 되어, 상위 3서와 하위 2서의 차는 꽤 현저하며, 게다가 동서(東署)의 낮음이 두드러진다.

이와 같이 서별 분포 상황을 보면, 북서 · 중서에 집중 경향이 보여, 한성에서의 일반적인 양상을 보여 준다. 하지만 이것은 어디까지나 일반적인 경향이며, 더욱더 상세한 해석이 필요하다.

2) 방별(坊別) 분포 상황

한성부 47방 가운데 원자료에 나타나는 것은 44방이다. 내역은 성벽 안이 35방, 성벽 밖이 10방(성벽 안팎에 걸친 숭신방은 중복 계산)으로, 성벽 밖 남서 한강방 · 둔지방에는 관료 거주자가 기록되어 있지 않다.

방별 거주자 수는 북서 순화방의 142인을 최고로 해서, 〈그림 2〉 및 〈표 6〉에 보이는 것처럼, 일부 방에 집중하는 경향이 현저하다.[26] 100인 이상이 거주하는 것은 중서 장통방과 정선방, 서서 인달방과 반송방, 남서 훈

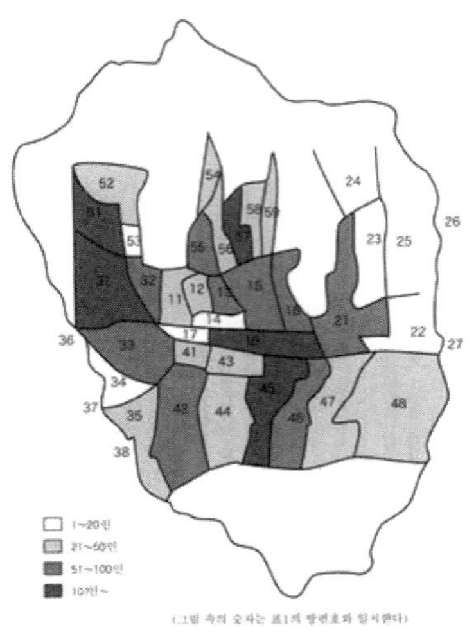

〈그림 2〉 성벽 안 각 방의 관료 거주자

도방, 북서 가회방과 순화방의 일곱 방이며, 이것에 88인이 거주하는 북서 관광방이 그다음 순이다.

이것을 〈표 1〉 및 〈그림 3〉의 관료 인구밀도를 보면, 최고치는 서서 적선방의 11.1이지만, 2.5 이상으로 보면 중서 5방, 서서 3방, 남서 2방, 북서 7방으로 되고 있어, 북서가 가장 많고 게다가 수치가 높은 방이 많다. 관료 거주자가 많고, 관료 인구밀도가 높은 지역은 크게 아래 3개 소로 모아진다.

① 경복궁 동쪽 지구. 경복궁과 창덕궁 사이에 끼어있는 북서 안국방 ·

〈표 6〉 방별 거주자 수 등급별 도수분포

거주자 수	방 수
1 ~ 20인	14
21 ~ 40인	13
41 ~ 60인	6
61 ~ 80인	3
81 ~ 100인	2
101인 이상	6

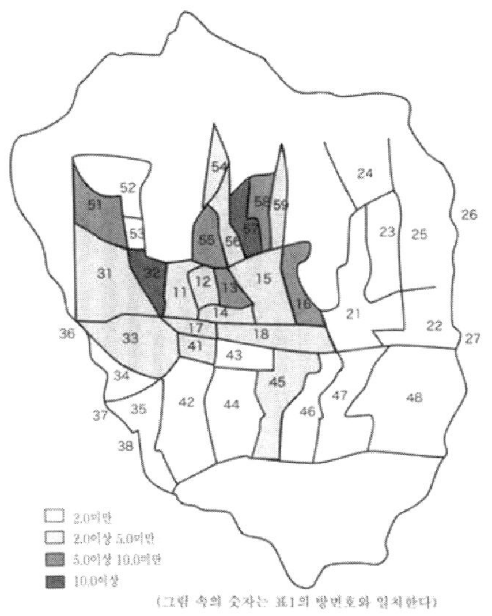

〈그림 3〉 성벽 안 각 방의 관료 인구밀도

가회방 · 관광방 · 광화방 · 진장방 · 양덕방으로 구성된다. 관료 거주자는 합계 362인으로, 관료 인구밀도 평균은 5.4가 된다.

② 경복궁 서쪽 지구. 경복궁 · 사직 · 세종로에 끼어있는 서서 인달방 · 적선방 · 여경방, 북서 순화방으로 구성된다. 관료 거주자는 합계 389인으로, 관료 인구밀도 평균은 5.1이 된다.

③ 중앙 지구. 종로를 기준으로 남북의 한성 중심 지구로, 중서 관인방 · 수진방 · 장통방 · 정선방으로 구성된다. 관료 거주자는 합계 307인으로, 관료 인구밀도 평균은 4.7이 된다.

이상 세 지구의 면적 비는 ①을 1로 하면, ②가 1.15, ③이 0.98로 거의 같은 정도이다. 다만 중앙 지구는 〈그림 1〉에서 명백한 것처럼, 중심부에 견지방 등 수치가 낮은 지역이 있는 도넛 모양 분포를 하고 있다. 종로 일대가 상업 공간인 것(본고 제7장 참조)의 반영이다.

동서는 전체적으로 낮은 수치를 보이지만, 그중에서도 종로에 가까운 연화방에는 거의 반수에 가까운 59인이 거주하고 있기 때문에, 다른 각 방은 한층 더 관료 거주자 희박지대가 되고 있다. 남서 명철방과 합하여, 성벽 안에서는 동쪽에 관료 거주자가 희박한 경향이 현저하다.

성벽 안 1,755인(90.5%), 성벽 밖 195인(9.5%)으로, 관료의 압도적 다수가 성벽 안에 거주하였다. 성벽 밖인 서대문 밖 반송방이 118인으로 성벽 밖 거주자의 60.3%를 차지하고, 서소문 밖 반석방과 남대문 밖 용산방에서 멀리 떨어진 서쪽 연희방 · 상평방에 있는 것을 더하면 서 · 남쪽 삼문(三門) 밖에서 성벽 밖 거주자의 90.9%를 차지하고 있다. 그것에 대해서 동 · 북쪽 동대문 · 혜화문 · 광희문 밖은 18인을 헤아림에 불과하다.

성벽 밖에도 그 나름 수의 관료가 거주하고 있다는 것을 한성의 특징으로 들 수 있지만, 어디까지나 서쪽에 한정된 현상이다. 앞에서 본 성벽 안의 서쪽으로 치우치는 경향의 연장상에서 생각하는 것이 가능할 것이다. 제7장에서 보는 것처럼, 서소문 밖 · 서강 · 마포에 상업 공간이 형성되어 온 것처럼, 근세 후기 서울은 서쪽으로 현저한 확대 경향이 보이고, 관료의 거주에도 그것이 나타나고 있다. 역으로 관료도 독자의 거주 구역을 형성하는 것이 아니라, 가구(街區) 형성을 전제로 해서 거주지를 선정했다고 상정하는 것이 허용될 수 있을 것이다.

다음으로 상급 관료의 거주 경향을 살펴보자. 실수로 상위 10위(12방)를 들면 〈표 7〉과 같다. 상위 10위의 합계는 306인으로 전체의 거의 반수를 차지하고 있다. 서별(署別)로는 북서가 4방으로 가장 많고, 동서는 1방도 없다. 관료 거주자 상위 10위 이내 가운데 9방이 여기에 포함되어, 모두가 위에서 본 관료의 집주(集住)는 세 지구에 속하고 있다. 성벽 밖에서는 유일하게 반송방이 제3위에 들어있다. 근세 서울의 서쪽으로의 확대 경향과 관계가 있다고 볼 수 있을 것이다.

집주(集住)한 세 지구의 상급 관료 거주자 수는 ① 경복궁 동쪽 지구가

130인, ② 경복궁 서쪽 지구가 93인, ③ 중앙 지구가 126인 합계 349인으로 전체의 56.8%를 차지하고 있다. 이것을 상급 관료 점유율로 보면, ① 35.9%, ② 23.9%, ③ 41.0%로, 중앙 지구의 수치가 가장 높은 수치를 보인다. 반대로 상급 관료 거주자 2인 이하의 하위 12방에서는 동서(東署)가

〈표 7〉 방별 상급 관료 거주자 수 상위 12방

순위	서	방	사람 수
1	남서	훈도방	45
2	중서	장통방	43
3	서서	반송방	40
4	중서	정선방	36
5	북서	관광방	33
6	북서	가회방	31
7	북서	양덕방	27
8	중서	관인방	26
9	서서	인달방	25
	서서	여경방	
	남서	회현방	
	북서	순화방	

〈표 8〉 방별 상급 관료 거주자 수 하위 12방

순위	서	방	사람 수
1	동서	건덕방	0
	동서	인창방	
	남서	두모방	
	북서	연희방	
	북서	상평방	
6	서서	서강방	1
	북서	통의방	
	동서	숭신방b	
9	동서	숭교방	2
	동서	창선방	
	동서	숭신방a	
	서서	황화방	

〈표 9〉 방별 상급 관료 비율 상위 10방

순위	서	방	%
1	중서	징청방	58.3
2	남서	대평방	54.5
3	중서	서린방	45.0
	북서	양덕방	
5	중서	관인방	44.8
6	서서	여경방	43.9
7	중서	수진방	42.9
8	중서	장통방	42.6
9	남서	훈도방	42.5
10	중서	경행방	41.8

5방으로 전체의 40% 남짓을 차지하고 있지만, 0인(人) 지역은 모두 성벽 밖 네 방이다(〈표 8〉).

이상과 같이 방(坊)을 단위로 해서 보면, 관료의 집주(集住) 경향이 높은 것은 경복궁 동쪽 지구 · 경복궁 서쪽 지구 · 중앙 지구의 세 지구로, 경복궁을 둘러싸고 있는 형태가 되고 있다. 전체적으로 서부로의 편중이 현저하며, 이러한 경향은 성벽 밖에도 연속되고 있다. 또한, 얼마 되지는 않지만, 상급 관료의 중앙 지구로의 집주 경향이 보여서, 경복궁 · 창덕궁 주변의 지역적 성격은 재고할 필요가 있다(〈표 9〉).

3) 동별(洞別) 분포 상황의 분석

앞에서 서술한 것처럼 동은 서 · 방 · 계로부터 상대적으로 독립한 존재이며, 그들 행정구획과는 분리해서 생각하지 않으면 안 된다.

원자료로부터는 531개[27] 동이 채집되었다. 동명에 상 · 하 등을 붙여서 복수로 분화된 지명 표기를 한 것 가운데, 지도 또는 원자료의 어느 쪽인가 분화되지 않은 표기를 한 경우에는, 전체적인 통일을 취하기 위해서 이것을 단일한 동으로 처리하였다.[28] 이렇게 한 결과 원자료로부터 추출된 동은 397개가 된다. 이것은 갑오개혁 기록에서 나오는 동 수의 거의 2분의 1이 된다.

이 397동에 거주하고 있다는 것이 판명된 관료 수는 1,914인으로 1동 평균 4.8명이 되지만, 압도적으로 5인 이하 동이 많아 전체의 4분의 3을 차지하고 있다(〈표 10〉). 게다가 자세히 보면, 1인 동이 165개로 전체의 40% 이상을 차지하고, 이것에 2인 동 53개를 합치면, 반수를 넘는 54.9%를 차지하게 된다. 한편 상위 5% 이내(20개 동)에 560명 29.3%가, 또 상위 10% 이내(40개 동)에 839명 43.9%가 거주하고, 상위 46개 동(전체 동의 11.6%)까지에서 전체의 50%가 거주하는 편중이 보인다. 동 수로 보면 강한 분산적 경향을 보이지만, 실은 일부 동에 거주자가 집중되고, 다른 동에는 소수자가 넓게 희박하게 분산하는, 이른바 이중구조가 보이는 것이다.

〈표 11〉에서 든 상위 20개 동이 20세기 초 한성부에서 대표적인 관료 거주 구역이라고 할 수 있다. 특히 집중 정도가 현저한 것은 재동(72인)과 계동(60인)이다. 이 두 동을 포함하여 상위 20개 동은 위에서 서술한 관료 집주(集住) 세 지구에 집중하는 경향이 강해, ①지구가 7개 동(재동 · 계동 · 화개동 · 원동 · 삼청동 · 소격동 · 소안동), ②지구가 3개 동(사직

〈표 10〉 동별 거주자 수의 등급별 도수분포

거주자 수	동 수
1 ~ 5	290
6 ~ 10	61
11 ~ 15	23
16 ~ 20	11
21 ~ 25	6
25 ~	6

〈표 11〉 관료 거주자 수 상위 20개 동 (단위: 인)

순위	동	칙임(勅任)	주임(奏任)	판임(判任)	영관(領官)	위관(位官)	불분명	합계
1	재동(齋洞)	8	16	34	2	11	1	72
2	계동(桂洞)	4	18	20	5	13	0	60
3	사직동(社稷洞)	3	5	20	0	15	0	43
4	누각동(樓閣洞)	0	2	28	0	4	0	34
5	화개동(花開洞)	3	8	10	1	6	1	29
6	원동(苑洞)	1	4	11	3	8	0	27
7	삼청동(三淸洞)	0	8	9	0	8	0	25
	소격동(昭格洞)	0	9	10	0	6	0	
9	니동(泥洞)	4	6	10	0	4	0	24
10	회동(會洞)	5	1	14	0	3	0	23
11	대묘동(大廟洞)	1	1	14	3	3	0	22
12	다동(茶洞)	2	7	9	1	2	0	21
13	옥동(玉洞)	1	1	11	1	6	0	20
	소안동(小安洞)	0	7	7	0	3	0	
	대사동(大寺洞)	3	6	7	1	3	0	
	죽동(竹洞)	0	7	8	0	5	0	
17	교동(校洞)	2	7	8	0	2	0	19
	창동(倉洞)	2	5	7	1	4	0	
	중부동(中部洞)	0	7	7	0	4	1	
20	평동(平洞)	0	4	9	0	5	0	18

동 · 누각동 · 옥동), ③지구가 5개 동(니동 · 대묘동 · 대사동 · 교동 · 중부동)으로, 이 세 지구만으로 15개 동을 차지하고 있다.

그런데 갑오개혁 때의 기록에 따르면, 각 지구를 구성하는 동 수는 ①지구가 27개, ②지구가 83개, ③지구가 85개로, ①지구와 ②, ③지구 사이에는 큰 차가 있다. 이것을 반영해서 1개 동당 평균 관료 거주자 수는 ①지구 13.4인, ②지구 4.7인, ③지구 3.6인이 되어, ①지구의 높음이 눈에 띈다. 하지만 이것은 동 면적에 큰 차가 있다는 것을 반영하고 있고, 오히려 ②

지구 사직동 · 누각동과 ③지구 니동(泥洞)이 지구 안에서 상대적으로 높은 수치를 한 것에 주목해야 할 것이다. 하지만 동의 범위 · 면적 · 인구가 불명확한 채로, 이것 이상 파고든 분석을 할 수는 없다.

동에 대해서는 아래 세 가지 점을 지적해 두려고 한다.

첫째는, 중앙 지구가 전체적으로 높은 수준에 있으면서, 견평방을 중심으로 하는 종로 연선(沿線)이 희박 지대가 되고 있다. 동대문에서 황토현 광장(현 광화문 십자로)에 이르는, 길이 약 3㎞의 종로 연선에서, 거주하는 관료가 5인을 넘는 동은 9개이며, 그중 10인 이상을 헤아리는 동은 묘동(廟洞)의 16인을 최고로 해서 3개 동에 지나지 않는다. 이 관료 거주자 희박 지대는 다시 종각 앞의 종로 십자가에서 남대문로로 갈라져서 회동(會洞)까지 약 1㎞에 걸쳐 이어지고 있다. 이것은 바로 시전(市廛)을 중심으로 하는 근세 상업지대와 일치하고 있어, 관료들이 거주지로는 기피했다고 생각한다.

둘째는, 일부 동에 현저한 집주 경향이 보이는, 이른바 관료 거주 구역이라고도 말할 수 있는 지역이 발견되는 것이다. 이들 지구는 제3장에서 본 것처럼, 기와지붕의 대규모 가옥이 분포된 지구이다. 다만 그들 지구도 대다수가 관료 주택이 차지하고 있었던 것은 아니고, 직업 · 계층 · 신분에서 현저한 혼재 경향이 보였다.

셋째는, 남서의 남반부에 관료가 거의 거주하고 있지 않는 것이다. 원래 북쪽으로 남산을 등지고, 토양 조건도 불량하여 인가가 희박한 지역이었다.

결어

1907년 전후에 고정하여, 이력서를 자료로 해서 한성에서 관료의 거주 상황을 분석하여, 일종의 정점관측을 하였다. 관료의 거주지 분포 상황을 겨냥도적으로 조망하면, 왕궁인 경복궁을 중심으로 성벽 안의 서부 및 중부는 조밀하고, 동부는 희박하였다. 경복궁의 동쪽 및 서쪽과 중앙의 세 지구는 특히 조밀하게 분포하여, 관료 집주(集住) 지구를 형성하고 있다. 하지만 한편으로 농담(濃淡)의 차이는 있지만, 관료 거주지는 성벽 안 전역에서 성벽 밖까지 넓게 퍼져 있어, 이 집주 지구가 곧 관료 거주 구역이라고 말할 수는 없다. 오히려 한성은 전체 지역에 걸쳐 관료가 다른 신분・직업・계층의 사람들과 혼재하여, 엄밀한 의미에서 거주 분화가 이루어지지 않았던 것을 하나의 특징으로 들 수 있을 것이다.

또한 관료 거주지는 서쪽으로 확장되는 경향이 있고, 성벽 밖까지 이어지고 있다. 경복궁이 성벽 안 서쪽에 위치한다는 것과 한강 포구인 서강・마포・용산 방향으로 시가지 확대가 진행되고 있었다는 것 등과 관계있다고 생각한다. 또한, 필자의 역량으로는 분석할 수 없었지만, 사족 양반들에게 큰 영향을 끼쳤던 풍수지리학과의 관계도 고려할 필요가 있을 것이다.

근세 서울의 주민 거주 상황에 대해서는 기술적(記述的) 사료나 전승 등에 기초하여, 고위 사족 양반들이 경복궁과 창덕궁에 끼어있던 이른바 '북촌' 에 거주하고, 하위 사족 양반들이 남산 기슭의 이른바 '남촌' 에 거주하고 있었다고 한다. 또 행정관청이 집중된 경복궁의 서쪽, 서남쪽 지구에는 하급 관리인 서리(書吏)나 경아전(京衙前, 胥吏)들이, 또 중앙 지구에는 중인(中人)이, 그리고 연병장 등이 있는 동부 지구에는 하급 군인이 거주하고 있었다고 한다. 확실히 이 장의 분석에서도, 북촌 지구에 고위층 관료가 집주하는 경향은 확인되었지만, 다른 지구에도 분산되어 있으며 남촌에도 상당수가 거주하고 있다. 또 중인 거주 구역이라는 중앙 지구에도 다수 관료가 거주하고 있으며, 하급 관리 거주 구역이라는 경복궁 서쪽, 서남쪽 지구에도 많은 중고위(中高位) 관료층이 거주하고 있었다. 제3장의 분석과 합하여, 서울에서 신분 · 직업 · 계층에 따른 거주 분화에 대해서는 재고를 할 필요가 있다.

제6장

주민 이동과 지역

한성은 계획적으로 건설한 도시로 궁전이나 관청, 또는 종묘·사직 등 왕실 관련 시설은 풍수지리설을 기초로 하면서, 중국의 도성 구조를 도입하여 배치하고 있다. 그렇지만 주민 수준에서는 계획적인 배치 등에 기초한 지역 구분은 희박하여, 19세기 말기부터 20세기 초기에는 다양한 성관·직업·신분의 사람이 혼재하고 있었다. 바꾸어 말하면 잡거성(雜居性)이야말로 한성의 큰 특색이었다. 이 장에서는 우선 직업·신분을 불문하고 빈번하게 행해졌던 호의 이동이 그와 같은 잡거성의 촉진 요인으로 작용하고, 역으로 도시 내부의 잡거성이 호의 빈번한 이동을 보장하는 큰 요인이었다고 이해하여 둔다.

서언

20세기 전반기 한국에서 식민지화의 진행이라는 이른바 '근대화'에 동반된 사회변동에 기인한 주민 이동이, 한반도 외부로의 이주를 포함해 매우 큰일이었던 것은 이전부터 지적되어 온 바이다.[1] 그러면서도 그 이전의 상황에 대해서는 자료 부족도 있어서, 거의 실태에 대한 해명이 이루어지지 않고, 수도 한성부(현 서울)로의 인구 집중 경향이, 그다지 정밀도가 높다고는 말하기 어려운 전국 통계 숫자를 토대로 거시적 시점(視點)에서 지적한 것에 지나지 않는다.[2] 주민 이동의 구체적 상황이나 한국 사회 성격과의 관계, 나아가 주민 이동 자체가 가지고 있는 역사적 · 사회적 의미에 관해서는 관심을 기울여 왔다고 보기 어려운 것이 실상이다. 말할 필요도 없이, 주민 이동은 사회변동 해석의 중요한 변수이고, 그 측정은 한성이 도시로서 가지고 있던 성격, 또 더 나아가 한국에서 사람과 사회와의 관계를 해명할 수 있는 실마리를 제공해 줄 것으로 기대된다. 이 점에 주민 이동 실태를 분석하는 큰 의미가 있는 것이다.

이 장은 식민지화 과정이 급속하게 진행되고 있는 시기이지만, 일본에 의해 완전히 식민지가 되는 단계 이전의 조선에서 주민 이동의 실태를, 1896년부터 1906년까지 대한제국 시기 한성부 호적대장의 분석으로 검토해 보려고 한다.[3] 또한 주민 이동이라고 말하면서, 본문에서 상술하려고 하는 원자료의 성격에 규정되어, 분석 단위를 개인이나 가족이 아니라 '호'로 하지 않을 수 없었던 것은 미리 양해를 구하고 싶다.

1. 자료와 분석 시각

1) 인구 자료로서의『한성부호적』

이 장에서 분석의 기초 자료로 이용하는 것은 이미 제3장에서 이용했던 교토대학 문학부 지리학연구실에 보관된 한성부의 호적대장 3년도분 61책, 호수로는 1만 2,650호분 1만 2,650매이다[4](이것들을 총칭해서『한성부호적』과 개별 책자를 '대장(臺帳)', 게다가 호마다의 개별 표를 당시 명칭에 따라 '호적표'라고 부르기로 함). 내용은 건양 원년(1896)분 2책, 광무 7년(1903)분 19책, 광무 10년(1906)분 40책이다(이하, 호적 연도는 전부 서기력으로 표시함). 거기에 포함되는 지역은 제3장 〈그림 1〉에서 보여준 바이다.

이들 호적대장군(群)은 1896년 시행된 호적제도 개혁을 이어받아 전국에서 일제히 작성되었다. 이른바 조선 신식호적으로, 조선왕조 성립 초기부터 시행된 구식호적과 1909년에 대한제국 정부와 한국 통감부가 시행한 '민적(民籍)'과의 중간에 위치하고 있다.[5] 구식호적에서 3년마다 작성되던 것이 매년 작성으로 변경되고, 정해진 용지에 기재하는 방식으로 되는 등 몇 가지 제도적 개혁을 동반하면서, 조사 항목 대부분에 대해서는 구식호적의 계보를 짙게 남겨두는 등[6] 신식호적이 가지는 과도기적 성격에 주목할 필요가 있다. 그렇지만 거기에는 무시할 수 없는 변화도 있다. 본고 내용에 직접 관련되는 한에서 말하면, 전거지란(前居地欄), 이거년월란(移居年月欄)을 신설해서 주민 이동에도 충분한 주의를 기울이고, 인구조사 성격을 가지는 것처럼 되고 있는[7] 점이 그것이다. 게다가 구식호적은 일반적으로 연대가 내려갈수록 신뢰도도 저하(低下)해서, 역사 자료로 사용할 때 큰 한계성이 있는 것은 이전부터 유의해 온 바이지만, 그것과 비교하면 『한성부호적』은 경찰력이 전면적으로 관여하는 조사 방법을 택하였기 때문에 신뢰도가 비약적으로 향상한 것은 중요시해야 할 것이다.[8] 『한성부호적』은 인구 현상의 분석 자료로 충분한 사료적 가치가 있다고 말할 수 있다.

2) 호적의 기재와 이동 실태

『한성부호적』의 최소 편성 단위는 호이다. 각 호적표(제3장 〈그림 3〉)는 '한성부 중서 정선방 하마동계(下麻洞契) 하마동 제23통 제2호' 처럼 '서 · 방 · 계 · 동' 으로 거주 지역을 나타내고, 게다가 통 번호와 호 번호(이하, 이 책에서는 양자를 합쳐서 '통호 번호' 라고 칭함)로 지역에서 호의 위치를 표시하고 있다. 개인 정보는 호마다 작성되는 호적표에 기재되어, 호를 단위로 해서 파악된다. 연령 · 본관 · 혈연관계 · 신분 · 직업 등 개인에 관한 다양한 정보를 호적에 기재하였다. 그렇지만 전체 거주자의 4분의 1 가까이 차지하는 기구(寄口)와 고용(雇傭)이 거주자 수만 기재되어 있고,[9] 또 친속(가족, 혈연관계자)이라도 개인 이름을 빠뜨린 것도 많다. 따라서 『한성부호적』으로 추적이 가능한 개인은 꽤 한정된 것이 되지 않을 수 없다. 이처럼 『한성부호적』의 기재 형식과 내용에 규정되어, 이 장에서 검증하는 것이 가능한 것은 호를 단위로 한 이동 양상이고, 호주 계층의 이동 상황이라고 말할 수 있다.

『한성부호적』에는 전거지란과 이거년월란이 있어서 이전한 경우, 전입 전 거주지와 전입 연월을 기재하게 되어 있었다. 두 난은 주민 이동을 고찰하는 데 중요한 정보를 제공한다.

『한성부호적』 전체 1만 2,650매 중, 전 거주지를 기재한 것이 1만 20매, 이거 시기를 기재한 것이 5,013매이고, 두 난 모두 기재한 것은 4,938매가 된다. 단순하게 계산하면, 전거지란으로는 79.2% 호가, 또 이거년월란으로는 39.6% 호가, 각각 이전(정확하게 말하면 현 거주지로의 전입) 경험이 있는 것이 명백해진다. 또 이것을 두 난 모두 기재한 것에 한정하면 39.0%라는 수치를 얻는다. 보는대로 삼자(三者), 특히 앞의 양자 사이에는 큰 차이가 있어서, 이전(移轉) 사실이 높은 정밀도로 호적표에 반영된다고 볼 수는 없다.[10)]

그래서 대조 자료로 주목되는 것이 같은 시대 자료인 『대한제국관원이력서』라고 불리는 관원 이력서군(群)[11)]이다. 이 자료는 약 4,000인분 관원 이력서를 편철하고 있지만, 그중에서 『한성부호적』과 연대가 가까운 약 3,000인분에 현주소가 기재되어 있다. 이것과 『한성부호적』을 대조해 보자.

책자에 편철된 이력서 중에 『한성부호적』과 동일 지역에 주소가 있는 것은 956인분이지만, 이 가운데 『한성부호적』과 통호 번호까지 완전히 일치하는 것은 111인분으로, 전체의 11.6%에 지나지 않는다. 게다가 일단 통호 번호를 무시하고 동(洞) 단위로 보아도, 동일 동 안에 주소를 가진 것은 178인분 18.6%로 겨우 20%도 안 된다.[12)] 두 자료의 내용을 신뢰한다면 관원 층의 80% 이상이 2, 3년 이내에 주거 이동한 것이 되어서, 전거지란의 기재와는 어떤 의미에서 공통성이 있다고도 말할 수 있지만, 이거지란에서 얻을 수 있는 수치와는 큰 차이를 보인다.

그런데 이력서는 정부에 제출하는 것이어서 정확성이 요구될 뿐만 아니라, 주소를 허위 신고해야 할 합리적인 이유는 존재하지 않는다. 또 『한성부호적』에도 주소를 허위 신고할 이유가 존재하지 않는다. 물론 작성할 때 어느 정도의 오기를 피하기 어렵다는 것은 인정해야 하지만, 양자의 차이 모두 또는 대다수를 설명하는 정도는 아니다. 두 자료 사이의 차이는 실제로 행해진 단기간 내 이전을 반영하고 있다고 보아야만 한다.

이상, 『대한제국관원이력서』와의 대조에서 관원 층에 한정하면, 『한성부호적』이 꽤 신뢰도가 높은 것이라는 것을 인정하더라도, 주민 이동에 관해서는 실태와 매우 다르게 기재되었다는 것을 알 수 있다. 『한성부호적』의 전거지 · 이거년월 두 난의 기재를 그대로 신용하고, 또한 그것에만 의거해서 입론(立論)하는 것은 매우 위험하다고 하지 않을 수 없다. 주민 이동의 실태를 분석하는 것에는 사전에 신중한 자료 음미가 있어야 하는 것이다.

본고에서는 일단 두 난의 기재를 떠나, 2년도분이 남아 있는 호적표 그 자체를 시간 순으로 비교 검토해서, 호를 단위로 한 주민 이동 실태를 파악하려고 한다. 그것을 바탕으로 다시 한번 호적 기재에 되돌아가서, 더욱 더 세부적인 부분까지 분석하고자 한다.

분석 대상은 2년도분 호적대장이 남아 있는, 중서 견평방과 북서 안국 · 가회 · 광화 · 순화 · 양덕방의 여섯 방이다. 양덕방에 대해서는 1896년도분과 1906년도분이, 그 이외의 다섯 방에 대해서는 1903년도분과 1906년도분이 남아 있다. 다만 두 연도분에서, 잔존 지역이 다른 견평 · 가회 · 순화의 세 방에 대해서는 두 연도분이 일치하는 견평방 1~23통, 가회방 1~27통, 순화방 1~25통을 각각 분석 대상으로 한다. 이것 이외의 22방에 대해서는 한 연도분밖에 남아 있지 않아,[13] 시간적 변동을 추적하는 것은 불가능하다.

3) 호적의 호와 통호(統戶) 번호

호적표의 대조 작업을 실시할 때 가장 큰 실마리가 되는 것은 각호(各戶)에 개별 번호로 부여하여, 지역(坊) 안에서의 위치를 특정하는 통호 번호이다. 『한성부호적』의 통호 번호는 가옥을 매개로 호에 부여한 고정 번호로, 일반적으로 해당 가옥이 존재하는 한 변경되는 것은 없었던 것 같다. 이 점을 먼저 검토하려고 한다.

『한성부호적』에서는 1인이 복수 호의 호주가 되는 경우도 있었고, 거주자가 없는 호=빈집(空家)의 호적도 작성되어 있었다.[14] 이것은 『한성부호적』의 편성 단위인 호가, 주민의 거주·비거주와는 직접 관련이 없고, 현실에 존재하는 가옥 그 자체로 간주되고 있었기 때문[15]이다. 또 『한성부호적』의 신고는, 현대 일본이나 한국 호적의 본적(本籍)주의와는 달리, 원칙으로서 현주(現住)주의로 시행되었다.[16] 말하자면 주민등록적 성격이었던 것이고, 기재한 것은 현재 거주자만이며, 가족이라도 다른 곳 거주자는 배제하거나 예외적으로 기재한다고 해도, 그 뜻을 주기(注記)해서 현재 거주자와는 명확히 구별하였다.[17] 그렇지만 한편으로, 첩이 거주하는 호의 호주는 대부분 거주자 수에 계산되어 있고, 또 다른 곳에 주거지가 있다고 보이는 성년 남자가, 노년의 어머니와 둘이서 호를 편성해서 호주로 되어 있는 등, 현주(現住)·비현주(非現住)의 구별이 반드시 명확하지 않은 사례도 많다. 또 거주자가 존재하지 않는 빈집의 경우, 현주 인구란은 공백인 채로 아무것도 기재하지 않는다. 따라서 『한성부호적』의 호를 인간 면에서 성격 짓는다고 하면, 동일 가옥 거주자 집단이라고 말할 수 있다.[18]

『한성부호적』의 각 호는 방(坊)마다 제1통 제1호부터 시작하여, 1개 방(坊) 안에서 완결하는 통호 번호가 붙어 있었지만, 이 번호는 호가 소속된 계·동과 직접 관계를 맺고 있지는 않았다. 『한성부호적』 제1책 첫머리, 중서 정선방 제23통 예로써 보면, 〈표 1〉처럼 통호 번호와 계·동이 1 대 1의 정연한 체계를 형성하고 있지 않고, 서로 교착(交錯)해서 각각 독립적인 것처럼 보인다. 이와 같은 사례는 특수한 것이 아니고 『한성부호적』에서 일반적으로 발견된다. 한성부의 계나 동 등 행정구역은 지리적 범위가 일원적인 것은 아니었던 것 같다. 한성부에서 통호 번호는 이와 같은 지역

〈표 1〉 중서 정선방 제23통의 계 · 동 대조

호	계	동
2	下麻洞契	하마동
3	마동계	중마동
4	마동계	마동
5	만년계	마동
6	-	하마동
7	金萬年契	중마동
8	-	중마동
9	-	중마동
10	大廟中契	중마동
11	-	중마동
12	김만년계	중마동

계 난의 '–'는 원표(原票)에 기입 없음.

의 실태를 반영해서, 계 · 동 등에 직접 제약을 받는 것은 아니고, 방을 단위로 부여되고 있다. 토지가 지번(地番)[19]에 의해 등록 관리되었던 것처럼, 가옥은 통호 번호에 따라 등록 관리되고 있었던 것이다.

통호 번호는 1896년 이전의 구식호적 시대부터 사용하고 있었는데, 구식호적에서는 오가작통법 규정에 따라, 3년마다 호적 개정 때에 전체 호의 통호 번호를 교체하고 있었다.[20] 호적 개정에 직면해서는, 전회(前回)에 부여했던 통호 번호는 일단 폐기하고, 가옥 배열 순서에 따라, 마을마다 제1통 제1호부터 시작되어 5호로써 1통으로 편성하면서 마을 내의 전체 호에 통호 번호를 부여하고('작통'(作統)이라고 칭함)[21] 있었다. 구식호적에서 통호 번호란 어디까지나 3년이라는 호적 개정 기간 안에서, 마을을 단위로 한 정리 번호라고 말할 수 있다.

한편, 신식호적에서는, 『호구조사규칙』 제2조가 10호를 합쳐서 1통으로 한다고 규정하고 있을 뿐, 호적 작성 작업에 관한 법률이나 지시 등에 통호 번호의 부여 방법에 관한 상세한 규정은 존재하고 있지 않다. 다만 조금 남아 있는 『토지가옥조사서』(규장각 소장)의 몇 매인가의 가옥부지 현황도(現況圖)로 보면, 인접 가옥은 서로 근접한 통호 번호를 하고 있어, 『한성부호적』에서도 가옥의 배열 순서에 따라 통호 번호를 부여했다고 보아도 좋을 것 같다. 『호구조사세칙』 제13조 규정[22]에 의하면, 방(또는 면 또는 리)마다 제1통 제1호부터 통호 번호의 부여를 시작해서 10호로 1통을 편성하면서 전체 호의 작통(作統)을 시행하고, 만약 마지막에 10호 미만의 호가 남으면, 5호 미만이면 '영호(零戶)' 로 해서 다른 통에 부속시키고, 5호 이상이면 '미성통(未成統)' 으로 독립시킨 후에 일단 이웃 통수 밑에 소속시켜 두고, 가옥이 증가해서 10호가 될 때 정식 통을 편성시켜준다는 조치를 하는 것으로 하고 있다. 법적 규정은 이와 같이, 매년 신규호적에 따라 1통 10호의 작통을 시행하는 것으로 하고, 그것을 무너뜨리지 않기 위한 방책을 준비해 두었다. 그러나 한성부에서는 이 규정은 전혀 준수되고 있지 않았다. 이것을 1906년 중서 관인방으로 살펴보자.

관인방에는 424호가 소속하고 있기 때문에 규정대로 작통하면 42통으로 편성하고, 4호의 '영호(零戶)' 는 다시 마지막 제42통에 부속된다. 그렇지만 실제 『한성부호적』에서 보면, 이 방은 52통으로 편성되어 있고, 이 때문에 이 방의 1통당 평균 호수는 8.2호로 되어 10호에 크게 못 미치고 있다. 한편 이와 반대로, 177호로 구성된 1906년 북서 안국방 경우는, 1통당 평균 호수는 11.1호로 되어 10호를 크게 초과하고 있다. 이것도 규정대로 작통하면 17통과 '미성통' 7호가 되지 않으면 안 되지만, 실제는 16통으로 편성되었기 때문이다.

위의 두 가지 예로 보면, 『한성부호적』에서는 1통이 반드시 10호로 편성되어 있지 않고, 10호가 되지 않는 통이나, 역으로 10호를 초과하는 통이 꽤 존재하고 있었던 것 같다. 그래서 『한성부호적』에 나타나는 전체 통에 대해서, 각 통이 몇 호씩으로 편성되어 있는가를 살핀 것이 〈표 2〉이

〈표 2〉 **통별 구성 호수** (숫자는 통의 수)

호수	1896년	1903년	1906년	합계
1	0	0	4	4
2	0	0	3	3
3	0	0	3	3
4	0	3	6	9
5	0	4	3	7
6	1	7	16	24
7	0	12	19	31
8	1	43	44	88
9	7	75	110	192
10	34	162	235	431
11	0	59	129	188
12	0	14	75	89
13	0	6	29	35
14	0	7	21	28
15	0	3	13	16
16	0	2	10	12
17	0	1	0	1
18	0	4	5	9
19	0	3	4	7
20	0	8	2	10
21	0	1	4	5
22	0	3	0	3
23	0	1	0	1
24	0	1	2	3
26	0	1	0	1
29	0	3	0	3
30	0	3	1	4
31	0	1	0	1
합계	43	427	738	1,208

다.[23] 명확히 10호로 편성된 통이 가장 많기는 하지만, 37.8%로 3분의 1을 겨우 웃도는 정도에 지나지 않고, 3분의 2 가까운 통은 9호 이하 또는 11호 이상으로 편성되고 있었다.[24]

『한성부호적』 원본의 상황을 보는 한, 이와 같은 현상의 원인을 그 작성 또는 보관상의 사고(事故)로 돌릴 수는 없다. 『한성부호적』에는 다시 편철하거나 대량으로 제거했던 흔적은 발견할 수 없기 때문에, 작성 당시부터 결번은 있었다고 생각할 수밖에 없다. 또 한편으로, 10호 이상으로 구성된 통의 경우, '제11호' 또는 '제가(第加)1호' 처럼, 명확히 의식해서 10호를 넘는 호번호(본고에서는 이것을 가번(加番)이라고 칭함)가 붙여지고 있다. 결번(缺番)·가번(加番) 모두 『한성부호적』 작성 당시부터 존재했던 것이다. 『한성부호적』에서 결번이 있는 통은 459(전체 통의 38.0%), 가번이 있는 통은 491(전체 통의 40.6%)로 결코 예외적인 존재가 아니라, 오히려 일반적인 존재 형태다. 한성부에서는 결번이나 가번이라는 존재 형태로, 1통 10호의 원칙은 무너져 있었다.

결번과 가번이 같은 통 안에 중복해서 존재하는 예도 많다. 예를 들면 『한성부호적』 제1책째 첫머리에 해당하는 중서 정선방 제23통의 경우, 제1호를 결번하면서 최종 호는 제12호로 되어 있어, 결번이 있으면서 또한 가번이 있고, 그런데도 전체는 11호로 구성되어 있었다. 말하자면 이중 삼중의 『호구조사규칙』을 위반하였지만, 이와 같은 행위는 꽤 많은 통에서 행해지고 있었다. 통마다 최종 호 번호(〈표 3〉)를 보면, 규정대로 제10호를 최종 호 번호로 하는 것은 3년도 합계 698통(53.7%)으로 전체의 반수 남짓에 지나지 않고, 491통(40.6%)은 제11호 이상이 최종 호 번호로 되어, 가번이 있지만 그중에 201통(전체 통의 16.6%)으로, 거의 반수 가까이가 결번도 있다. 결번이 있어도 보충하는 것 없이, 증가한 호에 대해서는 가번이라는 형태로 새로운 호 번호를 부여하였다.

〈표 3〉 통별 최종 호 번호 (숫자는 통의 수)

호수	1896년	1903년	1906년	합계
1	0	0	2	2
2	0	0	2	2
4	0	2	2	4
5	0	1	0	1
6	1	1	5	7
7	0	0	3	3
8	0	9	8	17
9	3	25	30	58
10	39	261	323	623
11	0	69	150	219
12	0	30	89	119
13	0	11	34	45
14	0	8	23	31
15	0	4	23	27
16	0	2	10	12
17	0	2	7	9
18	0	2	6	8
19	0	0	10	10
20	0	0	3	3
21	0	0	2	2
24	0	0	3	3
25	0	0	1	1
26	0	0	1	1
31	0	0	1	1
합계	43	427	738	1,208

『한성부호적』에서는 1통 10호의 규정은 준수되지 않았으며, 그 경향은 〈표 2〉에서 명확히 나타나는 것처럼, 연도를 따라 확대 양상을 보인다. 여기에 이르러 우리들은 『한성부호적』의 통호 번호가 구식호적처럼 개정 작업 때마다 교체되고 있었다고 생각할 필요는 없는 듯하다. 그래서 그 실태

를 더욱 명확히 파악하기 위해서, 다시 개개 호적표의 통호 번호 기재 상태에 개입해서 검토를 더 시도해 보자.

현존하는 신식호적대장의 대다수는 군아(郡衙) 또는 관찰부(觀察府)에서 작성했던 등사본(謄寫本)이지만, 『한성부호적』은 호주가 호마다 작성해서 5서(署)에 제출한 신고 원본을 편철해서 책자로 만든[25] 것으로, 양자는 자료적 성격을 달리하고 있다. 『한성부호적』은 관청에서 다양한 정리 · 조정 작업을 시행하기 이전의, 신고 주민과 호적과의 관계를 꽤 충실하게 반영하고 있다고 생각한다.

이 점을 염두에 두면서, 『한성부호적』 호적표 개개를 자세히 보면, 신고 이전에 주민이 자기 호의 통호 번호를 알고 있었다고 생각하지 않을 수 없다. 첫째, 호적표 원본의 통호 번호는 명확하게 1매마다 필적이 달라서, 어떤 곳에서 연속해서 통일 기재된 형적은 없다. 둘째, 통호 번호에 다른 호와의 중복이나 명백한 오기, 또는 미기재가 꽤 대량으로 존재하고 있다.[26] 셋째, 호적표가 반드시 통호 번호 순서로 나열되어 있지 않고, 순서가 매우 어지러운 지역이 많다.[27] 이상의 세 가지 점은 규정대로 신고한 후에 5서에서 통호 번호 부여 작업을 시행하였다면 일어나기 어려운 사태이다. 주민이 미리 자기 호의 통호 번호를 알고 있어서, 신고에 맞춰 미리 그것을 기재한 호적표를 제출했다고 보아야 비로소 이해가 가능한 것이다.[28]

이상의 추측을 뒷받침하는 것이 첫째로, 한성부에서 가옥의 권리관계 대장의 일종인 『한성부통표(統表)』(3책)[29](국사편찬위원회 소장)가, 통호 번호에 따라 부동산을 관리하고 있었다는 사실이다. 『한성부통표』는 호마다 개별 표를 작성해서, 그것들을 방별(坊別)로 합쳐서 책자로 편성하고 있다. 가옥과 부지를 세트로 파악하여, 매매나 저당에 따른 소유권 이동, 전당(典當)에 따른 담보권 설정 등, 부동산에 관한 여러 권리 변동 모두를 개별 표에 기재해서, 그것을 통호 번호 순서로 배열하여 대장으로 삼았던 것이다. 『한성부통표』에 관한 명확한 법적 규정은 발견되지 않았지만, 융희 원년(1907)에 시행되었던 토지 가옥 증명규칙에 근거해서 작성되었던 「토지가옥증명부」의 보조 대장일 것이다.[30] 이러한 부동산 여러 권리관계의 파악 작업을 시행할 때, 한성부가 인식 번호로 사용한 것이 통호 번호였다. 만약 매년 시행되는 호적 개정마다 통호 번호를 갈아 붙였다고 한다면, 이 대장은 복잡하게 뒤얽혀 매우 불편해질 것이다. 통호 번호가 호마다 고정되어 있었다는 실태야말로, 통호 번호에 따라 가옥 · 부지를 등록 관리하는 것이 가능한 것이다. 또 둘째로, 다음 절에서 상세하게 분석하겠지만, 복수 연도의 호적대장이 남아 있는 지역을 대비하면, 통호 번호가 전혀 변화하지 않은 호가 30% 전후 존재한다는 사실이다. 방(坊)을 단위로 한 모(母)집단이 수백부터 천을 넘는 듯한 『한성부호적』의 경우, 매년 호적 개정마다 통호 번호가 갈아 붙여졌다면, 아마도 이와 같은 현상은 일어나지 않았을 것이다.

그런데 가옥 변동의 실태로 말하자면, 이전에 본 대량의 결번과 가번은, 전자가 철거 또는 합동(合同)에 따른 가옥 그 자체 또는 그 독립성의 소실, 후자가 신축에 따른 증가이다.

예를 들면 『한성부호적』에서 결번으로 되어 있던 중서 정선방 돈녕부계 궁동(宮洞) 72통 4호는 광무 9년(1905) 5월 22일자 『황성신문』에 궁동 거주의 최동민(崔棟珉)[31]이란 인물 이름으로 게재된 다음 광고에 따라, 가옥이 무너져서 공터가 되었다는 것을 알 수 있다.

> 중서 정선방 돈녕계 궁동 72통 4호의 초가 6칸을 신용(申溶)이란 사람이 세를 얻어 거주했는데, 오랫동안 수리하지 않아 무너졌다. 부지를 구입하고 싶지만, 본 주인의 거주를 알지 못하여 아직 흥정할 수 없기 때문에, 이에 광고하니 해당 집주인은 빨리 와서 팔도록 할 것.[32]

72통 4호 부지는 존재했지만, 가옥이 존재하지 않기 때문에 호적표를 작성할 필요가 없었다. 그래서 이 호는 결번이 되었다. 또 '합호(合戶)' 등으로 기재된 가옥 합동에 의해서도, 몇 개인가의 옆집 호적이 삭제되어 결번이 생겨났다.[33)]

다음, 가번(加番)은 가옥의 신축이다. 처음은 10호로 구성되어 있던 통내(統內)에 가옥이 증가하면, 당연히 11 이상의 호 번호를 부여한다. 이와 같은 통호 번호 부여의 작용 원리를 부지(敷地)와 관련해서 간단하게 도식해 보면 다음과 같다. 먼저 사례 ①(〈그림〉 1)은 제1호 부지를 분할해서 가옥을 신축한 경우로, 부지에 착안하면 분필(分筆, 필지 분할)에 해당한다. 신축된 가옥에는 제11호라는 통호 번호가 부여된다. 이것에 대해서 사례 ②(〈그림 2〉)에서는, 일단 제1호 가옥이 철거된 바로 그 땅에 재건된 경우이다. 가옥 철거와 함께 통호 번호는 소멸하기 때문에, 동일 부지에 재건한 것이라도 새 가옥에 종래의 통호 번호는 부여되지 않고, 가번인 제11호가 주어지고 제1호는 결번이라는 것이 된다. 이렇게 해서 이 통은 결번과 가번을 동시에 가지게 된다. 사례 ①과 같이 부지가 분할되거나 또는 가옥이 존재하지 않았던 토지에 가옥이 신축되면, 호수(戶數)도 통호 번호도 11을 초과해서 증가하다. 사례 ②와 같이 철거된 후에 가옥이 신축되면 호수는 변하지 않은 채 통호 번호만 증가한다. 그 후에는 다양한 변화가 있

<table>
<tr><td>1</td><td>2</td><td>3</td><td>4</td><td>5</td><td>6</td><td>7</td><td>8</td><td>9</td><td>10</td></tr>
</table>

<table>
<tr><td>1</td><td rowspan="2">2</td><td rowspan="2">3</td><td rowspan="2">4</td><td rowspan="2">5</td><td rowspan="2">6</td><td rowspan="2">7</td><td rowspan="2">8</td><td rowspan="2">9</td><td rowspan="2">10</td></tr>
<tr><td>11</td></tr>
</table>

〈그림 1〉 사례 ①

1	2	3	4	5	6	7	8	9	10

11	2	3	4	5	6	7	8	9	10

〈그림 2〉 사례 ②

지만, 통호 번호와 통내 호수와 통내 최대 통호 번호의 삼자 관계 및 그 배후에 있는 호와 통호 번호의 관계는 이로써 정합적(整合的)으로 이해할 수 있을 것이라고 생각한다.[34)]

〈표 3〉을 보면, 건양 원년(1896)에는 가번이 전혀 존재하지 않고, 결번도 거의 존재하지 않는다.[35)] 『한성부호적』의 통호 번호는, 건양 원년 12월에 제1회 신식호적 신고와 대장 작성이 시행되었을 때, 한성부로부터 각 호에 부여되었던 것이 그대로 고유 번호로 고정되고, 게다가 이때 동시에 통의 지리적 범위도 거의 확정된 것으로 생각한다. 물론 소유관계 변동에 따라 부지 형태도 변화하기 때문에, 통의 지리적 범위는 반드시 완전하게 고정되어 있었다고는 생각하지 않는다. 그러나 대략의 범위가 크게 변동하는 것은 적고, 가옥 존재 지역의 증가 가옥에는 가번을 주어서, 애써 새로운 통을 만드는 것을 피하려고 한 것 같다. 하지만 1903년에 27통으로 구성된 북서 가회방이 1906년에는 32통으로 5통의 증가를 한 것처럼, 가옥이 밀집해서 공지(空地)가 적었던 중심부는 별도로 하고, 부지가 분할되어 있지 않은 지역에 가옥이 신축되면 새 통이 편성되었던 것 같다. 두 가지 사례밖에 발견되지 않지만, '미성통(未成統)' 이라고 이름 붙여진, 통호 번호를 붙이지 않은 호들이야말로 그 과도적 형태인 것이다.[36)]

이상에서 본 것처럼, 『한성부호적』의 통호 번호는 각 호=가옥에 부여된 고유 번호=가옥 번호이며, 가옥의 여러 권리관계 등기(登記)의 기초 번호로도 사용되고 있었다.[37)] 다만 통호 번호의 이와 같은 성격은 한성부 이외 지역에는 해당하지 않는 것 같다. 좁은 식견에 한정하면, 교토대학 문학부 지리학연구실 소장 『의주군 호적표안(戶籍表案) 제17』(1905년), 『광주부(廣州府) 호적』(1903년), 『풍덕군(豊德郡) 호적표』(1904년), 텐리(天理) 도서관 소장 『양구군(楊口郡) 서면 호적성책』(1905년), 『태안군(泰安郡) 원이면(遠二面) 을사식(乙巳式) 호적표안』(1905년), 규장각 소장 『인천항 호적대장』(1898년) 등, 통호 번호를 붙여 내부(內部)에 제출된 등사본에서는 예외 없이 1통 10호의 원칙을 지키고 있고, 『한성부호적』처럼 결번은 없다. 일부 통 끝의 '0호(零戶)' 를 처리하기 위해서, 몇 호의 가번을 가진 것이 있지만, 여느 경우도 구식호적과 마찬가지로 호적 개정마다 통호 번호를 갈아 붙이고 있었다. 건양 원년(1896) 이래, 통호 번호를 고정해서 가옥의 등록 관리를 시행하고 있었던 것은, 한성부만의 특수한 제도라고 볼 수 있을 것이다.

다음으로 통호 번호를 단서로 해서, 주민 · 호 · 가옥의 삼자 관계로부터 호의 이동을 살펴보자.

2. 호의 이동

1) 이동의 빈도

통호 번호를 대응 표지(標識)로 해서[38] 분석 대상 지역의 호적표를 대조하면, 〈표 4〉와 같은 결과를 얻지만, 그 내용 분석에 들어가기 전에 먼저 표의 작성 방법부터 설명해 두자.

대조의 기초 수치가 되는 것은 각 연도의 호주 수이지만, 이것은 『한성부호적』의 호수, 결국 호적표의 매수와는 다른, 1인으로 복수 호=가옥을 소유한 호주를 중복으로 계산하는 것이 아니라, 어디까지나 순수 호주의 수로 하였다. 예를 들면 2호를 소유한 호주가 5인 존재하고 있던 1903년도 견평방 경우, 호수 225에 대해서 호주 수는 중복된 5를 감한 220이 된다. 이렇게 해서 각 연도에서 방(坊)의 호주 수가 산출된다.

앞 절에서 통호 번호가 호에 주어진 고유 번호인 것을 확인하였지만, 그렇다면 호주 가운데 두 연도에서 통호 번호가 일치하는 것은 그사이 전혀 주거 변동이 없었다는 것이다. 이것을 중서 견평방의 경우를 예로 해서 살펴보면, 1903년도에 219건이던 호주 가운데 1906년도에도 동일 통호 번호로 존재가 확인되는 것(이것을 본고에서는 '불변호주'(不變戶主)라고 부르기로 함)은 74건이 된다. 이것에 호의 인적 구성 실태가 거의 변화하지 않고, 호주가 아버지로부터 아들로 바뀐 4건, 그리고 형에서 동생으로 바뀐 3건까지 더하면,[39] '불변호주' 수는 81건이다. 한편 1903년도의 호주 219건 가운데, 불변호주 이외의 138건은 1906년도 호적대장에는 나타나지 않는다. 이것은 이 사이에 다른 곳으로 이전한 것으로, 이른바 전출(轉出)이다. 이것을 1903년도 호주 수 219에 대한 백분율로 나타낸 62.0%라는 수치가, 1903년도를 기준으로 한 견평방의 전출률이 된다. 마찬가지로 1906년도 호주 수 207에서 불변호주 수를 뺀 나머지 수 126은, 1903년도 이후 몇 개인가의 시기에 다른 곳에서 전입하여 온 것으로, 이것을 1906년도 호주 수 207에 대한 백분율로 나타낸 60.9%가 1906년도를 기준으로 한 견평방 전입률이 된다. 게다가 전출호주 수와 전입호주 수를 합계한 266

〈표 4〉 호의 이동

지역	연도			이동상황			
	1896	1903	1906	불변	전출	전입	변동률
견평방	-	219	207	81	138	126	62.0
안국방	-	171	174	48	123	126	72.2
가회방	-	268	285	78	190	207	71.8
광화방	-	253	253	74	179	179	70.8
순화방	-	238	264	107	131	157	57.4
양덕방	165	-	161	22	143	139	86.5
1896→1903	165	-	161	22	143	139	86.5
1903→1906	-	1149	1183	388	761	795	66.2
합계	165	930	1,298	351	909	947	69.1

단위는 호주 수, 변동률은 %.

의, 두 연도의 호주 수 합계 426에 대한 백분율 62.0%가 두 연도 사이에 견평방의 호 변동률이 된다.

이상과 같이해서 작성한 〈표 4〉로 먼저 전체 동향을 살펴보자. 1896년부터 1906년에 걸친 10년간에 대해서는 양덕방 1방 사례밖에 얻을 수 없지만, 전출이 86.7%, 전입이 86.3%, 변동이 86.5%로, 변동이 없는 것은 13.5%로 20%를 크게 미치지 못한다. 또 1903년부터 1906년까지 3년간은 전출 66.7%, 전입 67.2%, 변동 66.2%, 변동 없는 것 33.3%가 되어, 3분의 2 남짓 호가 교체되었다. 이것을 전체로 보면, 전출 68.8%, 전입 69.5%, 변동 86.8%, 변동 없는 것 30.5%라는 수치를 얻는다.[40)]

이상과 마찬가지로 통호 번호를 단서로 호의 변동을 관찰한 결과, 1903년도부터 1906년도까지 3년 사이에, 관찰 지역 전체 호의 3분의 2 남짓이 전출 또는 전입한 것을 알았다. 이것은 단순평균으로는 연(年) 23.1%에 해당하여, 매년 5호에 1호 남짓 비율로 이전하고 있었다. 또 사례로서는 양덕방 한 사례밖에 없지만, 1896년부터 1906년까지 10년간으로 보면, 90% 가까운 호가 이동하였다는 것이다.

다음으로, 변동률(이전율)을 지역별로 살펴보면, 1896년부터 1906년까지라는 관찰 기간이 가장 장기간에 걸친 양덕방이 90% 가까운 높은 수치를 보이지만, 다른 지역은 70% 수준의 안국·가회·광화 세 방과, 60% 수준의 견평·순화 두 방이라는 두 집단으로 나누어진다. 이 점에 대해서는 다음 절에서 더욱더 상세하게 검토하기로 하고, 3년 시간 간격을 가진 다섯 방에서, 최대치와 최소치의 차가 14.8%포인트로, 다섯 방의 평균치 66.2%포인트의 5분의 1 남짓에 지나지 않아, 이것에 10년 차(差)를 가진 양덕방을 넣어도 최대치와 최소치의 차는 29.1%포인트로 지역적 편중은 있지만, 호의 이동이 특정 지역에만 한정되는 것은 아니고, 한성부 전체에서 널리 일어나고 있던 현상이었다고 볼 수 있을 것이다.

이상, 한성부 성내에서는 단순평균으로 연 20% 남짓 호가 이동하고 있어, 3년간에 70% 전후 호가 교체되었던 것을 알 수 있다. 게다가 시간 간격을 10년으로 하면, 수치는 90% 가까이 상승한다. 다만, 이와 같은 수치 자체는 실태에 비하면 낮은 것이라는 점에 주의해야 한다. 왜냐하면 이 장이 검토 대상으로 하는 현존하는 『한성부호적』은 10년 또는 3년의 시차를 가진 두 시점 사이의 정점관측 자료이고, 1896년 또는 1903년이라는 종전 호적 작성 때 이후에 전입해 온, 1906년 호적 작성 때 이전에 전출하였던 호에 대해서는 전혀 파악할 수 없기 때문이다. 또, 두 연도에서 존재가 확인되는 호라도, 그사이에 일단 다른 곳으로 전출한 후, 다시 전입해 왔을 가능성도 조금은 있다. 단순평균으로 연 20%를 넘는 이동률을 생각하면, 현존하는 호적대장에서는 전혀 파악할 수 없는 이동이 상당수에 이른다고 보지 않으면 안 된다.

『한성부호적』 이외의 한성부 신식호적으로, 어느 정도 연대를 연속해서 관찰할 수 있는 것으로 확인되었던 것은 앞 장에서 본 국립중앙도서관 소장 『이의종(李依鍾) 호적표』(건양 2년~광무 11년. 10매. 그중 2매는 인천부 호적표)와 한국연구원 소장 『김재완(金在完) 호적표』[41](건양 원년~광무 11년. 11매)의 두 사례뿐이다. 번거롭지만 두 사람의 호적표를 다시 게재하여, 양자의 주소 변동을 살펴보고자 한다.

먼저, 이의종의 주소 변동은 아래와 같다.

건양 2년(1897) 인천부 전반면(田反面) 삼리(三里) 도두동(道頭洞) 2통 4호

광무 4년(1900) 한성부 남서 회현방 장흥계 장동(長洞) 170통 2호

광무 5년(1901) 한성부 남서 회현방 장흥계 장동 104통 4호

광무 8년(1904) 한성부 남서 전반면 삼리 도두동 74통 5호(誤記)

광무 9년(1905) 한성부 북서 순화방 사재감계 동곡동(東谷洞) 39통 4호

다음으로, 김재완의 주소 변동은 아래와 같다.

건양 원년(1896) 한성부 서서 인달방 봉상사계(奉常司契) 북문동 16통 3호

광무 2년(1898) 한성부 서서 적선방 사온동(司醞洞) 33통 3호

광무 4년(1900) 한성부 북서 진장방 삼청동 8통 8호

광무 11년(1907) 한성부 서서 여경방 오궁동(五宮洞) 33통 7호

이의종은 인천에서의 1회를 포함해서 햇수로 11년간에 4회, 김재완은 햇수로 12년간에 3회 이전을 하고 있었다. 또 전거지(前居地) · 이거년월 두 난의 기재에 따르면, 김재완은 갑오년(1895) 12월에 이전했던 것이 판명되기 때문에, 이것까지 포함하면 햇수로 13년간에 4회 이전한 것이다. 양자 모두 평균 3~4년마다 이전한 것이다. 그에 비해서 광무 10년도의 『한성부호적』에서는 당연하지만, 이의종 호적(제147책)은 광무 9년, 김재완 호적(제157책)은 광무 4년, 각각 1회씩밖에 호 이동을 기재하지 않고, 그 이외 호의 이동은 『한성부호적』에서는 전혀 살펴볼 수 없는 것이다.

〈표 4〉의 변동률은 해당 연도 사이에 발생한 이동의 최저치이고, 실제는 이보다 높았던 것임에 틀림없다.

2) 이동의 시간적 · 공간적 범위

이동이 어느 시점에서, 어디서부터 어디로 행해졌는가? 시간적 범위와 공간적 범위 양자에 대해서 살펴보고자 한다. 이 절에서는 『한성부호적』 전체를 모(母)집단으로 해서, 전거지란(前居地欄)과 이거년월란의 기재를 자료로 이용한다. 호적표의 잔존이 시간적 또한 공간적으로 대단히 한정되어 있기 때문에, 앞 절과 같은 아주 한정된 지역의 호적표를 비교 대조하는 방법은 강한 편견에 걸려 버리기 때문이다.

앞에서 서술한 것처럼, 『한성부호적』은 이동 사실에 관해서는 반드시 높은 신뢰성을 가지고 있지 않지만, 충분한 주의를 기울이면 두 난의 기록은 전체 경향을 추측하는 자료로 사용할 수 있다. 다만, 분명한 것은 전거지란이라는 성격상, 전입 전 거주지와 전입 시기이고, 전출에 관해서는 불분명하다.

두 난의 기재에 근거해서, 이동 상황을 전입 전 거주지의 지역별로, 전입 후 연수(年數)에 따라 성내 · 성외별로 정리하면 〈표 5〉와 〈표 6〉과 같다.

여기서 주의할 점은 두 표가 전거지란에 기재가 있는 것만을 정리해서, 전거지를 본동(本洞)=동일 동으로 하고, 이거란(移居欄)을 공백으로 한 것은 제외했다는 것이다. 이와 같은 호적표는 합계 3,527매(전체의 27.9%)로 상당한 매수에 이르고, 특히 성외에서는 1,352매로 전체 3분의 2 남짓을

〈표 5〉 성내 지역의 전입 전 거주지

연수	성내	성외	부내(府內)	부외(府外)	불분명	無記	합계	%
1	574	14	3	91	1	28	711	14.6
2	1153	27	11	105	6	13	1,315	27.1
3	569	15	2	50	0	7	643	13.2
4	456	11	1	27	1	3	499	10.3
5	211	6	2	18	0	4	241	5.0
6	182	5	1	23	0	3	214	4.4
7	210	3	1	9	0	4	227	4.7
8	116	2	1	11	0	0	130	2.7
9	128	3	0	6	0	5	142	2.9
10	87	3	1	6	0	1	98	2.0
11 - 20	412	11	1	36	0	6	466	9.6
21 - 60	139	4	0	24	0	1	168	3.5
無記	1230	38	8	177	4	(2197)	1,457	-
합계	55,467	142	32	583	12	75	6,311	100.0
%	86.6	2.3	0.5	9.2	0.2	1.2	100.0	-

(단위: 건 수. 연수별 비율은 연수 불분명한 것을 제외하고 산출함. 무기(無記) 난의 괄호 안은 전 거주지 · 이거년월 모두 기재되어 있지 않는 것으로, 합계치에는 넣지 않음)

〈표 6〉 성외 지역의 전입 전 거주지

연수	성내	성외	부내(府內)	부외(府外)	불분명	無記	합계	%
1	7	9	0	3	0	0	19	11.9
2	7	5	0	3	0	0	15	9.4
3	4	6	0	2	0	0	12	7.5
4	10	3	0	2	0	0	15	9.4
5	5	4	0	0	0	0	9	5.7
6	6	3	0	0	0	0	9	5.7
7	1	1	0	0	0	0	2	1.3
8	1	2	0	1	0	0	4	2.5
9	1	1	0	1	0	0	3	1.9
10	3	4	1	2	0	0	10	6.3
11 - 20	6	11	1	3	0	0	21	13.2
21 - 50	12	19	2	7	0	0	40	25.2
불분명	23	56	3	16	0	(361)	98	-
합계	86	124	7	40	0	0	257	100.0
%	33.5	48.2	2.7	15.6	0	0	100	-

(작성 방법은 〈표 5〉와 같음)

차지하는 정도이다. 게다가 그것이 전거지란에 기재가 있는 성외 호적표 1,609매 가운데 84.0%에 이르고, 더욱이 뒤에서 검토하는 것처럼, 성외에서 성외로 이동한 사례의 96.0%에 이르고 있다. 조금 부자연스럽다. 이것은 실제 이거를 반영한 것이 아니라, 단순히 전년(前年)의 호적 작성 때도 동일한 곳(즉 동일한 동)에 거주하고 있었다는 것을 나타내는 오기로 간주해야 할 것이다.

호적 작성의 제도상, 전거지란과 이거년월란은 하나로서, 이거할 경우 두 난에 동시에 그 사실을 기재해야 한다. 그렇지만 호적표 서식 자체에서는 반드시 두 난을 하나로 인식하기 어렵다는 것을 부정할 수 없고, 신고자의 주관적 의도와 상관없이 많은 오기가 발생했음을 추측하기 어렵지 않다. 호적 신고자와 접수 담당자에게 제도적 의도가 철저하지 않아, 두 난이 별개로 인식되어 기재되었다고 해도 전혀 이상하지 않다. 전거지(前居地)를 전년의 호적표 작성 때의 거주지로 이해하고, 이거하지 않을 경우 그대로 본동(本洞, 동일 동)으로 기재하는 것은 제도적 이해가 결여된 현장의 인간으로서는 당연한 행위라고 할 수 있는 것이다. 이렇게 생각하면, 성내에서 전체 건수의 11.5%, 성외에서는 실로 68.6%에 이르는, 전거지를 본동으로 기입하면서 이거년월란을 공백으로 한 대량의 호적표 존재를 정합적으로 해석할 수 있을 것이다.[42] 그러나 그렇다고 해서 그 안에, 단순한 착오 등으로 이거년월란을 공백으로 한 것이 혼재될 가능성을 완전히 부정할 수 있는 것은 아니고, 실제로 동일 동내(洞內)에서 이거한 호가 있었다는 것도 인정하지 않으면 안 될 것이다. 다만, 그것들을 변별하는 것은 불가능하고, 실제로 있었다고 해도 그 정도로 많다고는 생각하지 않는다. '이거년월 기재 없음 · 전거지 본동' 의 대부분은 이거를 나타내고 있지 않다고 보아도 지장이 없을 것이다.

이상의 전제하에서, 먼저 〈표 5〉 · 〈표 6〉의 합계란을 살펴보자. 성내가 6,311건, 성외가 257건으로 되어 있어, 각각 전체 호수의 59.1% 및 13.0%를 차지하고 있다. 전체의 51.9%로, 반수 남짓 호가 몇 개인가의 시점에서 이동했던 경험을 가진 것으로 이해된다.

그러면 표의 내용 검토에 들어가 보자. 세로란의 연수는 현지로 전입하여 온 것이 몇 년 이내인가를 나타내고, 가로란의 지역명은 전입 전 거주지를 나타낸다. 지역은 한성부를 성벽에 의해 성내(도시부)와 성외(농촌부)로 나누고, 경(京) 등으로 해서 한성부 안이라는 것이 분명해도, 상세한 지역명이 생략된 것을 '부내(府內)' 로 하고, 한성부 이외 지역을 '부외(府外)' 로 하였다. 또한 오염 등에 의해 판독 불가능인 것은 '불분명', 이거년월란에 기재되었지만 전거지란이 공백인 것 및 반대로 전거지란에 기재되었지만 이거년월란이 공백인 것은 모두 '무기(無記)' 라고 하였다.

그런데, 전거지와 이거 두 난의 신뢰도가 어느 정도인지, 앞 절에서 분석한 여섯 방의 1906년도분 호적표에 기초해서 검토하여 보자. 1896년 또는 1903년 이후 여섯 방으로 전입한 것이 확인된 것은 947건이지만(〈표 4〉), 이들 호적표의 전 거주지와 이거 연월의 기재 상황을 보면, 전 거주지만 기록하고 이거 연월을 공백으로 한 378건(39.9%)이 가장 많고, 전 거주지와 이거 연월 모두 기재한 것은 318건(33.6%)으로 전체의 3분의 1에 지나지 않는다. 한편 이거 연월만 기재하고 전 거주지가 공백인 것이 3건(0.3%)이고, 양자 모두 공백인 것이 214건(22.6%)이다. 또한 이거 연월 · 전 거주지 양자 모두 기재한 것 중에서 이거 시기가 전(前) 호적표 작성 시기(양덕방이 1896년, 다른 다섯 방은 1903년) 이전으로 소급하면서, 전 호적표와 다른 전 거주지를 기재한 것, 즉 전 호적표 작성 이전의 이동만을 기재해서, 1896년 내지 1903년부터 1906년 사이에 행해졌던 이동을 기재에 반영하고 있지 않은 것이 34건(3.6%)이다.

이상과 같이, 두 난의 기재에는 실제로 행해졌던 이동의 다수가 탈락하였다는 것을 알았다. 다만 전 거주지에 대해서는 4분의 3 정도가 기재되어 있어, 이동이 있었다는 사실에 대해서는 그런대로 반영되었다고 말할 수 있을 것이다. 한편 이동 시기 기재는 3분의 1 남짓에 머물러 있어, 신뢰도가 그다지 높다고는 말할 수 없다. 전 거주지에 관해서는 일정 정도 신뢰할 수 있지만, 이동 시기에 대해서는 실태 그 자체라고 믿을 수는 없는 것이다. 따라서 고찰 대상으로서 의미가 있는 것은 각 시기 간의 비율이라고 말할 수 있다.

먼저 전입 시기에서는, 최단 1년 이내부터 최장 성내에서 60년 이내, 성외에서 5년 이내까지로 광범위하게 분포되어 있다. 평균치는 성내가 5.6년인 것에 비해서, 성외는 13.7년으로 큰 차이가 있으며, 전체 평균은 5.7년이다. 다만, 여기에서 이동 이후 평균 연수 20.0년으로 극단적으로 큰 수치를 보이는 두모방을 제외하고 계산하면, 성외 평균치는 5.8년이 되어, 성내와 거의 같다. 두모방이 성외 평균치를 크게 끌어올리고 있다. 두모방을 제외하면, 성내와 성외 모두 전입 시기에 관해서는 거의 차이가 없다고 말할 수 있다.

최대치는 성내가 2년 이내의 27.1%, 성외가 1년 이내의 11.9%이다. 성내와 성외를 합계하면, 최대치는 2년 이내의 26.5%이고, 1년 이내의 14.6%가 그다음 순이다. 하지만 이거 연월 대부분은 연도만 기재하고 달(月)은 기재하지 않으므로, 1년 이내라고 해도 실제로는 호적표 작성 해당 연도의 몇 개월 사이만을 반영하고 있을 뿐이다. 따라서 이것을 실제 기간으로 계산하면, 1년 이내에 전입한 것이 최대치가 되는 것은 틀림없다. 한편 3년 이내까지가 53.8%로 반수를 넘고, 이것을 5년 이내까지로 확대하면 69.3%로 거의 70%에 가깝다. 이처럼 이거년월란 기재에서는 3년간에 70%에 가까운 호가 교체되는 것이 되어, 전입 대부분이 아주 근년(近年)에 행해졌다고 하는 〈표 4〉의 결과와 유사한 경향을 볼 수 있다.

더욱이 지역을 성내와 성외로 나누어 보면, 무시할 수 없는 오차가 나타난다. 성내에서는 최근 5년 이내에 누적 수가 70%를 넘는 것에 비해서, 성외의 그것은 16년 이내까지로 넓혀야 한다. 게다가 누적 수 90%에서는 성내가 12년 이내로 도달하는 것에 비해서, 성외에서는 35년을 필요로 한다. 또한 전입 건수로 살펴보면, 성내(4,854건)는 전체 호수의 45.4%로 절반 가까이 되는 것에 비해서, 성외(159건)는 8.1%를 차지하는 데에 지나지 않는다. 성내 호는 성외에 비하면 훨씬 높은 빈도로 이동을 하였다고 이해해야 할 것이다. 그런데 이것도 두모방의 특이치(特異値)가 성외 전체에 큰 영향을 주고 있다. 그래서 일단 두모방을 제외하고 보면, 성외의 누적 수 70%는 3년 이내로, 또한 누적 수 90%는 10년 이내로 달성된 것이 되어, 성내와 성외의 차는 해소되고 오히려 성외 쪽이 약간 이동 빈도가 높다는 결과를 얻는다.

다음으로 전입 방향을 살펴보자. 건수가 가장 많은 것이 성내에서 성내로의 이동인데, 전입 전 거주지 불명 및 무기(無記)를 제외한 전입 전체의 86.4%로 대부분을 차지하고 있다. 더욱이 이것을 성내만 한정하면 89.3%로 거의 90%라는 높은 비율이 된다. 그다음이 성외에서 전입한 104건 2.1%인데, 한성부 이외 지역에서 이동하여 온 호는 8.4%로 10%를 밑돌고 있다. 이에 비해 성외의 경우는, 성외에서 성외로의 이동이 가장 많아 42.8%를 차지하고 있지만, 성내로부터의 전입도 39.6%로 거의 같은 수준이다. 한성부의 호는 단기간에 이동하고 있지만, 그 대부분은 근린(近隣) 지역을 순환하고 있었다.[43]

한성부에서 이동(전입) 대부분은 성벽 내부에서 이루어지고 있었다. 하지만 모집단 수 및 현재 거주 인구수를 고려하면, 성내와 성외 사이의 이동도 무시할 수 없을 정도로 존재하고, 부외(府外)로부터의 전입도 약 10% 정도가 존재하며, 특히 성외에서는 15%를 약간 넘는 것에도 주목하고 싶다. 전출에 관한 정보가 누락되어 있기 때문에 속단해서는 안 되지만, 한성과 그 이외 지방 사이의 이동 또한 무시할 수 없을 정도로 존재하고 있었다.

3) 이동의 지역적 경향

앞 절에서는 성내와 성외로 나누어 고찰하였지만, 이 절에서는 다시 이것을 방별(坊別)로 나누어 상세하게 살펴보자. 방별 이동 경험률과 이동 후 평균 연수는 〈표 7〉과 같다. 먼저 이동 후 평균 연수는 20.0년이라는 극단적으로 큰 수치를 보이는 두모방을 예외로 하고는, 거의 전체 평균치인 5.7년 주변에 모여 있다. 1.4년이라는 낮은 수치를 보이는 용산방 경우도

〈표 7〉 방별의 이동 경향

서	방	이동 경험 호	이동 경험률	이동 후 평균 연수
중서	관인방	215	50.7	4.8
	경행방	222	59.0	6.1
	견평방	418	61.9	6.1
	수진방	150	50.8	5.8
	서린방	159	74.6	6.1
	징청방	162	69.5	5.4
	장통방	577	71.2	6.6
	정선방	849	72.1	5.1
동서	연화방	114	50.4	9.9
서서	반송방	57	11.5	3.7
	용산방	11	4.4	1.4
남서	회현방	131	50.0	7.7
	훈도방	577	72.9	6.4
	광통방	124	63.9	5.7
	대평방	158	83.2	4.9
	두모방	142	32.0	20.0
북서	상평방[44]	12	6.3	4.3
	안국방	199	57.0	3.4
	연은방	1	1.2	3.0
	연희방	34	6.7	7.2
	가회방	328	52.5	5.2
	관광방	364	59.4	4.1
	광화방	285	56.2	5.6
	준수방	151	46.2	5.1
	순화방	714	43.7	4.9
	진장방	186	47.3	3.2
	통의방	14	38.9	2.7
	양덕방	214	64.8	5.7
합계		6,568건	5.9%	5.72년

(이동 경험률=이동 경험 호수/전체 호수×100)

실수가 11호로 적어서, 전체에 영향을 주지 않는다. 이와 같이 두모방 이외 지역에 대해서는 편중이 적다고 말할 수 있다.

그런데 『한성부호적』에 포함된 두모방은 한 방(坊) 전체가 아니라 포구인 두모포계 지구와 농촌 지대인 전곶리(살곶이)1계 지구라는, 성격이 다른 두 지구이다. 이 가운데 이거년월란에 기재된 89호는 모두 두모포계 지구의 호이고, 그 가운데 상업이 54호로 가장 많고, 다음이 농업 22호, 양반 7호, 평민 4호 순서이다. 이렇게 보면 두모방이 특이치를 나타내고 있는 것은 두모포계 지구의 상업 호 및 농업 호라고 할 수 있다. 이 지구 상업 호의 대다수는 땔감장수(柴商, 薪商)나 운송업자로, 이 일대의 특수성과 관계가 있는 것이 틀림없다. 하지만 신고할 때 어떠한 조작이 행해졌을 가능성도 부정할 수 없다. 이 점에 대한 해명은 앞으로의 과제로 삼지 않을 수 없다.

한편, 이에 비해서 명확한 지역적 특색을 보이는 것은 이동 경험률이다. 가장 높은 남서 대평방이 80%를 넘고, 이하 중서 서린방 · 장통방 · 정선방과 남서 훈도방이 70%대에 있다. 그에 비해 10%를 밑도는 가장 낮은 수준에 있는 것은 서서 반송방 · 용산방, 북서 상평방 · 연은방 · 연희방 다섯 방으로,[45] 모두 성외에 있다. 어림잡아 말하면, 종로 남측 → 종로 북측 → 경복궁 주변이라는, 성내에서 북상(北上)함에 따라 점차 수치가 내려가고, 경복궁 서측에 있는 통의방과 순화방이 성내에서 최저치를 기록한다. 종로 남측에서도 남서 회현방과 광통방은 60%대로, 대평방보다 꽤 낮은 수준에 있다. 또한 성내 동부의 동서 연화방은 성내 최저 수준에 가깝다. 하지만 성내 최저치를 보이는 순화방도 성외 최고치인 두모방보다는 약간 높은 수치를 가지고 있다.[46] 이동 경험률은 성내 중심부인 종로 남측을 최고점으로 하고, 중심에서부터 멀어짐에 따라 점차 저하하여, 성벽을 넘는 곳에서 급격히 감소하는 동심원(同心圓)을 그리고 있다(방의 공간적 배치에 대해서는 제3장 〈그림 1〉 참조).

〈표 8〉 방별 전입 전 거주지 지역

서	전입 전 거주지 / 방	성내	성외	부내	부외	불분명	건수
중서	관인방(寬仁坊)	82.6	2.3	1.4	13.6	-	213
	경행방(慶幸坊)	84.1	1.4	2.3	12.3	-	220
	견평방(堅平坊)	90.7	2.9	-	6.1	0.2	409
	수진방(壽進坊)	91.3	3.3	0.7	4.7	-	150
	서린방(瑞麟坊)	92.4	5.7	-	1.9	-	157
	징청방(澄淸坊)	92.5	2.5	0.6	4.3	-	161
	장통방(長通坊)	89.0	2.1	0.5	8.4	-	573
	정선방(貞善坊)	85.9	1.7	1.0	11	0.5	836
동서	연화방(蓮花坊)	85.6	4.5	-	9.9	-	111
서서	반송방(盤松坊)	36.8	56.1	-	7.0	-	57
	용산방(龍山坊)	9.1	81.8	-	9.1	-	11
남서	회현방(會賢坊)	86.6	4.7	-	7.9	0.8	127
	훈도방(薰陶坊)	91.1	0.9	-	7.6	0.4	563
	광통방(廣通坊)	91.9	0.8	-	7.3	-	124
	대평방(大坪坊)	94.9	1.3	0.6	3.2	-	158
	두모방(豆毛坊)	26.1	54.2	4.9	14.8	-	142
북서	상평방(常平坊)[47]	66.7	-	-	33.3	-	12
	안국방(安國坊)	77.9	2.5	0.5	19.1	-	199
	연은방(延恩坊)	-	-	-	100.0	-	1
	연희방(延禧坊)	17.6	55.9	-	26.5	-	34
	가회방(嘉會坊)	79.9	1.2	0.6	17.9	0.3	324
	관광방(觀光坊)	87.5	1.7	-	10.8	-	360
	광화방(廣化坊)	89.8	2.1	0.4	7.8	-	283
	준수방(俊秀坊)	89.3	2.0	0.7	8.1	-	149
	순화방(順化坊)	88.5	3.4	0.4	7.2	0.4	707
	진장방(鎭長坊)	84.4	3.2	-	12.4	-	186
	통의방(通義坊)	85.7	-	7.1	7.1	-	14
	양덕방(陽德坊)	86.3	2.4	0.5	10.8	-	212
전체		85.3	4.3	0.6	9.6	0.2	6,493

(단위: %. 단 건 수는 건. -는 수치가 없는 것을 나타냄)

이와 같은 동심원 구조는 성내로부터의 전입률에도 잘 드러난다(〈표 8〉). 성내로부터의 전입률은 이동 경험률과 마찬가지로 94.9%의 남서 대평방을 최고점으로 해서, 90%를 넘는 일곱 방이 모두 성내 중심부에 있고, 거기서부터 멀어질수록 점차 감소하면서 성벽을 넘으면 단숨에 급락하여 명백히 성내 중심부로의 유입 경향이 파악된다. 하지만 전출처에 대해서는 전혀 알 수 없기 때문에, 이것만으로 성내 사람의 흐름을 파악할 수는 없다.

4) 이동한 호주의 직업 · 신분

호주의 직업 또는 신분과 이동의 관계에 대해서 살펴보고 싶지만, 여기에는 큰 문제가 있다. 『한성부호적』에는 직업란이 있지만, 미기재를 제외한 호적표 가운데 거의 반수가 구호적과 마찬가지로, 양반이나 양민(良民) 등이라는 신분 범주에 속하는 명칭을 기재하고 있어서, 직업 또는 신분 어느 쪽에 따른 일원적인 분류는 불가능하다. 그래서 이 장에서는 호적표 기재에 따라 제3장과 마찬가지로 직업과 신분을 미분화한 상태대로, 크게 11종의 가(假)분류를 해서 검토하여 보기로 한다.[48]

〈표 9〉는 이동 경험률과 이동의 시간적 문제, 두 가지를 지표로 삼아 방별로 직업 · 신분별 이동 상황을 본 것이다. 여기서 말하는 이동 경험률이란 이거 연월이 분명한 것이 전체에서 차지하는 백분율이며, 시간적 간격이란 이거 이후의 평균 연수를 나타내고 있다.

전입 후 연수만으로 보면, 17.0년인 농업, 11.8년인 무직 두 가지가 예외적으로 높고, 그 나머지는 5년을 중심으로 3.4년부터 6.8년까지 안에 들어 있고, 최대로 2배 범위에 들어 있다. 결국 농업을 제외하면 직업 · 신분과 이동 후 연수 사이에는 강한 상관관계가 보이지 않는다.

〈표 9〉 직업 · 신분별 이동 경향

분류	이동 경험률(%)	평균 연수
관료	68.1	5.0
이속(吏屬)	54.0	5.9
군인	68.3	3.4
병사	33.5	6.4
양반	64.2	5.2
평민	43.5	5.6
상업	47.2	6.8
농업	7.9	17.0
기타	43.8	6.0
무직	59.4	11.8
평균	51.9	5.7

이에 비해서, 이동 경험이 있는 것의 비율은 직업 · 신분에서 상당한 차이를 보인다. 가장 비율이 높은 것은 50%를 넘는 관료 · 이속 · 군인 · 양반 · 무직의 다섯이고, 그다음이 40%대인 평민 · 상업 · 기타이며, 병사가 20%대〔〈표 9〉에는 33.5%〕에 있다. 농업은 극단적으로 낮아서 10%를 훨씬 밑돌고 있다.

내용이 불분명한 무직과 실수(實數)가 적은 기타를 제외하고 이거(移居) 경험률과 이동 후 연수의 두 가지를 지표로 해서 살펴보면, 가장 이동 경향이 높은 것, 바꾸어 말하면 정착성이 낮은 것은 군인과 관료이고, 양반이 그다음 순서로, 이 삼자가 하나의 집단을 이루고 있다. 그다음 순서는 이속(吏屬)이다. 거기서 약간 내려가서 상업과 평민이 거의 같은 수준에 있어, 이 양자가 가까운 관계에 있다는 것도 추측된다. 이에 비해서, 가장 정착성이 높은 것은 농업이다.

군인이란 무직(武職) 관료이고, 이속은 관청에 근무하는 하급 이직(吏職) 또는 하예(下隸)에 해당한다. 더욱이 양반은 문무 관료의 예비 집단이라는 통념에 따른다고 하면, 일반적으로 말해 정부와 관계가 있는 자일수록 이동 경향이 높다고 볼 수 있다. 그러나 그들 사이에도 상당한 차가 존재하고 있다. 마찬가지로 정부 관계기관에 근무하는 자라도, 하급 관리인 이속과 병사는 이동 경험률이 낮고, 고급 관료와 군인은 높다. 대략, 정치 권력과의 거리와 이동 경향은 반비례 관계에 있다고 말할 수 있다.

5) 이동과 경제력

이 절에서는 이동과 경제력과의 관계를 검토하지만 직접적으로는 가옥 규모와, 기유(己有, 자기 집)와 차유(借有, 빌려 사는 집)라는 가옥 소유 형태를 통해서 분석하기로 한다. 가옥 규모는 일반적으로 경제력을 어느 정도 반영하고 있다고 볼 수 있기 때문이고, 또한 자기 집 계층이 '빌려 사는 집' [49] 계층보다 경제적 우위에 있다고 일반적으로 생각하기 때문이다.

먼저 가옥의 규모부터 살펴보자. 이동 경험이 있는 가옥을 규모 · 등급별로 정리하면 〈표 10〉과 같다. 여기서 나타나는 것처럼, 이동 경험률은 가옥 규모가 클수록 상승해서, 30~49.5칸에서 정점에 이르다가 그 후로 내려간다. 11.6칸이라는 한성부 평균 가옥 규모[50]에서 보면, 이동 경험률은 중규모 내지 대규모 가옥에서 높고, 평균치의 50%에 차지 않는 소규모 가옥에서 낮다. 100칸 이상의 초대규모 가옥을 제외하면, 가옥 규모와 이동

〈표 10〉 가옥의 규모와 이동 경향

너비(칸)	이동 경험 호수(호)	전체 호수(호)	이동 경험률(%)	이동 후 연수(년)
0.5 - 4.5	526	1,771	29.7	6.8
5.0 - 9.5	2,723	561	48.5	5.4
10.0 - 29.5	2,648	431	61.4	5.3
30.0 - 49.5	507	70	72.4	26.9
50.0 - 99.5	123	17	70.7	9.3
100.0 -	24	45	53.3	12.1
전체	6,551	12,615	51.9	5.7

과의 사이에 상관관계가 성립하는 것을 파악할 수 있을 것이다. 여기서 가옥 규모를 경제력으로 바꾸어 읽으면, 경제력이 높을수록 이동 경향이 강하다고 말할 수 있을 것이다. 이것은 정치권력에 가까울수록 이동 경향이 높다고 말한, 앞 절의 분석 결과와도 상응하는 것이다. 다만 초대규모 가옥이 되면 그 경향이 내려가는 것은, 그들의 가옥 그 자체가 극히 소수이고 간단히 이전처를 구하기가 어려웠기 때문은 아니었을까.

다음으로, 자기 집(持家, 己有)과 '빌려 사는 집'(借家, 借有)으로 나누어 가옥 소유 형태별로 살펴보자.

『한성부호적』 전체에서 보면, 이동 경험률은 빌려 사는 집이 1,597호 중 506호로 31.7%인 데 비해서, 자기 집이 11,593호 중 4,513호로 38.9%로, 7.2%포인트 높다. 이것은 빌려 사는 집보다 자기 집 쪽이 이동 경향이 강하다는 것을 보여준다. 그런데 이것을 이동 후 연수로 보면, 빌려 사는 집이 3.2년인 데 비해서 자기 집은 5.9년으로, 빌려 사는 집 쪽이 이동 경향이 강하다는 역의 결과가 나온다. 빌려 사는 집의 경우는 자기 집에 비해서 낮은 비율의 호가 자기 집보다도 짧은 간격으로 이전한 것이 된다. 이처럼 자기 집과 빌려 사는 집에는 이동 경향에서 차이가 있다.

게다가 앞서 본 2년도분 호적대장이 남아 있는 여섯 방으로, 호적표의 개별 대조하여 보자. 먼저 양덕방을 보면, 1896년에 거주하던 11건의 빌려 사는 집의 호주는 모두 1906년에는 다른 곳으로 전출하고, 1건도 남아있지 않다. 결국 전출률 100%가 되는 셈이다. 이에 비해서 자기 집 호주의 경우, 1896년 154건 중 전출한 것은 132건으로, 전출률은 85.7%에 머문다. 양덕방에서는 자기 집보다 빌려 사는 집 쪽의 이동 경향이 강한 것이다.

이것과 마찬가지로 나머지 다섯 방을 1903년부터 1906년에 걸쳐 살펴보면, 빌려 사는 집 호주 116건 중 94건이 전출하여 전출률은 81.0%인 것에 비해서, 자기 집 전출률은 73.7%가 된다. 자기 집보다 빌려 사는 집 쪽이 이동률이 높다는 일반적인 경향을 지적할 수 있지만, 그 차는 7.3%포인트로 자기 집 전출률의 10분의 1에 지나지 않아, 그다지 크다고는 말할 수 없다. 앞 절에서 본 것 같은 호의 높은 이동 경향은, 자기 집과 빌려 사는 집의 구별 없이 일어나고 있었다고 보아야 할 것이다.

원래 한성부에서 전체 거주자에서 차지하는 빌려 사는 집의 비율은 12.6%(12,650호 중 1,597호[51])여서, 절대수로 보면 변동의 대부분은 자기 집에서 일어난 것이 된다. 어쨌든 가옥의 소유 형태와 주거 이동에 직접적인 관계는 인정되지 않는다고 말할 수 있다. 오히려 여기서 주목해야 할 것은 자기 집에서 이동 경향이 높은 점이다. 자기 집의 이동이란 곧 소유권 이동=매매이고, 다시 말하면 연평균으로 적어도 20% 정도의 자기 집이 매매되고 있었다는 것이다. 실제, 『한성부통표』에서도 1906년(광무 10)부터 1911년까지 5년간에, 서서 인달방 96~113통, 북서 순화방 40~56통, 남서 낙선방 8~32통, 회현방 15~38통, 명례방 65~75통에서 66~67%의 가옥・부지가 매매되고 있었다.[52]

결어

『한성부호적』의 분석을 통해서 1896년부터 1906년에 걸쳐, 한성에서 호의 이동에 대하여 관찰하였다. 관찰 결과를 되돌아보면서, 그것이 도시 한성과 조선사회의 어떠한 특질과 관련하는 것인가를 살펴보자.

첫째로, 통호(統戶) 번호=가옥 번호를 단서로 해서, 2년도분이 남아 있는 여섯 방의 호적표를 대조한 결과, 한성 성벽 안은 1903년부터 1906년까지 3년간에 60~70% 전후 호가 이동하였다는 것을 알았다. 단순평균으로는 연 20%를 웃도는 수준이다. 더욱이 3년 또는 10년 간격을 두고 있는 자료상의 제약 때문에, 이 수치는 최저치를 나타내는 데 지나지 않고, 실태는 이보다 훨씬 높은 수준에 있었던 것이다.

둘째로, 호적표의 전거지란 분석을 통해, 전입의 86.4%가 성벽 안에서 이루어진 것을 알았지만, 특히 성벽 안에서는 전입의 거의 90%가 성벽 안의 다른 곳에서 왔던 것이다. 이것에 비해서 성외에서는 성외 다른 곳에서의 전입이 가장 많고, 성내로부터의 전입도 이것과 거의 같은 수준이다. 많은 호가 한성부 안의 근린 지역을 순환하고 있었던 것이다.

셋째로, 전(前) 거주지로부터의 전입은 평균 5.7년 이내에 이루어지고 있다. 두모방을 제외하면, 전입의 70%가 5년 이내에 이루어지고 있고, 가장 많은 것은 1년 이내이다. 이동은 비교적 근년에 이루어지고 있는 결과를 보였다. 한성의 호는 단기간에 이동을 반복하고 있었던 것이다.

넷째로, 호의 이동 경험률은 종로 남측(남서 대평동)을 최고점으로 점점 감소하면서 성벽에 도달하는데, 성벽을 넘으면 단번에 떨어진다. 성내로부터의 전입률도 이것과 거의 같은 경향을 보이고 있다.

직업 · 신분 구성, 주민 거주 상황, 가옥 구성 등에서 한성부의 성벽 안은 조선에서 특수지대를 이루고 있었다. 그것을 필자는 조선에서의 도시 그 자체로 파악하고 있지만,[53] 종로 주변을 중심으로 해서, 그곳에서 성벽으로 향할수록 주변성이 강하고, 성벽을 넘은 곳에서 도시에서 농촌으로의 이행이 시작된다. 또한 주변성은 동부에서 강하고, 서부에서 약간 약하게 나타나고 있어, 한성의 도시성(都市性)은 서대문과 서소문에서 서쪽 성벽을 넘어 반송방 아현(阿峴, 애오개)까지 펴져 있고, 남쪽은 남대문에서 서남쪽 성벽을 넘어 용산방까지 도달하고 있다. 이것이 한성부의 지역적 특색[54]이지만, 호의 이동에 대해서도 이것과 같은 모습의 종로 → 한성 성내 → 한성 성외 → 조선 전체라는 동심원적 구조의 존재가 확인되었다.

한성은 계획적으로 건설한 도시로 궁전이나 관청, 또는 종묘 · 사직 등 왕실 관련 시설은 풍수지리설을 기초로 하면서, 중국의 도성 구조를 도입하여 배치하고 있다.[55] 그렇지만 주민 수준에서는 계획적인 배치 등에 기초한 지역 구분은 희박하여, 19세기 말기부터 20세기 초기에는 다양한 성관·직업·신분의 사람이 혼재하고 있었다. 바꾸어 말하면 잡거성(雜居性)이야말로 한성의 큰 특색이었다.[56] 이 장에서는 우선 직업·신분을 불문하고 빈번하게 행해졌던 호의 이동이 그와 같은 잡거성의 촉진 요인으로 작용하고, 역으로 도시 내부의 잡거성이 호의 빈번한 이동을 보장하는 큰 요인이었다고 이해하여 둔다.

다섯째로, 한성부에서는 사회적·경제적 상층일수록 이동 경향이 높다. 농촌에서는 부계(父系) 혈연집단인 씨족에 의해 결합한 일족이 동성마을(同姓村)·동족마을(同族村)·집성마을(集姓村)·씨족마을(氏族村) 등으로 불리는, 하나 내지 소수의 씨족이 동일 집락에서 집주(集住)하는 것이 있는데, 이것이 조선사회의 큰 특색으로 간주되고 있다.[57] 장기간의 정착이 일족의 위신을 높이고, 그것이 지역에서의 지배력을 보증하는 큰 요인이 되고 있었지만, 이것에 비해 한성부의 경우 각 씨족은 전체 지역에 평균적·분산적으로 거주하고, 동·계·방 등 지역 단위에 집주하는 경향은 적어도 『한성부호적』을 보고서 알아차릴 수는 없다.[58] 생산현장=토지를 떠난 사회생활을 영위하는 한성에서는 지역에 집주하는 것 자체가 일족의 사회적·경제적 역량 향상과 직결되는 것은 아니다. 또한 농촌과는 비교가 되지 않을 정도로 많은 사회적·경제적 상층부가 거주하고, 더욱이 이것도 또한 현격하게 다양한 씨족이 거주하는 한성에서는 거주 지역을 매개로 한 족적(族的) 결합이 그다지 큰 힘이 될 수는 없었을 것이다.

당장은 농촌에서 사회적·경제적 상층, 그리고 일족을 지역에 묶어두고 있었던, 이동을 억제하는 요인이 한성부에서는 결여되어 있다는 것을 지적하고 싶다. 그러나 이것만으로는 이동을 가능하게 하는 요인을 설명할 수는 있어도, 이동을 실현한 원인이 해명된 것은 아니다. 이 장이 도출한 많은 현상, 특히 토지 가옥의 빈번한 소유권 이동은 조선 사람들이 토지와 가옥을 어떻게 의식하고 있었는가 하는, 그야말로 심성(心性)의 문제로 이해되지 않으면 안 된다. 이것은 필자에게 부과된 다음 과제이다.[59]

제7장

근세 서울의 상업 공간
–미상(米商)의 모습을 통해서

신해통공 3년 전인 정조 13년(1788)에 편찬된 『탁지지』(권2, 판적사, 판도부, 시전, 수세식례) 및 신해통공 18년 후인 순조 8년(1808)에 편찬된 『만기요람』(재용편5, 各廛)은 두 책 모두 "미전 다섯 곳(米廛五處)"이라고 하여, "상미전, 하미전, 문외(門外)미전, 서강(西江)미전, 마포(麻浦)미전"의 다섯 미전이 있다고 하고 있다. 먼저 조선왕조 창건 초기인 태종 10년(1410)에 상·하 두 미전이 설립되고, 문외미전도 그 무렵 설립되었다. 서강미전의 증설은 현종 5년(1664)에 이루어졌다. 한성의 발전, 특히 서쪽 성벽 바깥쪽의 한강변 지구로의 발전에 따라 두 시전의 증설이 실현되었다.

서언

근세 서울의 상업 공간에서 큰 힘을 가지고 있었던 것은 정부로부터 인가를 받은 시전(市廛)이었다. 이 장에서는 시전 가운데 최대 상품 중 하나인 쌀을 취급하던 상인조합인 미전(米廛)을 채택하여, 시전의 성격을 해명하면서 상업 공간 양상의 한 단면을 살펴보려고 한다.

이 시전에 관해서는 종전부터 몇몇 연구가 있지만, 그들은 주로 육의전(六矣廛) 제도[1]와 난전(亂廛)[2]의 두 가지를 중심 주제로 하고 있다. 이것은 한국 근세 경제사 연구의 일환으로서 상업사 연구의 방향에 서로 대응하는 것이었다.

봉건제 결여를 지적하고, 한국 사회의 역사적 정체성을 '발견'했던 후쿠다 도쿠조(福田德三)[3]로 상징되는 것처럼, 한국 근세 경제사 연구는 서양 경제사와 대비하여, 발전 단계의 느림과 빠름을 문제 삼아 왔다. 시전에 관해서도 길드(guild, 조합) 또는 길드적인 것으로 간주하여,[4] 서양 경제사에서 말하는 봉건 상업의 범주에서 분석하는 것이 많았다. 그것은 일찍이 19세기 내지 20세기 초의 한국에서 중세가 남아있음을 발견하고,[5] 후에 그 안티테제(Antithese, 反定立)로서 봉건 상업의 틀을 깨고 근대 자본주의의 성장을 발견하려고 노력하여 왔다.[6] 한국 근세 상업사에 대해 정체・발전의 어느 쪽 관점을 택하든, 서양사 연구로부터 추출된 발전단계 규정을 적용했다는 색채가 농후하다는 것은 부정할 수 없다. 후쿠다 설이 뷔허(K. Büher) 이론을 직접・무매개적으로 한국사에 적용한 점[7]을 상기한다면, 앞서 서술한 한국 근세 상업의 성격 규정이 근본적인 재검토를 필요로 하는 것은 명백하다.

반대로 시전 연구의 대상이 육의전 제도와 난전에 집중된 것은 시전 측의 기록 · 장부가 거의 남아있지 않아서,[8] 판매 금액 · 종사자 수는 말할 것도 없고 점포 수조차도 분명하지 않다는 사료적 제약이 첫째로 문제가 된다고는 하지만, 실은 연구 자체가 앞서 언급한 방향성을 전제로 하고 있기 때문에, 말하자면 필연적으로 야기된 결과라고 할 수 있다. 결국 특권을 가진 육의전을 봉건 상업의 전형(典型)으로 파악하고, 육의전이 봉건성을 가지게 되는 여러 요인을 분석함으로써, 시전 전체가 봉건 상업인 이유를 확인하는 역순(逆順)의 방법 · 발상이 종래 연구의 상당한 부분에서 보이기 때문이다. 또한 그 때문에, 이어서 시전과 대립하는 난전의 출현이 근대로의 태동으로 평가됐던 것이다. 이리하여 시전이 가지는 특유한 구조나 기능 등 근세 서울 상업 자체의 실태에 관한 연구는 놀라울 정도로 적다. 그것을 단적으로 보여주는 것은 개별 시전의 연구, 또는 그것까지를 포함한 개별 상인 연구가 극히 적다는 점이다. 시전을 전론(專論)한 것으로는 어물전에 관한 임인영 연구[9]가 유일한 것이며, 그 밖에 개별 상인 연구로는 강만길의 경강상인(京江商人) 연구[10]와 오성의 목재상인 연구[11]를 들 수 있는 것에 불과하다.

그런데 이상과 같은 한국 근세 상업사 및 시전 연구의 현상[12]에 입각한 위에서, 실태에 근거한 구조적인 시전 연구의 필요성이 강조되고 있지만, 본고는 그 첫걸음으로 높은 상품성을 가진 미곡을 판매하는 미전(米廛)을 살펴보려고 한다. 그것은 바로 전기(前期) 자본을 축적하여 자본주의로의 전망을 열었다는, 강만길이 주장하는 경강상인의 주요 취급 상품이기도 하다. 시기적으로는 시전의 특권이 박탈되는 1791년 신해통공(辛亥通共) 정책 실시 전후를 중심으로 살펴보고자 한다.[13] 그 작업을 통해서, 근세 서울에서 상업 공간 모습의 한 단면을 살펴보려고 한다.

다만, 전제해 둘 것은 앞서 언급한 사료적 제약이다. 조금 남아있는 사료가 정부 편찬 사료에 치우쳐 있고, 시전이나 구매자 측의 사료가 남아있지 않은 상황 하에서는, 자연히 실태의 묘사에도 큰 한계가 있다는 것을 인정하지 않을 수 없다. 이 글도 우선 몇 가지 기초적인 사실을 지적하는 것에 한정하지 않을 수 없을 것이다.

1. 시전 체제 속의 미전(米廛)

신해통공 3년 전인 정조 13년(1788)에 편찬된 『탁지지』(권2, 판적사, 판도부, 시전, 수세식례) 및 신해통공 18년 후인 순조 8년(1808)에 편찬된 『만기요람』(재용편5, 各廛)은 두 책 모두 "미전 다섯 곳(米廛五處)"이라고 하여, "상미전, 하미전, 문외(門外)미전, 서강(西江)미전, 마포(麻浦)미전"의 다섯 미전이 있다고 하고 있다. 먼저 조선왕조 창건 초기인 태종 10년(1410)에 상·하 두 미전이 설립되고,[14] 문외미전도 그 무렵 설립되었다.[15] 서강미전의 증설은 현종 5년(1664)에 이루어졌다.[16] 한성의 발전, 특히 서쪽 성벽 바깥쪽의 한강변 지구로의 발전에 따라 두 시전의 증설이 실현되었다.[17]

이들 다섯 미전의 소재지는 『청구도(青邱圖)』 도성전도(都城全圖)(〈그림 1〉)에서 알 수 있다. 이것에 의하면 상미전은 황현(黃峴, 황토마루)과 종로 십자가의 중간, 중부 수진방(壽進坊) 수동(壽洞)에, 또 하미전은 태묘(太廟, 종묘) 입구의 맞은편에 해당하는 동부 이현(梨峴, 배오개)에 있었던 것을 알 수 있다.[18] 둘 다 한성 중심가인 종로에 면하고 있다. 다만, 1936년에 실시된 고로(古老, 경험 많고 옛일을 잘 아는 늙은이)의 구술을 듣고[19] 복원

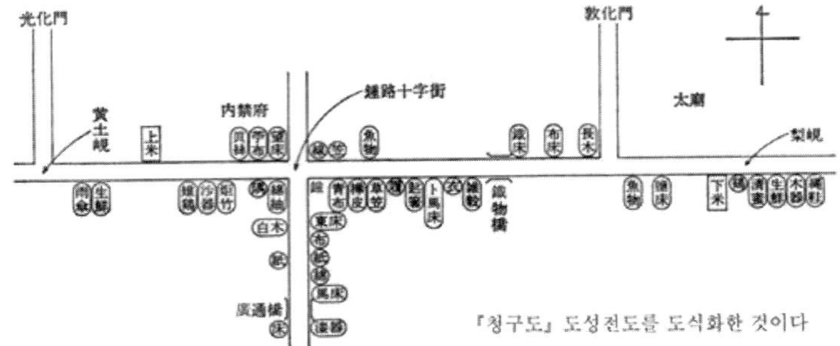

〈그림 1〉 종로 주변의 시전 분포도

한 종로 십자가의 점포 배치(〈그림 2〉)를 보면, 실제 시전 건물의 존재 형태는 훨씬 복잡한 양상을 띠고 있다. 〈그림 1〉은 어디까지나 개략적인 위치를 보여주는 데 지나지 않는다는 점에 유의하기 바란다.

다음으로 문외미전 위치는 『동국여지비고(東國輿地備攷)』(권2, 한성부, 시전)에서는 "소의문 밖에 있다〔在昭義門外〕"고 하였다. 소의문(서소문) 밖에 있었던 것을 알 수 있지만, 지도에서는 확인되지 않는다. 『호구총수(戶口總數)』(1789년)의 한성부 서부 반석방(盤石坊)에 미전상계(上契)와 미전하계라는 동명이 보인다. 이것이 종전의 문외미전 소재지임이 틀림없다. 서소문 밖 성벽 밑 일대에 해당한다.[20]

서강미전의 위치는, 시전상인 자신 설명에 "본 시전은 태창이란 중요한 곳에 있다. 태창을 세운 초기에 소홀하지 않게 하도록, 시전을 설치하고 상인을 모아 시안에 등재하였다."[21]라고 한 것처럼, 태창(廣興倉)[22] 주변에 있었다. 또한 마포미전도 서강미전에 이어, "팔강 요충지에는 동쪽에 별고와 군감창 두 창고가 있고 남쪽에 별영이 있는데, 그곳에 미전을 설치하였다."[23]라고 서술하여, 별고와 군자감 서쪽, 별영 북쪽에 있다고 설명하고 있다. 마포라기보다는 오히려 용산 땅에 해당한다.[24]

이상에서 언급한 다섯 미전의 위치를 개략하여 보면 〈그림 3〉과 같다.

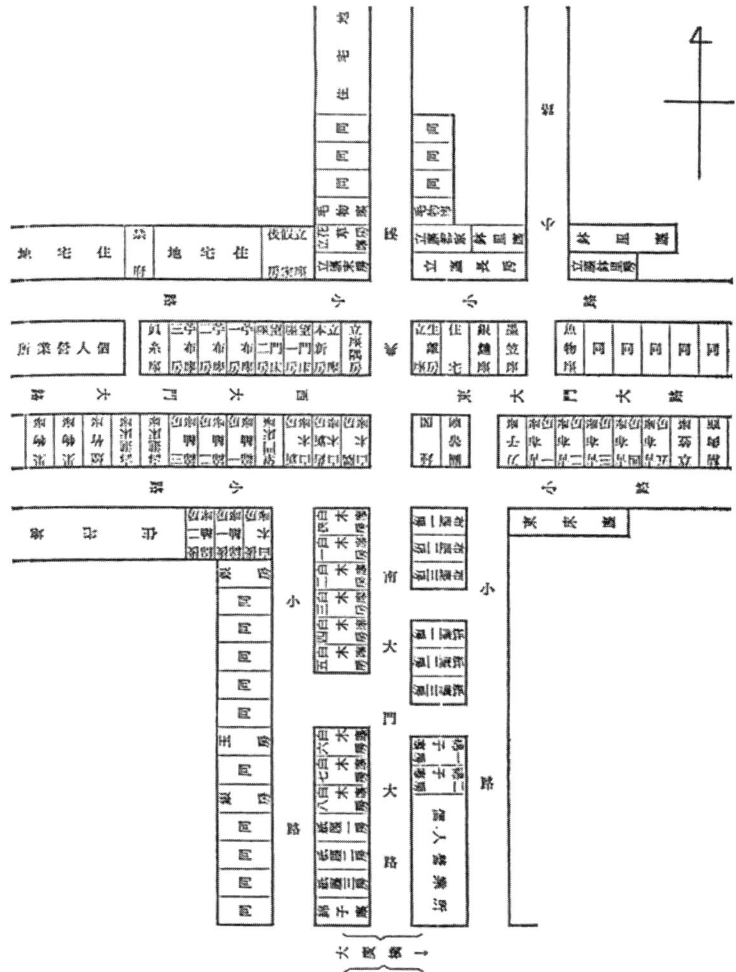

〈그림 2〉 조선 말기의 종로 십자로

이 가운데 상미전, 하미전, 문외미전 세 시전 소재지는 19세기 서울에서의 주요 시장과도 겹친다.[25)]

다음으로, 다섯 미전이 시전 체제 안에서 차지하는 위치에 대하여 살펴보고 싶다. 『탁지지』(권2, 판적사, 판도부, 시전, 수세식례)는 미전을 포함

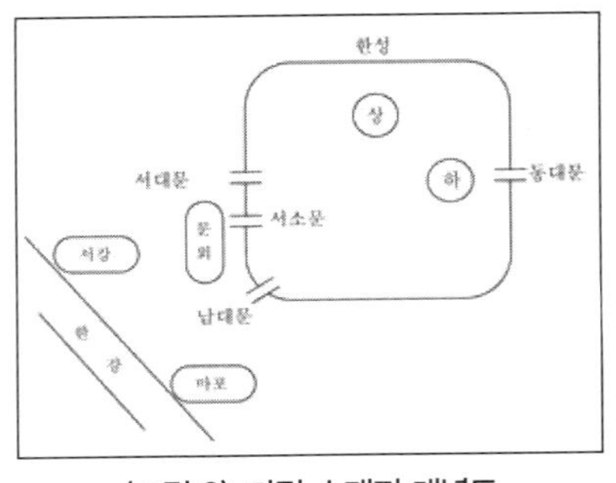

〈그림 3〉 미전 소재지 개념도

한 83개 시전을 열거하고, "각 시전 가운데, 어느 정도 재산이 있고 튼실한 자는 분수(分數)를 헤아려 정해 국역에 응하게 하고, '유분각전'이라 부른다. 10분에서 1분까지 모두 37개 시전이다. 매번 국역을 당할 때 10분전은 10분의 10에 응하고, 1분전은 10분의 1에 응한다. 대궐 안팎 여러 상사 각처의 수리꾼, 도배꾼 또한 이에 준하여 역을 낸다."[26]라고 설명하고, 그중 37개 시전에 대하여 '응해야 할 국역'[27]의 배분 비율을 10분에서 1분까지 부여하고 있다. 분수의 합계는 108분이다. 또한 『만기요람(萬機要覽)』(재용편 5, 각전)에도 이것과 마찬가지로 93개 시전을 열거하고, 그중 37개 시전에 분수를 부여하고 있는데, 합계는 105분이다.[28] 나머지는 분수가 없는 '무분전(無分廛)'이다.

두 사료에서 미전의 국역(國役) 분수(分數)를 뽑아내면 〈표 1〉과 같다. 다섯 미전의 합계는 유분각전(有分各廛) 전체의 7.5~7.6% 국역 부담률이다. 이것을 육의전의 경우(〈표 2〉)와 비교하여 보자.

육의전은 한 시전당 최대 9.3~9.5%, 최소 6.5~6.7% 평균하면 7.4~7.6%

〈표 1〉 미전(米廛)의 국역 분수

미전 이름	국역 분수
상미전(上米廛)	3분
하미전(下米廛)	3분
문외미전(門外米廛)	2분
서강미전(西江米廛)	무분
마포미전(麻浦米廛)	무분
『탁지지』, 『만기요람』	

〈표 2〉 육의전(六矣廛)의 국역 분수

시전 이름	국역 분수	시전 이름	국역 분수
선전(縇廛)	10분	선전(線廛)	10분
면포전(綿布廛)	9분	면포전(綿布廛)	9분
면주전(綿紬廛)	8분	면주전(綿紬廛)	8분
내어물전(內魚物廛)	5분	지전(紙廛)	7분
청포전(靑布廛)	3분	저포전(苧布廛)	6분
지전(紙廛)	7분	포전(布廛)	5분
저포전(苧布廛)	6분	내어물전(內魚物廛)	5분
		외어물전(外魚物廛)	4분
『탁지지』		『만기요람』	

의 국역을 부담하고 있다. 다섯 미전을 합계하여 단독 시전으로 계산하면, 육의전의 각각에 필적할 만큼의 부담률을 가지고 있다. 다섯 미전의 합계인 8분 이상을 부담하는 시전은 육의전에 속하는 선전(線廛, 입전)과 면포전밖에 없고, 면주전이 같은 8분이다. 저포전과 포전, 내 · 외어물전을 각각 하나로 보아도, 미전의 국역 부담률은 시전 가운데 네 번째나 다섯 번째가 된다. 국역 부담률이 곧바로 해당 시전의 규모를 나타내는 것이라고는 단정할 수 없지만, 시전 체제에서 미전이 차지하는 위치는 매우 높다고 말할 수 있다. 이것은 서울 상업 가운데서 쌀이 차지하는 위치와 서로 대응 관계에 있다고 생각한다. 특히 육의전은 정부에 대한 의존도가 높아서, 그 반대급부로서 높은 국역 부담률을 지고 있다는[29] 점을 참작한다면, 시전 체제에서 미전의 위치는 더욱 높게 평가될 수 있을 것이다.

다만, 그렇다고 해서 미전이 다른 시전에 비해 탁월한 역량을 갖추고 있다고는 단정할 수 없다. 왜냐하면 건어 · 해산물이 주력 상품이던 내어물전 · 외어물전의 합계인 9분보다는 낮은 분수로밖에 설정되지 않을 수 없고, 다섯 미전 각각을 단독 시전으로 본다면, 상 · 하 미전이 각각 3분, 문외미전이 2분이라는, 시전으로서는 중간 규모의 평가가 되기 때문이다.[30]

더욱이 서강 · 마포 두 미전은 분수(分數)가 없는 무분전이므로, 다른 영세한 시전과 같은 수준으로 취급되었다.

2. 미전의 구조

미전의 구조까지 파고 들어가 설명하는 사료는 현재로서는 발견되지 않아서, 자연히 추측에 의존하지 않을 수 없는 부분이 많다.

먼저 취급하는 상품부터 검토하여 보자. 미전이라는 이름에서 막연하게 쌀만을 판매했다는 생각을 들게 한다.[31] 그러나 실제는 순조 연간(1801~1823)에 작성된 『한경지략(漢京識略)』(권2, 시전)에 "각종 곡물을 판매한다〔賣各穀〕"라고 하여, 쌀과 그 밖의 곡물을 판매 품목으로 하고 있다. 물론 주력 상품은 '하미〔질 낮은 쌀〕 · 중미〔보통 쌀〕 · 극상미〔매우 좋은 쌀〕' 등이지만, 이 외에 '찰벼 · 기장'을 비롯하여 '녹두, 청두〔완두〕, 적두〔붉은팥〕, 소두〔팥〕, 대두〔콩〕, 중두(中豆), 맹두(萌豆)'도 판매하였다.[32]

이처럼 쌀 이외의 이른바 잡곡까지도 취급하고 있었지만, 본래 이들의 판매권은 잡곡전이 가지고 있었다. 원래 시전의 취급 상품은 '물종(物種)'이라 불리며, 평시서의 인가를 받은 시전상인의 등록 장부인 '시안(市案)'에 기재되어, 시전의 전매권이 발생하였다.[33] 시안에 등록되어 있지 않은 상인이 물종을 판매하는 것은 시전상인이냐 아니냐를 불문하고 금지되어 '난전(亂廛)'으로서 규제 대상이었다.[34] 다만 미전의 경우, 이미 신해통공 이전부터 잡곡전의 물종을 판매하는 것이 관례가 되어 있었다. 여기에 미전의 특징이 있다(이 점은 뒤에서 서술함).

이미 지적되고 있는 것처럼 시전은 단일 점포는 아니고, 도가(都家, 조합 사무소)를 중심으로 한 조합조직(도중, 都中)으로, 최대 시전인 선전(線廛, 立廛)의 경우, 조합원(도원, 都員)의 자격은 원칙적으로 도원의 자손·사위에 한정되는 강한 혈연성의 원리에 지배되고 있었다.[35] 그러나 그 이외의 시전, 특히 영세한 시전의 경우에는 양상이 달랐다. 다리〔髢, 장식용 가발〕를 판매하는 월외전(月外廛)은 본래 20명에 불과하였던 도원의 반수 이상이 전업(轉業)하여 버렸고,[36] 현방(懸房) 진출의 영향을 받았던 저전(猪廛)도 도원이 70여 명에서 10여 명으로 감소하여, 거의 붕괴 위기를 맞고 있었다.[37] 다른 시전에서는 신규 가입이 인정되고 있었다.

> 一. 新入同官禮錢五十兩捧上是遣 禮草五斤捧上爲齊〔신입회원의 예전(입회비)은 50냥을 받고, 예초(입회비 명목 담배)는 5근을 받는다(번역 첨부 역자)〕
> 一. 先生子婿禮錢十五兩捧上是遣 弟姪則禮錢二十五兩捧上爲齊〔선생(기존 회원)의 아들과 사위의 예전(입회비)은 15냥을 받고, 동생과 조카는 25냥을 받는다(번역 첨부 역자)〕
> (UC 버클리(Berkeley)대학 아사미(淺見)문고 소장 『완의(完議)』. 밑줄은 이두임. 이하 같음)

라고 한 것처럼, 비혈연자(신입 동관자)와 혈연자(아들·사위·동생·조카)로 신입 도원〔회원〕의 입회비(禮錢)에 차이를 두면서, 비혈연자를 당연시하는 시전도 있었다. 도원이 되는 요건은 각 시전의 성립 사정이나 구조적 특질 등에 따라 어느 정도 차이가 있었던 것처럼,[38] 반드시 비혈연자를 배제하는 것은 아니었다. 다만 미전의 경우, 남아있는 사료를 보아서는 가입 조건은 분명하지 않다.

다음으로 조합을 조직하여 평시서의 인가를 받았던 미전의 구조를 살펴보자. 미전의 점포 구조에 관한 사료는 현재까지는 발견된 적이 없다.

그래서 다시 한번 〈그림 2〉를 살펴보자. 여기서는 입전 등 몇몇 시전의 점포 개요가 판명되지만, 주목해야 할 것은 종로(그림의 서대문로 · 동대문로)와 남대문로가 모두 중앙의 큰길과 양옆의 작은 길이라는 이중 구조를 띠고 있는 점이다. 이 점은 다소 명확하지 않지만, 『청구도(靑邱圖)』 외에, 『도성대지도』(18세기 중엽)[39]나 『수선전도(首善全圖)』(19세기 중엽)에서도 확인할 수 있다. 얼핏 보면 그것은 큰길에 나란히 작은 길이 있는 것 같지만, 실제로는 전체가 큰길이고, 작은 길을 따라 쭉 늘어선 집들은 본래의 큰길 외곽에 해당하는 것이다. 중앙부의 큰길 길가로 보이는 점포는 큰길 가운데에 상인이 불법 건축한 가설점포(假家)로 보인다.[40]

박제가(朴齊家, 1750~1805)의 설명에 의하면, 정조 2년(1777) 당시 한성 안의 도로와 가설점포의 관계는 다음과 같았다.

> 여염의 백성들이 전방(廛房)을 열고 매매하는 것을 '가가(假家)' 라고 부른다. 처음에는 처마 밑에 달아 지은 임시 가옥 같은 것에 불과하여 옮겨서 들일 수가 있었다. 그러나 차츰 흙을 바르고 집을 지어서 마침내 길을 차지하여 문 앞에 나무를 심는 지경까지 이른다. 사람과 말이 서로 부딪고, 종종 길이 좁아 다닐 수가 없다. 대저 길과 거리에는 모두 너비 규격이 있고, 법률에도 도로를 침범하여 집을 짓는 것을 금하는 조문이 있으니, 이 법을 마땅히 단단히 타일러 단속해야 한다.[41]

처음에는 가게 앞에 튀어 나온 간단한 노점 정도였던 '가가(假家)' 가 점차 도로를 점거하여, 교통을 방해하기도 했다고 한다. 『도성대지도』나 『수선전도』에서는 이들 가가의 도로 점거 상황을 황토현(黃土峴, 황토마루)부터 이현(梨峴, 배오개)까지의 종로, 종로 십자가부터 광통교(廣通橋)를 지나 남대문까지, 종로부터 돈화문(敦化門)까지, 세 갈래 큰길에서 확인할 수가 있다. 이 상태는 20세기 초까지 계속되어, 점포로서 활동하고 있었던 것이다.[42] 『한양가』(19세기 중엽)에서 "上米廛左右假家 十年之糧食"〔상미전 좌우 가가, 10년의 양식일세(번역 첨부 역자)〕라고 노래한 것은, 상미전의 판매를 이들 가가가 담당하는 광경이다.

미전과 가가의 관계를 조금 상세하게 보기 위해, 정조 12년(1788)에 일어났던 상미전과 잡곡전의 분쟁을 살펴보자. 상미전에서 다음과 같은 호소가 제출되어, 비변사에서 협의가 이루어졌다.

> 저희 시전은 잡곡전에서 세를 받았습니다. 종전대로 세금을 받는 일을 작년 봄 묘당〔비변사〕이 거듭 아뢰어 윤허를 받았습니다. 그러나 잡곡전인들이 온갖 못된 짓을 하면서 세를 거부하여 납부하지 않고, 여객주인을 지휘하여 한 점포를 하미전 자내(字內, 영업 구역)에 이설시켜, 저희 시전이 받아야 할 세를 두 시전이 나누어 먹게 된 지가 10여 달이 되었습니다. 잡곡은 종전대로 저희 시전의 기지(基址, 영업 구역)에 점포를 두면서, 쌀은 제멋대로 저희 시전의 기지 밖에 이설하여, 잡곡전이라는 명목으로 쌀의 세를 아울러 차지하고 있으니, 옛 법규를 복구하고 조정의 명령을 받드는 의리는 어디에 있는 것입니까.[43]

본래 상미전의 '자내'(字內), '기지'에서 쌀을 판매할 경우에는, 그 반대급부로 상미전에 '세'를 납부해야 하는 것이지만, 온갖 못된 짓을 하는 잡곡전인이 세를 거부하고 바치지 않을 뿐만 아니라, 여객주인을 지휘하여 한 점포를 하미전 자내에 이설시켜, 하미전과 공모하여 세를 착복한 지가 10여 달이나 되었다는 것이다. 더욱이 잡곡전인은 전(前)과 다름없이 상미전의 기지에 점포를 두면서, 쌀은 제멋대로 상미전 기지 밖에 이설하여 쌀의 세를 징수하고 있으므로, 엄중한 처분을 바란다고 하였다. 잡곡전 측의 주장은 이것과 심하게 대립하고 있었다.

상미전인들이 (중략) 근거 없는 세를 징수하려고 하니, 저희 시전의 미상(米商)여객주인들이 집을 철거하고 하미전의 기지로 생업을 옮겼습니다. 그런데 상미전인은 도리어 저희 시전이 세를 거부하고 점포를 옮겼다고 비변사에 호소하거나 본서〔평시서〕에 호소하니, 빨리 본서〔평시서〕에 명하여 공정하게 처결하시기 바랍니다.[44]

상미전이 불법적으로 요구하기 때문에 미상여객주인이 집을 철거하고 하미전의 기지로 생업을 옮긴 것이라고 하였다. 본래 문제는 미전과 잡곡전이 취급 상품을 공통으로 하고 있기 때문에 발생한 것이다. 해결은 그럭저럭 신해통공(辛亥通共) 이후로 넘어가게 되었지만, 여기서는 일단 분쟁 그 자체보다도, 양자의 증언 속에 있는 '자내(字內)', '기지(基址)', '철가이업'〔撤家移業, 집을 철거하고 생업을 옮김〕 등 표현에 주의를 기울이고 싶다. 자내, 기지는 모두 어떤 일정한 구분을 가진 토지를 뜻한다고 생각한다.[45]

상미전의 점포 소재지와 어떤 관계가 있는 것은 틀림없지만, 그러나 잡곡전 소속의 미상여객주인(米商旅客主人)이 상미전 점포에 들어가 사는 것은 아니다. 그들은 상미전 도원(都員, 조합원)은 아니고, 더구나 분쟁에서 도피하는 수단으로서 상미전 집을 철거하는 것 등도 불가능하다. 상미전인이 "저희 시전 기지에 점포를 두었다"고 진술한 것은, 상미전 점포 가까이에 점포를 차리고 있었다고 이해되는 것이다. 그들 미상여객주인은 시전상인이 아니기 때문에, 큰길에 늘어서 있는 가가(假家)에 들어가 살고 있다고 보아야 할 것이다. 가가이기 때문에 간단하게 철거하는 것이 가능하였다. 『한양가』에서 말하는 '상미전 좌우 가가'란 이러한 상미전에 속하는 미상여객주인의 점포였던 것이다.

3. 미전의 권익

미전은 본래 한성에서 쌀 전매권을 가지고 있었다고 한다. 그러나 그 내용에 대하여 검토할 필요가 있다. 전매권을 가지고 있는 것이라면, 다른 대다수 시전과 마찬가지로 다섯 개 시전이나 인정될 필요가 없기 때문이다.

이에 관해서 주목되는 것은 영조 28년(1752)에 국왕 영조에게 제출되었던 하미전인의 호소이다.

> 저희 시전은 국초에 설립되어, 한결같이 좌우 순청(巡廳)과 포도청의 예에 따라, 종루 큰 거리의 서쪽 변은 상미전 자내에 속하게 하고, 동쪽 변은 저희 시전에 속하게 하여, 각종 분역(分役)을 모두 받들어 시행하게 했습니다. 하미전은 상미전과는 강약을 대적할 수 없으므로, 중간에 갑자기 철물교 위쪽〔서쪽〕을 상미전에 빼앗겼습니다.[46]

한성 안의 권익 범위가 종로의 동쪽 반과 서쪽 반으로 양분되어 있었음에도, 상미전인이 부당하게도 철물교(〈그림 1〉 참조) 서쪽〔위쪽〕을 빼앗았다고 비난하고 있다. 요컨대, 일반적으로 전매권이라고 불리는 것은 한성부 전역에 대해서 일률적으로 적용되는 것은 아니고, 적어도 상미전과 하미전 두 시전에 관한 한, 종로 동쪽 반과 서쪽 반을 그 범위로 하고 있었던 것이다. 그것이 영업 범위로서의 '자내' 이고, '기지' 였다. 다만 여기서 자내에 대하여, 그것이 어디까지나 선적(線的)인 규정이지, 면적(面的)인 면적을 가지는 것은 아니라는 점에 주의하고자 한다.

성외의 세 미전도 각각 독자적인 자내를 가지고 있었다. 상미전인 박문징(朴文徵)의 말에 따르면, 정조 11년(1787)에는 상미전, 하미전, 문외미전 및 잡곡전을 '사곡전(四穀廛)' 이라고 부르는데 경계(經界)를 나누어 받았다. 통운교〔철물교〕에서 서쪽은 상미전 자내로 삼고, 동쪽은 하미전 자내로 삼는다. 삼문 밖은 모두 문외미전에 속한다.[47]

라고 분할이 정해져 있었다. 문외미전의 자내는 삼문 밖 모두라는 것이 된다. 조선 후기에는 삼문 밖은 아현(阿峴)이라는 인식이 있었기[48] 때문에, 이 삼문은 남대문(숭례문), 서소문(소의문), 서대문(돈의문)이다. 다만 여기서 삼문 밖은 '모두 문외미전에 속했다' 는 인식은 서강, 마포 두 시전의 권익과 직접 충돌하는 것이므로, 예상한 대로 정조 16년(1792) 문외미전이 서강, 마포 두 시전을 자내를 침범했다고 호소하였다. 이하 『일성록』 정조 16년 11월 20일조로써 조금 상세하게 살펴보자.

本廛 自國初設施之廛 而雍正四年 因上言判下 自三門外 至西三江 出入米穀和賣及街路都兒 定界次知〔본전〔문외미전〕은 국초부터 설치된 시전으로 옹정 4년(1726, 영조 2)에 상언의 결정에 따라 삼문 밖에서부터 서쪽으로 삼강에 이르기까지 드나드는 미곡의 화매(和賣) 및 가로의 중도아(中都兒)는 경계를 정하여 담당합니다〕

라고 1726년(영조 4, 옹정 4)의 판하〔결정〕를 근거로 해서, 삼문에서 서쪽은 삼강(서강, 마포, 용산)까지를 문외미전의 자내라고 주장하고,

麻浦西江十餘人無賴輩 附庸於本廛基址 稱以越境橫侵 奪其基址〔마포, 서강 10여인 무뢰배가 본전 기지에 빌붙어서 경계를 넘어 침범했다는 것을 핑계 삼아 그 기지를 빼앗았습니다〕

라고 하여, 마포, 서강 두 미전의 독립성 자체를 부당하다고 비난하였다. 평시서는 이 호소를 정당하다고 인정하고,

> 望遠亭以下至漢江 屬之門外米廛 文跡昭然 麻浦西江 屬之門外米廛 兩江朔米 使門外米廛 收合以納〔망원정에서 아래로 한강까지가 문외미전에 속하는 것은 문적〔증서〕이 분명하니, 마포와 서강은 문외미전에 속하므로 두 강〔마포, 서강〕 삭미(朔米)는 문외미전으로 하여금 거두어 납부하도록 한다〕

라고 제사(題辭, 판결)를 내리고, 서강 서쪽 끝의 망원정부터 남산 남쪽의 한강에 이르는 지역을 모두 문외미전 자내로 하였다. 문자 그대로 삼문 밖 전부이다. 비변사도,

> 旣因判下 城內外三米廛 各定基址 若干無賴 假稱廛號 暗錄市案之罪 實合刑配 廛號卽爲革罷 市案亦爲爻周〔이미 판결로 인하여 성 안팎의 세 미전은 각각 기지를 정했다. 약간 명의 무뢰배가 시전 명칭을 가칭하여 몰래 시안에 등록한 죄는 실로 귀양에 해당하니, 시전 명칭을 즉시 폐지하고, 시안 또한 수정해야 한다〕

라고 하여 평시서의 결정을 지지하고, 두 미전의 허가에는 불법성마저 인정되기 때문에 '시안' 에서 삭제하고 시전 허가를 취소하라고 판정하였다. 이에 대해 서강미전 측은 다음과 같이 반론을 제기하였다.

> 康熙甲辰 與門外米廛 並立定界 本廛所管 只是西江坊七洞 以字內所收朔稅 上奉國役矣 癸酉年京廛人等 無端橫侵 故呼訴平市署〔강희 갑진년(1664, 현종 5)에 문외미전과 함께 경계를 정한 결과, 본전〔서강미전〕 소관은 다만 서강방 7동뿐입니다. 자내에서 거두는 삭세(朔稅)로써 국역을 받들어 거행하였습니다. 계유년

(1693, 숙종 19)에 경전인(京廛人)들이 마음대로 침탈하므로 평시서에 호소하였습니다〕

이미 1664년(현종 5, 강희 3, 갑진) 협의로, 서강방의 7동[49]이 서강미전 자내로 결정된 것인데, 이러한 사실을 무시한 문외미전인의 호소는 근거를 결여하였다고 말하였다. 마포미전인의 경우도,

> 康熙己亥年間 門外米廛 無端勒稅於渠廛字內土亭瓮里等地 故渠等呈訴平市 則以門外廛之收稅江頭 萬萬無據 自今以後 永爲革罷之意題給〔강희 기해(1719, 숙종 45)년간에 문외미전이 마음대로 그들 시전〔마포미전〕의 자내인 토정, 옹리 등지에서 강제로 세를 징수하므로, 그들〔마포미전〕이 평시서에 호소하였다. 그래서 문외미전이 강머리에서 수세하는 것은 전혀 근거가 없으므로 지금부터는 영원히 폐지할 것을 결정한다〕

라는 공시당상(貢市堂上) 서유린(徐有隣)의 상언처럼, 문외미전인이 토정, 옹리 지구에서 '수세' 하는 것은 부당한 것이었다.

결국, 삼자 모두 양보를 하지 않아서 처단은 평시서에 일임되었는데, 일단은 문외미전 측의 승리로 끝났다.

> 계축년(1793, 정조 17)에 또 경조(京兆, 한성부)가 결정을 내린 문권과 전후의 소송 문서를 올려서, 조사하여 빼앗아 문외미전인에게 지급하도록 하였다. 평시서에 공문을 보내 시전을 혁파하여 일반 상인으로 삼고, 두 시전의 기지를 빼앗아 주고, 1년에 4백여 냥을 문외미전인에게 바치도록 하고, 두 시전에 붙어있는 '상(商)' 자 표지를 삭제하여 버렸다.[50]

이리하여 서강, 마포 두 시전은 분쟁 다음 해인 계축년(1793, 정조 17)에 시전 명칭을 취소당하고, 단순한 '상(商)' 으로서 문외미전의 자내에 편입되었다.[51] 그러나 그 후, 두 미전의 반격이 시작되어, 정부 측에서도 그 정당성을 인정하기에 이르렀다.

> 문외미전과 강상(江上)의 두 미전〔마포, 서강미전〕을 불문하고, 시전 명칭을 평시서 시안 책에 등록한 것은 모두 백 년이 지났고, 두 시전이 서로 소송한 것 또한 이미 여러 번이었습니다. 몇 년 전에 평시서에서 '전(廛)' 을 '상(商)' 으로 바꾸어 시안 책에 표지를 붙인 것은 무슨 곡절 때문인지 알 수 없으나, 그들이 점포를 열어 장사하는 것은 상(商)과 전(廛)이 다름없으니, 강상의 두 미전이 지금 와서 원통함을 호소하는 것은 다만 '전(廛)' 한 글자에 있습니다. 기지는 정해진 바가 있고, 점포를 여는 것도 그대로이므로, '전(廛)' 이란 호칭을 복구하는 것은 그다지 어려움이 없으니, 평시서에 분부하여 붙어 있는 '상(商)' 글자 표지를 제거하여 그 옛 전호를 복구하도록 하겠습니다.[52]

'시안' 에서 삭제된 것의 부당성이 인정되어, 시전으로 부활하여 독자적인 자내(字內)를 회복하였다. 이것으로 일단 결말이 났지만, 이후에도 문외미전으로부터 호소가 몇 차례나 제출되었지만,[53] 두 시전의 존속은 취소되지 않았다.

자내를 둘러싸고 이처럼 치열한 싸움이 반복되었던 것은 그것이 정말로 그들에게는 사활이 걸린 문제였기 때문이다. 자내는 단순한 영업 구역에만 한정된 것이 아니라, 좀 더 넓은 의미에서 권익(權益) 지역이었기 때문이다.

미전의 권익이 어떤 내용을 가지고, 어떻게 운용되었는가를 보기 전에, 일반 시전의 경우를 살펴보자. 앞에서 언급한 것처럼, 시전으로서 평시서로부터 인정을 받으면 시안에 등록되어 물종의 전매권을 획득하지만, 일반적으로 시전은 이 전매권을 근거로 하여, 배타적인 영업과 이윤추구를 하였다. 그것을 법적 · 제도적으로 보증한 것이 금난전(禁亂廛) 즉 무허가 업자를 단속하는 권한이다. 시전을 보호하여 국역(國役)을 확보하기 위하여 허용된 법적인 조치이다. 다만, 이 조치 자체가 큰 폐해를 가져와서, 결국 그것이 신해통공으로 전개된다. 영조 17년(1741) 특진관 이보혁(李普赫)이 저녁 강론 자리에서 영조에게,

> 근래 난전의 폐단이 날로달로 극심하여 장차 바로잡을 수 없는 지경에 이르렀습니다. 군문(軍門) 소속이나 권세가의 노자가 붙잡혀 조사를 받게 되면, 해당 아문에서는 도리어 잡아들인 사람을 죄로 다스리는 짓을 합니다.[54]

라고 군문 소속과 권세가의 노자[55]에 의한 난전을 단속한 시전이, 도리어 권세를 배경으로 하는 그들로부터 박해를 받고 있다고 호소하면서, 한성부에 의한 직접 단속을 요구하였는데, 그 진의(眞意)는 또한 다른 곳에 있었다.

> 서울의 놀고먹는 무리들이 평시서에 진정하여 신전을 창설한 것이 5, 6년 내에 그 수가 매우 많습니다. 이 부류들은 오로지 난전을 잡는 것을 일로 삼아, 심지어 싸리, 채소, 기름, 젓갈까지도 마음대로 매매할 수 없을 정도로, 걸핏하면 신전인의 침해를 받고 있습니다. 지방 사람이 가져오는 소소한 물산과 서울 소민이 이것으로 입에 풀칠하는 것도 또한 난전의 폐해를 입고 그 고통을 견디지 못해, 교역하는 길이 장차 끊어지게 되었습니다.[56]

라고, 금난전권이 '유의유식배'〔놀고먹는 자〕에게 남용되어, 영세한 상품

유통을 막고, 영세 상인이 큰 고통을 겪고 있기 때문에, 유통로가 끊어지려고 한다고 실정을 진술하고,

> 10년 내에 새로 창설된 소소한 시전의 명칭은 모두 혁파하여야, 소민을 구제할 수 있는 한 단서가 될 것입니다.[57]

라고 '금난전' 남용 방지책으로서, 10년 이내에 신설된 작은 시전의 폐지를 요청한 것이다. 이 요청은 영조의 동의를 얻었지만,[58] 실시할 때는 알맹이가 빠져버렸기 때문에 '금난전'의 남용에 의한 피해는 감소하지 않았다.[59] 그만큼 난전도 증가하고 있었던 것이며, 한성의 시전 체제는 무언가 개혁이 필요하게 된 상황에 있었다. 그것이 결국 정조 15년(1791) 좌의정 채제공(蔡濟恭)의 제안[60]에 따라, 육의전을 제외한 '금난전'의 폐지, 이른바 신해통공 화매(和賣)로써 실현하게 된 것이다. 채제공은 다음과 같이 주장하였다.

> 대개 우리나라의 난전법은 오로지 육의전이 위로 국역에 응하도록 하고, 그들에게 이익을 독점할 수 있게 하려고 설치한 것입니다. 근래 민심이 예전과 같지 않아 오직 이것만 좇아 빈둥거리는 유수무뢰배가 삼삼오오 떼를 지어 스스로 시전 이름을 붙여 놓고, 무릇 사람들의 일용에 관계되는 물품들을 각자 주관하지 않는 것이 없습니다. 크게는 말에 싣고 배에 실은 물산부터, 작게는 머리에 이고 손에 든 물건까지, 길목에 사람을 두었다가 싼값으로 억지로 삽니다. 만약 물건 주인이 듣지 않으면 곧 난전이라고 결박하여 형조나 한성부에 몰아다 바쳐서, 그 피부를 벗긴 후에야 처벌을 그만두므로 물건을 소지한 자가 혹시 본전에 밑져도 울며 팔고 가지 않을 수 없습니다. 이에 제각기 가게를 벌여 놓고 배나 되는 값을 받습니다. 평민들이 사지 않으면 그만이지만, 만약 어쩔 수

없이 사야 하는 사람은 그 시전을 놔두고 달리 다른 곳에서 구할 수가 없습니다. 이 때문에 그 값이 나날이 올라서 물건값의 비싸기가 신이 어렸을 때 비해 3배, 5배에 그치지 않는다고 합니다.[61]

본래 '금난전' 이라는 것은 육의전이 국역을 부담하는 반대급부의 조치였지만, 근년에 와서는 무뢰배가 제멋대로 시전을 빙자하여, 일상생활과 관련된 모든 물품의 전매권을 주장하여, 서울로 들어가는 길목에서 크고 작은 물품을 싼값에 강제로 구입하려고 하였다. 물건 주인이 말을 듣지 않는 경우에는 형조나 한성부에 연행하여 호되게 꾸짖었다. 이 때문에 물건을 가진 자는 손해를 각오하고 울면서 싼값에 물품을 팔아넘기지 않으면 안 되었다. 이리하여 그들은 상품을 독점한 후에, 그것을 시중에서 비싼 값으로 판매하게 되었기 때문에, 채제공이 어릴 때 비해 물가가 3배, 5배에 그치지 않을 정도로 상승하여 버렸다고 한다. 이처럼 금난전권의 남용이 물가를 올리고 있다는 사실 인식 아래, 정부는 물품의 자유판매(通共和賣) 정책을 추진하였다. 그러나 시전 체제를 밑바탕부터 뒤엎는 것처럼 보였던 신해통공도 육의전을 제외한 것에서 여실히 나타나는 것처럼, 불철저했다는 것을 부정할 수 없어서, 이 이후에도 물가는 내려가지 않았다. 결국 이 파도에 정면으로 휩쓸린 것은 오히려 영세한 시전으로, 이후 경영의 어려움을 호소하는 목소리가 계속 평시서에 제출된 것이다.[62]

미전의 경우, 이상에서 본 것처럼 일반 시전의 움직임과는 조금 양상을 달리한다. 무엇보다도 전매권의 실상이 자내와 밀접한 관계가 있었다. 각 미전의 전매권은 자내에서만 효력이 있고, 다른 시전처럼 한성 일대에 미친 것은 아니었다. 그와 동시에 그 권리는 타자를 절대적으로 배제하는 것은 아니었다. 앞서 서술한 상미전과 잡곡전 사이의 분쟁은 잡곡전 소속 미상여객주인의 쌀 판매에서 발단한 것이지만, 그것 자체가 문제가 되었던 것은 아니었다. 오히려 상미전 자내에서 미상여객주인이 쌀을 판매하는 것은 허가되었던 것이다. 상미전인 박문징(朴文徵)은 다음과 같이 그사이의 사정을 진술하고 있다.

> 각 해당 자내 안의 가로좌시(街路坐市)에 들어오는 쌀은 본전〔저희 시전〕에서 정식에 따라 수세하여 국역(國役)에 제공합니다.[63]

각 미전은 자내에서 미전 조합원 이외의 사람에 대해서 쌀 판매를 허가하고, 그 반대급부로 '세'를 징수하고 있었다. 미상(米商)여객주인이라고 불리는 사람들은 여기에서의 '가로좌시'와는 성격이 확실히 구별된다. 결국 앞에서 본 가가(假家)들이다. 문제가 되는 것은 세의 성격이지만, 박문징은 이 점에 관해서 잡곡전의 잘못을 따지면서 다음과 같이 진술하고 있다.

> 유독 잡곡전만 처음에 경계가 없었습니다. 가로좌시와 대미본전(大米本廛)을 막론하고, 안으로는 5부와 밖으로는 8강의 각종 잡곡을 모두 수세하였습니다. 그런데 오직 그들의 시전 터가 저희 시전 자내에 있기 때문에, 그들 시전에 들어가는 쌀을 저희 시전에서 실제 수량에 따라 수세하는 것은 이미 고칠 수 없는 법이 되었습니다. 계사(1773, 영조 49)년간에 잡곡전 상인이 저희 시전의 쌀 수세를 빼앗기를 도모하여, 수세하는 데 폐단이 있다고 두루 일컬으면서 평시서에 거짓 호소하여, 그들 시전으로 하여금 법령을 고쳐 수세한 후 매달 60냥만 저희 시전에 집어 주니, 저희 시전의 수입이 점점 줄어들어 요역을 거행할 수 없게 되었습니다.[64]

잡곡전도 미전과 마찬가지로 자내의 좌시와 미전에게 한성부 일대에서 잡곡을 판매하는 것을 허가하고 반대급부로 세를 징수하고 있었지만, 반대로 잡곡전 측이 판매한 쌀에 대해서는 판매액에 따라 세를 상미전에 지불하도록 하였다. 그러나 잡곡전이 평시서의 지지를 얻어 세의 정액제로 이행하였기 때문에 상미전의 수입이 감소하여 국역 부담에도 지장이 생겼다고 하는 것이 박문징, 즉 상미전 측의 해명이다. 다만 이것을 잡곡전 측 입장에서 말한다면,

> 저희 시전과 상미전은 한 기지 안에 같이 있으므로, 저희 시전 여객주인이 파는 쌀의 세는 1년에 720냥으로 하는 것을 미전의 소원에 따라 영원히 정식(定式)으로 삼았습니다. 갑자기 작년(1787) 2월에 거짓 상언을 하여 그 정세(定稅)를 깨고 판매에 따라 수세하기에 이르렀으나, 매달 거두는 것이 도리어 60냥 원수(原數)보다 적어서, 그 세를 함부로 거두고 매일 침학(侵虐)하므로, 여객주인들이 견디지 못하여 철시(撤市)하여 하미전 기지 안으로 생업을 옮겼습니다.[65]

1개월에 60냥의 정액 납세제는 상미전의 희망으로 정해진 것인데, 자원에 따라 매상 비례제로 다시 변경하였던 것이 실패로 끝나버렸기 때문이라고 하면서, 잡곡전을 힐책하는 것은 잘못이라고 물리친 후, 거듭,

> 원함에 따라 세를 정하는 것을 허락하여, 1년에 3,600냥의 세로써 정식을 삼기를 원합니다.[66]

라고, 정액제의 존속을 요청한 것이다.

두 시전의 분쟁을 통해서, 원래는 매상 비례제였던 세가 정액제로 이행한 것을 알 수 있다. 그것은 명목상, 국역 부담 자금이 되고 있었지만, 실질은 미전의 수입이었다. 그 때문에 그들은 다양한 방법을 강구하여 징세액

의 증가를 도모하였다.

이상에서 살펴본 것처럼, 미전과 잡곡전이 징수하던 세는 자내에서의 전매권을 근거로 하였던 판매권 사용료에 다름없었다. 미전에게 자내란 그러한 판매권을 행사하는 것이 가능한 허가 구역이었다. 상미, 하미 두 시전의 경계가 종로의 중앙이고, 자내에 면적(面的)인 넓이가 보이지 않는 것도, 요컨대 점포가 전개되어 있지 않는 한, 판매권 그 자체가 의미가 있지 않기 때문이다. 여기서는 구입자 측의 거주지는 일체 문제가 되지 않는다. 상미전 자내는 남대문 안의 남문미계(南門米契)도 포함하는[67] 것에서, 황토현부터 철물교까지의 종로 및 종로 십자가부터 남대문까지의 남대문로, 그리고 하미전 자내는 철물교부터 동대문까지의 종로 및 종로 판교동부터 돈화문까지라고 말할 수 있을 것이다.

이 같은 미전의 권리 행사 모습은 잡곡전 이외의 시전에서는, 현재로는 발견할 수 없는 것이다. 굳이 말하면, 쌀과 잡곡에 대해서는 신해통공 이전에 이미 조건부이기는 하지만, 통공화매(通共和賣)가 실현되고 있었던 것이다. 다른 시전이라면 난전이 되는 상인들을, 미전의 경우(잡곡전도 마찬가지지만) 좌상(坐商)으로 삼아 사전에 자기 지배 아래에 편입시켜 버렸다고 말할 수 있다. 역시 미전에 관해서는 난전의 피해가 적고, 적어도 통공화매에 의한 어려움을 호소하는 목소리가 전혀 없었다는 것을 보면, 신해통공의 영향도 그다지 크지 않았다고 보인다. 그것은 신해통공 이후에도 자내를 둘러싼 분쟁이 계속되었다는 것에서도 알 수 있다. 헌종 3년(1837)에 분쟁이 재발하였다.

> 문외미전 시전민들이 말하기를, 서강과 마포 두 곳의 전호(廛號)를 혁파하고, 저희 시전의 빼앗긴 자내를 다시 복구시켜 주기 바랍니다.[68]

옛날 주장을 다시 문제 삼고 있다. 변함없이 자내가 유효성이 있었다는 증거다.[69)]

한편으로 세를 둘러싼 분쟁도 형태를 달리하면서 계속되고 있었다. 이번에도 잡곡전이 문제가 되어, 순조 11년(1811)에 잡곡전이 호소를 제출하였다.

> 잡곡전 시전민들이 말하기를, 저희 시전은 본래 잡곡의 주인으로서 매일 각 미전으로부터 수세하였습니다. 기축년(1769)에 하미전의 간청에 따라 매일 거두는 세를 그 절반을 내도록 허락하였습니다. 그 후 폐단을 물을 때, 하미전인들이 거짓으로 소회(所懷)를 올려 그 일세(日稅)를 폐지하고, 월세(月稅)를 정하였습니다. 그러므로 저희들은 이로 인해 실리(失利)하여 지탱할 수 없게 되었으니, 종전 규정대로 매일 세를 거둘 수 있기를 바랍니다.[70)]

기축년(1769, 영조 45)에 하미전의 간청에 따라 절반만 매일 수세하는 것이 정해졌다. 그러나 그 때문에 이익을 잃은 하미전은 국왕에게 거짓 고하여 수세법을 개혁시켰다. 그 때문에 잡곡전은 이익을 잃었다고 호소하였지만, 그 2개월 뒤에는 호소의 취지를

> 지금 이후로는 잡곡은 저희 전(잡곡전)이 주관하고, 정미(正米)는 미전이 주관한다.[71)]

라고 하여, 잡곡전과 미전의 취급 상품을 서로 허용하는 것을 폐지하는 쪽으로 방향 전환을 하였다. 이것은 다음 해,

> 두 시전의 전기(廛基)가 한 모퉁이를 나누어 자리를 잡고 있어서 도성민의 판

매에 멀고 가까운 불편이 있습니다. 만약 각각 곡물명을 위주로 매매하게 한다면, 먼저 그 전기(廛基)를 주고 서로 함께 뒤섞여 자리를 잡게 한 후에야 비로소 둘 다 편리한 정사가 될 것이니, 이로써 분부하겠습니다.[72)]

라고, 점포의 배치 변경이 전결(專決) 문제라고 일축당해 버려, 시비를 따질 수 없게 되었지만, 자내가 살아있는 이상 당연한 것으로서 '세' 도 살아 있었던 것이다.

그러면, 여기서 왜 미전이 신해통공 이전부터 사용료를 징수하고 '가로좌시(街路坐市)' 에게 판매권을 대여하고 있었던 것인가? 또한 신해통공 이후에도 왜 자내가 기능을 하고 있었는가? 이 두 가지 점이 문제로서 부각되지만, 지금은 미전의 유통 경로가 다른 상품과는 약간 다른 구조로 되어 있다는 점이 그 이유 중의 하나라고 여겨진다는 점만 부언해 둘 뿐이다.

결어

미전의 성격이나 구조의 분석을 통해서, 근세 서울에서 상업 공간의 한 단면을 살펴보았다. 이를 통해 알게 된 점을 정리하면, 다음 세 가지 점이다.

(1) 17세기 후반 이후 갑오개혁까지 한 시기를 제외하고는, 미전은 한성 성내에 두 곳, 성외에 세 곳이 존재하면서, 각각 독자적인 전매업(專賣業)인가 구역을 가지고 있었다.

(2) 미전은 미곡 외에, 잡곡전의 허가를 받아 잡곡도 판매하고 있었다.

(3) 미전은 본전과 그 지배 아래에 있는 가로좌시(街路坐市)의 이중 구조로 되어 있었다.

미전을 통해서, 종로 · 남대문로에 전개된 상업 공간의 모습을 얼핏 살펴보았지만, 그들은 본 건축의 상설 점포와 가건축인 가가(假家) 및 노점의 세 종류 점포로 구성되어 있었다. 또한 『청구도』 등에 시전의 위치가 기록되어 있지만, 그것이 점포 그 자체를 가리키는 것은 아니고, 각 시전(조합)의 도가(都家)를 가리키는 것이라고 생각할 수 있어서, 각 점포는 그 도가를 중심으로 널리 퍼져있는 것으로 보인다. 그 양상을 해명하는 것은 앞으로의 과제이다.

한편, 일반 시전의 분석에서 알게 된 여러 특징은 명확하게 특권상인이라고 성격을 규정하는 것에 반(反)하고 있다.[73] 오히려 문제 삼아야 할 것은 특권을 가지고 있는 육의전 고유의 구조이고 성격일 것이다.[74]

후기

이 책은 필자가 연구 주제의 하나로 삼아 왔던 근세 서울 사회 연구의 성과를 정리한 것이다.

서울은 현재까지 600년 이상에 걸쳐 한반도 정치의 중심이며, 제일의 대도시이다. 하지만 현재까지 도시사적 관점에서의 연구는 거의 이루어지지 않았다. 필자는 지방 도시의 번화가(繁華街)에서 자라서, 도시 그 자체가 좋다. 한국 근세사 연구를 시작할 때부터 근세 서울에 큰 관심을 두고, 연구의 대상으로 삼으려고 생각하였다. 하지만 필자의 주된 연구 관심이 근세조선의 사회관계나 신분 구조 등에 있어서, 서울 연구에는 열중하지 않았다. 이 책 안에서도 몇 번이나 언급한 것처럼 이웃 나라 일본이나 중국과 비교하면, 근세조선에서는 서울은커녕 도시 그 자체에 대한 기록이 적은 것도 큰 지장이 되어, 연구의 진전이 늦어졌다. 이 책을 간행함으로써 뭔가 일단락을 짓게 된 것 같다.

서울(한성) 연구를 하면서, 1990년대 초에 교토대학 지리학연구실이 소장한 『한성부호적』을 접하게 된 것은 큰 의미가 있다. 1896년부터 1906년까지라는 시대는 새롭지만, 한국 사회에서 근세적 상황이 이어지는 시기여서, 근세 서울 주민의 모습을 살펴보는 데는 둘도 없는 좋은 자료이다.

한국 근세 사회에 연구의 중심을 두고 있는 필자에게는 정말로 매력적이다. 개인의 힘에는 버거운 분량이었지만, 다행히 그 무렵부터 컴퓨터를 사용하는 것이 가능하게 되어, 즉시 다른 연구를 계속하면서 자료 입력을 시작하였다. 이것은 지금도 중요한 기초자료가 되고 있다. 때마침 가쿠슈인대학 동양문화연구소에서 다케다 유키오 선생님이 주최하는 한국 근세 호적연구 프로젝트에 참가하게 되어, 농촌 지역의 호적을 분석하면서 서울의 호적을 보는 눈을 키울 수 있게 된 것이다.

필자는 집안 사정으로 대학에 들어가는 것도, 연구 생활을 시작하는 것도 다른 사람보다 늦었다. 천성도 나태하여 연구가 지지부진하였는데, 이제야 겨우 첫 번째 저서를 세상에 내놓을 수 있게 된 것이다. 그 부진함에 대해 새삼 부끄러운 마음이 든다.

이 책은 한성 연구를 주제로 발표한 논고에, 다시 새 원고를 추가하여 한 권의 책으로 엮은 것이다. 이 책 각 장의 토대가 된 논고를 열거하면 다음과 같지만, 이 책을 정리하면서 대폭 수정을 해서, 처음 발표한 때와는 달라진 부분도 많다. 또한 최초 발표 때부터 이미 꽤 햇수가 지난 것도 있지만, 이것은 필자의 근세 서울 연구가 간헐적으로 진행되어 왔기 때문이다.

제1장 「近世ソウルの都市空間(근세 서울의 도시공간)」

「漢城の都市空間-近世ソウル論序說(한성의 도시공간-근세 서울론 서설)」(『조선사연구회논문집』 30, 1992년 10월)

제2장 「朝鮮近世における王都と帝都(한국 근세에서 왕도와 제도)」

도시사연구회의 심포지엄 「수도성(首都性)」에서 발표한 것을 기초로 하고 있다. 심포지엄 기록은 『연보도시사연구』 7(1999년 10월)에 게재되어 있다.

제3장 「住民と居住空間(주민과 거주 공간)」

「戸籍から見た二〇世紀初頭ソウルの「人」と「家」- 京都大學藏『漢城府戸籍』の基礎的分析(호적으로 본 20세기 초 서울의 '사람' 과 '집' - 교토대학 소장 『한성부호적』의 기초적 분석)」(『조선학보』 147, 1993년 4월)이 기초를 이루고 있다.

제4장 「地域空間「洞」の形成(지역 공간 '동' 의 형성)」

「ソウルの近世的地域空間「洞」と住民(서울의 근세적 지역 공간 '동' 과 주민)」(『近世都市の成立(근세도시의 성립)』, 공저, 東京大學出版會, 2005년)

제5장 「官僚と居住地域(관료와 거주 지역)」(새 원고)

제6장 「住民移動と地域(주민 이동과 지역)」

「大韓帝國期ソウルの住民移動-『漢城府戸籍』の分析を通して(대한제국기 서울의 주민이동-『한성부호적』의 분석을 통해서)」(『조선문화연구』 1, 1994년 3월)

제7장 「近世ソウルの商業空間(근세 서울의 상업 공간)」

「李朝後期ソウルの米商人組合「米廛」について-一七九一年の辛亥通共を中心にして(조선 후기 서울의 미상인 조합 '미전' 에 대하여-1791년의 신해통공을 중심으로 해서)」(『史潮』 新17, 1985년 8월)

연구를 계속하는 과정에서, 셀 수 없을 정도로 많은 분으로부터 지도·도움·협력을 받았다. 연구자로서 정말로 고맙기 그지없다. 도움을 주신 모든 분께 감사의 말씀을 드리고 싶다. 특히 학부 3학년생 무렵부터 지금까지, 연구와 연구자의 바람직한 모습을 몸소 보여주면서, 지도 편달해 주신 은사 다케다 유키오 선생님께 진심으로 감사드리고 싶다. 이 책이 다케다 선생님의 비판을 견뎌낼 수 있을까 매우 걱정스럽다. 지금은 돌아가신 다가와 고조(田川孝三) 선생님께는 동양문고의 공부 모임에 참가하여, 사료 강독을 비롯하여 한국 근세 사회는 어떤 사회였는가 등 친절하고 자세하게 기초적인 가르침을 받았다. 필자의 한국 근세사 연구는 아직도 다가와 선생님의 손바닥 위에 놓여 있는 것 같다고 생각한다. 이 책이 조금이라도 선생님의 학은(學恩)에 보답할 수 있다면, 더할 나위 없는 기쁨이다. 연구는 물론 공적 · 사적으로 늘 도움을 주신 미야타 세츠코(宮田節子) 선생님께는 무어라 감사의 말씀을 드려야 할 지 모르겠다. 한국사 연구를 시작할 때부터, 음으로 양으로 도움을 받았다. 미야타 선생님이라는 둘도 없는 후원자를 얻음으로써, 얼마나 용기를 얻고 역경을 극복할 수 있었는지 이루 말할 수 없다. 하야미 아키라 선생님께서는 역사인구학 연구 프로젝트에 참가를 권유하시면서, 한국사라는 좁은 세계에 틀어박혀 있는 필자에게 풍성한 넓은 세계로의 길을 보여 주셨다. 이제야 하야미 선생님께서 인도해 주셨던 세계에 조금이나마 들어서지 않았나 생각한다. 이 책으로써 마음으로나마 감사의 말씀을 드리고 싶다.

근세 한일관계사 연구의 다시로 가즈이(田代和生)씨는 필자의 좋은 이해자인 동시에, 연구의 진전이 순조롭지 않은 필자를 늘 질책하고 격려하여 온, 엄하면서도 뛰어난 누님 같은 존재이다. 동아시아 근세사 연구의 로널드 토비(Ronald Toby) 씨는 그 참신한 방법론과 넓은 시야로써 필자에게 계속 자극을 주었던, 믿고 의지하는 형님 같은 존재이다. 이 두 사람에게는 정말로 많은 도움을 받았다. 불초한 동생을 이끌어 준 것에 진심으로 감사를 드린다.

동료 연구자들은 언제나 필자에게 도움을 주었다. 한국 고대사 연구의 이성시(李成市) 씨와는 좌우 분간도 못 하던 학생 시절부터 서로 격려하여 왔다. 조금이나마 그의 연구와 어깨를 나란히 하고 싶다고 생각하고 있다. 같은 한국 근세사 연구에 뜻을 두고, 함께 지방 조사를 해 온 이노우에 가즈에(井上和枝) 씨는 좋은 토론 상대로서, 많은 연구의 자극을 받아 왔다.

많은 무거운 짐을 지면서도 분명히 다른 사람 두 배의 연구를 해 온 이노우에 씨께는 늘 존경하며 감복하고 있다. 근대사 연구의 가스야 겐이치(糟谷憲一) 씨와 요시노 마코토(吉野誠) 씨는 학생 시절부터 고락을 같이하여 온 정말로 마음 든든한 전우이다. 요시다 노부유키(吉田伸之) 씨, 다마이 데츠오(玉井哲雄) 씨를 비롯한 도시사연구회 여러분께 도시사 연구의 재미를 배워서, 오늘날 결실을 보게 되었다. 조선사연구회, 한국·조선문화연구회, 조선학회는 필자에게 연구 활동의 장을 마련해 주었다. 좋은 동료 연구자들이 베풀어주신 호의를 가슴에 깊이 새기면서, 감사드리는 마음이 벅차오른다.

또한 교토대학 문학연구과·문학부 지리학연구실, 교토대학 부속도서관, 교토대학 종합박물관, 도쿄대학 종합도서관, 오사카부립 나카노시마(中之島)도서관, 덴리대학 부속 덴리도서관, 가쿠슈인대학 동양문화연구소, 국립국회도서관 등으로부터 사료 이용에 대한 각별한 배려를 받았다. 관계자 여러분께 감사를 드린다.

한국의 여러분께 받은 도움도 매우 크다. 이우성(李佑成) 선생님께는 대학원생 때부터 한국에 나갈 때마다 많은 도움을 받았다. 한국 문화에 대하여 잘 알아들을 수 있도록 가르쳐 주실 뿐 아니라, 많은 뛰어난 연구자를 소개해 주셨다. 이들 각 연구자는 필자에게는 대단한 재산이 되고 있다. 선생님의 논고를 통해 한성에 관한 이미지를 만들 수 있게 되었다. 지금은 돌아가신 이기백(李基白) 선생님은 필자가 가지고 있는 한국 인식의 안일함을 지적하면서, 그것을 극복하는 길을 보여 주셨다. 선생님의 말씀은 언제까지나 필자의 마음에 남아 있다.

이기백 선생님의 애제자인 근세사 연구의 오성(吳星) 씨에게는 동호인 학자로서 연구·사료 조사 양면에서 물심양면에 걸친 많은 도움을 받았다. 유학생 시절부터 친구인 근대사 연구의 강창일(姜昌一) 씨는 학계 전체에 걸친 넓은 인맥을 필자에게 소개해 주었다. 그 덕택에 연구를 계속하면서 큰 힘을 얻을 수 있었다. 지금은 대한민국 학술원 회원으로서 학계 중진이 된 이태진(李泰鎭) 씨는 다양한 장을 통해 협력하여 주셨다. 그 덕택에 사료 조사나 연구 활동을 원활하게 진행할 수 있었다. 근대사 연구의 권태억(權泰億) 씨로부터는 한국에서 조사 연구를 할 때 늘 빈틈없는 배려를 받았다. 그 따뜻한 마음 씀씀이는 필자에게 언제까지나 큰 버팀목이 되고 있다. 근세사 연구의 김현영(金炫榮) 씨는 전문가로서 사료 조사의 방법이나 그 수단에 대하여 많은 가르침을 주셨다. 한영우(韓永愚) 씨의 방대한 한국통사(通史)를 번역한 덕택에 한국사 전체에 대해 통찰할 기회를 얻을 수 있게 되었다. 상업 · 도시에 대한 관심을 함께 하는 근세사 연구의 김동철(金東哲) 씨의 저서를 번역한 것도, 필자에게 근세 서울의 여러 측면을 생각하는 기회를 주었다. 모두 다 필자로서는 정말로 고마운 학은이다.

한국문학의 권영민(權寧珉) 씨와 한국어학의 최명옥(崔明玉) 씨에게는 다른 입장에서 많은 시사를 받아서, 필자의 한국 사회에 대한 이해를 향상할 수 있었다. 한국 한문학 연구의 최박광(崔博光) 씨에게서는 한국어가 서툴렀던 때부터 조사 · 연구에 많은 도움을 받았다. 한국이라는 외국에서 사료 조사나 연구를 할 수 있었던 것은 전적으로 한국의 이 모든 분의 도움 때문이다. 진심으로 감사의 말씀을 드린다. 또한 규장각, 국립중앙도서관, 국사편찬위원회, 한국학중앙연구원, 국학진흥원, 서울대학교 중앙도서관, 고려대학교 박물관, 성균관대학교, 부산대학교, 안동대학교, 전북대학교 등 한국의 많은 사료 소장 기관에서는 사료 이용에 많은 편의를 제공해 주셨다. 관계자 여러분께 감사드린다.

일본과 한국을 불문하고, 헤아릴 수 없을 정도로 많은 분으로부터 직접적 · 간접적, 그리고 유형 · 무형의 은혜를 받았다. 모든 분의 이름을 열거하는 것은 도저히 불가능하다. 이름을 들지 못했던 많은 분께 큰 결례를 범한 점에 대해서는 널리 양해를 구하고 싶다. 앞으로도 도움과 지도를 받을 수 있기를 바란다.

이 책은 소후칸(草風館) 사장인 고(故) 우치가와 치히로(內川千裕) 씨 덕택에 세상에 나올 수 있게 되었다. 우치가와 씨는 필자의 근세 서울 연구에 대한 최대의 이해자로서, 몇 년 전부터 연구서 간행을 적극적으로 권장하였다. 아무리 기다려도 완성되지 않는 원고를 참을성 있게 기다린 끝에, 불행하게도 일단은 극복하였던 병마(病魔)가 재발하여, 2008년 8월 가까스로 이 책의 초교가 나오기 시작한 상태에서 유명을 달리하고 말았다. 고통스러운 병상에서도 최후까지 이 책의 완성을 걱정하고 계셨다. 필자의 우유부단함과 나태함을 후회할 뿐이다. 삼가 이 책을 우치가와 치히로 씨의 영전에 바치고, 명복을 빌면서 사죄를 드리고 싶다. 다행히 우치가와 치히로 씨의 뜻이 전해져, 그 후의 편집 작업을 인수받았던 키라파교육연구소 스태프 여러분과 소후칸을 인계한 우치가와 치히로 씨의 부인 우치가와 히미코(內川喜美子) 씨의 진력 때문에, 겨우 이렇게 이 책의 간행에 이를 수 있게 되었다. 진심으로 감사드린다.

끝으로 개인적인 감사를 표하는 것에 대해 양해를 바란다. 이 책은 누구보다도 먼저 아내 아츠코(厚子)에게 바치면서, 진심으로 감사의 표시를 하고 싶다. 아내는 제멋대로인 나를 따뜻한 애정으로 감싸주면서, 모든 것을 허용하고 격려하여 주었다. 아내가 존재하지 않았다면, 지금까지 연구를 계속할 수 없었다.

2009년 1월

요시다 미츠오(吉田光男)

역자 후기

"신은 자연을 만들고, 인간은 도시를 만들었다." 그리고 도시는 인간을 만들었다. 도시의 역사는 곧 인간의 역사다.

한국의 경우 19세기 중엽에는 3% 정도가 도시에 거주하였는데, 오늘날에는 90% 정도가 도시에 거주한다고 한다.[1] 이제 농촌과 도시라는 이분법적 구분은 무의미하다. 도시의 역사를 모르고는 인간의 역사를 이해할 수 없을 정도가 되었다. 도시와 시민의 역사에 대한 관심이 늘어나면서, 『역사와 도시』, 『동양 도시사 속의 서울』, 『도시는 역사다』, 『도시 속의 역사』 등 많은 도시사 연구가 이루어졌다. 2008년에는 도시사를 연구하는 '도시사학회'가 창립되었다. 이 학회는 2009년 학술지 『도시연구: 역사, 사회, 문화』를 창간하였다. 이처럼 도시사는 역사 연구에서 그 지위를 확립하고 있다.

도시사 연구가 늘어나면서 2000년대 이후 연구사를 정리하는 작업이 꾸준히 이루어지고 있다. 한국사에 한정하면, 「조선시대 도시사회사 연구의 현황과 과제」(장지연, 2002), 「한국 도시사 연구의 새로운 지평」(장규식, 2005), 「서울 도시사 연구의 성과와 과제」(고동환, 2006), 「일제강점기 부산도시사 연구의 회고와 전망」(차철욱, 2007), 「한국 도시사 연구에 대한 비평과 전망(민유기, 2007), 「한국 근현대 도시사 연구에 대한 비평과 전망」(민유기, 2007), 「한국의 도시사 연구 지형도와 향후 전망」(민유기, 2009), 「한국 도시사 연구의 현 단계」(염복규, 2009), 「한국 도시사 연구동향」(고동환, 2010), 「대구지역 도시사 연구의 동향과 과제」(이창언, 2010), 「식민지 시기 한국 도시사 연구의 흐름과 전망」(김백영, 2011), 「한국 근대 도시계획사 연구의 동향」(윤희철, 2017) 등이 그것이다.

한국에서 가장 대표적인 도시는 수도이므로, 도시사는 '수도의 역사' 라고 해도 과언이 아니다. 조선시대 도시사는 수도 서울의 역사로 대변된다. 수도 도시를 규정하는 가장 중요한 성격은 '수도성(首都性)' [2]이다.

조선시대 도시사 연구로는 손정목의 『조선시대도시사회연구』(일지사, 1977)』라는 선구적인 업적이 있지만, 고동환의 『조선시대 서울도시사』(태학사, 2007 태학사)와 요시다 미츠오(吉田光男)의 『近世ソウル都市社會研究』(草風館, 2009)를 대표적인 업적으로 손꼽고 있다. 두 책의 연구사적 의의 때문에, 고동환의 책에 대해서는 이헌창, 유승희의 서평,[3] 고동환과 요시다 미츠오의 책에 대해서는 염복규의 서평[4]이 있다.

저자 요시다 미츠오는 일본학계의 원로 한국사 연구자다. 저자는 일본 도쿄대학, 방송대학 교수를 거쳐 2017년 정년 퇴임을 하였다. 현재 두 대학의 명예교수로 있다. 이 책은 한국 근세도시사, 특히 근세 서울 도시사를 연구한 것이다. 여기서 '근세' 란 조선시대 특히 '조선 후기' 를 가리킨다. 이 책은 호적(戶籍)을 1차 사료로 삼아 분석한 데이터(data)를 기초로, 서울의 거리와 주민의 모습을 가능한 복원하고, 그 토대 위에서 근세 서울이 어떤 도시였는가를 검토한 연구서다.

저자의 연구 토양은 크게 두 가지로 나눌 수 있다고 생각한다. 하나는 일본학계의 도시사 연구 성과이다. 다른 하나는 이 책에서도 자주 인용된 저자의 은사 다케다 유키오(武田幸男)를 중심으로 한 조선시대 호적 연구성과이다. 이러한 일본학계의 학문적 토양 위에서 교토대학 소장의 신식 호적인 『한성부호적』(흔히 '광무호적' 이라 부름, 전체 61책)을 1차 사료로 활용하여 분석한 연구 결과다. 이 책은 교토대학 소장 『한성부호적』 전체를 최초로 분석한 책이다. 이 호적 전체를 처음으로 분석한 자체만으로도 이 책이 가지는 연구사적 의미는 크다고 생각한다.

이 책은 제1부 「서울의 도시이념」과 제2부 「서울의 주민 · 지역 · 거리(街)」의 두 부분으로 구성되어 있다. 책의 내용을 검토하기에 앞서 '근세' 라는 제목부터 먼저 살펴보고 싶다.

저자는 16세기 말, 17세기 초부터 1876년까지를 근세로 보면서, 근세는 한국 '근대의 원형' 을 형성한 시기라고 하였다. 하지만 시간적으로 근대인 20세기 초에도 사회적 관계에는 '근세', '근세도시' 적 요소가 뿌리 깊게 존재한다고 보고 있다. 그래서 책의 내용은 20세기 초까지를 검토하면서도, 책의 제목에는 '근세' 를 붙인 것이다.

일본 근세도시사 연구에서는 "천황의 도시인 교토(京都)와 정치의 새로운 중심지인 에도(江戶)가 균형적으로 양립한 것을 근세의 주요한 지표로 삼고 있다. 에도는 중국의 도성(都城)제도를 모범으로 건설했다기보다는 도쿠가와 이에야스(德川家康)의 이데아(idea)가 반영된 새로운 도시 형태인 죠카마치(城下町)를 건설하였던"[5) 것이다.

염복규는 "일본 근세도시사 연구에서 빌려온 요시다의 '근세도시론' 은 일본 근세가 조선 후기와 겹치기 때문에 이해할 수는 있으나, 전근대 양국의 사회 · 경제 속에서 도시가 차지하는 역할과 비중이 다르기 때문에 설득력은 제한적이다. 일본 근세도시사 연구의 대전제인 죠카마치와 비견되는 도시적 현상은 조선에서는 그다지 발견되지 않는다. '근세도시론' 은 표방에 그치는 감이 많다. '근세도시로서 서울' 의 특징을 드러냈다고 보기 어려우며, 무엇보다도 분석 시기의 실제는 1900년 전후에 머물기 때문이다."[6]라고 비판하였다.

한국 역사학계에서도 조선시대를 '근세'로 보는 견해는 있다. 하지만 '근세'라는 시간의 범위는 언제이며, 조선시대를 '근세'로 규정하는 근거는 무엇인가에 대한 논의는 충분하지 않은 상태이다. 역자도 번역서 제목을 '근세' 대신에 '조선 후기'로 하려고 하다가, 그냥 원래 제목대로 두었다. 그것은 저자가 강조한 '근세'가 문제점을 안고는 있지만, 앞으로 한국사에 적용할 수 있을지 여부에 대한 논의의 장을 열어두고 싶었기 때문이다.

그러면 이제 책의 내용에 대해 살펴보려고 한다. 먼저 제1부 「서울의 도시이념」에 대해 살펴보자. 저자는 한성, 평양, 개성, 수원 네 곳은 근세도시이고, 전주, 대구도 그 요소가 강하며, 특히 수도 한성은 조선을 대표하는 도시라고 하였다. 제1부 1장은 근세 서울의 도시공간을 한성의 도시이념과 공간구조를 중심으로 고찰한 것이다. 저자는 "한국사에서 고려시대까지 복수로 존재했던 '경(京)'이 조선시대에 오면 단수로 존재하고, 정치 중심지 서울이 문화 중심지로 확립된 것은 15세기 말이다. 명확한 이념 아래, 위치가 선정되고 도시가 설계된 계획도시라는 점이 한성의 특색이다. 그것이 도시의 성격을 결정하였다. 한성은 풍수설에 기초하여 수도가 된 '풍수 천년의 도읍'이다. 도시의 계획은 풍수 사상과 중국 도성 제도의 두 요인이 중요한 위치를 차지하였다. 중국 도성 계획의 영향을 받았지만, ㉠ 바둑판 모양 도로망이 없고, ㉡ 황제를 상징하는 궁전 이름이 없고, ㉢ 15세기 후반 이후 원구단이 없고, ㉣ 규칙적이고 대칭적인 시설 배치가 없다는 점 등이 중국 도성과는 다른 한성의 특징이다. 중국 황제가 지고(至高)한 존재로서 우주 질서를 도성에 재현한 것에 비해서, 중국 황제로부터 책봉(冊封)을 받은 조선 국왕은 지상의 절대적 지배자로 규정하지 않고, 중국과의 관계 속에서 위치를 규정하였다."라고 하였다.

제1부 2장은 근세조선에서 수도가 갖는 정치적·국제적 의미를 고찰한 것이다. 저자는 "왕도로서의 서울 공간구조의 특징은, ㉠ 풍수학에 의한 토지 감정을 기초로 하고 있고, ㉡ 중국의 왕도 이념을 섭취하여 도시를 설계하였고, ㉢ 중국 왕도 이념과는 다른 독자적인 공간 배치를 하였다는 점이다. 권력(權力)으로서의 조선 국왕의 정통성은 중국 황제의 권위(權威)에 의해 보증되었다. 권력의 도(都)=왕도 한성에 대해서, 권위의 도(都)=제도(帝都) 베이징이라는 도식이 조선에서 성립하였다. 1897년 대한제국이 수립되고 국왕이 황제에 취임하면서 조선은 근대국가로 바뀌었다. '제도' 베이징을 떨쳐버리고 '왕도' 한성이 '수도'로 바뀌면서, 진정한 의미의 '수도'가 탄생한 것이다."라고 하였다.

즉, 저자는 "조선 사람에게 한성은 눈앞에 나타나 있는 권력의 수도이고, 베이징은 은폐된 권위의 수도인데, 1897년 국왕이 황제에 취임하면서 은폐된 수도는 사라지고, 진정한 의미의 수도가 탄생한 것으로 보았다."

이처럼 저자는 서울의 도시이념을 중국과의 관계 속에서 파악하고 있다. 황제의 도성, 권위의 제도 베이징과 제후의 도성, 권력의 왕도 한성을 대비시켜 해석하고 있다. 이런 저자의 연구 경향에 대해, 염복규는 "제후의 도시 규모 원칙을 강조함으로써, 한양의 정도(定都)와 건설 과정을 정(靜)적으로 파악하여 버렸다. 완벽하게 풍수적 이념에 따라 건설·유지된 도시로 전제하기 때문에, 저자의 본의와는 무관하게 서울의 자생적 변모의 실상에 둔감한 '정체론적' 인식을 역설적으로 보여준다."[7]라고 비판하였다.

일본 교토대학 문학부 지리학교실에는 1896~1906년의 호적 158책이 소장되어 있다. 이 가운데 61책이 『한성부호적』이다. 제2부는 이 『한성부호적』을 분석하여 1896~1906년 서울 주민의 구성과 분포를 복원한 것이다. 그런데 『한성부호적』 61책은 3년도분이다. 즉 1896년 2책, 1903년 19책,

1906년 40책이다. 그리고 한성부 47개 방(坊) 가운데 28개 방에 한정되어 있다. 따라서 『한성부호적』은 시 · 공간적으로 한계가 큰 자료이다. 특히 1896년도분은 2책뿐이어서 더욱더 자료적 한계가 크다. 하지만 『한성부호적』 61책 전체를 분석한 연구는 이 책이 처음이다. 이 책에서 양적으로 가장 큰 비중을 차지하는 부분은 제2부 3장 「주민과 거주 공간」이다. 책 전체 분량의 3분의 1 정도다. 호적에 나타나는 '사람(人)'과 '집(家)'을 통해서, 근세에서 근대로 바뀌어 간 서울의 도시 모습을 살펴보는 기초적인 작업을 시도한 것이다. 그러면 저자가 주장하는 도시 모습의 특징은 어떠한 것인가.

먼저, 주민 면에서 본 도시 모습의 특징은 다음과 같다. 첫째, 남성 대 여성 비가 103 대 100으로 남성 쪽이 약간 높다. 둘째, 많은 비혈연 동거인이 존재한다. 약 4분의 1을 차지하는 이들이 한성의 도시 생활을 지탱하는 존재다. 셋째, 관료와 양반 구성비가 다른 지방에 비해 높다. 특히 이들은 성내에 집중해서 거주하고 있다. 왕실이나 정부와 관련된 정치도시인 점이 직업과 신분 구성에 반영되어 있지만, 각 직업과 신분이 혼주(混住)하고 있다. 이와 같은 잡거성(雜居性)을 가진 도시다. 넷째, 많은 성관이 존재한다. 특정한 성관이 압도적인 비율을 차지하는 것이 없다. 이러한 구성은 전국 비와 유사하다.

다음, 가옥 면에서 본 도시 모습의 특징은 다음과 같다. 첫째, 가옥 규모가 매우 크다. 둘째, 기와집 비율이 매우 높다. 셋째, 가옥 규모는 크지만 거주자 수도 많아서 가옥 내 거주밀도는 다른 지역과 큰 차이가 없다. 넷째, 30칸 이상, 특히 300칸 이상 되는 대규모 가옥이 대량 존재한다.

저자는 특히 성내와 성외의 차이를 강조하고 있다. 즉 "성내는 주민과 가옥 두 면에서 조선의 다른 지역과는 현저한 차이가 있다. 낮은 성비, 많은 동거인, 문무 관료나 양반 등의 존재, 다양한 직업과 신분, 대량이고 분산적인 성관 분포, 대규모 기와집 등은 다른 지역에서는 볼 수 없는 특색이다. 성내야말로 조선 속의 도시 그 자체이다. 성내(중심, 도시)와 성외(주변, 농촌)의 차이는 한성과 다른 지역과의 차이다. 중심부인 성내가 도시, 특히 수도로서 정치도시적 특질을 잘 보여준다."는 것이다.

기존의 연구에서 서울의 거리와 주민을 주제로 한 연구가 거의 없었다는 반성 위에서, 4장「지역 공간 '동'의 형성」은 주민 생활 속으로 들어가는 전제 작업으로, 주민의 거주 공간인 '동(洞)'의 존재 양상을 검토한 것이다. 저자가 동을 주목한 것은 도시민이 사는 최소 지역 단위가 '동'이기 때문이다.

저자는 "한성의 도시 시설은 대로(大路)와 중로(中路)로 연결되어 있었다. 이 길로 구분된 각 지역 내부는 공권력이 미치지 못하고, 내부의 토지 분할은 주민 자유에 맡겨졌다. 규모 면에서 보면 거주자가 적은 동이 압도적으로 많고, 거주자가 없는 동도 존재한다. 거주하는 공간에서 호주가 자의적으로 동명을 붙이는 것도 허용되었다. 동은 고정적이고 정적(靜的)인 것이 아니라, 끊임없이 생성 · 소멸 · 분화하는 동적(動的)인 존재다. 골목길이 성장하면서 주민의 생활공간인 동이 출현하였다. 동은 다양한 신분 · 계층 사람들이 섞여 사는 공간이며, 호 단위로 빈번한 이동을 되풀이하는 공간이다. 생활공간, 공유(共有) 공간인 동의 존재가 주민의 일체 의식, 공동 의식을 가지는 장(場)이 되는 것은 아니다. 근세의 동은 골목길을 단위로 성립되었지만, 1914년 경기도 고시 제7호로 해체되고 말았다. 동이 주민에게 어떤 의미가 있는 공간인가를 해명하는 것이 앞으로 밝혀야 할 과제다."라고 하였다.

저자는 "동민들이 공동 의식을 가지는 것은 아니다"라는 단서를 달고 있지만, 그 가능성을 부정하는 것은 아니라고 본다. 오히려 그 가능성을 열어 놓고, 앞으로의 과제로 삼고 싶어 한다. 이에 대해 염복규는 "'공동체

의식' 을 가진 '생활공간' 으로서의 동을 '발견' 하고 그 의미를 부각시킨다. 이 점은 응역(應役) 단위인 계(契)를 강조하며, 그것이 점차 행정 편제화되었다는 고동환의 주장과는 대조된다. 요시다는 그가 강조하는 동의 의의가 정작 무엇인지 분명하지 않은 점에서 한계가 있는 것으로 보인다."[8] 라고 하였다.

5장 「관료와 거주 지역」은 서울대학교 규장각한국학연구원에 소장된 대한제국 때 작성된 1,966명분의 관료 이력서를 분석하여, 관료들의 거주 상황을 검토한 것이다. 저자는 "관료의 거주밀도는 경복궁을 중심으로 성벽 안의 서부와 중부가 조밀하고, 동부는 희박하다. 경복궁 동쪽, 서쪽, 중앙의 세 지구에 특히 조밀하게 분포하여, 관료 집주(集住) 지구를 형성하고 있다. 전체적으로 보면 관료 거주지는 성벽 안 전역에서 성벽 밖까지 넓게 퍼져 있다. 한성은 전 지역에 걸쳐 관료가 다른 신분 · 직업 · 계층의 사람들과 혼재하고 있어서, 엄밀한 의미에서는 거주 분화가 이루어지지 않았던 것이 하나의 특징이다. 관료 거주지가 서쪽 방향으로 확장되어, 성벽 밖까지 이어지고 있는 것도 또 하나의 특징이다. 1900년 전후 시기에 최상급 관료들은 남서(南署)에 거주하는 경향이 약간 높은 특징을 보인다. 이것은 조선시대에는 고위 사족 양반은 '북촌' 에, 하위 사족 양반은 '남촌' 에 거주한 것과는 대비되는 경향이다. 이런 경향은 당시 이미 남서(南署) 남반부(南半部)에 일본인이 대량으로 거주하고 있는 것을 고려한다면 주목되는 결과다." 라고 하였다.

이에 대해 염복규는 "최상위 관료가 남서에 다수 거주한다는 점을 요시다가 이 시기 일본의 영향력과 연결 지어 설명하는 것은 흥미로운 분석이지만 논증이 필요한 대목이다."[9]라고 하였다.

6장 「주민 이동과 지역」은 『한성부호적』을 분석하여 1896년부터 1906년까지 한성부 주민의 이동 실태를 분석한 것이다. 주민의 이동은 사회변동 해석의 중요한 변수로, 그 측정은 한성의 도시적 성격은 물론, 한국에서 사람과 사회의 관계를 해명하는 중요한 단서가 된다고 보았다. 자료의 성격 때문에 주민의 이동은 개인이나 가족이 아니라 '호'를 단위로 분석을 하고 있다.

저자는 "한성부 성내에서는 1903년부터 1906년까지 3년간, 60~70% 전후의 호가 이동하였다. 연평균 20%를 웃도는 호가 이동한 것이다. 자료의 한계 때문에 이 수치는 최저치이고, 실태는 이보다 훨씬 높았다. 성내에서는 전입의 약 90%가 성내 다른 곳에서 전입하였다. 이에 비해서 성외에서는 성외 다른 지역에서 전입한 것이 가장 많고, 성내에서 전입한 것도 많았다. 전입은 평균 5.7년 이내였다. 한성의 호는 단기간에 이동을 반복하고 있었다. 이동 경험률은 성내 중심부인 종로 남측을 최고점으로 하여, 중심에서 멀어질수록 점차 낮아지고, 성벽을 넘는 곳에서 급격히 감소하는 동심원(同心圓)을 그리고 있다. 한성부에서는 사회적 · 경제적으로 상층일수록 이동 경향이 높다. 한성에서는 거주 지역을 매개로 한 족적(族的) 결합은 그다지 크지 않았다. 토지 가옥의 빈번한 소유권 이동은 조선 사람들이 토지와 가옥을 어떻게 의식하느냐는 심성(心性)의 문제와 직결되는 문제다."라는 점을 강조하고 있다.

7장 「근세 서울의 상업 공간」은 쌀을 취급하는 시전(市廛)인 미전(米廛)을 사례로 하여 근세 서울 상업 공간의 실체를 검토한 것이다. 근세 서울의 상업 체계에서 가장 큰 비중을 차지하는 것은 시전이다. 시전은 육의전과 일반 시전으로 나뉜다. 시전 가운데 도시민의 삶과 가장 밀접한 관련이 있는 시전은 쌀을 취급하는 미전(싸전)이다. 저자가 미전을 사례로 한 것은 이 때문이다. 저자는 "미전은 상미전, 하미전, 문외미전, 마포미전, 서강미전의 5곳이었다. 앞의 2곳은 성내에, 나머지 3곳은 성외에 있었다. 각자는 독자적인 전매(專賣) 허가 구역을 가지고 있었다. 미전은 미곡 외에 잡곡도 판매하고 있었다. 미전은 본전(本廛)과 가로좌시(街路坐市)의 이중 구조를 형성하고 있었다. 하지만 미전이 생산한 자체 자료는 아직 발굴되지 않고 있기 때문에, 미전의 구조를 파악하는 데는 한계가 있다." 라고 하였다.

이상에서, 이 책의 문제의식과 내용을 장별로 요약, 정리하여 보았다. 수도이면서 가장 도시적 성격이 강한 근세 서울을 분석하여, 한국 근세도시사 연구의 출발점을 제시하였다. 이 책이 『한성부호적』 전체를 본격적으로 분석한 최초의 연구서임은 틀림없다. 하지만 저자도 지적한 것처럼 『한성부호적』 그 자체도 한계가 큰 자료이다. 1896, 1903, 1906년의 3년도분 자료인 데다가, 포괄하는 지역도 한정되어 있다. 즉 이 자료는 시간적, 공간적으로 균질적이지 못한 한계가 있다. 게다가 19세기 말~20세기 초의 자료를 분석하여 근세 서울의 도시상, 도시성을 읽으려고 하였다. 저자가 '근대' 가 아닌 '근세' 를 읽으려고 한 것은 서울의 사회적 근세가 20세기 초까지 이어졌다고 보기 때문이다.

저자의 자료 해석에 대해서도 이견(異見)이 없는 것은 아니다. 그 가운데 하나는 신식호적에 보이는 기유(己有)와 '차유(借有)' 의 개념이다. 저자는 기유를 持ち家〔자기 집〕, 차유를 借家〔빌려 사는 집〕로 보았다. 저자의 이와 같은 개념에 대하여, 장경준은 "기유는 호주 자신이 소유하는 것, 차유는 타인으로부터 빌린 것이라는 것이 아니라, 기유는 호주와 친속이 점유하는 것, 차유는 호주와 친속이 아닌 사람들이 점유하는 것"[10)]이라고 해석하였다.

저자는 3장에서 기유/차유 문제와 관련해서, ㉠ 호주와 거가(居家)와의 관계, ㉡ 호주와 가옥의 관계, ㉢ 가옥의 소유 · 차유 주체인 호주, ㉣ 중복 호주의 존재, ㉤ 호주의 가옥 일부를 차유하고 있는 기구(寄口) 등, 여러 분야에 걸친 검토를 하고 있다. 이런 내용은 특히 차유의 개념에 따라 해석이 달라질 수 있는 여지가 있다. 그리고 6장에서는 가옥의 규모는 경제력을 어느 정도 반영하고 있는 것이므로, 기유층이 차유층보다 경제적으로 우위에 있다고 보았다. 하지만 한성과 같은 주민의 이동이 많은 곳에서 기유/차유 계층을 경제력의 우/열로 보는 저자의 견해는 문제점을 안고 있다고 생각한다.

앞서 언급한 것처럼 4장은 지역 공간 '동'의 형성과 성격, 의미를 파악한 것이다. 저자는 골목길이 성장하면서 동이 출현하였으며, 동은 고정적이고 '정적'인 존재가 아니라, 끊임없이 생성·소멸·분화하는 '동적'인 존재라고 보았다. 그래서 4장 3절의 제목은 '生きている洞'(살아있는 동)이다. 호적이라는 정태적인 자료를 분석하여, 살아있는 동적인 생활공간(삶터)을 읽으려고 한 시도가 주목된다. 저자는 '동'이라는 지역 단위 속에서 주민의 높은 이동성과 폭넓은 신분·계층의 잡거성 때문에 지연적 결합이 약하다는 것을 강조하고 있다. 그러면서도 동의 형성에서는 '골목길'이라는 지연적 결합이 강한 장소성을 강조하는 상호 모순점을 보인다. 이것은 호적이라는 자료적 한계에서 기인한 점도 있다고 생각한다. 실제 동이 어떻게 형성되고, 또 어떤 장소성을 가지고 있는가에 대한 보다 치밀한 분석 작업이 필요하다고 생각한다. 그리고 앞에서도 언급한 것처럼, 고동환이 강조한 '계'의 존재와 비교·검토하는 작업도 필요하다고 생각한다.

골목(길)〔호동(衚衕, 胡同)〕에 관한 새로운 연구로는 이언진(李彦瑱, 1740~1766)의 시를 분석한 박희병의 연구가 있다. "18세기 역관 출신 이언진은 '호동거실(衚衕居室)'이란 백수십 수의 연작시를 지었다. 그는 자신의 호도 '호동'이라 하였다. 그는 호동을 자호(自號)로 쓴 유일한 사람이다. 호동(골목길)은 서민이나 중인층이 사는 공간을 표상한 것으로, 가난하고 비천한 사람들이 사는 공간이다. 호동거실은 조선사회에 저항하는 그의 자의식의 발로였다."[11]라고 하였다. 박희병은 '호동거실'에 대한 평설 『저항과 아만』에서 '아만(我慢)' 이란 개념은 "주체성의 양지만 아니라 음지(그늘)까지 환기한다."고 하여, 주체성과 저항의 내면 관계에도 주목하였다. 18세기 후반에 골목길을 내 집으로 삼으면서 살아간 도시 하층민의 삶과 의식에 대한 이 연구는 호적을 분석하는 연구 방법과는 상당히 다른 연구 경향을 보여주고 있다.

앞서 언급한 것처럼, 서울의 거리와 주민을 주제로 한 연구가 거의 전무하다는 반성 위에서 한성 주민의 생활 속으로 들어가 보는 전제 작업으로 저자는 동에 주목하였다. 이 책의 부제인 '漢城の街と住民' (한성의 거리와 주민)처럼, 서울의 도시사는 도시 주민의 일상사(日常史)에 다름 아니라고 생각한다. 즉 서울의 도시사는 수도-도시와 시민-일상을 같은 시선에 두고 파악해야 한다. 이것은 호적이라는 제한된 자료만으로 파악하기는 어렵다고 생각한다.

도시사 연구가 기존의 사회경제사, 사회사, 문화사 연구와 무엇이 어떻게 다른지 그 정체성을 고민해야 한다. 도시사 연구는 도시에서 작동하는 모든 요소들, 물리적 공간과 환경, 정치권력, 경제 상황, 도시민의 사회적 힘, 문화 환경 등을 종합적으로 파악할 필요가 있다.[12] 유승희는 고동환의 도시사 연구가 서울이라는 도시공간의 인구 문제, 도시민의 일상생활, 도시 경제, 도시민의 문화 등 공간에 대한 역사적 접근을 한 점에 큰 의미를 두었다.[13]

한성 도시민의 일상사, 생활사, 심성사, 풍속사 등 연구와도 연동되어야 한다. 도시사는 기존 분과 학문의 틀을 넘어서 다양한 인접 학문과 끊임없이 소통, 교류하여야 한다. 저자는 제도/왕도, 베이징/한성, 성내/성외, 도시/농촌, 중심/주변의 2분법적 시선으로 한성을 파악하고 있다. 그래서 종로-서울 성내-성외-조선 전체는 동심원적 구조를 이룬다고 하였다. 물론 수도 한성, 정치도시 한성의 도시성을 파악할 때, 중심의 관점은 중요하다고 본다. 그러나 주변의 관점, 즉 수도 한성, 왕(지배층)의 한성을 넘어서 도시 한성, 시민(하층민)의 한성에 주목할 필요가 있다. 왕의 공간, 정치의 공간이 아니라 시민의 공간(장소), 생활의 공간(장소)에 주목할 필요가 있다. 조선시대 수도 서울의 장소성(placeness), 로컬리티(locality)를 어떻게 포착할 것인가. 이를 위해서는 연구 방법론에 대한 성찰이 필요하다.

앞서 살펴본 한계에도 불구하고, 이 책은 현재 일본학계의 조선시대 도시사 연구를 대표하는 업적이다. 그뿐만 아니라 고동환의 『조선시대 서울도시사』와 함께, 현재 조선시대 도시사 연구에서 쌍벽을 이루고 있다. 이 책은 조선시대 도시사 연구자가 앞으로 넘어야 할 큰 벽이다.

끝으로 개인적인 소회를 언급하고 싶다. 역자의 『조선후기 공인연구』(한국연구원, 1993)라는 책을, 저자가 『朝鮮近世の御用商人-貢人の硏究(조선 근세의 어용상인-공인의 연구)』(法政大學出版局, 2001)로 번역하여 출간한 적이 있다. '눈에는 눈, 이에는 이' 라는 말처럼, 역시 '책에는 책' 이라고 생각한다. 저자에게 빚진 마음, 고마운 마음을 조금이나마 표하고 싶은 기회를 갖고 싶다고 늘 생각하고 있었다. 『시경』「모과」편을 보면 "나에게 모과를 던져 주기에, 어여쁜 패옥으로 갚아 준 것은 꼭 갚으려고 한 것이 아니라, 오래 우정을 나누자는 뜻" 이라고 하였다. 이 책을 번역한 역자의 마음도 마찬가지다.

이 번역서는 조선시대사를 공부한 이후, 많은 분의 도움을 받았기 때문에 가능하였다. 특히 부산대학교 사학과, 한국민족문화연구소에서 연을 맺은 선생님들과 고려대학교 김영숙 선생님께 감사드린다.

2019년 1월

김 동 철

주

＊제1부 서울의 도시이념＊

제1장 근세 서울의 도시공간

1) 특히 서울특별시사편찬위원회〔서울역사편찬원〕의 기관지『향토서울』〔『서울과 역사』〕에는, 매호마다 서울 연구가 게재되어 있다. 또한 한성에 관한 유일한 전론 저서로서 원영환,『조선시대 한성부 연구』(강원대학 출판부, 춘천, 1990)가 있지만, 제도사의 형식적인 해석으로 일관하고 있다. 오히려 근세 서울 연구 그 자체는 아니지만, 이우성,「18세기 서울의 도시적 양상-실학파, 특히 이용후생파의 성립의 배경」(『향토서울』 17, 1963. 7, 일본어 번역은 하타다 다카시(旗田 巍) 감수 번역,『韓國の歷史像(한국의 역사상)』 수록, 平凡社, 도쿄, 1987)은 문인의 생활을 통해서, 한성의 양상을 부각시키고 있는 점에서 흥미 깊다.

2) 손정목의 한국 근세도시 연구는『조선시대 도시사회연구』(일지사, 서울, 1977)에 모아져 있다. 손정목은 이 책에 이어,『한국개항기 도시변화과정연구』(일지사, 서울, 1982),『한국개항기 도시사회경제사연구』(일지사, 서울, 1982),『일제강점기 도시계획연구』(일지사, 서울, 1990)라는 일련의 연구에 의해, 한반도에서 근세・근대・현대 도시의 형성과정과 그 성격을 규정하는 작업을 하고 있다.

3)『수서(隋書)』(권81, 열전 46, 동이, 고려)에「都於平壤 亦曰長安城 (중략) 復有國內城漢城 其國中呼爲三京」〔평양에 도읍하니 또한 장안성이라 부른다. (중략) 다시 국내성, 한성이 있다. 그 나라 안에서는 삼경이라 부른다(번역 첨부 역자)〕라는 기록이 있다. 또한『통전(通典)』(34, 권136, 변방 2, 동이 하, 고구려)은「國內城及漢城 亦別都也」〔국내성 및 한성은 또한 별도(別都)이다(번역 첨부 역자)〕라고 하여, 같은 내용을 전하고 있다. 국내성은 중국 지린(吉林)성 지안(集安)현에 있지만, 한성이 어딘가는 현재로서는 분명하지 않다.『삼국사기』 지리지(권37, 잡지 6, 지리 4)에 옛 고구려 영토 지명으로 게재되어 있는 한성군이 이것에 해당된다면,『고려사』 지리지,『세종실록지리지』,『신증동국여지승람』 등의 기재에서 보는 한, 뒷날의 황해도 재령군이 된다. 그러나 재령이 일찍이 '경(京)' 이었다는 기록은 없다. 오히려 신라의 영역에 편입된 이후 한산주로 불리었던, 현재의 서울 지역이 이것에 해당될 가능성이 큰 것은 아닐까라고 생각한다. 여하튼 한국 고대사 연구자에 의한 검토가 요망된다.

4) 이병도,『고려시대의 연구』(아세아문화사, 서울, 1980) 제2장.

5)『한경지략(漢京識略)』(규장각 소장) 권1, 연혁에는 19세기 전반의 말로써, "지금, 사람들이 경사(京師, 한성)를 서울(徐菀)이라 일컫는 것은 옛날 신라를 호칭하여 서라벌이라고 한 것을, 뒷사람들이 그대로 따라 경도를 칭하여 서벌이라고 부른 것이, 후에 전

하여 서울(徐菀)로 된 것일 뿐이다”〔今人稱京師曰徐菀者 古号新羅爲徐耶伐 後人仍稱京都曰徐伐 後轉爲徐菀耳(원문 첨부 역자)〕라고, 한성이 당시 서울이라고 불리고 있는 것을 전하고 있다. 또한 『훈몽자해』 중의 ‘경(京)’ 의 글자 뜻에도 ‘셔울 경’ 이라고 하였다.

6) 츠카모토 마나부(塚本 學)는 “지배자가 사람들에 대해서 이른바 ‘문명’ 의 창구 지위를 독점하는 것이 복속을 명확하게 하는 것이다”라고, 도회지가 시골에 대해서 ‘후진’ 의식을 심어 줌으로써 지배했다고 지적하고 있다. 『都會と田舍(도회지와 시골)』(平凡社, 도쿄, 1991), 54쪽.

7) 기타무라 히데토(北村秀人), 「高麗末・李朝初期の鄕吏(고려말・조선초기의 향리)」(『조선사연구회논문집』 13, 도쿄, 1976. 3).

8) 요시다 미츠오, 「一五世紀朝鮮の土官制-李朝初期地方支配体制の一斷面(15세기 조선의 토관제-조선초기 지방지배체제의 일단면」(『조선사연구회논문집』 18, 1981. 3).

9) 이병도, 「도참에 대한 일, 이의 고찰(一)」(『진단학보』 10, 경성, 1939. 4).

10) 이병도, 「조선초기의 건도문제」(『진단학보』 9, 1938. 7. 후에 『고려시대의 연구』에 수록).

11) 물론 일반론은 어디까지나 일반론이므로 모든 것을 반드시 설명할 수 있는 것은 아니다. 요는 천도가 매우 서둘러 실시되었다는 점에 한성의 특색이 있다.

12) 『동국문헌비고』 권163, 시적고 1은 정종 원년(1399), 종로의 좌우에 800여 칸의 행랑을 건설하여 시전으로 삼았다고 하고 있지만, 『정종실록』에는 그 같은 사실이 기록되어 있지 않다. 시전의 창설은 『태종실록』 권19, 10년(1410) 2월 갑진에 ‘定市廛大市’〔시전과 대시를 정하였다(번역 첨부 역자)〕라고 한 것에 따라야 할 것이다. 그러나 『동국문헌비고』 편찬자의 수중에는 정종 원년 시전 개설에 관한 어떤 자료가 있었다고 생각한다. 일단 이때에 계획이 수립되었지만, 개경 이전 때문에 중지되었던 것은 아닐까.

13) 무라야마 지쥰, 『朝鮮の風水(조선의 풍수)』(조선총독부 조사자료 31집, 조선총독부, 경성, 1931). 『朝鮮の鬼神(조선의 귀신)』, 『朝鮮の占卜と豫言(조선의 점과 예언)』과 나란히 무라야마 삼부작의 하나로서, 부제(副題)에 「민간신앙 제2부」라고 하였다.

14) 무라야마 지쥰, 『조선의 풍수』, 9쪽.

15) 와타나베 요시오, 『風水思想と東アジア(풍수사상과 동아시아)』(人文書院, 교토, 1990), 24~25쪽.

16) 와타나베 요시오, 위의 책, 42쪽.

17) 와타나베 요시오, 위의 책, 21쪽.

18) 와타나베 이외에 일본의 풍수연구에서는, 시부야 시즈아키(澁谷鎭明), 「李朝邑集落にみる風水地理說の影響(조선 읍집락에 보이는 풍수지리설의 영향)」(『인문지리』 43-1, 교토, 1991. 2)이 인문지리학적 수법에 의해, 『신증동국여지승람』에 게재된 331개 읍의 약 90%를 지형도(地形圖)로 분석하여, 7개의 입지유형으로 분류하여 풍수와의

관계를 논하고 있다. 또한 중국의 도시와 풍수에 관해서는, 호리코메 겐지(堀込憲二), 「風水思想と中國の都市-淸時代の城市を中心に(풍수사상과 중국의 도시-청대의 성시를 중심으로)」『건축잡지』 1240, 도쿄, 1985. 11)가 개괄을 행하고 있다.

19) 가장 이른 시기의 것으로는 손정목, 「풍수지리설이 도읍형성에 미친 영향에 관한 연구」(『도시문제』 8-11, 서울, 1973. 11)가 있다. 이하, 주요한 것만 들어보면, 지리학 분야에서는 먼저 최창조가 『한국의 풍수사상』(대우학술총서, 민음사, 서울, 1984)과 『좋은 땅이란 어디를 말함인가』(서해문집, 서울, 1990)를 비롯하여, 「음택풍수에 대한 지리학적 해석」(『지리학논총』 5, 서울, 1978. 12), 「圖書類上의 토지관에 대한 지리학적 해석」(『지리학논총』 7, 1980. 12), 「풍수설 坐向論上의 길흉판단에 관한 緯學的 해석」(『지리학』 26, 서울, 1982. 12), 「풍수, 미신인가 경험과학인가-묘지와 주택풍수를 중심으로」(『국토와 건설』 13, 서울, 1985. 8), 「한민족의 吉地樂土 지향관념에 대한 지리학적 해석」(『지리학논총』 14, 서울, 1987. 12), 「풍수사상에서 본 통일 한반도의 수도입지 선정」『국토연구』 11, 서울, 1989. 6), 「풍수이론과 왕릉풍수」(한국문화재관리국 편, 『한국민속종합조사보고서』 23책, 서울, 1989. 6) 등 일련의 연구에 의해 연구자에게 큰 영향을 주고 있다. 그 밖에 발표 연대 순서로 열거하면, 최영준, 「嶺南路의 경관변화」(『지리학』 28, 서울, 1983. 10), 김덕현, 「전통촌락의 洞藪에 관한 연구」(『지리학논총』 13, 1986. 12), 이몽일, 『한국풍수사상사-시대별 풍수사상의 특성』, 명보문화사, 서울, 1991) 등이 있다, 건축학 분야에서는 김홍식, 「마을 공간구성 방법에 대한 한국 전통 건축사상 연구」(『건축』 64, 서울, 1975. 6), 이정근, 「한국자연부락의 형태공간론」(『울산공과대 연구논문집』 9-2, 울산, 1978), 이종필 외, 『영남지방 고유취락의 공간구조』(영남대학교 출판부, 경산, 1983), 박찬룡, 「조선시대 읍성 定住地의 경관구성 연구-전남 승주 낙안읍성을 중심으로」(『한국조경학회지』 12-1, 1984. 6), 김홍식, 「城邑里 공간구성의 연구」(『제주도연구』 1, 제주, 1984), 조중근 · 김홍곤, 「전통의식적 농촌취락 기본모형에 관하여」(『대한건축학회논문집』 3-6, 서울, 1987. 12) 등을 들 수 있다.

20) 최창조, 『한국의 풍수사상』, 32쪽.

21) 무라야마 지쥰, 『조선의 풍수』, 355~358, 637~638쪽.

22) 필사본 형태로 유포되어 『팔역지(八域志)』, 『팔역가거지(八域可居志)』, 『산수록(山水錄)』, 『동국총화록(東國總貨錄)』, 『복거설(卜居說)』 등 다양한 명칭이 붙어 있고, 내용에도 적잖은 차이가 있다. 고이시 아키코(小石晶子), 「李重煥と『擇里志』(이중환과 『택리지』)」(『조선학보』 115, 1985. 4)가 『택리지』의 서지와 그 저자 이중환의 전기에 대하여 상세한 검토를 하고 있고, 니시가와 다카오(西川孝雄), 「『擇里志』の異名について(『택리지』의 이명에 대하여)」(『韓』 103, 1986. 8)가 『택리지』의 명칭을 고찰하고 있다. 또한 본고에서는 도쿄대학 종합도서관 아가와(阿川)문고 소장 『택리지』(표지제목 『형가요람(形家要覽)』)를 이용하였다.

23) 무라야마 지쥰, 『조선의 풍수』 및 최창조, 『한국의 풍수사상』에 따른다.

24) 『택리지』 통서(統叙) 산맥원근.

25) 『신증동국여지승람』 권3, 한성부, 형승.

26) 『신증동국여지승람』 권1, 경도 상.

27) 이병도, 「조선초기의 建都문제」, 382~383쪽. 이병도의 분석은 주로 『조선왕조실록』 기사에 따르고 있지만, 『朝野輯要』 권2에서는 "無學更相漢陽 以仁王山作鎭 白岳南山 爲龍虎 道傳難之曰 帝王皆南面 未聞東向也 武學曰 不從吾言 垂二百年 當思吾言〔무학이 다시 한양을 살펴보고 인왕산을 주산으로 삼고 백악산을 좌청룡, 남산을 우백호로 삼으려고 하니, 정도전이 "제왕은 모두 남쪽을 향하지 동쪽을 향한다는 것을 듣지 못했다"라고 하면서 그것을 비판하였다. 무학이 "내 말을 따르지 않으면 2백년 후에 내 말을 반드시 생각할 것이다"라고 말했다(번역 첨부 역자)〕라고 하여, 한성 건설 당시, 왕사 무학이 '혈'의 동향(酉坐卯向)설을 주장한 것에 대해서, 이성계 정권 성립의 큰 공로자인 정도전의 반대가 있었다고 전하고 있다. 이 설화의 진위는 현재로서는 분명하지 않지만, 무학이 "200년 후에 내 말을 반드시 생각할 것이다"라고 하여, 1592년 도요토미 히데요시 일본군 침입을 예언했다고 서술한 것을 보면, 후세에 만들어졌을 가능성이 높다. 그러나 후세였다고 하더라도, 유좌묘향〔酉坐卯向, 서쪽에 앉아 동쪽을 바라보는 방향〕으로 하는 풍수적 판단이 있었다는 것이 이 설화의 배경이 되었다고 생각한다.

28) 이병도, 「세종조의 主山문제」(『진단학보』 8, 1937. 11).

29) 현존하는 경복궁의 건조물은 이때 재건된 것이다. 재건하면서 마찬가지로 남향이었지만, 좌향(坐向)은 임좌병향(壬坐丙向)에서 자좌오향〔子坐午向, 子方을 등지고 午方을 바라보는 방향, 즉 정북 방향을 등지고 정남향을 바라보는 방향〕으로, 15도 서향으로 바뀌었다. 이 변경의 사정에 대해서는 현재로서는 분명하지 않다. 1923년에 준공된 조선총독부 청사와 경복궁의 정중선(正中線)은 방향이 5~6도 어긋나 있다(서울대학교 부속도서관 소장, 『경복궁 평면도』 및 지형도 등 참조). 경복궁이 진북(眞北)을 기준으로 한 것에 대해, 조선총독부 청사가 자북(磁北)을 기준으로 하여 건설되었기 때문일 것이다. 덧붙여서 말하면 1923년 초 측정의 인천에서의 자편각〔磁偏角, 자북과 진북의 각도 차이〕은 서5도 40분(도쿄제국대학 도쿄천문대 편, 『理科年表(1928년도판)』, 丸善주식회사, 도쿄, 1927)이었다.

결국, 이 결과 경복궁은 화체〔火體, 불에 해당하는 상〕의 산인 관악산에 직면(直面)하게 되어, 화재를 피하기 위해서는 광화문 옆에 물짐승 해태 한 쌍을 세우고, 추가로 관악산 정상에 우물을 파고, 그 속에 구리로 만든 용을 넣어서 진압하려고 했다고 한다(朴齊炯, 『近世朝鮮政鑑』 卷之上). 또한 남대문의 현판 글씨가 다른 성문과는 달리, 문 이름을 세로쓰기로 한 것은 불을 누르기 위한 때문이라고 믿고 있다(『우포도청등록』 제24책, 기사(1869) 南門外居民 白活). 다만 해태에 대해서는 관악산과는 관계가 없다는 설도 있다.

30) 정태제(鄭泰齊), 『국당배어(菊堂徘語)』(국립중앙도서관 소장).

31) 이병도, 「한양 성곽고-특히 近朝鮮前期(임란이전)을 중심으로」(『향토서울』 29, 1966. 12), 10~11쪽.

32) 경성부 편, 『경성부사』 제1권(경성부, 경성, 1934), 171쪽.

33) 이병도, 「남소문과 개폐문제」(『향토서울』 1, 1957. 12).

34) 『신증동국여지승람』 권3, 한성부, 산천에서 「〔假山〕在都城水口內 訓鍊院東北 一在水南 一在水北 築土爲山似 畜地氣〔(假山은) 도성 수구 안, 훈련원 동북쪽에 있다. 하나는 물 남쪽에 있고, 하나는 물 북쪽에 있다. 흙을 쌓아 산처럼 만들었는데, 지기를 함축하기 위함이다(번역 첨부 역자)〕라고 하였다.

35) 무라야마 지쥰, 『조선의 풍수』, 705쪽.

36) 무라야마 지쥰, 『조선의 풍수』, 678쪽.

37) 오쿠무라 슈지(奥村周司), 「高麗の圜丘壇祀天禮について(고려의 원구단 사천례에 대하여)」(『早稲田實業高校 硏究紀要』 21, 도쿄, 1987. 3).

38) 척도 환산은 朴興秀, 「李朝尺度에 관한 연구」(『대동문화연구』 4, 서울, 1967), 340쪽의 표에 따른다.

39) 朴贊龍, 「조선시대 읍성 定住地의 경관구성연구」는 읍성 내부가 주요도로에 의해 T자형으로 구분되는 것은 음양론에 의한 구분이라고 하고 있다. T자형 이외로 구분되는 읍성도 있어서, 더욱더 검토를 요하지만 일고(一考)할 가치가 있는 설이다.

40) 이 계획은 종로는 제외하고, 한성 성내를 북촌 · 남촌으로 구분하는 주민 의식을 형성하였다. 덧붙여 말하면 동촌 · 서촌이라고 부르는 법도 있지만, 막연하게 성내의 동부 · 서부를 가리키고 있을 뿐이며, 북촌 · 남촌처럼 어떤 기준에 기초한 지역 구분은 아니다.

41) 현존하는 동대문은 1869년에 개축된 것이지만, 『도성지도』, 『사산금표도(四山禁標圖)』(국립중앙도서관 소장) 등 개축 이전의 여러 지도에도 중층구조로 묘사되어 있다.

42) 손정목(『일제강점기 도시계획연구』, 75~78쪽)은 1만분의 1 지형도에 의한 지도상 계측의 결과, 종로(동대문-서대문)와 남대문-경복궁 서북 모퉁이의 직선거리 비가 9 대 6이라는 풍수학에서의 황금비를 이룬다고 하지만, 이것은 우연의 일치일 가능성이 높다. 왜 종로가 자연 도로의 거리이면서 다른 한편으로는 직선거리인 것인가? 또 왜 남대문로를 경유하지 않는가에 대한 합리적인 설명이 필요할 것이다.

43) 유수원, 『우서(迂書)』(규장각 소장) 제8, 論商販事理額稅規制條〔상판의 사리와 액세의 규제를 논의함〕.

44) 고지도와 지적도를 자료로 하여, 근세 후기에서 현대에 걸쳐 서울의 가로 변용을 분석한 양승우, 「서울 도심부 형태변화 과정에 관한 연구」(서울대학교 공과대학 도시공학과 대학원 석사논문, 1988)는 필지의 나눔과 합침을 반복한 결과, 이면도로가 미로상태를 형성하여 갔다고 지적하고 있다.

45) 이 점에서, 조그만한 미세 지형이 가구(街區) 형성에 큰 의미가 있었던 일본 에도(江戶, 현 도쿄)와는 큰 차이가 있다. 와카츠키 유키토시(若月幸敏), 「微地形と場所性(미

지형과 장소성」(마키 후미히코(槇文彦) 외, 『見えがくれする都市(보일락 말락 하는 도시)』, 鹿島出版會, 도쿄, 1980) 참조.

46) 『태조실록』 권9, 5년(1396) 4월 병오(19일).

47) 『호구총수(戶口總數)』(규장각 소장, 1789년 편찬)에는 47방 338계, 『육전조례』 권4, 오부, 방리에는 47방 340계가 기재되어 있다.

48) 경성부 편, 『경성부사』 제2권(경성부, 경성, 1936), 442~481쪽.

49) 필자는 이러한 동과 계의 관계를, 지방에서 里와 面의 관계에 대치할 수 있다고 추측하고 있다.

50) 『도성대지도(都城大地圖)』 여백에 '동부 6방 38계', '서부 9방 91계', '남부 11방 71계', '북부 9방 38계', '중부 8방 91계' '합 43방, 구(舊) 49, 신증(新增) 5, 합 329계' 라고 기록되어 있고, 덧붙여 각 부 소속의 방명을 열기(列記)하고 있다.

51) 1리는 약 400m.

52) 경복궁 근정전 주위의 회랑에는 '성저오리 정계비(城底五里定界碑)' 라고 새겨진 석비가 전시되어 있다. 이것은 1936년 당시, 경기도 고양군 정릉리(貞陵里) 청수동(淸水洞)에 서 있었던(『경성부사』 제2권, 440쪽) 것일 것이다. 아직 '십리비(十里碑)' 는 발견되지 않았다.

53) 한성의 교촌에 대해서는 최영준, 「조선시대 한양의 郊地域연구」(『문화역사지리』 1, 서울, 1989. 6)가 역사지리학적 분석을 하고 있다.

54) 『호구총수』 수치를 기준으로 추측하였다.

55) 손정목, 『조선시대 도시사회연구』, 209쪽.

56) 『탁지지』(규장각 소장) 권2, 판적지, 오부, 방역에 "東部崇信仁昌兩坊居民上言 (중략) 都城十里之內 皆應坊役〔동부 숭신방 · 인창방 두 방의 거민이 상언하기를 (중략) 도성 십리 안에는 모두 방역에 응한다(번역 첨부 역자)〕"라고 한 것처럼, 주민 부담에서도 성 안팎의 구별은 없었다.

57) 『만기요람』 재용편 5, 各廛 附鄕市.

58) 한상권, 「18세기말~19세기초의 장시발달에 대한 기초연구-경상도지방을 중심으로」(『한국사론』 7, 서울대학교 국사학과, 1981. 12).

59) 『한경지략(漢京識略)』 권2, 시전(市廛)에 "城內之鍾樓梨峴 及南大門外七牌八牌 是大市而鍾樓兩傍 列建長廊 市人居之〔성내의 종루와 이현 및 남대문 밖 칠패와 팔패는 큰 시장이고, 종루의 양쪽으로 긴 행랑이 늘어서 세워져 있는데, 시전상인이 거기에 거주한다(번역 첨부 역자)〕"라고 하였다. 이 칠패 · 팔패라는 것은 포도청의 경비구역 번호로, 칠패는 남대문 앞 부근, 팔패는 대략 청파(靑坡) 근처에 해당한다. 또한 이현은 현재 종로 5가 교차점 남쪽 부근에 해당한다.

60) 『경도잡지(京都雜志)』(규장각 소장)에 "紬緞紙布諸大舖 挾鍾街而居 餘皆散處 凡趨市者 晨集于梨峴及昭義門外 午集于鍾街 一城之所需者 東部菜 七牌魚爲盛〔명주 · 비단 · 종이 · 포목 등 여러 큰 점포는 종로를 끼고 있고, 나머지 모두는 흩어져 있었다. 무릇

시장에 나가는 자들은 새벽에는 이현과 소의문 밖에 모이고, 오후에는 종로에 모인다. 온 도성이 필요로 하는 것은 동부의 채소와 칠패의 어류가 가장 풍부하다(번역 첨부 역자)〕"라고 하였다.

61) 요시다 미츠오, 「商業史硏究からみた朝鮮の近世(상업사연구로 본 한국의 근세)」〔나카무라 사토루(中村哲) 외 편, 『朝鮮近代の歷史像(한국 근대의 역사상)』, 評論社, 1986〕 참조.

62) 이 책 제7장 참조.

63) 『만기요람』 재용편 5, 각전(各廛).

64) 대표적인 논문을 들면, 유교성, 「서울육의전연구-이조도시상업의 일고찰」(『역사학보』 8, 서울, 1955. 12)이 있다.

65) 아유카이 후사노신(鮎貝房之進), 「市廛攷」 3(『姓氏攷及族制攷市廛攷』, 國書刊行會, 도쿄, 1973), 254쪽.

66) 한성 장시에서 거래되는 상품 대부분은 시전이 전매권을 가지고 있다. 쌀의 경우, 노천 상인은 미전(米廛)에 세(수수료)를 지불하고 장사를 하였다. 다른 물품의 판매도 마찬가지 형태로 장사를 하고 있었던 것으로 추측된다. 이 책 제7장 참조.

67) 상품이 가진 상징성에 대해서는, 도모 스기다카(友杉孝), 「商品の系譜-インド, スリランカそして日本の事例からの試み(상품의 계보-인도, 스리랑카 그리고 일본의 사례로부터의 시도)」(아오키 다모츠(青木保)・구로다 에츠코(黑田悅子) 편, 『儀禮-文化と形式的行動(의례-문화와 형식적 행동)』, 도쿄대학출판회, 1988)을 참조.

68) 육의전이 왜 특권을 가졌는가에 대해서는 별고에서 논할 예정이다.

69) 임인영, 『이조어물전연구』(숙명여자대학교 출판부, 서울, 1977).

70) 조선 정부의 관보에 해당하는 『조보(朝報)』에서는 1894년 6월 29일자부터 '개국' 기년(紀年)의 사용을 단행하여, 간지 연호의 '갑오' 에서 개국 503년으로 개칭하였다. 그러나 역(曆) 그 자체는 청국 정부가 작성한 것을 사용하고 있어, 중국 황제에 의한 시간 지배에서의 이탈은 꽤 불완전하였다. 태양력이 가진 의미는 결정적으로 크다고 말할 수 있을 것이다. 더욱더 덧붙여 말한다면 『조보』는 개국 504년(1895) 1월 29일부터 그때까지의 한문에서 한자 한글 혼용체, 이른바 국한문으로 표기를 변경하였다. 게다가 『관보』라고 개칭한 동년 4월 1일자 제1호부터, 조선 국왕은 중국 황제와 마찬가지로 자칭(自稱)을 '짐(朕)' 이라고 하고 있다.

71) 1910년 10월 1일부터 시행되었던 칙령 제357호 「조선총독부 지방관제」 제17조(메이지 43년(1910) 9월 30일자 『관보』 호외) 및 조선총독부령 제7호(메이지 43년(1910) 10월 10일자 『관보』 8192호)에 의해, 한성부의 명칭은 '경성부', 관할 구역은 '종래의 한성부 일원' 이라고 정해졌다.

72) 손정목, 『일제강점기 도시계획연구』, 98~111쪽.

73) 경기도 고시 제7호(다이쇼 3년(1914) 4월 27일자 『조선총독부관보』 제520호).

74) 손정목, 「조선총독부청사와 경성부청사 건립에 대한 연구」(『향토서울』 48, 1989. 10)

참조.

75) 이러한 조선총독부의 건설에 대해서는 고현학자(考現學者) 곤 와지로(今和次郎)가 「總督府新廳舍は露骨すぎる(총독부 신청사는 지나치게 노골적이다)」(『朝鮮と建築(조선과 건축)』 216, 경성, 1923. 6)라는 문장에서, 그 건설 위치에 엄격한 의문을 제기하였다. 또한 청사 건설에 따라 광화문 철거계획이 세워지자, 미학자 야나기 무네요시(柳宗悅)는 「失はれんとする一朝鮮建築の爲に(사라지려고 하는 한 조선 건축을 위하여)」(『改造』 다이쇼 11년(1922) 9월호, 1922. 9)라는 한 글에서 예리한 항의를 하였다. 이 계획은 『동아일보』를 비롯한 조선 각계의 강한 반발에 부딪쳐서 변경을 하지 않을 수 없게 되어, 광화문은 1925년 9월 경복궁 동쪽 벽 건춘문(建春門) 옆으로 이설되어 파괴를 면하였다. 그 후 한국전쟁의 전화(戰火)로 목조의 문루 부분이 소실되었지만, 석축의 기단 부분은 1968년에 옛 위치에 되돌아왔다.

〔역자〕 고현학은 고고학에 대한 상대적 개념으로, 일본에서 근대에 들어 사회조사의 한 방법으로 생긴 학문이다. 고고학이 '고(古, 과거)' 를 대상으로 한 것에 상대적으로, 고현학은 '현(現, 현재)' 을 대상으로 하고 있다. 곤 와지로(1888~1873)는 일본에서 '고현학' 을 제창한 민속학 연구자다.

76) 「우리들을 생각하는 모임」이라는 민간단체가 북한산 최고봉인 백운대 정상의 바위 위에서 일본 식민지주의자가 산의 맥을 끊기 위해 박았던 합계 16개 쇠말뚝과 11개 구멍을 발견하였다고 전하여, 한국의 매스컴에서 화제가 되었다. 김동규, 「서울의 풍수지리-서울 주위의 산세와 천황을 비교하여」(『향토서울』 50, 1991. 2), 315쪽 참조.

제2장 **한국 근세에서 왕도(王都)와 제도(帝都)**

1) 한국에서의 근세에 대해서는 「머리말」 가운데서 필자의 생각을 서술하였다.

2) 왕조적 계속성을 근거로 하여, 조선시대의 종말을 1910년 8월 일본에 의한 식민지화 시점에 두는 견해도 있다. 그러나 필자는 1897년 10월 대한제국으로 전환함으로써 조선왕조는 종결하였다고 보고 있다.

3) 이 점에 대해서는 많은 정치학 · 사회학 기술이 암묵의 전제로 하고 있다. '수도' 를 어떻게 정의하는가에 대해서는 논의 대상이 되는 것은 아니고, 자연물처럼 취급하고 있다.

4) 필자의 이해는 니시카와 나가오(西川長夫), 「日本型國民國家の形成(일본형 국민국가의 형성)」(니시카와 나가오 · 마츠미야 히데하루(松宮秀治) 편, 『幕末 · 明治期の國民國家形成と文化變容(막말 · 명치기의 국민국가 형성과 문화변용)』, 新曜社, 1995) 등에 의거한다.

5) 엄밀하게 말하면 '도(都)' 와 '경(京)' 의 뜻은 다르다. 그러나 본고에서 대상으로 하는 범위에서는 국왕 또는 왕궁의 소재지라는 공통 의미로 사용하고 있어, 호환적이다.

6) 고구려는 427년(장수왕 15)에 국내성에서 평양으로, 백제는 475년(문주왕 1)에 한성에서 웅진으로, 538년(성왕 16)에 웅진에서 사비로 각각 도읍을 옮기고 있다.

7) 한국 고대국가 가운데 최대의 것인 고구려 영지는, 그 대부분이 현재 한반도의 북방 한계선으로 간주되고 있는 압록강 · 두만강 북방에 있었다. 대저 427년까지의 '도(都)' 국내성 자체가 압록강 북측에 있었다. '조선' 이라는 막연한 지리적 공통 인식이 있는 지역과 조선의 국가적 범위가 거의 일치하는 것처럼 된 것은 고려 이후의 일이다.

다만, 제주도에 있었던 탐라국은 1105년(숙종 10) 탐라군 설치 이후에도 옛 왕가가 성주(星主)라는 명칭으로 특수한 지방관직인 '토관(土官)' 이 되어, 15세기 중엽까지 존재하였다. 졸고, 「十五世紀朝鮮の土官制-李朝初期地方支配体制の一斷面(15세기 조선의 토관제-조선초기 지방지배체제의 일단면)」(『조선사연구회논문집』 18, 1981. 3) 참조.

8) 『삼한회토기(三韓會土記)』에 「고려 삼경(高麗三京)」이라는 말이 있었다고 전해지고 있다(『고려사』 권57, 지 11, 지리 2, 東京留守官慶州). 『신증동국여지승람』(권1, 경도 상)은 개경에서 한성으로의 천도 이유를, 「東西開三京(동서로 삼경을 열다)」에 의해, 방비에 적합하였기 때문이라고 하고 있다. 『고려사』 지리지의 기록에 의하면, 서경은 918년(태조 1), 동경은 987년(성종 6), 남경은 1058년(문종 12)에 각각 설치되었다고 한다. 이 3경 설치 이유를 이병도, 『고려시대의 연구-특히 도참사상의 발전을 중심으로』(아세아문화사, 서울, 1980)는 도참설만으로 설명하고 있다. 확실히 『고려사』의 기술은 그렇게 되었지만, 고려에 선행하는 삼국의 '도' 가 3'경' 이 된 것을 그것만으로 설명할 수는 없다. 도참설은 '경' 설치에 대한 이유 가운데 하나로 이해해야 할 것이다.

9) 『고려사』 권2, 세가 2, 광종 11년.

10) 『고려사』 권127, 열전 40, 묘청.

11) 다카하타 데츠(高烟徹), 「後期新羅 · 渤海の統合意識と境域觀(후기신라 · 발해의 통합의식과 경역관)」(『조선사연구회논문집』 36, 1998. 10)의 분석에 의하면, '삼국' 이라는 의식, 더욱더 그것을 통합해야 한다는 의식이 싹터 온 것은 9세기 중엽 이후이다.

12) 이하 기술은, 이병도, 『고려시대의 연구』 및 이 책 제1장에 의거한다.

13) 『경국대전』 권2, 호전, 경관 및 외관조.

14) 이 책 제1장.

15) 나카무라 히데타카(中村榮孝), 「朝鮮世祖の圜丘壇祭祀について(조선 세조의 원구단 제사에 대하여)」(『조선학보』 54, 1970. 1).

16) 주자학자들을 중심으로 한 그 사이의 논전 경위 및 역사적 의미에 관해서는, 구와노 에이지(桑野榮治), 「高麗から李朝初期における円丘壇祭祀の受容と變容-祈雨祭としての機能を中心として(고려부터 조선 초기에 있어서 원구단 제사의 수용과 변용-기우제로서의 기능을 중심으로 해서)」(『조선학보』 161, 1996. 10)에 상세하다. 또한 야마우치 고이치(山内弘一), 「李朝初期に於ける對明自尊の意識(조선 초기에 있어서 대명 자존의 의식)」(『조선학보』 92, 1979. 7) 참조.

17) 이 책 제1장.

18) 책봉이라는 행위가 정치적 · 문화적으로 가지고 있는 의미에 대해서는, 니시지마 사

다오(西嶋定生), 「六~八世紀の東アジア(6~8세기의 동아시아)」(岩派講座 『日本歷史』 제2권, 岩波書店, 1962) 참조.

19) 기타지마 만지(北島万次), 「永樂帝期における朝鮮國王の册封と交易(영락제기에 있어서 조선 국왕의 책봉과 교역)」(다나카 다케오(田中健夫) 편, 『前近代の日本と東アジア(전근대의 일본과 동아시아)』, 吉川弘文館, 1995).

20) 한국의 대표적 통사(通史)인 한우근, 『한국통사』(개정판, 을유문화사, 서울, 1988)는 풍수지리설의 존재에도 주의하면서, 그 실제 목적을 "고려 구가세족(舊家世族)의 전통적인 세력 기반을 벗어나는" 것에 있다고 하였다(208쪽).

21) 스에마츠 야스카즈(末松保和), 「麗末鮮初に於ける對明關係(여말 선초에 있어서 대명 관계)」(『青丘史草』 제1, 私家版, 도쿄, 1965).

22) 이병도, 『고려시대의 연구』.

23) 호소노 와타루(細野涉), 「高麗時代の開城-羅城城門の比定を中心とする復元試案(고려시대의 개성-나성 성문의 비정을 중심으로 한 복원 시안)」(『조선학보』 166, 1998. 1) 참조.

24) 구와노 에이지(桑野榮治), 「高麗から李朝初期における円丘壇祭祀の受容と變容(고려부터 조선초기에 있어서 원구단 제사의 수용과 변용)」.

25) 하타다 다카시, 「10~12世紀の東アジアと日本(10~12세기의 동아시아와 일본)」(『岩波講座 日本歷史 4(고대 4)』, 岩波書店, 1962). 고대에서도 한국의 삼국은 각각 정세 판단 하에 선택적으로 책봉을 받고 있었다. 또한 다케다 유키오(武田幸男), 「高句麗『太王』の國際性(고구려 『태왕』의 국제성)」(『高句麗史と東アジア(고구려사와 동아시아』), 岩波書店, 1989)이 지적한 것처럼, 고구려에는 중국왕조를 매개항으로 하지 않은 고구려 중심의 권위체제·서열의식이 존재하였다.

26) 오쿠무라 슈지(奥村周司), 「高麗における八關會的秩序と國際環境(고려에서의 팔관회적 질서와 국제환경)」(『조선사연구회논문집』 16, 1979. 3).

27) 위와 같음.

28) 『고려사』는 광종 11년(960)에 개경을 「황도(皇都)로 고쳤다」라고 하였다(권2, 세가 2, 광종 11년 및 권56, 지 10, 지리, 왕경개성부).

29) 야마우치 고이치(山内弘一), 「조선초기에 있어서 대명 자존의 의식」에 의하면, 조선왕조 창건 초기에는 주자학자들 사이에도 조선 국왕의 제천의례 주재를 당연시하는 의견이 꽤 존재하였다.

30) 변동명, 『고려후기 성리학 수용 연구』(일조각, 서울, 1997).

31) 하마나카 노보루(浜中昇), 「高麗末期政治史序說」(『歷史評論』 437, 1986. 9).

32) 히라키 마코토(平木實), 「朝鮮後期における圜丘壇祭祀について(1)(조선후기에 있어서 원구단 제사에 대하여(1)」(『조선학보』 157, 1995. 10).

33) 그 최대의 것은 강희(康熙)·옹정(雍正)·건륭(乾隆) 등 청 황제명의 연호를 사용하는 것이다. 한편 이것을 부끄럽게 여겨서, 명의 마지막 황제인 숭정(崇禎) 기원(紀元)

을 쓰는 사람들도 존재하였다.

34) 이 점에서, 니노미야 히로유키(二宮宏之), 「王の儀禮-フランス絶對王政(왕의 의례-프랑스 절대왕정)」(『權威と權力』, 「シリ-ズ世界史への問い」(『권위와 권력』, 「시리즈 세계사에 대한 물음」) 제7권, 岩波書店, 1990)이 논하는 바는 시사적이다.

*** 제2부 주민과 지역 · 거리(街) ***

제3장 주민과 거주 공간-『한성부호적』의 분석

1) 근세 서울을 도시사로서 어떻게 파악할까에 대해서는 이 책 제1장에서 필자 생각을 말하였다. 참조하기 바란다.

2) 최홍기, 「한국호적제도사연구」(『서울대학교 논문집〔인문사회과학계〕』 18, 서울, 1973. 3)와 다케다 유키오, 『學習院大學藏朝鮮戶籍大帳の基礎的硏究-一九世紀・慶尙道鎭海縣の戶籍大帳を通じて(학습원대학 소장 조선 호적대장의 기초적 연구-19세기 경상도 진해현의 호적대장을 통해서)』(학습원대학 동양문화연구소 조사연구보고) 13, 동 연구소, 도쿄, 1983. 3)를 참조.

3) 건양 원년(1896) 9월 4일자 『대한제국관보』 420호. 원래 제목은 『관보(官報)』로 되어 있지만, 통칭에 따르는 것으로 한다. 이하 동일하다.

4) 건양 원년 9월 8일자 『대한제국관보』 423호.

5) 융희 3년(1909) 3월 6일자 『대한제국관보』 4318호.

6) 융희 3년 3월 23일자 『대한제국관보』 4332호.

7) 연구자에 따라서는 신식호적을 '광무호적(光武戶籍)'(이영훈, 「光武量田에 있어서 〈時主〉 파악의 실상-충청남도 연기군 광무양안의 사례분석」 『대한제국기의 토지제도』 김홍식 외, 민음사, 서울, 1990, 조석곤, 「광무년간의 戶政운영체계에 관한 소고」 『대한제국기의 토지제도』 또는 「(구)한말호적」(김영모, 『한국사회계층연구』, 일조각, 서울, 1982, 128쪽)으로 칭하고 있다. 오성, 「19세기 말 인천항의 호와 호주 광무호적의 검토」(『역사학보』 131, 서울, 1991. 9)는 "편의상, 광무호적이라고 칭한다"(80쪽)는 신중한 표현이면서, 역시 광무호적이라고 부르고 있다. 또한 미야지마 히로시(宮嶋博史), 「朝鮮甲午改革以後の商業的農業-三南地方を中心に(조선 갑오개혁 이후의 상업적 농업-삼남지방을 중심으로)」(『史林』 57-6, 교토, 1974. 2)의 "갑오개혁 이후의 호적대장"(56쪽)이란 표현은, 그 역사과정을 고려한 호칭 방식이지만, 이것은 명칭이라고는 말하기 어렵다.

본문에서 서술한 것처럼, 1897년 8월 16일의 광무개원(光武改元) 이전에 관계 법령이 제정 시행되어, 실제로 건양(建陽) 원년 작성된 것이 잔존한 이상, 이것을 '광무호적'이라고 부르는 것은 역사적으로 보아 분명한 잘못이다. 이것이 갑오개혁의 연장상에서 시행된 것은 이미 분명하고, '광무호적' 명칭이 사실에 맞지 않을 뿐만 아니라, 신식호적으로의 전환을 이른바 광무개혁의 일환으로 파악하고 이해하는 위험성이 있는 점을 강조해 두고 싶다. 또한 작성 연대의 원호(元號)를 중시해서 그렇게 부르는 것이라고 하면, 당연히 '건양호적' 및 '융희호적' 이라는 명칭도 존재하게 되어, 어떤 내용상·연구상의 필요성에 입각하고 있지 않는 한, 개념을 불필요하게 세분화·확산화해서, 이 호적이 전체로서 가지고 있는 의미를 애매하게 하는 결과를 초래하게 될 것이다. 한편 '(구)한말호적' 이라고 부르는 것에 대해서도, 이것이 대한제국 초기부터 시행된 것, 또한 대한제국 말기에는 '민적' 으로 이행한 것에 의해, 명칭으로서의 타당성을 가지고 있지 않다. 1909년, 한국 통감부의 강제 하에 시행된 '민적' 은 이미 종래 조선호적의 범주로 파악될 수 없는 이상, 이것을 '민적', 건양 원년 제정된 것을 '신식호적', 그 이전 것을 '구식호적' 으로 각각 총칭해서, 구분하여 파악해야 할 것이다.

8) 「李朝人口に關する一硏究(조선 인구에 관한 일연구)」(『경성제국대학 법학회논집』 9, 경성, 1937. 5)를 비롯한 일련의 연구. 또한 시카타 히로시의 대구호적 연구의 대부분은 『조선사회경제사연구(중)』(國書刊行會, 도쿄, 1976)에 수록되어 있다.

9) 다케다 유키오, 『학습원대학 소장 조선 호적대장의 기초적 연구』, 33~40쪽 및 다케다 유키오, 『朝鮮後期の丹城縣における社會動態の硏究(조선후기 단성현에서의 사회동태의 연구)(I)-學習院大學藏朝鮮戶籍大帳の基礎的硏究(2)』(『학습원대학 동양문화연구소 조사연구보고』 27, 동 연구소, 1991. 3), 19~38쪽 참조.

10) 「한성부의 신분구조와 이동」(『한국사회계층연구』 제2장).

11) 미야지마 히로시, 「조선 갑오개혁 이후의 상업적 농업」.

12) 조석곤, 「광무년간의 戶政운영체계에 관한 소고」는, 종래 호적 연구가 "주로 개별 호적대장을 대상으로 사회사적·인구사적 분석을" 행해 왔다고 파악하고(139쪽), 그것을 넘는 방법론을 제시하려고 하고 있다. 그러나 종래 한국 호적 연구가, 서유럽 등 각 지역사 연구로 큰 성과를 올리고 있는 사회사 연구나 인구사 연구와 공통된 방법론이나 문제의식을 가지고 있었다고는 생각하기 어렵다. 오히려 다케다 유키오가 『학습원대학 소장 조선 호적대장의 기초적 연구』에서 시카타 논문의 기본적인 연구의 틀을 다시 짜든지, 그것을 훨씬 넘는 연구의 전개가 행해지지 않는 것에 하나의 문제점이 있다고 지적했던(31쪽) 사태가 점점 바뀌고 있는 실상일 것이다.

13) 조석곤, 「광무년간의 戶政운영체계에 관한 소고」.

14) 김용섭, 「晋州奈洞里大帳에 대하여」(『아세아연구』 4-2, 서울, 1961. 12).

15) 오성, 「19세기 말 인천항의 호와 호주」, 동 「호적을 통해서 본 한말개성지방의 蔘圃主人」(한국고문서학회 창립 1주년 기념 학술발표회, 대우재단빌딩, 서울, 1992. 4. 23), 동 「한말 개성지방의 호의 구성 실태-인구와 가옥을 중심으로」(『성곡논총』 23, 서울, 1992. 7).

16) 김영모, 『한국사회계층연구』, 128쪽.

17) 김영모 자신이 자료에 관한 문헌적 설명을 거의 하고 있지 않기 때문에, 상세한 것에 대해서는 불분명하다. 본문에서 후술하는 것처럼 『한성부호적』은 3년도 28방(坊)분, 총 39방분이 보존되어 있지만, 김영모가 이용한 것은 1903년도분 11방, 1906년도분

11방 합계 22방에 지나지 않는다(『한국사회계층연구』, 127쪽). 조사지역과 연대로부터 추측하면, 본문에서 후술하는 정리번호 제111~120, 151~160의 20책이 탈락하고, 게다가 140 · 164 2책은 분석 대상에서 제외된 것이다. 『한성부호적』은 다른 신식호적과 함께, 정리번호 순으로 일괄 보존되어 있고, 게다가 61책이라는 것은 그렇게 대량이라고 말할 정도는 아니다. 필자가 교토대학 문학부 박물관에서 조사한 경험에서 말해도, 이러한 탈락 게다가 2개소로 나누어진 부분적인 탈락이 일어나는 것은 이해하기 어렵다. '전수(全數)조사' 이외에는 조사 방법에 대해서 김영모 자신이 아무것도 서술하지 않기 때문에, 탈락 원인에 대해서는 불분명하다.

18) 김영모, 『한국사회계층연구』, 131쪽.

19) 조성윤, 『조선후기 서울 주민의 신분 구조와 그 변화-근대 시민 형성의 역사적 기원』(연세대학교 대학원 사회학과 박사학위 논문, 서울, 1992. 6). 이 논문은 1903 · 6년 한성부 북서 안국방(1906) · 중서 정선방(1906) · 서서 훈도방(1903) · 반송방(1903) · 북서 연희방(1903) · 연은방(1903)의 호적표를 사료로 사용하고 있다.

20) 1990년 10월에 필자가 했던 조사에서는, 제62, 71~75, 83책 합계 7책이 존재하지 않았다. 이 누락 이유에 대해서는 불분명하다. 또한 모두 우철(右綴)이지만, 제65~67책 3책만 좌철(左綴)로 되어 있다.

21) 158책의 호적관계 자료들 가운데 제11~37책 합계 27책은 건양 원년(1896)에 작성된 공주군의 구식 오가작통기(五家作統記)로 신식호적은 아니다.

22) 다케다 유키오, 『학습원대학 소장 조선 호적대장의 기초적 연구』, 22~24쪽.

23) 건양 원년도 것이 두 책(제140 · 164책)인 것에 주의를 환기시켜 두고 싶다. 이 해는 바로 '호적조사규칙'이 시행되어 실시된 해다. 이 두 책은 제1회 조사 때의 대장(臺帳)으로, 조선 신식호적대장 중 가장 오래된 것이다. 좁은 소견에 한정하는 한, 『한성부호적』 이외에 건양 원년 작성된 신식호적으로서 잔존을 확인할 수 있는 것은, 서울대학교 규장각 소장의 황해도 곡산군(봉명면, 鳳鳴面) 호적안과 교토대학 문학부 소장의 함경남도 단천군 신만면(新滿面) 호적대장 두 책뿐이다.

24) 교토대학 부속도서관 수입부(受入簿, 수집 장부)에 의하면, 이 호적이 교토대학에 수집된 것은 1909년(메이지 42) 6월이지만 문학부 지리학교실이 소장하게 된 경위에 대해서는 명확하지 않다.

25) 『경성부사(京城府史)』 제2권(경성부, 경성, 1936), 442~443쪽.

26) 『경국대전』 권2 · 호전 · 호적안(戶籍案)에 "京外以五戶爲一統〔서울과 지방은 5호로써 1통을 삼는다(번역 첨부 역자)〕"라고 규정하고 있다.

27) 1896년, 호구조사규칙 제2조에 "10호를 연합(聯合)하여 1통으로 삼는다"라고 규정하여, 오가작통제로부터 '십가작통제'로의 전환이 이루어졌다.

28) 각주 25) 참조.

29) 견평방의 예로 알 수 있는 것처럼, 『한국경성전도』의 서(署)나 방(坊) 경계선을 전면적으로 신뢰할 수는 없다. 도로나 하천을 경계로 해서 깨끗하게 구분되고 있지만, 좀

더 복잡하고 게다가 유동적이었다고 생각하는 부분이 있다. 이 점에 관해서는 이 책 제4장에서 상세하게 서술하였다.

30)『한성부호적』을 비롯한 신식호적은 애매하게 '호적'이라고 불리고 있지만, 본고에서는 한 호마다의 개표(個表)와『한성부호적』처럼 개표를 편철한 '성책(成册)'과 구별하기 위해서, 전자를 당시 명칭에 따라 '호적표'라고 부르고, 후자를 '호적대장'이라고 부르기로 한다.

31) 호적표 좌측 끝에「紙價葉肆錢(종잇값 엽전 4전)」이라는 판매가가 보인다.

32) "호적지는 내부에서 그 양식을 새로 만들어, 각 관찰부에 나누어 주면, 관찰부에서는 각 부·목·군에 보내고, 각 부·목·군에서는 각 면집강에게, 면집강은 리존위에게, 리존위는 각 해당 호주에게 전하여 지급함"이라고 되어 있다.

〔第一條 戶籍紙는 內部로셔 그 式樣을 新製ᄒᆞ야 各 觀察府에 頒下ᄒᆞ면 觀察府에셔는 各 府 牧 郡에 頒送ᄒᆞ고 各 府 牧 郡에셔는 各 面執綱에게 面執綱은 里尊位에게 里尊位는 各該戶主에게 傳給홈(원문 첨부 역자)〕

33) 난(欄)의 크기는 거의 동일하지만, 성책(成册) 후의 재단(裁斷) 상태에 따라, 호적대장 크기는 제각각이다. 하지만 호구단자 정도의 극단적인 차이는 없다.

34) 최승희,「호구단자·준호구에 대하여」(『규장각』 7, 서울, 1983. 11), 82쪽.

35)『(甲午式)成册規式』(규장각 소장)에서는,『실인구성책(實人口成册)』이하 29종의 대장을 작성한다고 정해져 있다.

36) "각 부·목·군에서 호적을 작성한 후에 1부를 등서하여 관찰부에 보내면, 관찰부에서는 각 읍이 납부한 호적을 관찰부에 보존하고, 1부를 등서하여 내부에 바침. 단 한성부에는 5서 관청 구역 내 호적을 한성부에 보존하고, 1부를 등서하여 내부에 바침"이라고 되어 있다.

〔第十一條 各 府 牧 郡에셔 戶籍成給ᄒᆞᆫ 後에 一本을 謄書ᄒᆞ야 觀察府에 送致ᄒᆞ면 觀察府에셔는 各邑所納ᄒᆞᆫ 戶籍은 該府에 存案ᄒᆞ고 一本을 謄書ᄒᆞ야 內部에 呈納홈 但 漢城府에셔는 五署區域內 戶籍을 該府에 存案ᄒᆞ고 一本을 謄書ᄒᆞ야 內部에 呈納홈(원문 첨부 역자)〕

37) 호적 신고는 군아(한성부에는 5서)에서 모아 정리한다고 하니, 신고 장소는 군아(5서)일까. 이것에 대해서는 법률상 규정은 없는 것 같지만, 통표(統表)의 작성 수속을 고려해야 한다. 통수(統首)가 작성한 통표는 리존위(里尊位)·파출소(交番所)와, 면집강(面執綱)·경찰서장이라는 2단계의 점검을 거쳐, 군아·한성부에 보내진다. 글자를 아는 비율이 불분명하기 때문에, 호적 신고 작성이 누구의 손에 의해 시행된 것인가는 알 수 없지만,『한성부호적』의 경우, 호적표마다 다른 사람의 손에 의해 쓰이고 있어서, 통수(統首)나 파출소(交番) 수준에서 동일인이 모아 정리 기입한 형적은 없다. 통수 이상의 수준에서는, 경우에 따라서는 약간의 관여가 있던 것은 부정할 수 없다고 하더라도, 기본적으로는 점검자로서 기능하였다고 보인다. 호적 신고 그 자체도, 신고자 본인 즉 호주가 직접 군아·5서에 가서 행했다고 보는 것보다는 리존위

(面執綱)·파출소가 모아 정리해 작업을 대행했다고 보는 편이 자연스러울 것이다.

38) 호적은 "제1 별표 양식에 따라 각 그 호주가 그 지정한 명목대로 각 난에 써넣지만, 호적지 2본(本)을 이은 1장 지면에 똑같이 써넣어 해당 관청에 바치면, 해당 관청은 인장을 찍은 후에 2본(本)을 이은 곳을 나누어서 오른편은 해당 관청에 보존하고 왼편은 해당 호주에게 나누어 줌"이라고 되어 있다.

〔第二條 戶籍은 第一別表式樣을 依ᄒᆞ야 各其 戶主가 그 指定ᄒᆞᆫ 名目ᄃᆡ로 各欄內에 書塡호ᄃᆡ 戶籍紙 兩本聯合ᄒᆞᆫ 一張紙面에 同樣으로 塡書ᄒᆞ야 該管官廳에 呈納ᄒᆞ면 該官廳에서 蓋印鈐章ᄒᆞᆫ 後에 兩本聯合處ᄅᆞᆯ 分割ᄒᆞ야 右片은 該官廳에 存案ᄒᆞ고 左片은 該戶主에게 頒給홈(원문 첨부 역자)〕

39) 「10호를 합하여 1통을 만들고, 해당 통내(統內)에 글셈〔文算, 文計〕이 있고 행위가 단정한 사람으로 통수를 정하여 1통 안의 인민을 통솔함」이라고 되어 있다.

〔第二條 十戶ᄅᆞᆯ 聯合ᄒᆞ야 一統을 作ᄒᆞ고 該統內에 文算이 有ᄒᆞ고 行爲端正ᄒᆞᆫ 人으로 統首ᄅᆞᆯ 定ᄒᆞ야 一統內 人民을 領率홈(원문 첨부 역자)〕

40) "통표는 통수가 해당 통내 각 호주의 호적을 조사하여, 제2별표에 따라 그 지정한 명목대로 써넣음"이라고 되어 있다.

〔第十二條 統表ᄂᆞᆫ 統首가 該統內 各戶主의 戶籍을 調査ᄒᆞ야 第二別表ᄅᆞᆯ 依ᄒᆞ야 그 指定ᄒᆞᆫ 名目ᄃᆡ로 塡書홈(원문 첨부 역자)〕

41) "통수가 통표를 수정하여 1부는 해당 통내에 보존하고 1부는 리존위(里尊位)에게 보내면, 리존위가 해당 리내(里內) 여러 통표를 모아 책자를 편성하여 본리(本里)에 보존하고 1부를 등서하여 면집강에게 보내면, 면집강이 해당 면내 각 리 여러 통표를 모아 책자를 편성하여 본 면에 보존하고 1부를 등서하여 각 해당 부·목·군청에 바치면, 각 해당 부·목·군청에서는 해당 지방 내의 각 면리 여러 통표를 모아 책자를 편성하여 본 관청에 보존하고 1부를 등서하여 해당 도 관찰부에 보내면, 관찰부는 해당 도내 각 부·목·군 여러 통표를 모아 책자를 편성하여 관찰부에 보존하고 1부를 등서하여 내부에 바침"이라고 되어 있다.

〔第十四條 統首가 統表ᄅᆞᆯ 修正ᄒᆞ야 一本은 該統內에 存案ᄒᆞ고 一本은 里尊位에게 送致ᄒᆞ면 里尊位가 該里內 諸統表ᄅᆞᆯ 收聚ᄒᆞ야 册子ᄅᆞᆯ 編成ᄒᆞ야 本里에 存案ᄒᆞ고 一本을 謄書ᄒᆞ야 面執綱에게 送致ᄒᆞ면 面執綱이 該面內 各里 諸統表ᄅᆞᆯ 收聚ᄒᆞ야 册子ᄅᆞᆯ 編成ᄒᆞ야 本面에 存案ᄒᆞ고 一本을 謄書ᄒᆞ야 各該府 牧 郡廳에 呈納ᄒᆞ면 各 府 牧 郡廳에서 該地方內에 各面里 諸統表ᄅᆞᆯ 收聚ᄒᆞ야 册子ᄅᆞᆯ 編成ᄒᆞ야 本官廳에 存案ᄒᆞ고 一本을 謄書ᄒᆞ야 該道觀察府에 送致ᄒᆞ면 觀察府에서 該道內 各 府 牧 郡 諸統表ᄅᆞᆯ 收聚ᄒᆞ야 册子ᄅᆞᆯ 編成ᄒᆞ야 觀察府에 存案ᄒᆞ고 一本은 謄書ᄒᆞ야 內部에 呈納홈 但 漢城內 五署區域에ᄂᆞᆫ 統首가 該坊內에 巡檢交番所에게 交番所에서ᄂᆞᆫ 各該署에게 各該署에서ᄂᆞᆫ 漢城府에게 漢城府에서ᄂᆞᆫ 內部에 呈納홈(원문 첨부 역자)〕

42) "호적과 통표는 한성 5서(署)와 각 부·목·군에서는 매년 1월 내로 모아 수정하여 2월 내로 한성부와 각 해당 도 관찰부에 보내면, 한성부는 3월 내로 내부에 바치고, 각

도 관찰부에서는 4월 내로 내부에 바치면, 내부에서는 5월 내로 호적과 통표를 편집하여 상주(上奏)하게 함" 이라고 되어 있다.

〔第三條 戶籍과 統表는 漢城 五署와 各 府 牧 郡에서는 每年 一月內로 收聚修正ᄒᆞ야 二月內로 漢城府와 各該道觀察府에 送致ᄒᆞ면 漢城府는 三月內로 內部에 呈納ᄒᆞ고 各道觀察府에서는 四月內로 內部에 呈納ᄒᆞ면 內部에서 五月內로 戶籍과 統表를 編集ᄒᆞ야 上奏케 홈(원문 첨부 역자)〕

43) "매 호에 해당 지명과 제몇 통 제몇 호와 호주 성명 · 직업을 상세하게 기재하여 호패를 문머리에 걸어 붙이되, 양식은 제3별표와 같음" 이라고 되어 있다.

〔第十六條 每戶에 該地名과 第幾統 第幾戶와 戶主 姓名職業을 詳細記載ᄒᆞ야 戶牌를 門首에 揭付ᄒᆞ되 式樣은 第三別表와 如홈(원문 첨부 역자)〕

44) 필자가 실제로 볼 수 있었던 신식호적대장은 『한성부호적』처럼 제출 원본의 오른편을 편철해서 군아에서 보관한 것과, 군아 또는 관찰부에서 등사되었던 이른바 사본을 편철한 것의 두 종류가 있다. 후자는 모두 1장의 용지 좌우에 동일한 서식이 인쇄되었던 것에 기입되어, 절반 접기로 하여 편철해 있다. 엄밀히 말하면, 원본과 사본은 구별해서 생각해야 할 것이다. 또한 필자가 아는 범위에서는 원본과 등본(謄本)이 동시에 잔존하는 예는 발견되지 않았다.

45) 주 32) 참조.

46) 『海南郡各面戶籍』(규장각 소장, 8책)은 『규장각도서종합목록』(서울대학교 부속도서관, 서울, 1983)에는 연대가 융희 2년(1908)이라고 되어 있지만, 실제는 광무 5 · 6 · 7 · 11, 융희 2년의 각 연차 것으로 구성되어 있다. 따라서 해남군에서는 늦어도 광무 5년(1901)에는 규정과는 다른 서식을 가진 용지가 사용되고 있었던 것이다.

47) 『평안도곡산군(谷山郡)호적』이나 『인천항외이동(外二洞)호적』(모두 규장각 소장)처럼, 한성부와 같이 규정에 가까운 용지를 사용한 것도 있어서, 일률적으로 지방 인쇄방식으로의 변화를 논할 수는 없다. 오히려 지역에 따라 다양한 형태가 있다고 생각하는 것이 실태에 가까울 것이다. 이것은 신식호적의 작성 방법과도 관계있는 문제를 포함하고 있지만, 이 장의 주제는 아니므로 자세한 것은 따로 검토하고 싶다.

48) 반드시 모든 호가 행정구획을 정확하게 반영한 주소 표기를 한 것은 아니다. 계명이나 동명이 생략되거나, 본래 모습에서 보면 꽤 불완전한 것이 많다.

49) 예를 들면, 「북서 순화방(順化坊) 사재감하패계(司宰監下牌契) 누각동(樓閣洞) 121통 7호」의 김영모(金永模) 호적표(제146책)에는, 미국에 거주하는 장자와 셋째 아들은 '재미국(在美國)' 이라고 주기(注記)하여 친속 인구 및 현존인구에 계산하여 넣고 있지 않다. 또 부(婦, 며느리)만 기재되어, 그 남편인 아들이 기재되어 있지 않는 호적표도 많다. 이것은 남편이 어떤 이유로 다른 곳에 거주하고 있기 때문일 것이다. 현주(現住)주의가 철저하다는 것을 방증하는 것이다.

50) 신식호적이 되어도, 가옥의 소유관계나 규모를 모아 정리한 가호안(家戶案)이 만들어져 있다.

51) '칸(間)' 이라는 것은, 원래 한 변이 7자(尺)인 정방형으로 규정되어 있었던 듯하지만, 실제로는 4개 기둥으로 둘러싸인 넓이를 의미하고 있어, 반드시 절대적인 단위는 아니다. 그러나 가옥 구조에 규정되어, 대략 2~2.5m 4방이 1칸으로 되는 듯하다. '칸(間)' 은 면적 단위로서 택지 계량에도 사용되고 있었지만, 위에서 기술한 것 같은 애매성을 포함하고 있기 때문에, 당사자 간 다툼의 근원이 되고 있다. 예를 들면, 17세기 말에 중부 수진방(壽進坊) 중학계(中學契)에서 일어난 택지 상속에 관한 분쟁에서는, 1칸이 몇 자 평방인지가 분쟁 당사자 사이에서 문제가 되고 있다(박병호, 『한국법제사고』, 법문사, 서울, 1974, 302쪽 참조).

52) 첨가한다면 호적표 마지막 줄에 있는 책임자인 한성부윤 이름은 건양 원년 이채연(李采淵) 것이 목인(木印)으로 날인되어 있는 것에 대해서, 광무 7년 민경식(閔景植)과 광무 10년 박의병(朴義秉) 것은 원래 용지에 이미 서식과 함께 인쇄되어 있다.

53) 등사본인 『광주군(廣州郡)호적표(北方面)』(1903, 교토대학 문학부 소장) 등은 호적표 번호를 붙이고 있다.

54) 다케다 유키오, 『학습원대학 소장 조선 호적대장의 기초적 연구』, 20쪽.

55) 이 밖에 3매의 통표(統表)가 편철되어 있어, 합계 잔존 매수는 12,653매가 된다. 이 통표 자체는 사본은 아니고, 통수가 작성한 원본인 것은 틀림없다. 별도로 모아 정리된 통표가 호적대장 안에 왜 섞여 있는가? 그 이유는 불분명하다. 어떤 착오가 있던 것일 것이다. 조성윤은 『한성부호적』이 약 24,000매 있다고 서술하고 있지만(『조선후기 서울 주민의 신분 구조와 그 변화』, 17쪽), 이것은 원자료 조사에 근거한 것이라고는 생각하지 않는다. 전체를 59책으로 파악해, 1책당 400매 정도로 하는 조성윤 자신의 잘못된 전제를 근거로 해서 책상에서 산출한 것일 것이다. 또한 김영모는 조사한 『한성부호적』의 호적표 매수를 7,905매로 하고 있다(『한국사회계층연구』, 127쪽).

56) 물론 기재 누락이나 오기 등에 따라, 현존 인구란의 수치가 올바른 경우도 포함되어 있을 가능성은 부정할 수 없다. 그러나 『한성부호적』만으로 그것을 분별하는 것은 불가능하다.

57) 엄밀한 의미로 중복호주에는 첩댁(妾宅) 소유자도 포함되지만, 이것은 별도로 산출하고 중복호주에는 계산해 넣지 않았다.

58) 다만 이것은 또 한편의 호(戶)에 인간이 거주할 가능성을 완전히 배제하는 것은 아니다. 신고는 현주(現住)주의로 행해졌지만, 복수 가옥을 소유한 경우, 어느 쪽을 거주지로 할지는 신고자의 의사에 달려있기 때문이다. 1896년에 북서 양덕방(陽德坊) 계산동계(桂山洞契) 계산동 13통 2호에 원적을 두고 있던 3품 탁지부 재무관인 김규희(金奎熙)는 「妾家在美洞 常多留住〔첩 집은 미동에 있다. 평소 많이 머문다(번역 첨부 역자)〕」라고 주기(注記)되어 있어, 미동에 있는 첩의 집에 상주하고 있었던 것 같지만, 처가 거주하는 주거지로 거주신고를 행하였다. 또한, 중복호주로 2개 호의 거주자를 달리하는 것도 있었다(남서 훈도방 흑정동계(黑井洞契) 흑정동 13통 8호와, 같은 방 저동계(苧洞契) 저동 15통 8호를 소유한 한인호(韓麟鎬) 등). 또 비거주 측의 명

주란(明註欄)에 본적 · 원적(元籍) · 원적(原籍)으로서 실제 거주지인 '부적지(付籍地)' 를 기입하거나, 공가(空家)로 기입되어 있는 것도 많다.

59) 첩(妾)에 관해서는, 부부의 문제와 아울러 별고(別稿)에서 상술할 예정이다.

60) 내각 직방(內閣直房)에 거주하는 선전관 조두하(趙斗夏)(북서 광화방 원동계(苑洞契) 원동 6통 6호), 공해(公廨)에 거주하고 있던 유학(幼學) 이만헌(李萬憲)(북서 광화방 원동계 원동 6통 8호), 북서 준수방(俊秀坊)에서 궁내(宮內)에 거주하고 있던 세 호(3통 8호, 4통 1호, 4통 2호)의 다섯 예는 관청 · 궁전 안에 거주지를 짓고 있었지만, 호적에 등록되고 있다. 그 이유는 분명하지 않다.

61) 동부 · 중부 · 북부의 세 경찰서에 대해서는 그대로 동서(東署) · 중서 · 북서로 하고, 남부경찰서와 용산경찰서의 한강 · 서빙고 · 두모포 · 독도(纛島)의 네 주재소를 합해서 남부서, 용산경찰서의 잔존 부분과 서부경찰서를 합해서 서서라고 하였다. 그러나 5서(署)와 경찰서 · 주재소의 관할 범위가 완전히 겹치는 것은 아니기 때문에, 이러한 수정을 가한 결과도, 어디까지나 임시 수치에 지나지 않는다. 또 성외(城外)라고 한 것은 동서부의 복거교(伏車橋) · 왕십리 · 대수유리, 서부서의 석교 · 아현 · 약현 · 청파 · 자암(紫巖)의 아홉 파출소 관내 및 용산서 관내 전역이다. 나머지는 성내(城內)로 했다. 이것도 위와 마찬가지 이유로 임시 수치에 지나지 않는다. 또한 본표(本表) 중의 한인(韓人)이라고 한 표현은 원표(原表)의 표기에 따랐다.

62) 『다이쇼 14년 10월 1일 현재 간이국세조사 결과표』(조선총독부, 경성, 1926) 및 『다이쇼 14년 10월 1일 현재 간이국세조사 속보〈세대 및 인구〉』(조선총독부, 경성, 1926)에 따른다. 경성부는 1914년 4월 1일, 경기도 고시 7호(다이쇼 3년 4월 27일자 『조선총독부관보』 제520호)에 따라, 경성부 및 고양군 용강면(龍江面) · 연희면(延禧面) · 은평면(恩平面) · 숭인면(崇仁面) · 독도면(纛島面) · 한지면(漢芝面)으로 분할되었다. 본문의 수치는 이들 지역을 합산한 것이다. 또한 일본에 의한 식민지화에 따라, 종래의 한성부는 1910년 10월 1일부터 시행된 칙령 제357호 「조선총독부 지방관제」 제17조(메이지 43년 9월 30일자 『조선총독부관보』 28호 및 30일자 『대일본제국관보』 호외) 및 조선총독부령 7호(메이지 43년 10월 10일자 『조선총독부관보』 29호 및 10일자 『대일본제국관보』 8192호)에 의해, '경성부' 를 공식적인 행정 지명으로 정하고, 조선총독부 지배하에 있는 일본 식민지의 한 도시로서 자리매김하게 되었다. 또 관할구역은 조선총독부령 7호로 「종래의 한성부 일원」으로 정해졌다.

63) 지역별 인구를 상세하게 기록한 것으로는, 한성부 편, 『경성부 도시계획자료 조사서』(경성부, 경성, 1927) 24~40쪽의 「京城府ニオケル人口密度表(경성부에서의 인구밀도표)」에 따른 1927년의 동정(洞町)별 인구가 있지만, 이미 1914년 4월에 조선총독부의 손으로 행해진 행정구획의 대폭 변경에 따라, 종래의 동이 복잡하게 분할 재편되어 버렸기에, 그 수치를 바로 사용할 수는 없다. 조선총독부는 1914년 4월 1일, 경기도 고시7호(주 62 참조)에 따라 '京城府町洞ノ名稱及區域(경성부 정동의 명칭 및 구역)' 에 대한 개혁을 행하였다. 대개 청계천을 낀 성벽 안 남부 및 성벽 밖의 남대문

밖부터 용산에 걸친 일본인 집주(集住) 구역에는 일본 내지(內地) 도시와 같은 형태의 정(町)제도를, 그것 이외의 구역에는 종래대로 동(洞)제도를 시행했던 것이지만, 이 기구 개혁은 단순한 명칭 변경은 아니고, 종래의 동을 전면적으로 해체 재편성하는 것이었다. 같은 고시 첫머리에 기재되어 있는 예지동(禮智洞)의 예로써 이것을 보면, 이 동은 중부동(中部洞), 효교(孝橋) 일부, 전간동(田間洞), 하피마동(下避馬洞) 일부, 상천변동(上川邊洞), 이현(梨峴) 일부, 옥방동(玉房洞), 칠방동(漆房洞), 석수방동(石手房洞)」의 9동을 합쳐서 새롭게 만들어진 것이지만, 이 중에서 '일부' 라고 표기되어 있는 효교동 · 하피마동 · 이현의 3동은 다시 종로 4정목(丁目)에도 분할 합병되어 있다. 이처럼 종래의 동을 단지 합병할 뿐만 아니라, 한 동을 복수의 새 동에 분할 소속시킨다는, 문자 그대로 해체 재편성이었다. 다른 예로써 보면, 종로 1정목은 주전동(紬廛洞) 전체와 두석동(豆錫洞) · 피마동 · 혜천(惠泉) · 상사동(想思洞) · 외상사동 · 황토전(黃土槇) · 허병(許屛) · 합동(蛤洞)의 각 일부로 새로 만들어졌기 때문에, 이들 각 동은 주전동(紬廛洞)을 제외하고는 분할되어, 다른 동과 합하여 새 동을 만드는 것으로 되었다. 서서(西署) 반송방 신촌동에 이르러서는 고시정(古市町) · 서계동(西界洞) · 교북동(橋北洞) · 행동(杏洞) · 홍파동(紅把洞)의 5동정(洞町)으로 분할되어 버린 것처럼, 종래의 동은 확실히 갈기갈기 찢겨 버리고 말았던 것이다. 그 새 동정(洞町)의 명칭을 붙이는 방법도, 동(洞) 지역에 대해서는 일단 종래의 동 · 계(契) · 방(坊)명 또는 지명 등을 계승 또는 고려한 명칭을 붙이고 있지만, 정(町) 지역에는 황금정(黃金町, 코가네쵸) · 명치정(明治町, 메이지쵸) · 본정(本町, 혼마치) 등 완전히 일본식 명칭으로 하였다. 또한 홍문동(弘門洞)과 곡교동(曲橋洞)에 대광교동(大廣橋洞) · 사자청동(寫字廳洞) · 소광교동의 각 일부를 합하여 만들어진 새 정(町) 등은 그 외곽선의 모습에서 삼각정(三角町)이라고 이름 붙여지고 있다. 이런 점에 대해서는 이 책 제4장에서 상세하게 분석하였다.

64) 시카타 히로시, 「大邱戶籍帳籍に就いて(대구호적장적에 대해서)」(『大邱府史』, 대구부, 1939), 160~161쪽.

65) 물론 오차는 정식으로 계산하지 않으면 안 되지만, 본문에서 서술한 것처럼 호적 자체의 신뢰도가 불분명한 상태에서는 오차를 산출하는 자체가 무의미하다.

66) 『한국호구표』는 「광무 11년(1907) 전(前)경무고문부(警務顧問部)의 조사에 따른 호구를 근거로 하고 경시청 기타 23도의 소(小)부분은 그 후 경찰에서 조사 정정하여 현재의 경찰구획별로 조제한」(같은 책, 머리말) 것이고, 『민적통계표』도 「융희 3년(1909)부터 동 4년에 걸쳐 한국 경찰관은 일본 헌병의 도움을 받아 민적법의 준비를 하고, 전국의 각호(各戶)에 대해서 민적 조사를 행하여」(같은 책, 머리말) 작성한 것이다.

67) 박성식, 「18세기 단성지방의 사회구조-단성호적 소재 직역별 통계를 중심으로」(『대구사학』 15 · 16, 1978. 9), 72쪽, 다케다 유키오, 『학습원대학 소장 조선 호적대장의 기초적 연구』, 49쪽. 시카타 히로시, 『조선사회경제사연구(중)』에 의하면, 대구에서

는 1690년에 61.2%이었던 남자 장년 인구가 1741년에는 65.9%로 증가하고, 남자 유년인구는 29.3%에서 19.5%로 감소하고 있다. 또한 남자 노년 인구는 9.5%에서 14.6%로 증가하고 있다.

68) 다케다 유키오, 『학습원대학 소장 조선 호적대장의 기초적 연구』, 48쪽.

69) 1903년도에는 북서 광화방(廣化坊) 원동(苑洞)에서 안국방 소안동(小安洞)으로 이전했던 이용호(李龍鎬)의 한 예가, 1906년도에는 북서 관광방(觀光坊) 간동(諫洞)에서 관광방 소격동계 소격동으로 이전했던 김영근(金永根), 중서 정선방(貞善坊) 구병조계(舊兵曹契) 니동(泥洞)에서 북서 양덕방(陽德坊) 계산계(桂山契) 계산동으로 이전했다는 박성기(朴聖基), 중서 정선방 수문계(水門契) 농포동(農圃洞)에서 북서 관광방 소격동계 소격동으로 이전했다는 서병태(徐丙台)의 세 예가 있다.

70) 연령란에 '일세(歲)', '당년(當年)', '당년생' 등으로 표기되어 있다.

71) 근세 일본의 같은 예에 대해서는, 하야미 아키라(速水融), 「出生と死亡(출생과 사망)」(신보 히로시(新保博)·하야미 아키라·니시카와 슌사쿠(西川俊作), 『수량경제사입문』, 日本評論社, 도쿄, 1975), 63쪽 참조.

72) 지금 만약 2세 아이부터 3세 아이로의 감소율을 기초로 해서 2세 아이 인구로부터 1세 아이 인구를 복원한다면, 636인이라는 수를 얻게 된다. 그러나 1세 아이 사망률이 불분명하고, 또한 〈그림 5〉를 통해 밝혀진 것처럼, 연령마다 요철(凹凸)이 심하여, 이 방법에는 큰 위험이 따른다. 첫째 1906년 경우, 남자에서는 3세 아이보다 4세 아이 쪽이 많아지고 있는 것이다. 원래 당년(當年)의 자연적·사회적 여러 조건에 따라, 출산·생존 수에는 변동이 일어난다. 어쩌다 비슷하게 나온 연령 간의 차이를 근거로 해서 인구를 추정·복원하는 것은 곤란하다. 현재로서는 인구 추정 계산을 할 만한 충분한 근거는 제출되어 있지 않다.

73) 조선총독부 편, 『제4차 조선총독부 통계년보』(조선총독부, 경성, 1922), 55쪽의 「현주(現住) 조선인 호구 지방별」에서 산출했다.

74) 조선총독부 편, 『다이쇼 14년 10월 1일 현재 간이국세조사 속보 〈세대 및 인구〉』(조선총독부, 경성, 1934), 4~5쪽의 「부면별(府面別) 세대 및 인구」.

75) 조선총독부 편, 『쇼와 5년 조선 국세조사 보고〈전선(全鮮)편 제1권·결과표〉』(조선총독부, 경성, 1934), 2쪽의 「면적, 세대 및 인구」.

76) 남자 인구 탈락 원인의 하나로서, 관공청에 들어가 살고 있던 많은 '낭저인(廊底人, 행랑살이하는 사람)' 들의 존재를 생각하지만, 그들이 어느 정도 존재하고 있었는가, 확실한 자료가 남아있지 않기 때문에 '불명(不明)' 이라고 말할 수밖에 없고, 남녀비에 대해서도 분명한 것은 아니다. 막연하게 남자가 많다는 것은 여러 종류의 자료를 통해 추측되지만, 이것을 감안하면 성비(性比)는 약간 상승된다고 여겨진다. 그러나 성비가 낮은 지역 중에서, 관공청이 많은 것은 중서 징청(澄淸)·경행(慶幸)·북서 관광(觀光) 세 방에 지나지 않아, 당면 큰 영향은 없다고 봐도 지장이 없을 것이다.

77) 키토 히로시(鬼頭宏), 『日本二千年の人口史(일본 이천년의 인구사)』(PHP연구소, 도

코, 1983), 153쪽.

〔역자〕〔'개미지옥'은 개미귀신이 개미를 잡아먹기 위해 파놓은 함정이다. 도시를 사람을 잡아먹는 개미지옥으로 비유한 것이다. 키토 히로시 지음, 최혜주·손병규 옮김, 『인구로 읽는 일본사』, 어문학사, 2009, 110~112쪽 「개미지옥이 된 대도시」 참조〕.

78) 〔역자〕 필자는 기유는 소유 가옥, 차유는 빌린 가옥을 의미한다고 보았다. 그러나 최근 장경준은 이런 견해를 비판하고, 가옥의 점유 주체가 호주인지 아닌지로 파악하였다. 즉 기유는 호주와 친속이 점유하는 것이고, 차유는 그 외의 자들이 점유하는 것을 의미한다고 보았다. 장경준, 『조선후기 호적대장과 '호'의 성격-경상도 지역 사례』, 부산대학교 대학원 사학과 박사학위 논문, 2015, 176~178쪽.

79) 조석곤은 이 같은 '호'를 구식호적의 연장상에 위치 지워 '생활공동체'로 규정하고 있지만(「광무년간의 호적운영체계에 관한 소고」, 149쪽), 기구(寄口)처럼 명백히 가족으로 기류(寄留)한 것까지 호주의 일족에 포함해 버린 것은 매우 의문이다. 구식호적 자체에 그런 관념이 있었는가는 별도로 검정을 요하는 문제이고, 가령 그것이 남아있다 하더라도, 실태가 그런지 어떤지는 이것 또한 별도로 검정을 요하는 문제이다. 한성부와 같은 도시부(都市部)와 그 이외의 지역과는 상당한 차이가 있는 것도 충분히 고려해 둘 필요가 있다. 실제 생활과 '호'의 관계에 대해서는 현재 불분명하지만, 후술하는 것처럼 호를 구성하는 사람 수는 1명부터 최대 84명까지 넓은 폭을 가지고 있어, 이들을 하나의 개념으로 묶는 것은 불가능하다. 오히려 다양한 '호'의 존재야말로 한성부의 실태이며, 그들은 호의 내용에 따라서 생각해야 할 것이다. '호'로서 독립할 수 없는 기구(寄口)와 고용(雇傭)은 이른바 동거인으로서, 호적을 매개로 한 사회관계의 그물코로부터 떨어져 나갔다. 우리들이 『한성부호적』을 통해서 한성의 사회관계를 살펴볼 때, 꽤 강한 한계성을 안고 있는 점을 인식하여 두지 않으면 안 된다.

80) 예를 들면, 중서 관인방(寬仁坊) 대사동(大寺洞) 14통 6호에 거주하면서, 대사동 28통의 13호부터 16호까지 네 호를 소유한 이명서(李明瑞)의 경우, 거주 인구는 14통 6호에만 기록되고, 다른 네 호는 거주 인구가 기입되어 있지 않다. 또한 동일 호주가 인접한 두 호를 소유한 경우도, 각각 별도 호가 되어, 한쪽은 거주자가 기입되어 있지 않다.

81) 한영국, 「조선왕조 호적의 기초적 연구」(『한국사학』 6, 성남, 1985. 5), 198~199쪽.

82) 다만 중복호주의 경우, 「원적(原籍)」, '원적(元籍)' 등으로 주기(注記)한 것을 보면, 거주자의 부적지(付籍地)는 한 곳으로 간주되고 있었던 듯하다.

83) 오성, 「19세기 말 인천항의 호와 호주」, 90쪽.

84) 오성, 「한말 개성지방의 호의 구성 실태」, 11쪽.

85) 오성, 「19세기 말 인천항의 호와 호주」, 90쪽 〈표 3〉에 따른다. 다만 이 표에서는 경기도 광주군 북방면(北方面)이 4.80인, 황해도 곡산군 봉명면(鳳鳴面)이 5.24인으로,

『한성부호적』과 근사한 수치를 보이고 있다.

86) 시카타 히로시, 『조선사회경제사연구(중)』, 41쪽.

87) 다케다 유키오, 『학습원대학 소장 조선 호적대장의 기초적 연구』, 45쪽.

88) 시카타 히로시, 『조선사회경제사연구(중)』, 42쪽.

89) 오성, 「19세기 말 인천항의 호와 호주」, 89쪽 〈표 2〉에서 산출.

90) 오성, 「한말 개성지방의 호의 구성 실태」, 13쪽 〈표 2〉에서 산출.

91) 오성, 「19세기 말 인천항의 호와 호주」, 89쪽 및 오성, 「한말 개성지방의 호의 구성 실태」, 13쪽.

92) 오성, 「19세기 말 인천항의 호와 호주」, 89쪽 〈표 2〉.

93) 오성, 「한말 개성지방의 호의 구성 실태」, 13쪽 〈표 2〉.

94) 오성, 「19세기 말 인천항의 호와 호주」, 89쪽 〈표 2〉.

95) 오성, 「한말 개성지방의 호의 구성 실태」, 13쪽 〈표 2〉.

96) "백성 중에 일정한 거주가 없어서 원적(原籍)을 따로 만들지 못하고 친인척 · 친구 사이의 호 안에 기거하거나 또는 혼자만 기식해도, 기구에 포함해 인구 누락이 없도록 함"이라고 되어 있다.

〔第四條 人民中에 無家無依ᄒᆞ야 原籍을 別成치 못ᄒᆞ고 族戚知舊間의 戶內에 寄居ᄒᆞ거나 或一身만 寄食ᄒᆞ야도 寄口에 參入ᄒᆞ야 人口漏落ᄒᆞ미 無케 홈(원문 첨부 역자)〕

97) 미야지마 히로시, 「朝鮮甲午改革以後の商業的農業－三南地方を中心に(조선 갑오개혁 이후의 상업적 농업－삼남지방을 중심으로)」(『史林』 57-6, 1974.11)는, 충청도의 고용을 머슴으로 해석하고 있다(57쪽). 또한 조성윤은 제주도의 한 가계를 예로 들면서, 구식호적에서의 노비가 〔1894년 이후에는〕 모두 고용이 되었다고 서술하고 있다(앞의 박사학위 논문, 116쪽). 한편 경기도 화성군 반월면(半月面) 팔곡(八谷)1리 거주의 민병일(閔丙一)에 의하면, 같은 지역(구 광주군 남부면)에서는 종래의 노비가 기구, 머슴이 고용이라고 기재되었다고 한다(1992년 7월 15일 청취). 지역에 따라 또는 연대에 따라 꽤 흔들리고 있던 것처럼, 기구 · 고용의 존재 형태를 일률적으로 결정하는 것은 곤란한 듯하다.

98) 〔역자〕 원문 〈표 12〉에는 상평방이 남서이나, 북서로 고쳤다.

99) 민적법 집행심득(心得) 제1조 민적에 관한 사항을 기재하기 위하여 경찰서 경찰분서 및 순사주재소에 민적부를 비치함 및 제8조 면장은 민적법 제1조의 신고서를 수합하여 그 달분(月分)을 다음 달 15일까지 관할 경찰관서에 보내는 것이 옳음.

〔第一條 民籍에 關ᄒᆞᆫ 事項을 記載ᄒᆞ기 爲ᄒᆞ야 警察署 警察分署 及 巡査駐所에 民籍簿를 備置홈〕

〔第八條 面長은 民籍法 第一條의 申告書를 收合ᄒᆞ야 其 月分을 翌月 十五日ᄭᆞ지 所轄警察官署에 送致홈이 可홈(원문 첨부 역자)〕

100) 민적법 제1조에 출생 · 사망 · 호주변경 · 혼인 · 이혼 · 양자 · 파양(罷養, 양자의 인연 폐기) · 분가 · 일가(一家) 창립 · 입가(入家, 동거) · 폐가(廢家) · 폐절가(廢絶家)

재흥(再興) · 부적(附籍, 다른 호에 入籍) · 이거(이전) · 개명의 15개 항목이 기재 내용 변경에 관한 중요한 신고 사항으로 지정되어 있고, 기재 내용 변경은 그 사실이 발생한 날로부터 10일 이내에 본적을 관할하는 면장에게 신고하지 않으면 안 된다고 되어 있다.

〔第一條 左記 各號의 一에 該當훈 境遇에 在후야는 其 事實 發生日로븟터 十日 以內에 本籍地 所轄 面長에게 申告홈이 可홈 但 事實의 發生을 知후기 不能훈 時는 事實을 知훈 日로븟터 起算홈 一 出生 二 死亡 三 戶主變更 四 婚姻 五 離婚 六 養子 七 罷養 八 分家 九 一家創立 十 入家 十一 廢家 十二 廢絶家再興 十三 附籍 十四 移居 十五 改名(원문 첨부 역자)〕

101) 칙령 65호 「토지가옥증명규칙」(광무 10년 10월 31일자 『대한제국관보』 제3598호), 법부대신훈령(광무 10년 11월 12일자 『대한제국관보』 제3608호), 법부령 제4호 「토지가옥증명규칙 시행세칙」(광무 10년 11월 7일자 『대한제국관보』 제3604호), 법부대신훈령 「토지가옥 매매전당의 증명처리 순서도식」(광무 11년 4월 9일자 『대한제국관보』 부록).

102) 2년도분 호적표가 있는 호주로 직업 · 신분이 변동한 사례는 아래 표처럼 62건을 헤아린다. 물론 관료와 군인 사이, 관료 · 군인과 양반 사이에 대해서는, 퇴직 또는 현직으로의 복귀 등 가능성이 높고, 기타 변동의 경우에도, 전직(轉職) 가능성이 있는 것은 부정할 수 없다. 그러나 명확하게 표기의 동요라고 생각하는 사례가 다수 있는 것도 사실이다.

신＼구	관료	이속(吏屬)	군인	병사	양반	평민	상업	농업	기타	무직	조이(召史)	無記	합계
관료			2		3		1						6
이속					2	1	1						4
군인	3				1								4
병사													0
양반	8	2				1	3			2		1	17
평민		3			5		5		1				14
상업				4	6	2			1	1			14
농업													0
기타													0
무직		1			1								2
召史													0
無記					1								1
합계	11	6	2	4	19	4	10	0	2	3	0	0	62

103) 김영모, 『한국사회계층연구』는 이것을 34개로 분류하고 있다. 또 조성윤, 앞의 박사학위 논문은 양반, 중인, 상민(常民), 근대 직업으로 네 분류를 하고, 다시 그 내부

를 19개로 분류하고 있다(127쪽). 그러나 농업·상업·수공업 등 명백하게 직업 범주에 들어가는 것을 상민이라는 신분 범주로 분류하거나, 상업 종사자를 상민(商民)과 시민(市民)으로 나눈다거나 하는 것을 비롯하여, 분류 기준은 약간 혼란스러운 것 같다.

104) 〔역자〕 원저 158쪽 보주(補注) 부분임. 원저의 50음 순서를 가나다 순서로 바꿈.

이 장의 원 논문 작성 시점에서는 일반적으로 근세조선의 지배 엘리트를 양반으로 부르고 있지만, 그것이 적당하지 않은 것은 필자가 「朝鮮の身分と社會集団(조선의 신분과 사회집단)」(『강좌 세계역사』 제13권, 岩波書店, 도쿄, 1998)에서 지적했던 바이다. 여기서 '양반'이라 표현한 것은 그것과는 달리, 사족(士族) 등 면역조치를 받고 있었다고 추정되는 사람들 및 그 자손을 가리키는 것이다. 이 표의 분류는 1910년에 대한제국 내부(內部) 경무국이 편찬한 『민적통계표』의 '종별(種別)'에 근거하고 있다. 그것이 당시의 신분·직업의식을 반영하고 있기 때문이다. 사족과 양반의 차이에 대해서는 필자, 「兩班と士族のあいだ(양반과 사족의 사이)」(『韓國朝鮮の文化と社會(한국조선의 문화와 사회)』 1, 2002. 10)를 참조하기 바란다.」

105) 같은 시대 관료의 거주지에 대해서는 원학희, 「구한말 서울의 거주공간형태–특히 관원의 거주형태를 중심으로」 『지리학총』 6, 서울, 1977) 참조. 그것에 의하면 성외에도 어느 정도의 관료가 거주하였다. 다만 이 논문에는 자료의 문헌적 비판, 조작, 해석상의 몇 가지 문제점에서 산출된 수치는 수정을 요한다. 이 점을 포함하여, 관료의 거주지에 관해서 이 책 제5장에서 상세하게 논하고 있다.

106) 두모방 계별 직업·신분 구성은 다음 표와 같다. 〔원저의 합계가 맞지 않아 일부 수정함. 원래는 표가 2개인데, 내용이 중복되어 1개는 삭제함.〕

지역＼분류	관료	吏屬	군인	병사	양반	평민	상업	농업	기타	무직	召史	無記	합계
전곶리1계	0	0	1	0	5	1	16	155	1	0	0	1	180
두모포계	1	5	0	2	15	9	173	39	16	0	5	0	265
합계	1	5	1	2	20	10	189	194	17	0	5	1	445

107) 한성의 배후지 연구에는 최영준, 「조선시대 한양의 교(郊)지역 연구」(『문화역사지리』 1, 서울, 1989. 6)가 있다.

108) 조이(召史)호 중 직업란에 기재된 것은 평민 4, 상업 12, 기타 6, 무직 2이다. 또 그 외인 것은 방적·침선(針繕)·침선(針線)·침공(針工) 각 1과 재봉 2이다.

109) 주 97) 참조.

110) 기구(寄口)가 다수 거주하는 호에는 1903년도에 중서 견평방 일패계 이문내동 15통 10호 순화궁(順和宮)의 75인, 남서 광통방 미동계 향목동(香木洞) 34통 8호 경위원(警衛院) 총무국장 김영진(金永振)의 24인 등이 있고, 1906년도에 중서 견평방 일패계 이문내동 15통 10호 순화궁의 75인, 중서 정선방 구병조계 니동(泥洞) 97통 3호 상민(商民) 김낙여(金洛汝)의 74인, 중서 관인방 대사동계 원동(園洞) 1통 8호 내부

대신 이지용(李址鎔)의 42인, 중서 경행방 오순덕계(吳順德契) 교동 27통 11호 정1품 민영휘(閔泳徽)의 26인, 북서 진장방 삼청동 8통 9호 전(前)참령 박원근(朴元根)의 23인, 북서 양덕방 계산계 계산동 1통 1호 전(前)시종관 김기용(金埼鎔)의 21인, 중서 관인방 대사동계 훈동(勳洞) 12통 1호 9품 조명구(趙命九)의 20인 등이 있다.

111) 고용구(雇傭口)가 다수 거주하는 호에는 1896년도에 북서 양덕방 계산동계 계산동 1통 1호 계동궁(桂洞宮)의 60인, 1903년도에 남서 훈도방 저전동계 저전동 1통 2호 궁내부 특진관 윤용구(尹用求)의 27인, 남서 훈도방 정승계 수표교동 32통 10호 평남관찰사 민영휘의 26인 등이 있고, 1906년도에 북서 양덕방 계산계 계산동 1통 1호 전(前)시종관 김기용의 60인, 중서 경행방 오순덕계 교동 27통 11호 정1품 민영휘의 35인, 중서 수진방 전동 11통 9호 배종무관장(陪從武官長) 조동윤(趙東潤)의 32인, 북서 가회방 재동계 맹동(孟洞) 10통 3호 완순군(完順君) 이재완(李載完)의 31인, 중서 수진방 제용감계 전동 11통 8호 정1품 민영소(閔泳韶)의 25인, 중서 정선방 대묘동계 대묘동 21통 8호 기로소비서장 조정구(趙鼎九)의 20인 등이 있다.

112) 2007년까지 한국 민법에서는 (제3장 혼인 제2절 혼인의 성립) 제809조 「동성혼 등의 금지」에서 "동성동본인 혈족 간에는 혼인할 수 없다"라고 규정하고 있다.

113) 조선총독부도 성관의 중요함을 알고 있어서, 1930년 10월 1일에 실시한 국세조사 때 자료를 수집하고, 『朝鮮の姓(조선의 성)』(조선총독부, 경성, 1934)과 『朝鮮の姓名氏族に關する硏究調査(조선의 성명씨족에 관한 연구조사)』(조선총독부 중추원, 1934) 등 조사보고서를 공개하였다. 그러나 동성 촌락이나 동족의 거주 상황이라는 형태로 성관에 따른 결합의 중요함에 주목하면서, 집계는 성과 본관을 따로 행해 버렸기 때문에, 유감스럽게도 대조 자료로서는 사용할 수가 없다. 말할 것도 없이 성관은 성과 본관이 일체가 되어야 의미가 있는 것이고, 이(李)씨가 어느 지방에 몇 명 있는가 또는 경주를 본관으로 하는 인간은 몇 명인가 하는 것 같은 통계 자체는, 그 나름으로 흥미를 끄는 것이지만, 적어도 당시 사회적 결합의 실태 해명에는 그다지 도움이 되지 않는다.

114) 본관의 이명(異名) 표기나 이자(異字) 표기는 다음과 같이 통일하였다. 이명·이자 표기는 가나다 순이다.

鷄林→慶州 廣山→光山 喬洞→喬桐 金嶺→金寧 箕城→平壤 南源→南原
綾城→綾州 大丘→達城 大邱→達城 德遂→德水 密城→密陽 商山→尙州
膳山→善山 星山→星州 安洞→安東 蓮城→連城 延逸→迎日 延日→迎日
靈岩→靈巖 迎陽→延陽 英川→永川 龍岡→龍岡 龍嵐→龍岡 牛峯→牛峰
月城→慶州 銀振→恩津 仁東→仁同 仁洞→仁同 淅江→浙江 正州→淸州
晋山→晋州 晋陽→晋州 昌源→昌原 淸川→淸州 靑靑→淸州 淸忠→淸州
坡州→坡平 坪山→平山

115) 1985년 11월 1일 현재로 실시된 한국의 국세조사 결과에 의하면, 성관은 3,435가 확인되고 있다(1987년 12월 24일자 『한국일보』). 그러나 이 가운데 츠지(辻)와 오

카다(岡田) 등 몇몇 성관은 명백하게 일본 성으로, 실제 성관은 3430을 약간 밑도는 것이다.

116) 국세조사의 성관 통계는 『(1988년판) 동아연감』(동아일보사, 서울, 1988), 인구통계는 『인구 및 주택 센서스 보고』(1권 전국편, 경제기획원, 서울, 1987)에 따른다.

117) 원래 방(坊) 자체는 정부가 설정한 행정구획이고, 주민 생활 실태를 규제하는 것은 아니었다. 방과 성관 사이에 관계가 없어도 당연하다고 말할 수 있다.

118) 갑오개혁 자료(주 25 참조)에 따르면, 이 지역에는 대묘동계-묘동·하묘동·태정동, 김만년계-대묘동·마동·누동이라는 각 3동씩으로 구성된 두 계가 있었다. 그런데 본문에서 본 것처럼 하마동계 등 존재하지 않을 계와 동이 실제로는 존재하고 있다. 이것을 정선방 전체에서 보면 갑오개혁 자료는 8계 22동으로 구성되어 있지만, 만년계(萬年契)·김천만계(金千萬契)·김만(金萬)·김만련계(金萬連契)와 같이 명확하게 김만년계의 변종 표기로 간주할 수 있는 것을 1개로 계산해도 『한성부호적』에는 계가 40개, 동이 36개 나타난다. 마동계·상마동계·중마동계·하마동계로 분화되어 있는 것을 갑오개혁 자료에 있는 것처럼 마동계로 단일화해서 보면, 계수가 상당히 감소하지만 그런데도 28계가 되어, 갑오개혁 자료의 3.5배가 된다. 즉 현실의 호적 표시에서는 갑오개혁 자료대로의 계·동과 같은 상황으로는 되지 않는 것이다. 이것은 본문에서 서술한 이유 이외에 이 행정구역 정리가 실제로는 철저하지 못하고 생활 현장에서는 구래의 계·동이 사용되어 있었던 것, 또 개혁 이후의 변화가 있었던 것의 두 가지 이유가 고려되지 않으면 안 된다. 어쨌든 자료에 나타나는 계·동을 산만한 모양으로 그 당시의 실태라고 보는 것은 피상적인 이해라는 비난을 면할 수 없을 것이다.

119) 이것 이상 계와 동의 실태를 분석하는 것은 이 장의 주제에서 벗어나는 것이므로 여기까지 정리하고 이 책 제4장에 넘기기로 한다. 계와 동은 성격이 다른 지역 구획인 것에 주의를 환기하고, 주민 차원에서는 동이 실제 생활공간을 구성하고 있었다는 것을 지적해 두고 싶다.

120) 신고된 가옥이 주옥(主屋) 이외 어디까지 포함되는 것인지에 대해서는 신고자의 자의에 맡기며, 주방과 행랑 등은 말할 것도 없고, 측간(변소)까지 포함되어 있었을 가능성이 크다. 이하 수치도 그것을 염두에 두고 읽어낼 필요가 있다.

121) 김영모, 『한국사회계층연구』와 조성윤, 앞의 박사학위 논문은 차유를 정리해서 하나의 분류 항목으로 하고, 전체를 와가·초가·차유의 세 가지로 구분해서 분석하고 있다. 이것은 가옥의 외적 형태와 소유 형태를 혼동하고 있어, 분류의 의미가 있지 않다. 말할 필요도 없는 것이지만, 차유에 대립하는 개념은 기유이고, 와가와 초가는 아니다.

122) 『한성부호적』 이외의 호적에서는 1칸 단위로 되어 있다. 한성부의 조사가 다른 지역보다 정밀하게 이루어진 것을 짐작하게 한다.

123) 오성, 「19세기 말 인천항의 호와 호주」, 95쪽과 「한말 개성지방의 호의 구성실태」,

26쪽에 따르면 이하 대로이다. 또한 괄호 안은 호적 작성 연도를 나타낸다.

충청남도 태안군 외이면	3.28칸 (1905년)
인천항 답동	4.34칸 (1898년)
황해도 곡산군 봉명면	4.35칸 (1896년)
전라북도 전주군 이남면	4.38칸 (1902년)
강원도 양구군 서면	4.75칸 (1905년)
경기도 광주군 북방면	5.11칸 (1903년)
경기도 풍덕군 서면	6.42칸 (1904년)
개성부 (5리 평균)	6.91칸 (1900, 5년)
인천항 외동	9.41칸 (1896년)

124) 오성, 「한말 개성지방의 호의 구성실태」, 25쪽.

125) 상세히 보면 최대치는 5칸이다. 또 성내 최대치는 6칸, 성외 최대치는 3칸이다.

126) 오성, 「19세기 말 인천항의 호와 호주」, 92쪽.

127) 오성, 「한말 개성지방의 호의 구성실태」, 23쪽.

128) 경상남도 단성군은 480호 중 4호로 0.2%에 지나지 않고(『경상남도 단성군 가호안』, 규장각 소장, 1904년), 황해도 곡산군 봉명면(『곡산군 호적안』, 규장각 소장, 1896년)은 153호 중 2호로, 이것도 1.3%에 지나지 않는다.

129) 주 60) 참조.

130) 『경조부지(京兆府誌)』(규장각 소장) 공해조에 따르면 19세기 중반 한성부 청사에는 당상대청 8칸 등 합계 246.5칸이 있었다. 물론 이들이 모두 『한성부호적』 당시까지 그대로 있었다고 단언할 수 없다. 그러나 당시 상황을 감안하면 증・개축이 그 정도로 많았다고는 생각할 수 없고, 그 대부분이 남아 있었다고 보아도 지장이 없다.

131) 오성, 「19세기 말 인천항의 호와 호주」, 95쪽.

132) 오성, 「한말 개성지방의 호의 구성실태」, 27쪽.

133) 오성, 「19세기 말 인천항의 호와 호주」, 95쪽.

134) 한 군 전체에서 보면 경상남도 단성군의 경우 2480호 중 와가는 6호로, 기와칸율은 7345칸 중 24칸으로 0.3%가 된다.

135) 오성, 「19세기 말 인천항의 호와 호주」, 92쪽의 수치에서 산출하였다.

136) 오성, 「한말 개성지방의 호의 구성실태」, 28쪽.

137) 김영모, 『한국사회계층연구』는 차가에 거주하는 양반에 대해서 "양반관료 중에도 가난한 자가 많았다고 하는 사회적 통념을 반영하고 있다"(155쪽)라고 파악하고 있다.

138) 오성, 「19세기 말 인천항의 호와 호주」, 92쪽의 수치로부터 산출하였다.

139) 곡산군의 경우 7례(4.6%)가 있다. 단 이 가운데 2례는 가옥 일부만을 차입한 것이다.

140) 경제계층과 가옥의 관계를 논하면서, 호주가 되지 못하고 다른 호주가 소유・차유하는 가옥에 거주하는 기구(寄口)・고용(雇傭)을 주목해야 한다. 또 호주의 수준에

서 경제계층과의 관계는 가옥 규모나 기와집인가 초가집인가라는 가옥 조건에서 드러날 것이다.

141) 100칸 이상의 '기타' 에는 계동궁(桂洞宮) 320칸, 순화궁(順和宮) 155칸이 포함되어 있다.

제4장 지역 공간 '동(洞)'의 형성

1) 함경도에서는 '면(面)' 을 '사(社)' 라고 칭하고, 황해도 일부나 전라도 남원에서는 '방(坊)' 이라고 칭하고 있다. 또 '리' 를 '동' 이라고 칭하는 사례도 간혹 보인다.

2) 최영준, 「조선시대 한양의 교(郊)지역 연구」(『문화역사지리』 1, 서울, 1989. 6).

3) 이 책 제7장 참조.

4) 고동환, 『조선후기 서울상업발달사연구』(지식산업사, 서울, 1998) 제3장에 상세하다.

5) 이태진, 「17・18세기 향도조직의 분화와 두레 발생」(『진단학보』 67, 서울, 1988).

6) 김동철, 요시다 미츠오 역, 『朝鮮近世の御用商人-貢人の硏究(한국 근세의 어용상인-공인 연구)』(法政大學出版局, 도쿄, 2001. 원 제목은 『조선후기 공인연구』, 한국연구원, 서울, 1993), 108쪽.

7) 성벽 안에 202계, 성벽 밖에 116계를 기재하고 있다.

8) 가장 많은 동을 기재한 『도성(都城)대지도』에는 성벽 안에 121개 동, 성벽 밖에 115개 동이 있다.

9) 『경성부사(京城府史)』 제2권(경성부, 경성, 1936), 442~481쪽.

10) 『지방행정구역명칭일람』(조선총독부, 경성, 1912).

11) 동양문고 동북아시아연구반(조선) 편, 『日本所在朝鮮戶籍關係資料解題』(재단법인 東洋文庫, 도쿄, 2004)에 그 전모가 소개되어 있다.

12) 이 책, 71~74쪽.

13) 한성 전체를 경시청 관할로 한 위에서, 중서・동서・서서・남서・북서・용산서로 나누고 있다.

14) 예를 들면 중서(中署) 관내는 누동(樓洞)・교동・사동(寺洞)・전동(典洞)・수동(壽洞)・황토현・외상동(外相洞)・종로・철교(鐵橋)・수표교・중곡(中谷)・묘동(廟洞)의 12개 파출소별로, '한인・일본인・기타 외국인' 으로 나누어 호수와 인구가 게재되어 있다.

15) 이 책, 86쪽.

16) 조선총독부 편, 『조선어사전』(조선총독부, 경성, 1920)은 칸수를 '집의 칸수(1칸을 약 8척 사방)' 라고 설명하고 있다.

17) 이 책, 131쪽 〈표 22〉.

18) 『육전조례』(1865년) 권4, 한성부.

19) 구한국칙령 제61호 「호구조사규칙」.

20) 이 책, 214쪽.

21) 이 책 제1장 참조.

22) 손정목, 『조선시대도시사회연구』, 29~32쪽.

23) 양승우, 「서울 도심부의 도시 형태 변화 과정에 관한 연구」(서울대학교 대학원 도시공학과 석사학위 논문, 서울, 1988)는 지도나 지적도에 의해, 근대 서울의 도심부에 사설도로가 가구(街區)를 침식하는 것에 의해 미로적 가로망이 형성된 것을 논하고 있다.

제5장 **관료와 거주 지역**

1) 원학희, 「구한말 서울의 거주공간형태-특히 관원의 거주형태를 중심으로」 『지리학총』 6, 서울, 1977.

2) 이 이력서군(群)은 국사편찬위원회가 1972년에 『대한제국관원이력서(大韓帝國官員履歷書)』라는 명칭으로 「한국사료총서」의 한 책으로 영인 출판하였다. 원학희의 연구도 이에 따른 것이지만, 아래와 같은 문제가 있어서, 이용할 때는 상당한 주의가 필요하며, 규장각에 보관된 원사료를 참조해야 한다.

a. 괘선(罫線) · 판심(版心) 등이 지워져 있어, 원사료의 형태를 재현할 수 없다.

b. 수정이나 도장 흔적 등 붉은색으로 기재된 부분의 상당수가 재현 불가능하다.

c. 인쇄 불선명 또는 인쇄 누락에 따라 정보 복원이 불충분하다.

d. 가타카나(カタカナ)로 기록된 일본어 부분이 편집 단계에서 한글로 고쳐졌다.

e. 적잖이 재적(在籍)하고 있던 일본인 관료 이력서가 모두 삭제되어 있다.

f. 기안서(起案書)나 청원서 등 이력서 외에 편철하여 묶인 여러 문서가 모두 삭제되어 있다.

g. 인쇄할 때 선명하지 못하다고 판단된 부분에 가필이 되었다.

h. 연대를 '메이지(明治)'로 표기한 것은 모두 '융희(隆熙)'로 고쳐졌다.

I. 소장번호 26209 『이력서』가 탈루(脫漏)되어 있다.

이상 가운데, d와 g에 대해서는 「범례(凡例)」에 그 취지가 주기(注記)되어 있지만, 구체적으로 어떤 이력서의 것인가가 표시되어 있지 않아서, 특정(特定)하는 것이 불가능하다. 또 그것 이외에 대해서는 전혀 언급이 없다. 애초 『대한제국관원이력서』라는 사료가 존재했던 것은 아니고, 규장각이 소장하는 이력서군을 국사편찬위원회가 영인 출판하면서 부여한 편의적인 명칭에 지나지 않는다.

3) 경성부 편, 『경성부사』 제2권(경성부, 경성, 1936), 28쪽. 또한 8월 26일에 포고된 칙령 제14호 제31조에 "종전의 군부(軍部) 관제는 모두 폐지한다"라고 하였다(『대한제국관보』 3856호, 융희 원년 8월 28일).

4) 『경성부사』 제2권, 442~481쪽.

5) 『육전조례(六典條例)』 권4, 호전 오부(五部)조.

6) 옹리상계((瓮里上契), 옹리중계, 옹리하계, 청방(靑坊)1계, 청방2계, 청방3계, 청방상(上)4계, 청방거(巨)4계, 만리창계(萬里倉契), 토정리계(土亭里契), 마포계(麻浦契).

7) 계와 동 실태에 대해서는 거의 명확하게 된 것이 없다. 방(坊) 제도가 15세기 말 한성 건설 애초부터 시행되고 있었던 것은 명백하지만(『태조실록』 권7, 태조 5년 4월 19일 병오조), 계와 동에 관해서는 명확한 기록이 없다. 『수성책자(守城册子)』(1751년, 규장각 소장)나 『호구총수』 등에 의하면, 18세기에는 계가 공식 행정조직으로서 기능하고 있었던 것 같다. 저자가 국립중앙도서관 및 교토대학 부속도서관 가와이(河合)문고가 소장하는 구식 한성부 호구단자(호적등본)로 확인한 것에 한정해서는, 주소 표기는 부·방·계·통·호로 되어 있고, 동은 나타나지 않는다. 동이 정식 행정조직 명칭으로 나타나는 것은 갑오개혁 때 기록이 최초인 듯하다.

고지도에서는 18세기 중엽 무렵의 『도성대지도(都城大地圖)』(서울특별시사편찬위원회 소장)가 140개 계를 기재한 것을 예외로 하고, 그 밖의 지도에서는 계 기재는 극소수에 머물고, 지명으로 나타나는 것은 동이다. 또한 19세기에 김정호(金正浩)가 작성한 『청구도(靑邱圖)』, 『수선전도(首善全圖)』, 『대동여지도』도 많은 동을 기재하고 있지만, 계는 몇 개를 기재하는 것에 지나지 않는다. 일본인이 출판한 도시도(都市圖)에도 계 지명이 보이지만, 이것들도 모두 합하여 90개 정도이고, 19세기 후반에 300개 전후가 존재했다고 기록되어 있는 계 가운데, 지도에서 확인될 수 있는 것은 반수도 되지 않는다.

8) 융희 4년(1910) 5월 조사한 대한제국 내부(內部) 경찰국 편 『민적통계표』에 의하면, 한성 전체 호수에 대해서, 관공리(官公吏) 호가 3.7%였다. 대충 계산으로 관공리 호가 약 2,000호가 되는데, 이 장에서 조사 대상으로 한 관료 수와 꽤 일치한다.

9) 계·동 어디에 해당하는가? 불분명한 것이 산견되지만, 당시 민간 주거 표기에서는 계(契)를 사용하지 않는 것이 일반적이기 때문에, 이것들은 동명으로 처리하였다. 예를 들면 융희 원년(1907) 9월 12일자 『황성신문』 광고란에 나와 있는 변호사 법률사무소 주소는 한성 서서(西署) 송교(松橋, 신작로) 43통 2호, 한성 서서 소평동(小平洞) 60통 10호, 한성 중서 서린방 허병(許屛) 서남우(西南隅) 8통 2호, 한성 중서 대립동(大笠洞) 77통 9호라고 하여, 어느 것이나 계를 생략하고 있으며, 안동별궁(安洞別宮) 남쪽에 있었던 학생 하숙 대동(大東)기숙관도 대안동(大安洞)에서 학용품점을 경영하고 있었는데, 역시 계를 표기하고 있지 않다.

다만 같은 난에도 남서 회현방 칠송정계 회동 76통 8호 초가 4칸 입지(立旨, 증명서) 3장을 도적을 만나 분실하였으니 해당 입지(증명서)는 못 쓰는 것으로 함〔(南署 會賢坊 七松亭契 會洞 七十六統 八戶 草家 四間 立旨 三張을 逢賊中見失ᄒᆞ얏ᄉᆞ오니 該立旨ᄂᆞᆫ 休紙施行홈(원문 첨부 역자)〕 등이 있는 것처럼, 공적 성격을 띤 서류의 경우에는 계도 표기되어 있다. 또한 『토지가옥증명원본』에는 계란(契欄)이 있지만, 전부를 기재한 것은 아니다. 일반적으로 생략하고 있었던 것의 증거가 될 것이다.

10) 『최신경성전도(最新京城全圖)』는 남부의 일본인 거주 지역을 제외하고는 대부분이 『한국경성전도』와 일치하고 있다.

11) 그 외에 주된 것으로서는 『도성시가도』에 54개, 『수선전도』에 129개 동이 기재되어

있지만, 망라적으로 말하기에는 좀 멀다.

12) 경기도는 고시 7호에 따라 종전의 서 · 방 · 계 · 동을 전면적으로 해체하고, 구획별의 186개 동 · 정(町)(정목(丁目, 街)도 1정(町)으로 간주)으로 재편성하였다. 대체로 서울 중심부를 동서로 흐르는 청계천 북쪽을 동(洞) 구역, 일본인 거주자가 많은 남쪽 일대를 정(町) 구역으로 하였다.

13) 여러 지도와 경기도 고시 제7호와의 사이에는 동 위치에 대해서, 몇 가지 서로 다름이 있다. 원래 이들 지도에는 동 경계선이 그어져 있지 않아서, 정확한 복원 자체가 불가능하다. 또 『수선전도』, 『도성대지도』 등 19세기 중엽 이전의 지도는 정밀함에 난점이 있어서, 결정적인 보완자료로 쓰는 것이 곤란하다.

14) 이 외에 조선총독부 편 『지방행정구역명칭일람』(조선총독부, 1912) 경성부에는 부면(部面)별로 합계 661개 동리(洞里)가 기재되어 있지만, 상세한 위치는 알 수 없다.

15) 22명의 내역은 남서(南署) 명철방(明哲坊)의 4명이 최대이고, 2명이 4방, 1명이 8방, 0명이 32방이다. 또한 서(署)별로 보면 중서 0명, 동서 7명, 서서 4명, 남서 9명, 북서 2명이다.

16) 이 등급 이하의 하급 관리나 하사관 · 병사는 분석 대상에서 제외된다.

17) 『다이쇼 14년(1925) 10월 1일 현재 간이국세조사 결과표』(조선총독부, 1926) 및 『다이쇼 14년 10월 1일 현재 간이국세조사 속보〈세대 및 인구〉』(조선총독부, 1926)에 의한다.

18) 1930년 국세조사에서도 서별 수치는 보고되지 않고, 매년 경찰이 조사해서 『조선총독부 통계연보』로 보고를 한 현주(現住) 인구에서도 서별 수치는 불분명하다.

19) "본 표는 『한성신보』 기사를 기초로 해서 조정한다."고 주기되어 있다. 또한 이 표에서는 여자 인구와 합계 인구가 약 1만씩 과소 계산되어 있기 때문에, 〈표 2〉에서는 수정을 가하였다.

20) 한국 전체 인구에 관해서는 김철(金哲), 『韓國の人口と經濟(한국의 인구와 경제)』(岩波書店, 도쿄, 1965) 및 석남국(石南國), 『韓國の人口增加の分析(한국의 인구증가의 분석)』(勁草書房, 도쿄, 1972)이 있지만, 한성부에 대해서는 인구학적 방법에 근거한 인구 추계(推計)는 이루어지지 않았다. 한성부 인구를 유일하게 검토한 손정목, 「고종시대의 전국 및 한성의 호구 수」(『한국개항기 도시사회경제사연구』, 일지사, 서울, 1982)도 인구 추계는 이루어지지 않았다. 덧붙여 말하면 1898년 말의 일본인 재주자(在住者)는 1,985인(『경성부사』 제2권, 682쪽)이었다.

21) 『서울육백년사』 민속편, 122~124쪽(집필 임돈희) 및 144~145쪽(집필 손정목).

22) 오가키 다케오(大垣丈夫) 편, 『조선신사대동보』(조선신사대동보 발행사무소, 경성, 1913)에 따른다.

23) 경성부 편, 『경성도시계획자료조사서』(경성부, 경성, 1927)에 게재되었던 「京城府ニ於ケル人口密度表(경성부에서의 인구밀도표)」가 동정(洞町) 면적의 근거가 될 수 있지만, 동이 복잡한 해체 재편성을 하고 있었기 때문에, 대한제국 시대 구획에로의 정

확한 환산이 거의 불가능한 지역이 많다.

24) 계산에서 제외한 것은 경복궁 · 창덕궁 · 경운궁 · 경희궁 · 경모궁 · 운현궁 · 광화문 앞 관청가 · 시위대 · 친위대 · 마두산(馬頭山) · 훈련원 광장 · 각국 공관 등이다.

25) 남서 각 방은 남부 일대가 일본인 거주 구역으로 되어 있었기 때문에, 관원의 거주 가능 구역은 이 계산보다 꽤 감소하여, 거주 관원 밀도는 상향 수정할 필요가 있다.

26) 1방당 평균수는 13.2인, 표준편차는 11.8인이 된다.

27) 이 중에는 마포계(麻浦契)와 같이 동을 결여한 것, 하수일리계(下水溢里契)와 같이 1계 1동으로 계명(契名)만 기재된 것도 산입(算入)되어 있다. 또한 사직동과 사동(寺洞), 염곡(鹽谷)과 염동(鹽洞)처럼 별명(別名)이 표기된 것(谷도 동과 같은 의미)도 많지만, 이것들도 별개로 하여 계산하면, 채집된 동 명칭은 700을 넘는다.

28) 예를 들면 상한동(上漢洞)과 하한동(下漢洞)은 지도에 단지 한동(漢洞)으로만 있기 때문에 이것에 따랐다. 또 다동(茶洞)은 지도상에 상다동 · 중다동 · 하다동 · 문다동(門茶洞)으로 있고, 이력서에도 대부분 이와 같이 나누어 표기하고 있지만, 다만 다동으로만 표기된 예도 적지 않기 때문에 모두 다동으로 취급하였다.

제6장 **주민 이동과 지역**

1) 김철(金哲), 『한국의 인구와 경제』(岩波書店, 도쿄, 1972)는 국세조사 통계를 자료로 하여, 1925년 이후의 인구 이동을 분석하고 있다(같은 책 29~39쪽).

2) 석남국(石南國), 『한국의 인구증가의 분석』(頸草書房, 도쿄, 1972).

3) 김영모, 『한국사회계층연구』(일조각, 서울, 1982)는 이 장과 마찬가지로, 『한성부호적』을 분석 자료로 해서, 호의 36.3%가 이전(移轉) 경험이 있는 것을 지적하고 있다(같은 책, 165쪽). 다만 김영모의 연구에 대해서는 몇 가지 문제점이 있어, 그 결론에는 따를 수가 없다. 상세한 것은 이 책 제3장에서 상세하게 서술하고 있다.

4) 『한성부호적』의 자료적 가치와 전체 내용에 대해서는 이 책 제3장에 상세하게 서술되어 있다.

5) 조선의 호적제도에 관해서는, 최홍기, 「한국호적제도사연구」(『서울대학교 논문집〔인문사회과학편〕』 18, 서울, 1973. 3)와 다케다 유키오, 『학습원대학 소장 조선 호적대장의 기초적 연구-19세기 경상도 진해현의 호적대장을 통해서)』(학습원대학 동양문화연구소 조사연구보고 13, 동 연구소, 도쿄, 1983. 3)에 상세하다.

6) 다케다 유키오, 『학습원대학 소장 조선 호적대장의 기초적 연구』, 20쪽.

7) 이 책, 74~75쪽.

8) 이 책, 71~74쪽.

9) 이 책, 98~100쪽.

10) 김영모, 『한국사회계층연구』는 전거지란(前居地欄)과 이거년월란(移居年月欄)만에 근거하여 이전(移轉) 경험률 등을 산출하고 있다. 또 김영모는 이전이 가지는 의미에 대해서는 별로 언급하지 않았다.

11) 정확히는, 규장각에 소장된 『이력서』(4종, 33책), 『내각판임관이상(內閣判任官以上) 이력서』, 『각관(各官)이력서존안(存案)』, 『칙주판임관(勅奏判任官)이력서』, 『이력서철』, 『탁지부(度支部)칙주판임관이력서』, 『외부(外部)관원이력서』, 『경무청(警務廳) 관원이력서』, 『내부관원이력서』, 『학부(學部)직원이력서』(이상 모두 각 1책)이라는 「이력서철」군의 총칭이다. 상세한 것은 이 책 제5장 참조.

12) 통호 번호가 매우 가까운 것이 23인분, 같은 동 안에 있는 것이 44인분이다.

13) 연희방도 1896년도와 1906년도의 두 연도분이 남아 있지만, 1896년도분은 연희1・2계와 망원정계, 1903년도분은 아현계와 여의도계로, 두 연도에서 지역이 완전히 어긋나 있어, 분석 대상으로 하지 않았다.

14) 복수 호 소유 호주는 합계 162건(전체 호주 수의 1.3%), 빈집은 209건(전체 호수의 1.7%)이다.

15) 이 책, 95~96쪽 참조. 이 즈음 대한제국 정부는 일본 경무고문부(警務顧問部)의 지시에 따라, "1호라고 칭하는 것은 공동 생활하는 가족단을 설정한 것이므로 한집 안에 생활을 달리하는 2개의 가족단이 함께 살 때는 2호로 조사하는 것이 타당함〔一戶라 稱홈은 共同生活ㅎ는 家族團을 設홈 故로 一舍內에 生活을 異케 二個의 家族團共捿홀 時는 二戶로 調査홈이 可홈(원문 첨부 역자)〕"이라고, 가옥과 호를 절단하는 방침을 전국에 내부(內部) 훈령으로 통지하고 있다. 그 실효성도 그러하지만, 이와 같은 훈령을 내리지 않을 수 없었던 것 자체가, 역으로 주민들이 한 가옥에 거주하는 2개의 가족단을 하나의 호라고 신고하는 것이 일반적이었다는 것을 말해 주고 있다.

16) 이것을 방증하는 것이 호주의 아들 부부로, 처(妻)만이 '자부(子婦, 며느리)' 라고 기재되고, 그의 아들들(호주의 손)의 동거가 확인되는데도 불구하고, 남편의 기재가 누락되어 있는 다수 호의 존재이다. '과부' 라고 기재되어 있지 않는 것을 보면, 남편이 생존해 있다고 보아도 틀림없다. 호주의 아들인, '자부' 의 남편이 다른 곳에 혼자가 있는 호라고 해석된다.

17) 예를 들면, 북서 순화방 사재감하패계(司宰監下牌契) 누각동(樓閣洞) 13통 7호(호주 金永模)에서는, 미국에 거주하는 2명의 아들을 기재하면서 '在美國(미국에 있음)' 이라고 주기(注記)하여, 현재 거주자 인구에서는 제외하고 있다.

18) 이 책, 95~96쪽 참조.

19) 한성부의 지번이 언제 어떻게 해서 부여되었는가는 명확하지 않지만, 광무 3년(1899)에 측량술 교육의 하나로 한성부 내에서 행해졌던 측량 실습(이진호, 『대한제국 지적 및 측량사』, 토지. 서울, 1989, 34~36쪽) 과정에서 처음으로 부여되었다고 보는 것이 타당할 것이다. 이후에도 한성부 내의 토지 측량은 계속되고 있어(광무 9년 4월 29일자 『황성신문』), 지번 부여 작업도 병행해서 실시되었다고 생각한다.

서울특별시에 광무 년간 작성되었다는 한성부 지번도(地番圖)가 몇 매 소장되어 있지만(박경룡, 「한성부의 행정구역」『이재룡박사환력기념 한국사학논총』, 도서출판 한울, 서울, 1990, 370쪽), 그것에 의하면 지번은 동을 단위로 1번부터 붙어 있어 통호 번호와는, 부여하는 원리가 전혀 다르다.

20) "京外 以五戶爲一統"(서울과 지방은 5호로써 1통으로 삼는다)(『경국대전』 권2 호전 호적조).

21) "士大夫常漢 一從家坐次序 次第作統"(사대부와 상민은 한결같이 집자리(家坐) 순서에 따라 차례로 통(統)을 편성한다)(『수교집록』 호전 호적, 강희 을묘(1675, 숙종 1) 통기사목(統記事目)).

22) "작통하다가 영호가 있어 5호 미만이면 본리 아무 통 안에 부속하고, 5호 이상은 미성통이라 칭하여 본리에 가장 가까운 통 통수의 지휘를 받도록 함"(건양 원년(1896) 9월 8일자 『대한제국관보』 433호).

〔作統ᄒᆞ다가 零戶가 有ᄒᆞ야 五戶에 未滿ᄒᆞ거든 本里 某統中에 附屬ᄒᆞ고 五戶以上은 未成統이라 稱ᄒᆞ야 本里 最近統 統首의 指揮를 承케홈(원문 첨부 역자)〕

23) 1896년도 북서 양덕방은 제16통으로 끝나 있고, 마지막 9호는 통 번호가 기재되어 있지 않지만, 다른 예를 참작해서 이것을 제17통으로 하였다.

24) 예를 들면 『한성부호적』 제1책, 1906년 중서 정선방의 첫머리 제23 · 24 · 25통 세 통의 경우는 아래와 같은 상황이었다. 제23통은 제1호가 결번으로, 제2호부터 제12호까지 11호로 구성되어 있으며, 제24통은 결번 없이 제1호부터 제11호까지 합계 11호로, 또 제25통은 제1호부터 제12호까지 합계 12호로 각각 구성되어 있다. 이와 같이 이 지역에서는 10호를 초과하는 것이 일반적이었다. 또 제4책째 첫머리의 중서 장통방 제21통은 제1호부터 제10호까지로 구성되지만, 제5호가 결번으로 구성 호수는 9호이고, 제22통은 제1호부터 제9호까지로 9호밖에 없다. 게다가 제23통은 제1 · 2 · 4 · 7 · 8호 합계 5호로 구성되고, 제24통에 이르러서는 제8 · 9 · 10호 합계 3호밖에 호가 존재하지 않는다.

25) 이 책 제3장 참조.

26) 통 또는 호를 공백으로 하는 것이 63건이고, 그중에 통이 공백인 것이 51건, 호가 공백인 것이 37건이고, 통호 모두 공백인 것은 24건이다. 또 전후 관계로 살펴보아 명백한 오기는 279건이고, 그중에 통 오기가 195건, 호 오기가 99건이고, 통호 모두 오기한 것이 15건이다. 방(坊) 오기는 3건이고, 그중에 1건은 통도 오기되어 있다. 그밖에 불명료해서 판독할 수 없는 것이 4건이다.

27) 일례를 들면, 장통방 제6~12, 18~20, 35~37, 53~56, 59, 71~75의 각 통은 호 번호가 큰 쪽부터 역순으로 편철되어 있다. 또 장통방 제58통은 제4, 2, 9, 1, 7, 6호 순서로 배열되어 있고, 제59통 제8호는 제1호의 뒤로, 같은 통의 마지막에 놓여 있다. 이와 같은 예는 하나하나 언급할 겨를이 없다.

28) 똑같이 신고 원표(原表)를 편철했던 『해남군호적대장』(규장각 소장)은 통호 번호가 결여되어 있다. 해남군에서는 주민이 자기 호의 통호 번호를 사전에 알고 있지 않았던 것 같다.

29) 『국사편찬위원회 고서목록』(국사편찬위원회, 경기도 성남, 1983)은 겉 제목으로 『서

서(西署)』, 『북서』, 『남서』로 하고 있지만, 이것은 해당 자료군(群)의 포괄 명칭으로 적당하지는 않다. 필자는 판심(版心)의 기재를 택해서 『한성부통표』로 하였다.

30) 『한성부통표』와 「토지가옥증명부」는 서식이 다를 뿐만 아니라 매매 · 증여 · 교환 · 전당에 대해서, 전자가 매도인 · 증여자 · 매수인(買受人) · 수증자(受贈者) · 채무자 · 채권자 등 직접 관계자의 성명밖에 기재되어 있지 않는 것에 비해서, 후자에서는 보증인에 대해서도 기재하고, 게다가 전체 관계자의 주소 · 족적(族籍)까지 기재하는 것처럼 되어 있다. 또 「토지가옥증명부」가 토지에도 지번을 붙이고 있는 것에 비해서, 『한성부통표』는 통호 번호밖에 붙어 있지 않다.

「제30호 양식(토지가옥증명부)」(광무 10년 11월 10일자 『대한제국관보』 부록) 참조. 또한, 법부령 4호 「토지가옥증명규칙시행세칙」 제3조에 매매 · 증여 · 교환 · 전당을 한 경우 「가옥에는 종목(種目), 소재 지명, 호 번호(통호 등)와 면적을 기재하는 것」(광무 10년 11월 7일자 『대한제국관보』 3604호)도 있다.

31) 『한성부호적』에 따르면 최동민은 인접한 72통 5호에 거주하고 있었다.

32) 〔원문 첨부 역자〕〔中署貞善坊敦寧契宮洞七十二統四戶 草家 六間을 申溶爲名人이 借居而年不修築ᄒᆞ야 顚覆이 되얏는ᄃᆡ 雖欲以空垈買得이나 不知本主之居住ᄒᆞ야 未得興成故로 玆以廣告ᄒᆞ니 該家主는 速來放賣홈 宮洞 崔棟珉 告白〕

33) 1906년도 북서 양덕방 16통 6호와 7호가 합호한 계동계(桂洞契) 계동의 김선진(金善鎭) 호는 제7호가, 또 1906년도 중서 경행방 2통 2호와 3호가 합가한 파자교계(把字橋契) 면주동(綿紬洞)의 박기영(朴基英) 호는 제2호가 각각 결번이다.

34) 통호 번호는 토지 소유관계를 직접적으로는 반영하고 있지 않기 때문에, 번호의 증감이 부지의 합필(合筆)이나 분필(分筆)을 의미하는 것은 아니다. 남서 광통방 제30통 2호와 3호를 소유하는 김성진(金聲振)이나, 중서 장통방 제1통 6호와 7호를 소유하는 조진형(趙鎭衡)처럼, 인접한 복수의 호 소유자라도, 가옥이 별도 것으로 되면 호적표도 각각 작성하지 않으면 안 된다. 후자의 경우, '통가(通家)' 라고 표기되어 있어, 아마 가옥이 연결 상태에 있거나, 적어도 부지 경계를 없이 하고 있다고도 생각하지만, 그래도 별개 호로 간주해서 호적을 작성하고 있었다. 또 제7호(24칸 기와집) 쪽은 현주(現住)인구란이 공백으로 되어 있다.

35) 1896년 10호 미만의 9통 가운데, 양덕방 제2 · 4 · 12의 각 통에서 1호씩 결번이 있는 외에는, 모두 방(坊) 또는 계(연희방만)의 마지막에 있어 결번은 아니다. 이 결번 이유에 대해서는 불분명하다.

36) 명확히 '미성통' 이라고 표기된 것은 1906년도 북서 가회방 제30통 제10호에 이은 11호분과 1903년도 북서 연은방 토정리동 제8통 제10호에 이은 5호분, 합계 16호분에 지나지 않는다. 전자에서는 제30 미성통으로서, 제1호부터 제10호까지의 통호 번호가 기재되어 있고, 후자에서는 통 번호 부분에 미성통이라고 기재, 호 번호만 제11호부터 제15호까지가 기재되어 있다.

37) 통호 번호가 가옥의 고정 번호이면, 『한성부호적』은 호에 관해서 꽤 높은 포착률을

가지고 있었다고 추측할 수 있다. 왜냐하면 호의 존재를 은폐하면, 그 가옥에 대한 공적인 인정을 받을 수가 없고, 가옥 소유자의 다양한 권리 행사가 크게 제한되어 손해를 입기 때문이다. 물론 포착률이 100%에 이른다고는 생각하지 않고, 현재로는 정밀한 포착률의 산정도 불가능하지만, 우선 90%를 크게 넘었다고 추측해도 큰 문제는 없을 것이다.

그런데 통호 번호는 「민적(民籍)」을 거쳐, 1922년의 조선민사령과 조선호적령으로 일본식 호적으로 이행하기까지 사용되고 있었지만, 최후까지 완전히 고정되어 있었던 것은 아니다. 『한성부통표』에 따르면, 다른 번호로 변경되었던 것이 북서 순화방 40~56통에 5사례, 남서 낙선방 8~32통에 4사례, 남서 회현방 15~38통에 1사례, 남서 명례방 65~75통에 24사례, 합계 34사례이다. 이것들은 거의 융희 2년(1908) 이후에 속해 있어, 민적(民籍) 시행 때부터 통호 번호 변동이 시작되었던 것으로 보인다.

일본의 식민지 지배가 시작되면, 통호 번호는 크게 변용된다. 다이쇼 3년(1914) 9월 4일자 조선총독부 훈령(訓令) 48호 '지번호(地番號)의 아래에 호번(戶番)을 설치할 때 및 통호 번호를 변경하는 경우의 건(件)'은, 함경북도로부터의 질문에 대해서 회답되었던 다이쇼 2년(1913) 8월 16일자 조선총독부 경무과장 통달(通達) '통호의 신설 및 전가(全家) 다른 곳으로 이주한 것을 통계하는 경우의 건'에 근거해서, "성통(成統) 내 신호(新戶) 증설 예를 들면 5호와 6호와의 사이에 1호를 설치할 경우에 호 번호가 붙은 쪽에 붙이는 것은 구(舊) 호구조사규칙과 동 세칙 안에 준거해야 할 규정이 없음에 따라 실제 취급상의 편의를 참작해서 그것을 11호로 하는 것보다도 '5호의 2'로 하는 것이 옳다고 본다. 다만 신설 호 수십 호에 차는 경우에는 동 세칙 제13조의 단서 규정에 준거해서 새로 1통을 만드는 것은 지장이 없다"로 해서, 신설 호에 대해서는 가번(加番)인 '11호'가 아니고, 지(枝) 번호로서 '5호의 2'를 붙이는 것처럼 지도하여, 통호 번호가 지리적으로 뒤섞이는 것을 막아, 합리적인 주민 파악을 실현하려고 하였다. 게다가 다이쇼 3년 9월 23일자 조선총독부 경무총감부 훈령 갑45호 '민적(民籍)에 기재된 통호 번호는 지(地) 번호로 고치고, 또한 지명지(地名地) 번호 등에 변경이 있을 때는 민적의 기재를 바르게 고쳐야 하는 건'에서 "민적에 기재된 통호 번호는 토지조사령에 따라 설정된 지(地)번호로 고치고, 토지의 명칭지(名稱地) 번호 또는 통호 번호의 변경이 있을 때는 그의 민적 기재를 바르게 고쳐야 할 것"으로 해서, 통호 번호를 완전히 폐지해서 지(地) 번호로 통일하는 것으로 하였다(이상은, 조선총독부 경무총감부 경무과 민적계(民籍係)편, 『민적요람(民籍要覽)』, 조선총독부 경무총감부, 경성, 1914, 120~124쪽에 의한다). 이렇게 해서 오랜 역사를 가진 통호 번호는 조선에서 소멸한 것이다.

또한 한성부 통호 번호와 유사했던 가옥 번호 제도로서, 일본에서 1872년(메이지 5)에 시행되었던 「호적법」에 기초하여 제정되었던 '옥포(屋舗) 번호'(사토 진지로(佐藤甚次郎), 『明治期作成の地籍圖(메이지기 작성의 지적도)』, 古今書院, 도쿄, 1986, 48~49쪽)가 있지만, 이 양자의 관계에 대해서는 불명확하다.

38) 통호 번호가 공백이었거나, 전후 관계로부터 보아 명백하게 오기인 것은 올바른 번호를 붙였기 때문에 분석 대상으로 하였다. 앞의 주 26) 참조. 또한 미성통(未成統) 편성호는 방(坊) 마지막 통에 집어넣어 가번(加番)으로 하였다.

39) 관찰 대상이 되었던 6방에는, 상속으로 호주가 아버지로부터 아들로 바뀐 것이 23건(그중 1건은 아버지의 첩 집을 인계한 것)이다. 형제 사이에 바뀐 것이 11건(그중 형에서 동생으로 7건, 동생에서 형으로 4건)이다. 또한 개명하거나 이름이 다른 글자로 표기된 것이 69건이다.

40) 물론 전출・전입이라고 말해도 다른 지역 사이의 이동은 아니고, 동일 동내(洞內)나 이웃 가옥에서의 이동도 포함하고 있다. 동일 동내에서의 이동은 124건이지만, 만약 이 가운데 통호 번호가 가까이 있는 28건을 단순한 오기로 해서, 불변호주 수에 집어넣었다고 해도, 불변율 자체는 2.3% 상승할 뿐이므로 대세에 큰 영향은 없다.

41) 『김재완 호적표』는 세종대학교 오성(吳星) 선생님이 자료를 복사해 주셨다. 지면을 빌어 감사를 표한다.

42) 2년도분이 남아있는 여섯 방의 호적표로 보면, 전입해 온 947호 가운데, 전 거주지를 본동으로 하면서 이거 연월을 공백으로 한 것이 204호, 21.6%에 이른다. 이들 호는 1896년 또는 1903년 이후, 1906년까지 사이에 전입해 온 것이 확실한데도, 전 거주지도 이거 연월도 기재되어 있지 않은 것이다.

43) 참고하기 위하여 호적표의 이동 실례를 나타내면 아래 표와 같다. 호적이 남아있는 지역이 한정되어 있고, 더욱이 전출처가 불분명하기 때문에, 이 표로부터 바로 이전 상황 전체를 판단하는 것은 주의하지 않으면 안 된다. 그러나 성내 → 성내의 전입이 많은 것, 또한 동일 방내(坊內)로부터의 전입이 가장 많고, 주변 지구의 방(坊)이 그에 버금간다는 것 등을 파악하는 것이 가능할 것이다.

舊 / 新	관인	경행	견평	수진	서린	징청	장통	정선	안국	연희	가회	관광	광화	준수	순화	진장	통의	양덕	합계
연희		1								1				1	1	1			5
양덕	1							2	1		5	2	4		3	4		6	28
견평	9		21	5	4		7	3				3	1		1				54
연화	1		1					3								1			6
반송																			0
용산															1				1
회현																			0
훈도	2	6					20	16			2	2			1		1		50
광통	1		3	1	1	3	1	1			1	1							13
대평	1		4	1	6	3	6	2				2							25
두모					1		1	1						1	3				7
안국	3			1			1	3	11		14	6	3		3	2		3	50

연은							1												1
가회	2	2			1	1		9	2		29	6	3	1		2		6	64
광화		1		2			1	11	3		3	2	21			1		4	49
순화	2	1										1		6	34		4		48
상평														1	3				4
합계	22	11	29	10	13	7	38	51	17	1	54	25	32	10	50	11	5	19	405

44) 〔역자〕 원저에는 상평방이 남서이나, 북서로 고쳤다.

45) 〔역자〕 원저 〈표 7〉을 보면, 반송방은 11.5%이다. 원저의 남서 상평방은 북서로 고쳤다.

46) 〔역자〕 〈표 7〉을 보면, 남서 회현방은 50.0%이다. 성내 최저치는 북서 통의방의 38.9%이다.

47) 〔역자〕 원저에는 상평방이 남서이나, 북서로 고쳤다.

48) 각 분류에 속하는 구체적인 직업 · 신분 명칭에 대해서는 제3장 〈표 13〉 참조.

49) 〔역자〕 기유와 차유를 가옥의 소유 관계로 보는 견해를 비판하는 연구가 있다는 것은 앞에서 이미 언급하였다.〔309쪽 주 78 참조〕 따라서 기유 계층이 차유 계층보다 경제적 우위에 있다고 보는 필자의 견해도 검토할 여지가 있다. 한편 조선 후기 한성부 '협호'를 분석한 임학성은 "협호가 거의 모두 양반 신분층이고, '주호-협호'는 사회 · 경제적 개념으로 이해하기보다는 단순한 거주 형태, 즉 집을 빌려 거주하는 것을 의미한다."라고 보았다.〔임학성, 「조선 후기 한성부민의 호구문서에 보이는 '협호'의 성격」『조선사연구』 7, 조선사연구회, 1998 참조〕 따라서 기유와 차유 계층을 경제적 우열로 보는 필자의 견해는 문제가 있다고 본다. 그러나 여기서는 가능한 필자의 견해를 따라 번역하였다. 다만 '차가'라고 했을 때 집세 여부는 알 수 없다. 차유에는 호주나 그 친속이 아닌 자들이 점유하고 있다는 의미가 있지만, 여기서는 일단 '빌려 사는 집'이라고 번역하였다. 앞으로 좀 더 명확한 의미의 번역이 요구된다.

50) 이 책, 128~129쪽의 〈표 21〉.

51) 이 책, 128~129쪽의 〈표 21〉.

52) 이와 같은 활발한 부동산 거래를 이어받아, 부동산 중개업자인 가쾌(家儈, 집주릅) 중에는 사기 행위를 하는 자가 속출해서, 정부는 그 수를 한성부 민가 150호당 1명으로 제한하였다(광무 9년 3월 9일자 『황성신문』). 여기서부터 역산을 하면, 한성부에서는 400인 이상의 가쾌가 영업을 하고 있었던 것이 된다.

　조선시대 한성부에서 부동산 매매의 실태에 대해서는 남아있는 토지가옥문기로부터 살펴볼 수가 있다. 예를 들면 공개된 사료 중에서 가장 장기간에 걸쳐 계속 관찰하는 것이 가능한, 장서각 소장의 서부 여경방 서학동(西學洞) 소재의 토지가옥문기 22매를 정리하면 다음 표와 같다(『고문서집성 10』, 한국정신문화연구원, 성남, 1992에서 작성).

이 사례는 18세기부터 19세기에 걸쳐 130년간에 22회의 매매가 반복되고 있지만, 제2회와 제3회 사이의 매매실태가 불분명하기 때문에 제1 · 2회를 제외하고 보면, 1827년부터 1880년까지의 햇수로 54년간에 20회의 매매가 행해져서, 평균 2.7년에 1회 비율로 소유권이 이동했던 셈이 된다.

회	서기	연대	가옥(칸)	토지(칸)	가격(동전)	문기 번호
1	1757	건륭 22년 11월	33	57		2020
2	1765	건륭 30년 9월	32	58	370냥(丁銀)	2022
3	1827	도광 7년 8월	34	50	1200냥	2023
4	1829	도광 9년 10월	34	50	1200	2024
5	1836	도광 16년 2월	34	50	1200	2025
6	1840	도광 20년 7월	34	50	1500	2026
7	1851	함풍 1년 11월	34	50	2800	2027
8	1854	함풍 4년 6월	34	50	3000	2028
9	1854	함풍 4년 9월	34	50	3700	2029
10	1856	함풍 6년 5월	40	50	3700	2030
11	1858	함풍 8년 2월	40	50	5000	2031
12	1866	동치 5년 5월	40	50	6000	2032
13	1867	동치 6년 3월	40	50	6000	2033
14	1868	동치 7년 윤4월	40	50	6500	2034
15	1870	동치 9년 4월	40	60	6000	2035
16	1872	동치 11년 1월	43칸 반	50	6000	2036
17	1873	동치 12년 4월	43칸 반	50	6000	2037
18	1873	동치 12년 6월	40	60	5000	2038
19	1873	동치 12년 11월	39칸 반	30	5000	2039
20	1876	광서 2년 4월	43	50	4500	2040
21	1878	광서 4년 6월	41	50	4500	2041
22	1880	광서 6년 8월	40	50	5000	2042
23	1880	광서 6년 8월	39칸 반	50	6500	2045

53) 이 책, 144쪽.

54) 이 책, 144쪽.

55) 이 책, 27~31쪽.〔원저의 쪽수가 내용과 맞지 않아, 역자가 임의로 수정함〕

56) 이 책, 119쪽. 〔원저에는 각주 위치가 누락되어 있어서, 역자가 임의로 판단하여 넣었음〕

57) 젠쇼 에이스케(善生永助), 『朝鮮の聚落(조선의 취락) · 후편』(조선총독부 조사자료 41, 조선총독부, 경성, 1935) 2~6장은 이들을 동족부락이라고 읽었지만, 후에 그것이 일본 사회의 개념을 가지고 온 것이라고 비판받아, 현재는 집성촌 · 씨족촌 · 동성촌 · 동족촌 등으로 불리고 있다.

58) 이 책, 126쪽.

59) 이 장이 최후까지 남긴 큰 과제는, 분석 대상이 호를 매개로 한 호주층의 동향에 한정되고, 한성부 전체 인구의 4분의 1 가까이 차지하였던 고용(雇傭)·기구(寄口)로 불리면서 호 내에 동거하고 있던 방을 빌려 사는 층의 동향을 전혀 파악할 수 없었던 점이다. 잡업 종사자로서 한성의 도시 생활을 밑바닥에서 지탱하는 그들이 제외되었기 때문에, 분석 결과에 큰 편견이 있다는 것을 인정하지 않을 수 없다. 막연하지만 호주층보다도 이동이 격렬했던 것으로 추측되지만, 그들의 개별 이동은 물론이고, 호 이동도 함께 이동하였는가, 그렇지 않으면 호는 이동하더라도 그대로 남아 있었는가조차도 알 수 없다. 그들의 동향이 해명되어야 비로소, 한성의 도시사회의 구체적인 상이 명확한 모습을 드러내게 될 것이다.

또한 근세 농촌에서의 상황에 대해서는 졸고, 「近世韓國における住民の居住地移動-慶尚道丹城縣の場合(근세 한국에서 주민의 거주지 이동-경상도 단성현의 경우)」『韓國朝鮮の文化と社會(한국조선의 문화와 사회)』 7, 2008. 10)에서 서술하였다.

제7장 근세 서울의 상업 공간-미상(米商)의 모습을 통해서

1) 전론(專論)으로서 주요한 것으로는, 아유카이 후사노신(鮎貝房之進), 「시전고(市廛攷)」(1)~(9)(『조선』 332~336, 338, 340, 341, 343, 경성, 1943. 1~5, 7, 9, 10, 12월호 원재(原載). 『성씨고급족제고·시전고(姓氏攷及族制攷·市廛攷)』, 國書刊行會, 도쿄, 1973 수록), 이능화, 「이조시대 京城市制」(이나바(稻葉)박사환력기념회 편, 『만선사논총』, 같은 회, 경성, 1938), 유교성, 「서울 육의전 연구-이조도시상업의 일고찰」(『역사학보』 8, 서울, 1955. 12) 등이 있다.

2) 전론으로서 주요한 것으로는, 유원동, 「18세기후반기에 있어서의 봉건상업의 붕괴과정-난전을 중심으로」(『아세아학보』 4, 서울, 1967 원재. 『이조후기 상공업사 연구』, 한국연구원, 서울, 1968 수록), 유원동, 「19세기 한국의 경제성장과정연구-봉건상인의 붕괴상황을 중심으로」(『숙명여자대학교 한국정치학연구소기요』 3, 1973 원재. 『이조후기 상공업사 연구』 수록), 유원동, 「조선후기의 상공업구조의 변화」(소헌 남도영박사 화갑기념사학논총간행위원회 편, 『사학논총』, 같은 회, 서울, 1984), 김영호, 「조선후기에 있어서의 도시상업의 새로운 전개-난전을 중심으로」(『한국사연구』 2, 서울, 1968. 9), 카와라바야시 시즈미(河原林靜美), 「十八·九世紀における廛人と私商について(18·9세기에 있어서 전인과 사상에 대하여)」(『조선사연구회논문집』 12, 도쿄, 1975. 3) 등이 있다.

3) 후쿠다 도쿠죠(福田德三), 「韓國の經濟組織と經濟單位(한국의 경제조직과 경제단위)」(『경제학연구』, 同文館, 도쿄, 1907).

4) 고쿠쇼 이와오(黑正巖), 「朝鮮經濟史の硏究(조선경제사의 연구)」(『經濟史論考』, 岩波書店, 도쿄, 1923)나 앞 게재한 유교성(유원동과 동일인)의 연구.

5) 후쿠다 도쿠죠, 「한국의 경제조직과 경제단위」, 고쿠쇼 이와오, 「조선경제사의 연

구」, 시카타 히로시,「市場を通じて見たる朝鮮の經濟(시장을 통해서 본 조선의 경제)」(『朝鮮經濟の硏究(조선경제의 연구)』, 경성제국대학 법문학회기요, 경성, 1929. 9).

6) 강만길, 『조선후기 상업자본의 발달』(고려대학교 출판부, 서울, 1973), 김영호, 「조선후기에 있어서의 도시상업의 새로운 전개-난전을 중심으로」, 安秉珆, 「商品經濟の發展と私商(상품경제의 발전과 사상)」(『조선사연구회논문집』 5, 도쿄, 1968. 12 원재. 『朝鮮社會の構造と日本帝國主義(조선사회의 구조와 일본제국주의)』, 龍溪書舍, 1977 수록), 송찬식, 『이조후기 수공업에 관한 연구』, 서울대학교 출판부, 서울, 1973).

7) 다케다 유키오, 「奴隷制と封建制(노예제와 봉건제)」(조선사연구회 편, 『조선사입문』, 太平出版社, 1970), 150쪽.

8) 교토대학 부속도서관 가와이(河合)문고에 면주전(綿紬廛) 조합 관계 장부류가 대량으로 남아있지만, 경영 실태를 명확하게 하는 것은 없다. 한국에도 관계 자료의 존재는 알려져 있지 않다. 스가와 히데노리(須川英德), 「朝鮮時代の商人文書について-綿紬廛文書を中心に(조선시대의 상인문서에 대하여-면주전 문서를 중심으로)」(『史料館硏究紀要』 34, 도쿄, 2003. 3)를 참조하기 바란다.

9) 임인영, 『이조어물전연구』(숙명여자대학교 출판부, 서울, 1977).

10) 강만길, 「경강상인연구」(『아세아연구』 14-2, 1971 원재. 『조선후기 상업자본의 발달』 수록).

11) 오성, 「조선후기 목재상인에 대한 일연구」(『동아연구』 3, 서울, 1983. 12).

12) 이 장의 원논문이 발표된 이후, 스가와 히데노리(須川英德), 『李朝商業政策史硏究-一八・一九世紀における公權力と商業(조선 상업정책사 연구-18・19세기에 있어서 공권력과 상업)』(東京大學出版會, 도쿄, 1994), 고동환, 『조선후기 서울상업발달사연구』(지식산업사, 서울, 1998), 백승철, 『조선후기 상업사연구-상업론・상업정책』(혜안, 서울, 2000), 변광석, 『조선후기 시전상인 연구』(혜안, 서울, 2001)가 간행되어, 상업사 연구는 이전에 비하면 풍성하게 되어 왔다. 그러나 조선 정부의 상업 정책이 주요한 연구 관심이고, 시전 상인을 취급한 변광석도 난전이 주제이다. 여전히 개별 상인 연구가 부족하다는 상황에는 큰 변화가 없다. 그중에서, 인삼・목재・미곡・소금 상인을 취급한 오성, 『조선후기 상인연구』(일조각, 서울, 1989), 공인(貢人)을 주제로 한 김동철, 『조선후기 공인연구』(한국연구원, 서울, 1993. 요시다 미츠오 역, 『朝鮮近世の御用商人(한국 근세의 어용상인)』, 法政大學出版局, 도쿄, 2001)는 귀중한 연구 성과이다. 또한 스가와 히데노리(須川英德), 「조선시대의 상인문서에 대하여-면주전 문서를 중심으로」는 가와이문서를 이용하여 면주전의 조직을 해석한 것이 주목된다.

13) 육의전 및 신해통공 정책에 관해서는 앞에서 언급한 여러 논문을 참조하기 바란다.

14) 『태종실록』 권19, 태종 10년(1410) 2월 갑진(7일).

15) 『일성록』 정조 16년(1792) 11월 20일.

16) 『일성록』 정조 16년(1792) 11월 20일.

17) 이 외에 18세기의 어느 시기에 남대문 앞에 '남문내미전(南門內米廛)' 이 인가받은 적이 있지만(『비변사등록』 정조 8년 3월 20일), 곧 폐지되어 상세한 것은 알 수 없다. 『청구도』에는 남대문을 들어가자마자, 선혜청 창고 앞에 '미전' 이란 글자가 보인다.
18) 서울특별시 행정자료관실 소장 『조선경성도(朝鮮京城圖)』(연대 미상)의 기재 내용도 거의 같다.
19) 『경성부사』 제2권(경성부, 경성, 1936), 496쪽에서는 "당시 실무자로서 생존하고 있던 팽원주(彭元周, 1933년 당시 85세)가 직접 말한 것에 따른다" 라고 하였다.
20) 오치 다다시치(越智唯七) 편, 『(신구대조)조선 全道府郡面洞里 명칭일람』(중앙시장, 경성, 1917)에는 미전上新洞과 미전下車洞 등이 의주통 2 · 3정목(현 의주로 2 · 3가)으로 해체 재편성되었다고 하였다.
21) 〔역자〕 『일성록』 정조 16년 11월 20일 "本廛處在太倉重地 而建倉之初 守護疏虞 設廛聚民 載之市案"
22) 광홍창 위치에 대해서는 졸고, 「李朝末期の漕倉構造と漕運作業の一例-『漕行日錄』にみる一八七五年の聖堂倉(조선말기의 조창구조와 조운작업의 일례-『조행일록』에 보이는 1875년의 성당창)」 『조선학보』 113, 1984. 10), 107쪽 주 143) 참조.
23) 〔역자〕 『일성록』 정조 16년 11월 20일 「八江要衝之地 東有別庫軍監兩倉 南有別營 設置米廛」.
24) 『대동여지도』 제1엽(葉), 「경조오부(京兆五部)」.
25) 『동국여지비고』 권2, 한성부, 장시조.
26) 〔역자〕 "各廛中稍實者 量定分數 以應國役 稱有分各廛 自十分至一分 凡三十七廛 每當國役 十分廛應十分 一分廛應一分 闕內外諸上司各處修理塗褙軍 亦依此出役"
27) 국역 종류에 대해서는 유교성, 「서울 육의전 연구」 참조.
28) 『탁지지』와 『만기요람』 간의 차이는 첫째, 신해통공 전후의 변화에도 기인하지만, 둘째, "소소한 각 시전의 명색이 매우 번다하기 때문에 전부 다 기록하지 않는다〔小小各廛 名色甚煩 不爲盡錄(원문 첨부 역자)〕" 는 편집방침(『만기요람』 재용편5, 各廛)에도 기인한다.
29) 유교성, 「서울 육의전 연구」, 409~420쪽.
30) 시험 삼아 『탁지지』에서 뽑아 적어 보면, 상미전 · 하미전과 같은 3분역 시전에는 말꼬리털 등을 파는 망문상전(望門床廛), 생선을 취급하는 생선전, 잡곡전, 면자전(綿子廛)이 있고, 문외미전과 같은 2분역 시전에는 신상전(新床廛) 이하 여섯 시전이 있다. 세 미전의 국역 부담이 5분역이었던 포전이나 연초전(煙草廛)보다 낮았다는 점에는 유의할 필요가 있다.
31) 종래, 판매 상품을 문제로 삼았던 것은 적었다. 문제 관심의 소재를 단적으로 보여주고 있다.
32) 박성의 교주(校注), 『한양가』(한국고전문학전집 제9권, 보성문화사, 서울, 1978).
33) 『비변사등록』 정조 12년 1월 13일. 또한 이때 비변사의 상계에 의하면, 물종의 기재

는 숙종 32년(1706)에 시작되었다고 한다.
34) 안병태, 「상품생산의 발전과 사상」, 17~18쪽.
35) 유교성, 「서울 육의전 연구」, 397~404쪽.
36) 『시폐(市弊)』 2, 월외전.
37) 『비변사등록』 순조 11년(1811) 3월 19일.
38) 여성만 가입할 수 있는 시전도 있었다(『시폐』 3, 육우전여인 외).
39) 정선 작, 서울특별시사편찬위원회 소장.
40) 이능화, 「이조시대경성시제(市制)」, 698~699쪽 및 손정목, 『조선시대 도시사회연구』, 349~353쪽 참조.
41) 〔역자〕 박제가, 『북학의(北學議)』 내편, 도로. "閭閻小民 開廛賣買 名曰假家 初不過如楣廬 可移而入 漸圬而築之 遂至奪路而種樹於門前 人馬相逢 往往狹不可行 夫途道逵街 皆有步數 律有街巷侵占添造房屋之文 此法當糾飭" 이익성 역, 『북학의』, 을유문화사, 1971, 335쪽에는 '漸圬之築之', 안대회 교감 역주, 『북학의』, 돌베개, 2013, 396쪽에는 '漸圬而築之' 이다. 번역과 원문은 후자를 참고하였다.
42) 메이지(明治)시대 말기에 일본인이 제작한 각종 서울시가 지도에는 그 모습을 엿볼 수 있는 부분이 있다. 또한 『경성부사(京城府史)』 제2권 298쪽, 301쪽에는 고종 31년(1894)~건양 1년(1896) 가가(假家)에 의해 잠식된 도로 상황의 사진이 게재되어 있다. 가가의 형성이 언제쯤 시작되었는가는 분명하지 않지만, 18세기 중엽에는 이미 종로 등지에 밀집해 있었다(『우서(迂書)』 제8, 論商販事理額稅規制).
43) 〔역자〕 『비변사등록』 정조 12년 11월 7일 "矣廛之收稅於雜穀廛 依前收稅事 昨春自廟堂覆奏 蒙允 而雜穀廛人 萬端行惡 拒稅不納 指揮旅主 移設一肆於下米廛字內 以矣廛所捧之稅 兩廛分食 以爲十餘朔 雜穀則依前列肆於矣廛之基址 大米則任自移設於矣廛基址之外 名以雜穀之廛 兼占大米之稅 安在其復古規奉朝令之義哉"
44) 〔역자〕 『비변사등록』 정조 12년 11월 7일 "上米廛人等 (중략) 欲徵白地之稅 矣廛米商旅主等 撤家移業於下米廛基址 則上米廛人 反以矣廛拒稅移市 或呈備局 或呈戶曹 亟令本署 從公決處"
45) 조선총독부 편, 『조선어사전』(조선총독부, 경성, 1920)은 자내(字內)를 '도성의 내외를 각영(各營)에서 맡아서 경호하는 구획의 안(內)', 또는 기지를 '부지(敷地)'의 의미로 설명하고 있다.
46) 〔역자〕 『비변사등록』 영조 28년 12월 26일 "矣等之廛 國初設立 而一依左右巡廳及捕盜廳例 鍾樓大街 西邊則付之於上米廛字內 東邊則付之於矣等廛 各樣分役 一體奉行 而下米廛之於上米廛 强弱不敵 故中間忽變 鐵物橋以上 見奪於上米廛"
47) 〔역자〕 『비변사등록』 정조 11년 2월 8일 "上下米廛門外米廛及雜穀廛 謂之四穀廛 而分受經界 通雲橋以西爲上米廛字內 以東爲下米廛字內 三門外 都付門外米廛"
48) 유득공, 『경도잡지(京都雜志)』 권2, 상원(上元).
49) 『호구총수』 제1책, 한성부 서부 서강방조에는 동〔契〕 수는 10개이다.

50) 〔역자〕『비변사등록』 정조 20년 11월 30일 "癸丑又呈京兆判下文券 前後訟案 搜奪以給門外廛人 移文本署 罷廛爲商 奪給兩廛基址 一年四百餘金 納貢於門外廛人 剔去兩廛付標商字" 원저 원문을 번역하고 각주 처리함.

51) '전(廛)'이 아니라 '계(契)'로 불리고 있었다(『비변사등록』 정조 20년(1796) 11월 30일).

52) 〔역자〕『비변사등록』 정조 20년 11월 30일 "無論門外米廛與江上兩米廛 以廛名載錄於平市署案冊 皆過百年 兩廛相訟 亦已屢度矣 年前該署之以廛爲商 付標案冊者 未知緣何委折 而其列肆行賣 商廛無異 則江上兩米廛之至今稱冤者 只在於廛之一字 基址有定 列肆自如 則廛號之復舊 無甚難便 分付該署 祛其付標 而復其舊號"

53) 『비변사등록』 헌종 3년(1837) 1월 11일, 헌종 12년(1846) 2월 17일, 헌종 13년(1847) 1월 25일.

54) 〔역자〕『비변사등록』 영조 17년 6월 10일 "近來亂廛之弊 日加月盛 將至莫可救正 而軍門所屬勢家奴子 被捉推治 則該衙門反有推治捉納人之擧"

55) 〔역자〕 원저에는 사료 "軍門所屬勢家奴子"를 "軍門に所屬する勢家の奴子(군문에 속한 권세가의 노자)"로 보았다. 역자는 저자의 해석과는 달리, 난전 주체를 군문 소속과 권세가의 노자로 보았다.

56) 〔역자〕『비변사등록』 영조 17년 6월 10일 "京中遊衣遊食輩 呈于平市 刱出新廛者 五六年內 其數甚多 此類 專以得捉亂廛爲事 甚至於柑菜油醢 亦不得任自交易 輒爲新廛人之所侵困 外方民人之持來小小物產者 京中小民之以此糊口者 亦被亂廛之害 不勝其苦 交易之路將絶"

57) 〔역자〕『비변사등록』 영조 17년 6월 10일 "十年內新刱小小廛名 一竝革罷 可爲救濟小民之一端矣"

58) 『비변사등록』 영조 17년 9월 19일.

59) 『비변사등록』 영조 40년 10월 24일 등.

60) 김동철, 「채제공의 경제정책에 관한 고찰-특히 辛亥通共發賣論을 중심으로」(『釜大史學』 4, 부산, 1980. 1).

61) 〔역자〕『비변사등록』 정조 15년 1월 28일 "蓋我朝亂廛之法 專爲六矣廛之上應國役 使之專利而設矣 近來民心不古 惟欲是循 遊手無賴之輩 三三五五 自作廛號 凡係人生日用物種 無不各自主張 大而馬馱船載之產 小而頭戴手提之物 伏人要路 廉價勒買 而物主如或不聽 輒以亂廛結縛 驅納於秋曹京兆 使之剝膚而後已 故所持者雖或落本 不得不垂涕泣賣去 於是乎各列其肆 以取倍價 平民輩不買則已 若係不得不買者 則捨其廛 更不可從他求得 以故 其價日增 凡物之貴 較視於臣之年少時 所聞知不啻爲三倍五倍" 원저 원문을 번역하고 각주 처리함.

62) 가와라바야시 시즈미(河原林靜美), 「18・9세기에 있어서 전인과 사상에 대하여」, 27~28쪽의 표 참조.

63) 〔역자〕『비변사등록』 정조 11년 2월 8일 "各該字內街路坐市之所入大米 自本廛依定式

收稅 以供國役"

64) 〔역자〕『비변사등록』 정조 11년 2월 8일 "獨雜穀廛 則初無經界 故勿論街路坐市與大米本廛 內而五部 外而八江之各種雜穀 一併收稅 而惟其廛基 在於矣廛之字內 故渠廛所入大米 自矣廛從實數受稅 已成不易之法 癸巳年間 雜穀廛市民 謀奪矣廛大米之稅 泛稱收稅之有弊 誣訴平市 使渠廛替令收稅後 每朔六十兩拈給矣廛 矣廛應入漸縮 徭役末由擧行"

65) 〔역자〕『비변사등록』 정조 12년 1월 8일 "矣廛與上米廛 同處一基之內 故矣廛旅主之所賣米稅 一年以七百二十兩 依米廛所願 永爲定式矣 忽於昨年二月 誣罔上言 至於破其定稅 從賣收稅 而逐朔收捧 反不裕於六十兩原數 則濫徵其稅 逐日侵虐 故旅主等末由支保 撤市移業於下米廛基內"

66) 〔역자〕『비변사등록』 정조 12년 1월 8일 "許令從願定稅 則乃以一年三千六百兩之稅 願爲定式"

67) 『비변사등록』 정조 15년(1791) 1월 7일.

68) 〔역자〕『비변사등록』 헌종 3년 1월 11일 "門外米廛市民等以爲 西江麻浦兩處廛號革罷 還復矣廛見奪之字內事也"

69) 이 분쟁은 10년 후에도 다시 반복된다(『비변사등록』 헌종 13년 1월 25일).

70) 〔역자〕『비변사등록』 순조 11년 6월 11일 "雜穀廛市民等以爲 渠廛本以雜穀之主人 逐日收稅於米各廛 而己丑年因下米廛之懇乞 逐日所收之稅 許給其半矣 其後詢瘼時 該廛人輩 誣呈所懷 罷其日稅 定其朔稅 故渠等因此失利 無以支保 依前規 逐日獨稅事也"

71) 〔역자〕『비변사등록』 순조 11년 8월 18일 "自今以後 雜穀則渠廛主之 正米則米廛主之"

72) 〔역자〕『비변사등록』 순조 12년 2월 15일 "兩廛廛基 分居一隅 都民販買 遠近不便 若使之各主穀名而賣買 則先與其廛基 而互相雜處 然後始可爲兩便之政 以此分付"

73) 시전을 단지 특권 어용상인으로만 보는 주장은 전면적으로 재검토될 필요가 있다.

74) 미전은 육의전과 나란히 국역 부담을 하면서도, 끝내 육의전에는 가입되지 못하였다. 육의전에 가입하려고, 내어물전이 때로는 업종이 전혀 다른 청포전과 공동으로 하거나, 또는 숙적인 외어물전과도 손을 잡고 획책한 것과는 대조적이다.

역자 후기

1) 고동환, 앞의 책(2007), 19쪽.

2) 다마이 데츠오(玉井哲雄), 「都市空間に表現される首都性(도시공간에 표현된 수도성)」 『연보 도시사연구』 7, 도시사연구회, 1999 ; 고동환, 「조선시대 한양의 수도성-도시의 위계와 공간표현을 중심으로」 『역사학보』 209, 2011 ; 이헌창, 「한국사에서의 수도집중」 『한국사연구』 134, 한국사연구회, 2006.

3) 이헌창, 「서평」 『경제사학』 45, 경제사학회, 2008 ; 유승희, 「서평」 『도시연구』 1, 도시사학회, 2009.

4) 염복규, 「한국 도시사 연구의 현 단계-고동환, 『조선시대 서울도시사』(2007 태학사) 吉田光男, 『近世ソウル都市社會研究』(2009, 草風館)」 『역사와 현실』 72, 한국역사연구

회, 2009.

5) 이길훈, 『일본 근세 도시사』, 시공문화사, 2017, 12~13쪽. 일본 근세 도시사에 대해서는 박진한, 「일본 근세 도시사 연구의 전개와 과제」 『공간 속의 시간』, 도시사연구회 지음, 심산, 2007 참조.

6) 염복규, 앞의 서평, 331쪽.

7) 염복규, 앞의 서평, 321쪽.

8) 염복규, 앞의 서평, 330쪽.

9) 염복규, 앞의 서평, 329쪽.

10) 장경준, 앞의 박사학위 논문, 176쪽.

11) 박희병 편역, 『골목길 나의 집』, 돌베개, 2009 ; 박희병, 『저항과 아만』, 돌베개, 2012.

12) 민유기, 「한국의 도시사 연구 지형도와 향후 전망」 『도시연구』 1, 도시사학회, 2009, 28~29쪽.

13) 유승희, 앞의 서평, 244쪽.

찾아보기

* 사항(지명을 포함)과 인명으로 나누었다.
* 지명과 인명에 대해서는 본론의 전개상 중요한 것에 한정하여 선택하였다.
* 한성과 서울에 대해서는 거의 모든 쪽에 나오기 때문에 선택하지 않았다.

● 사항(事項)

ㅇ

ㅈ

ㅊ

ㅌ

ㅍ

〈로컬리티 번역총서〉를 펴내며

로컬리티의인문학 연구단에서 번역총서를 내놓는다. 〈로컬리티 번역총서〉는 고전적 · 인문학적 사유를 비롯해서, 탈근대와 전지구화의 관점에서 해석되는 로컬리티에 대한 동서양의 다양한 논의를 담고 있다. 로컬리티 연구는 동서양을 막론하고 학문적 교차점, 접점, 소통성을 확보하는 것이 중요한 과제다. 이러한 의미에서 본 연구단에서는 장기적인 계획 아래, 로컬리티 연구와 관련한 중요 저작과 최근의 논의를 담은 동서양의 관련 서적 번역을 기획했다. 이를 통하여 로컬리티와 인문학 연구를 심화하고 동시에 이를 외부에 확산시킴으로써 로컬리티 연구의 저변을 확대하고자 한다.

우리가 로컬리티에 천착하게 된 것은 그동안 국가 중심의 사고 속에 로컬을 주변부로 규정하며 소홀히 여긴 데 대한 반성적 성찰의 요구 때문이기도 하다. 오늘날 로컬은 초국적 자본과 전 지구적 문화의 위세에 짓눌려 제1세계라는 중심에 의해 또다시 소외당하거나 배제됨으로써 고유의 정체성을 잃어가고 있다. 반면에, 전 지구화 시대를 맞아 국가성이 약화되면서 로컬은 또 새롭게 거듭나고 있다. 그동안 국가 중심주의의 그늘에 가려졌던 로컬 고유의 특성을 재발견하고 전 지구화에 능동적으로 대처하는, 이른바 로컬 주체의 형성과 로컬 이니셔티브(local initiative)의 실현을 위해 부단한 노력을 기울이는 모습들이 속속 드러나고 있다.

이제 로컬의 현상들을 파악하기 위해 기존의 지역 논의와 다른 새로운 사고가 절실히 필요하다. 지금까지 지역과 지역성 논의는 장소가 지닌 다양성과 고유성을 기존의 개념적 범주에 맞춤으로써 로컬의 본질을 왜곡하거나 내재된 복합성을 단순화하는 오류를 범했다. 이에 우리는 로컬을 새로운 인식과 공간의 단위로서 재정립해야 할 필요성을 다시 확인하며, 로컬의 역동성과 고유성을 드러내줄 로컬리티 연구를 희망한다.

〈로컬리티 번역총서〉는 현재 공간, 장소, 인간, 로컬 지식, 글로벌, 로컬, 경계, 혼종성, 이동성 등 아젠다와 관련한 주제를 일차적으로 포함했다. 향후 로컬리티 연구가 진행되면서 번역총서의 폭과 깊이는 더욱 넓어지고 깊어질 것이다. 번역이 태생적으로 안고 있는 잡종성이야말로 로컬의 속성과 닮아 있다. 이 잡종성은 이곳과 저곳, 그때와 이때, 나와 너의 목소리가 소통하는 가운데 새로운 생성의 지대를 탄생시킬 것이다.

우리가 번역총서를 기획하면서 염두에 둔 것이 바로 소통과 창생의 지대이다. 우리는 〈로컬리티 번역총서〉가 연구자들에게 로컬리티 연구에 대한 기반을 제공해줌으로써 학제간의 경계를 넘나드는 심화된 통섭적 연구가 이루어지고, 나아가 '로컬리티의인문학(locality and humanities)'의 이념이 널리 확산되기를 바란다.

부산대학교 한국민족문화연구소

(HK)로컬리티의인문학 연구단

| 저자 소개 |

요시다 미츠오 吉田光男

1946년 일본 아이치(愛知)현 출생. 도쿄(東京)대학 대학원 인문과학연구과 박사과정 수료.
도쿄외국어대학 조교수, 도쿄대학 교수, 방송대학 교양학부 교수 역임.
주요 편저서: 『韓國朝鮮の歷史と社會(한국조선의 역사와 사회)』(편저, 放送大學 교육진흥회), 『조선지명자료집성』(감수, 草風館), 『조선인물사전』(편저, 大和書房)
주요 역서: 한영우 『韓國社會の歷史(한국사회의 역사)』(明石書房), 김동철, 『朝鮮近世の御用商人(한국 근세의 어용상인)』(法政大學 출판국)

| 역자 소개 |

김동철

1955년 부산 출생. 부산대학교 사학과 학사, 석사, 박사.
현재 부산대학교 사학과 교수. 한국민족문화연구소 소장.
일본 도쿄대학 문학부 객원연구원, 부산경남역사연구소 소장, 부산경남사학회 회장 등 역임.
주요 저서: 『조선후기 공인연구』(한국연구원, 1993), 『전근대한일관계사』(공저, 한국방송통신대학교출판문화원), 『동아시아의 역사 II』(공저, 동북아역사재단), 『동행일록』(공역, 부산근대역사관) 등

근세 서울 도시사회 연구
– 한성의 거리와 주민

초판 1쇄 발행일 2019년 2월 28일

지은이 | 요시다 미츠오
옮긴이 | 김동철
발행인 | 최원필
발행처 | 심산출판사
주 소 | 서울시 은평구 불광로 13가길 18, 101호
전 화 | 02-357-0633
팩시밀리 | 02-357-0631
E-mail | simsan21c@hanmail.net
등록번호 | 제1-2114호(1996년 11월 28일)

ISBN 978-89-94844-60-2 94910

* 책값은 뒤표지에 표시되어 있습니다.